A Ciência ao Serviço do Desenvolvimento?

Este livro é uma compilação de artigos resultantes da XIII ª Assembleia Geral do CODESRIA de 2011

A África e os Desafios do Século XXI

A Ciência ao Serviço do Desenvolvimento?

Experiências de Países Africanos Falantes de Língua Oficial Portuguesa

Teresa Cruz e Silva

Isabel Maria Casimiro

(Orgs.)

CODESRIA

Conselho para o Desenvolvimento da Pesquisa em Ciências Sociais em África
DAKAR

Conselho para o Desenvolvimento da Pesquisa em Ciências Socias em África
Avenue Cheikh Anta Diop Angle Canal IV, BP 3304, Dakar, 18524 Sénégal
Site web: www.codesria.org

ISBN: 978-2-86978-609-7

Coordenação Gráfica : Ibrahima Fofana
Composição : Alpha Ousmane Dia

Distribuído em África por CODESRIA
Distribuído noutro sítio por African Books Collective
www.africanbookscollective.com

O Conselho para o Desenvolvimento da Pesquisa em Ciências Sociais em África (CODESRIA), é uma organização independente, cujos objectivos principais são: a facilitação da pesquisa, a promoção de publicações baseadas em pesquisas e a criação de fóruns múltiplos em torno de trocas de ideias e informação entre investigadores africanos. Luta contra a fragmentação da pesquisa através da criação de uma rede de pesquisa temática que transcende as fronteiras regionais e linguísticas.

O CODESRIA tem uma publicação trimestral, a *África Desenvolvimento*, a mais antiga revista africana especializada em ciências sociais ; a *Afrika Zamani*, uma revista especializada em História ; a *Revista Africana de Sociologia* ; a Revista Africana de Assuntos Internacionais (AJIA) ; a *Identidade, Cultura e Política: Um Diálogo Afro-Asiático* ; a *Revista do Ensino Superior em África* ; e a *Revista Africana de Livros*. Os resultados de pesquisas e outras actividades da instituição são disseminados através de 'Working Papers', 'Série de Monografias', 'Série de Livros do CODESRIA' e através do *Boletim do CODESRIA*.

O CODESRIA gostaria de agradecer a Agência Sueca para o Desenvolvimento e Cooperação Internacional (SIDA), ao Centro Internacional para o Desenvolvimento da Pesquisa (IDRC), a Fundação Ford, a Corporação Carnegie de New York (CCNY), ao Programa das Nações Unidas para o Desenvolvimento (UNDP), ao Ministério Holandês dos Negócios Estrangeiros, a Fundação Rockefeller, O ministério francês de cooperaçao, NORAD, DANIDA, OSFs, TrustAfrica, UNESCO, UN Women, ACBF e ao Governo Senegalês, pelo apoio concedido na realização do seu programa de pesquisa, formação e publicação.

Índice

I: Mulher e Género

II: Media e Direitos Humanos

III: História, 'Vulnerabilidades' Político-Económicas, Justiça e Desigualdades Sociais

Agradecimentos

Os nossos primeiros agradecimentos vão para o CODESRIA, pelo convite que nos foi endereçado para editarmos este volume, que contém os textos apresentados em língua portuguesa à XIII ª Assembleia Geral do CODESRIA que teve lugar em Marrocos em 2011, bem como aos autores dos textos que constituem as três partes deste livro. Sem a sua pronta resposta às nossas solicitações permanentes e sua colaboração para respeitar prazos e responder aos inúmeros pedidos que fazem parte de um trabalho de edição, este volume não teria vindo a lume. Estendemos também os nossos agradecimentos a divisão de publicações do CODESRIA, em particular a Alexander Bangirana, Chefe de divisão e a Chifaou I. J. Amzat, pelo seu paciente trabalho complementar na edição e publicação deste livro; ao Carlos Cardoso, chefe do divisão de pesquisa do CODESRIA e responsável pela 'Iniciativa Lusófona' pela permanente disponibilidade em esclarecer as nossas dúvidas e apresentar sugestões, e a Alcinda Honwana por ter prefaciado este trabalho, obrigadas. Ao Centro de Estudos Africanos da Universidade Eduardo Mondlane, pelo tempo de trabalho cedido para que nos fosse possível organizar este volume vão também os nossos agradecimentos.

Nota sobre os editores e autores

Ana Maria Loforte Professora Associada, é doutorada em Antropologia, com formação graduada e pós-graduada em História e Estudos de Desenvolvimento, respectivamente. Com uma longa carreira de docência e pesquisa desenvolvida na Universidade Eduardo Mondlane é actualmente responsável pela área de formação da WLSA-Moçambique. Entre as suas numerosas publicações, destacam-se os trabalhos desenvolvidos na área de mulher e género em Moçambique.

Augusto Nascimento Doutorado em Sociologia e com formação graduada e pós-graduada em História é investigador auxiliar do Instituto de Investigação Científica Tropical, de Lisboa. É autor é co-autor de numerosas publicações, entre artigos de revistas científicas e livros, onde se destacam os seus trabalhos sobre São Tomé e Príncipe (sua área de eleição), Cabo-Verde e Moçambique.

Carmelita Silva Doutoranda em Antropologia Social foi directora do CIGEF-Centro de Investigação e Formação em Género e Família e docente na Universidade de Cabo Verde. Os seus trabalhos de formação, pesquisa e publicações em revistas científicas giram em redor de temas sobre género e relações de poder no espaço doméstico, migrações e desenvolvimento.

Carla Carvalho Socióloga, Mestre em Ciências Sociais e Doutoranda em Estudos de Desenvolvimento, é especialista em género e pesquisadora na área de género e desenvolvimento. Docente e investigadora na Universidade de Cabo Verde, possui artigos publicados sobre a condição das mulheres no meio rural da Ilha de Santiago, Cabo Verde.

Chapane Mutiua Mestrando em História é pesquisador estagiário do Centro de Estudos Africanos da Universidade Eduardo Mondlane e assistente na licenciatura de História na mesma universidade. Os seus trabalhos de pesquisa incidem sobre o Islão no norte de Moçambique, contando já com alguns artigos publicados sobre esta temática.

Gilson Lázaro Doutorando em Estudos Africanos pelo Instituto Universitário de Lisboa (ISCTE-IUL), Portugal; docente da Faculdade de Ciências Sociais da Universidade Agostinho Neto (FCS-UAN) é também assistente de investigação do Centro de Estudos e Investigação Cientifica da Universidade Católica de Angola (CEIC-UCAN).

Isabel Maria Casimiro Doutorada em Sociologia, com formação graduada e pós-graduada em História e Estudos de Desenvolvimento, é Professora Associada e pesquisadora no Centro de Estudos Africanos da Universidade Eduardo Mondlane, e lecciona na mesma universidade cursos de graduação e pós-graduação, sendo ainda pesquisadora do CESAB-Centro de Estudos Sociais Aquino de Bragança. Presidente do Conselho de Direcção do Fórum Mulher, é membro de várias redes feministas pelos direitos humanos das mulheres. Com várias publicações em revistas científicas, é também autora e co-autora de livros sobre mulher e género em Moçambique.

Iolanda Évora Doutora em Psicologia Social é investigadora associada do Centro de Estudos sobre África e do Desenvolvimento (CEsA - ISEG) da Universidade Técnica de Lisboa. Os seus interesses de pesquisa centram-se sobre dimensões psicossociais da migração cabo-verdiana, transnacionalismo, processos associativos em contexto migratório e concepções e discursos sobre a diáspora cabo-verdiana dentro e fora do arquipélago. No campo da saúde/imigração, tem estudado aspectos das percepções e atitudes dos jovens face ao VIH/SIDA. Lecciona disciplinas de Psicologia Social e Organizacional e Metodologia Qualitativa.

Luca Bussotti Investigador Auxiliar no Centro de Estudos Internacionais do ISCTE-IUL de Lisboa, foi Professor Auxiliar Convidado na Escola de Comunicação e Artes da Universidade Eduardo Mondlane de Moçambique, e docente no Departamento de Sociologia da Universidade de Pisa (Itália). É autor de vários artigos e livros sobre Moçambique e 'África Lusófona'. As suas últimas pesquisas centram-se na cobertura da imprensa em países lusófonos e liberdade de imprensa em Moçambique.

Miguel de Barros Sociólogo, é investigador associado do Instituto Nacional de Estudos e Pesquisas da Guiné-Bissau – INEP, do Núcleo de Estudos Transdisciplinares de Comunicação e Consciência da Universidade Federal do Rio de Janeiro – NETCCON/URFJ (Brasil) e ainda membro do CODESRIA.

Redy Wilson Lima Formado em Sociologia, é doutorando em Estudos Urbanos (FCSH-UNL/ISCTE-IUL, Portugal), investigador associado ao CesA/ISEG-UTL (Portugal) e professor assistente convidado no Instituto Superior de Ciências Jurídicas e Sociais (Cabo Verde).

Sara Araújo Doutoranda em Sociologia do Direito, é investigadora do Centro de Estudos Sociais da Universidade de Coimbra. Distinguida com o Prémio Agostinho da Silva, atribuído pela Academia de Ciências de Lisboa, faz parte da equipa de investigação do Projeto 'ALICE – Espelhos Estranhos, Ligações Imprevistas' (www.alice.ces.uc.pt). Os seus interesses de pesquisa centram-se no acesso à justiça e instâncias comunitárias de resolução de conflitos, em Portugal e Moçambique. Tem uma longa lista de trabalhos publicados.

Teresa Cruz e Silva Professora e pesquisadora no Centro de Estudos Africanos e Faculdade de Letras e Ciências Sociais da Universidade Eduardo Mondlane, trabalha na área de História Social em Moçambique. É igualmente pesquisadora do CESAB-Centro de Estudos Sociais Aquino de Bragança. Com várias publicações em revistas científicas é também autora e co-autora de vários livros. Os seus interesses de pesquisa versam temas contemporâneos como: movimentos nacionalistas; identidades juvenis, o papel social da igreja em Moçambique, comunidades costeiras e questões ligadas à memória e História.

Virginia Olga João Graduada em jornalismo pela Universidade Eduardo Mondlane de Moçambique é mestranda em Comunicação e Cooperação para o Desenvolvimento na UEM. Tem trabalhado na secção desportiva da STV de Moçambique e colaborado com a ONG italiana CIES sobre programas de formação dos operadores sociais daquele país.

Prefácio

Nas últimas décadas o continente Africano tem registado progressos significativos em relação ao crescimento económico e a alguns processos de democratização. Contudo, estes avanços não têm sido acompanhados de maior equidade e justiça sociais. África continua a debater-se com sérios problemas no domínio da governação, das desigualdades sócio-económicas, do desemprego (especialmente dos jovens) e da falta de provisão adequada de serviços sociais, particularmente nas áreas da saúde e da educação. No plano global, a crise económica mundial, as mudanças climáticas e a rápida expansão das novas tecnologias de informação e comunicação representam desafios adicionais.

A presente colectânea reúne um conjunto de artigos que examinam as experiências dos Países Africanos de Língua Oficial Portuguesa apresentados durante da XIII ª Assembleia Geral do Conselho para o Desenvolvimento da Pesquisa em Ciências Sociais em África (CODESRIA), que teve lugar em Rabat, Marrocos, em Dezembro de 2011. Sob o tema *África Face aos Desafios do Século XXI*, este encontro de cientistas sociais africanos centrou-se no debate dos grandes desafios que actualmente confrontam o continente e na necessidade de um reposicionamento estratégico de África na nova ordem política, social e económica mundial.

Cuidadosamente editado por Teresa Cruz e Silva e Isabel Casimiro este livro não poderia ser mais oportuno. As contribuições aqui recolhidas discutem as experiências dos cidadãos de Angola, Cabo Verde, Guiné-Bissau, Moçambique e São Tome e Príncipe, e sugerem algumas respostas aos desafios que confrontam estas sociedades. Cada um dos autores apresenta estudos que examinam diligentemente a conjuntura política, social e económica e sugerem que os avanços registados nas últimas décadas no que diz respeito aos direitos e empoderamento das mulheres, à governação democrática, à justiça e direitos humanos, ao acesso ao emprego, à educação e à saúde, são ainda muito modestos em relação ao longo percurso que os nossos países têm que fazer para conquistar o bem-estar dos cidadãos. Torna-se pois imperativo que movimentos sociais dinâmicos e bem informados promovam processos de transformação e de desenvolvimento mais eficazes e sustentáveis.

Existe também a necessidade de uma problematização e teorização adequada sobre a questão do futuro do nosso continente neste novo século. E como referem as editoras do livro, algumas das análises apresentadas levam-nos a "... *reflexões de carácter metodológico e teórico sobre a necessidade de revisitar e redesenhar as ciências sociais e o seu conjunto de disciplinas por forma a transformá-las (...) em conhecimento novo e produtivo. Só assim construiremos um caminho alternativo"(9).*

A publicação desta obra pelo CODESRIA atesta, por um lado, a qualidade das contribuições académicas dos cientistas sociais dos Países Africanos de Língua Oficial Portuguesa, e representa, por outro, a criação de um espaço de intervenção mais alargado e uma maior representação das realidades destes países no debate actual das ciências sociais em África.

A Ciência ao Serviço do Desenvolvimento é sem dúvida uma leitura absolutamente fundamental não só para os cientistas sociais mas também para o público em geral interessado num conhecimento mais aprofundado dos processos de transformação em curso nas nossas sociedades.

Alcinda Honwana
Professora de Antropologia e Desenvolvimento Internacional
The Open University, UK

Introdução

Teresa Cruz e Silva & Isabel Maria Casimiro

Com o título genérico, *A Ciência ao serviço do Desenvolvimento? Experiências de Países Africanos Falantes de Língua Oficial Portuguesa,* este volume reúne um conjunto de artigos apresentados em língua portuguesa em diferentes painéis científicos da XIII ª Assembleia Geral do CODESRIA que teve lugar na cidade de Rabat, em Marrocos, de 05 a 09 de Dezembro de 2011[1].

A escolha de Marrocos como país de acolhimento da XIIIª Assembleia Geral do CODESRIA tem um significado especial pelo papel que este país desempenhou, particularmente na vigência do rei Mahomed V, no apoio aos movimentos de libertação. Depois das comemorações das independências Africanas em 2010[2], celebrámos em 2011 os 50 anos da realização da Conferência de Chefes de Estado Africanos e organizações políticas que marcaram a história dos movimentos nacionalistas e da luta pelas independências neste continente[3]. Em 2011 celebrámos também os 50 anos da realização da Conferência Constitutiva da CONCP – Conferência das Organizações Nacionalistas das Colónias Portuguesas, que teve igualmente lugar em Marrocos (Casablanca), em Abril de 1961. A assembleia constitutiva da CONCP que reuniu representantes de Cabo Verde, Guiné Bissau, Angola, Moçambique, São Tomé e Príncipe, e delegados de movimentos Africanos 'pró-libertadores' e partidos de Goa, elegeu um secretariado composto por proeminentes figuras de nacionalistas que distinguiram os processos de libertação das então colónias portuguesas, pelo papel que desempenharam nas diferentes lutas contra a opressão e dominação da 'longa noite colonial'. Destacam-se aqui nomes como Mário Pinto de Andrade (Angola), Marcelino dos Santos (Moçambique) e Aquino de Bragança (Goa). Celebrações como estas, que relembram marcos importantes da nossa história, devem ser momentos de reflexão sobre os caminhos trilhados pelos países Africanos e sobre o seu futuro, sem esquecer que papel cabe aos cientistas sociais na construção desse mesmo futuro.

Enquadrada pelo grande tema: *A África e os desafios do Século XXI,* a XIII ª Assembleia Geral do CODESRIA, de algum modo tentou fazer uma reflexão sobre a situação actual vivida pelos cidadãos dos países Africanos, os obstáculos existentes e os imensos desafios que são colocados aos seus intelectuais para que assumam uma postura engajada na resposta aos problemas de que o continente ainda enferma, numa perspectiva em que é ainda necessário estabelecer rupturas nas continuidades dos processos históricos para avançar na luta alternativa por uma África menos excludente, por isso mais justa.

O livro que hoje apresentamos, porque resultante das interrogações que o CODESRIA colocou aos cientistas sociais Africanos em Rabat, é também, em parte, senão um conjunto de respostas a esses questionamentos, pelo menos o resultado da procura de alternativas aos problemas que afectam o continente, muitas vezes ainda sob a forma de mapeamento de problemas e questionamentos ao contexto existente, uma forma de interrogar o futuro e interpelar os desafios que o mesmo lhes reserva, quando questões como a desigualdade de género, acesso a recursos, conflitos e violência, supressão de liberdades e a violação constante e impune dos direitos humanos fazem parte da luta diária da maior parte dos cidadãos. Os debates colocados em cima da mesa pelos pesquisadores dos diferentes estudos de caso incluídos neste livro, partindo da história dos países Africanos falantes de língua portuguesa, somam ainda à lista dos problemas mencionados, as questões mais elementares de direitos cidadãos, como o acesso à justiça e à educação, onde não é possível ignorar os elementos da multiculturalidade dos povos de um continente marcado por uma grande heterogeneidade e mobilidade.

Organizado em três partes distintas, depois do Prefácio e da Introdução, o livro abre com contribuições de quatro autoras que estudam Moçambique e Cabo Verde, tratando da forma como a sociedade se organiza em defesa dos direitos de cidadania das mulheres, onde o acesso a recursos, o empoderamento e as relações inter- familiares, fazem parte das reflexões aqui inseridas, que procuram respostas para os desafios presentes. Ana Loforte e Isabel Maria Casimiro, sobejamente conhecidas pelo seu trabalho tratam de Moçambique e Carmelita Silva e Carla Carvalho especialistas de Cabo-Verde, trazem estudos de caso sobre este país.

Ana Maria Loforte no artigo 'Algumas Reflexões Sobre Formas de Deslegitimação da Violência Contra a Mulher em Moçambique', partindo do questionamento dos aspectos estruturais da opressão e subordinação das mulheres, identifica o papel dos movimentos sociais que integram acções colectivas desenvolvidas por algumas Organizações Não Governamentais (ONG's). Através das suas intervenções no processo de deslegitimação da violência contra as mulheres as acções das diversas ONG's têm sido no sentido do seu empoderamento como sujeita de direitos, participante activa nos processos de mudança, obrigando as instituições responsáveis a promover a realização dos direitos humanos das mulheres, através da sua divulgação, da denúncia das violações, chamando a atenção para as suas obrigações e responsabilidades num contexto de desigualdades históricas que as obrigam à tomada de medidas para corrigir as assimetrias existentes.

Com o artigo 'Fornadjeras': mulheres, mobilidade social e género na produção do grogue na comunidade rural de Ribeira de Principal em Cabo Verde, Carla Carvalho aborda as transformações vividas pelas mulheres 'fornadjeras', nas pequenas comunidades rurais de Cabo Verde. Espaço marcadamente masculino, o trabalho na 'fornadja' tem sofrido mudanças devido à emigração masculina ou para desempenhar outras actividades produtivas fora da comunidade, o que tem 'obrigado' as mulheres a ocupar os espaços de organização socioeconómicos antes restritos aos homens. Com esta nova responsabilidade produziram-se novas relações sociais no espaço da produção da 'fornadja', as mulheres conquistaram uma nova identidade como 'fornadjeras', ganhando igualmente um novo papel social como provedoras do grupo doméstico.

A situação dos imigrantes do CEDEAO em Cabo Verde é o tema do artigo de Carmelita Silva, 'Comunidades Imigradas da CEDEAO em Cabo Verde: Dinâmicas Familiares e Representações sobre Práticas de Violência nas Relações de Género'. Tomando como ponto de partida as relações inter-familiares, as relações de género e situações de violência e suas determinantes, a autora aborda a violência baseada no género no espaço doméstico, indagando sobre a sua aceitação social, num contexto de relações marcadamente assimétricas de poder, e de sociedade patriarcal, procurando desconstruir a ideia de que as mulheres vítimas de violência sofrem passivamente, naturalizando a desigualdade.

Isabel Casimiro, com o artigo 'Movimentos Sociais e Movimentos de Mulheres em Moçambique', resgata a experiência do Fórum Mulher, uma rede de variadas organizações em Moçambique, na sua caminhada durante os últimos 20 anos, pelos direitos humanos das mulheres, por mais participação, reconhecimento das diferenças e redistribuição. Parte da abordagem dos movimentos sociais como grupos de pessoas que realizam actividades conscientes e colectivas com o propósito de promover a mudança, analisando os movimentos de mulheres e feministas. A acção destes movimentos tem permitido a construção de alianças e coalizões em Moçambique, no continente Africano e no mundo, cruzando as divisões de classe, cor da pele, etnicidade, língua, e outras identidades diversas, engajando-se na acção colectiva e desafiando o *status quo*, com o intuito de transformar as políticas e as estruturas de tomada de decisão.

A segunda parte deste livro trata da cobertura da violação dos direitos humanos por parte da imprensa na chamada 'África Lusófona', apresentando os resultados de uma pesquisa que envolveu estudos sobre Angola, Cabo Verde, Guiné-Bissau e Moçambique, no âmbito de um projecto financiado pelo CODESRIA. Com a coordenação científica de Luca Bussotti, os seus autores trazem contribuições centradas na mesma problemática e metodologia de pesquisa. Gilson Lázaro traz-nos assim um estudo sobre Angola, com o tema: 'Imprensa e Direitos Humanos: o caso de dois jornais angolanos. Num trabalho a duas mãos, Luca Bussotti e Virgínia Olga João abordaram a situação de Moçambique com o tema: 'A cobertura da violação dos Direitos Humanos por parte do Estado na imprensa moçambicana: "O País" e "Notícias" (2008-2009)'. Miguel de Barros, com o artigo: 'Análise da cobertura dos mídia sobre questões dos Direitos Humanos: o caso da Guiné-Bissau', trata, como indica o título, do caso da Guiné Bissau. Redy Wilson Lima por sua vez, com: 'Uma análise da cobertura dos mídia sobre questões de direitos humanos em Cabo Verde (2008-2009) a partir dos jornais "A Semana"; "Expresso das Ilhas" e "A Nação", retrata-nos a situação vivida neste país insular.

De acordo com Luca Bussotti, que desenhou e fez a coordenação científica[4] deste estudo:

> O projecto parecia ser inovador, pois nunca tinha sido feito um estudo comparado, pelo menos no espaço africano lusófono, relativamente ao tema em análise. Os artigos presentes neste livro reflectem apenas o primeiro resultado da pesquisa comparada entre os países envolvidos, cujo espaço temporal se estende desde os primeiros anos da década de 1990 até o ano de 2011. Por se tratar de resultados parciais, aqui são apenas apresentadas as evidências inerentes ao biénio de 2008 e 2009. Tratando-se de um estudo comparativo os textos aqui presentes registam alguma homogeneidade em termos metodológicos (cruzamento de dados quantitativos e qualitativos) e de abordagem geral. A leitura dos vários estudos de caso, permitiu-nos perceber a relevância que os diversos jornais em análise atribuíram à questão dos Direitos Humanos, mesmo que muitas vezes, apenas de forma superficial. Nesta base, construímos o parâmetro relativo ao grau de 'condensação' temporal dos artigos com base no seu conteúdo, ou seja, pretendemos verificar até que ponto os jornais em análise tratavam de forma regular assuntos ligados aos Direitos Humanos, ou se, pelo contrário, eles se concentravam sobre este mesmo aspecto apenas na altura de grandes acontecimentos que até podem ter abalado as consciências dos cidadãos (…).

A leitura sistemática dos artigos que compõem a parte II deste livro permite deste modo ao leitor, estabelecer uma base de comparação entre os diversos estudos de caso, o que é facilitado pela coerência metodológica que orientou cada um destas pesquisas. Ao mesmo tempo, o recorte sociológico que os seus autores imprimem à análise de conteúdo dos jornais que foram seu objecto de estudo, permite-nos não só avaliar o poder dos *media* na formação da opinião pública mas também a forma como o poder político pode influenciar essa mesma informação e sua consequente manipulação.

A negação do direito à informação e à liberdade de imprensa, sistematicamente violados, como é ilustrado pelos quatro estudos de caso acima referidos, cerceia os direitos elementares dos cidadãos. Ao tratar de direitos humanos, os estudos acabados de referir estabelecem uma ponte com os textos que compõem os estudos sobre mulher e género, que constam da parte I deste livro e que tratam igualmente de direitos humanos, mesmo que apenas focados numa temática específica, através da luta que os movimentos sociais realizam pelo reconhecimento das mulheres e por uma maior equidade de género. A parte III do livro, por sua vez, contém uma miscelânea de temas que indo ao encontro das problemáticas levantadas para discussão pela XIII ª Assembleia Geral do CODESRIA, mergulha num contexto de carácter histórico para se situar no momento presente, ao mesmo tempo que discute as 'vulnerabilidades' a que o continente está sujeito, não só através do processo de estruturação de classes, como ainda da justiça e seu acesso, cultura e educação, aspectos fundamentais na relação dos cidadãos com o Estado e no seu acesso aos direitos que lhe são consagrados nas constituições dos seus países e na Carta das Nações Unidas. A luta pelos direitos cidadãos que aparecem directa ou indirectamente expressos nestes artigos, quer se trate de direitos políticos ou sociais, expressam também princípios de inclusão que nos permitem fazer pontes com as partes I e II do livro.

Augusto Nascimento, Iolanda Évora, Sara Araújo, Chapane Mutiua e Teresa Cruz e Silva, tratam assim na parte III desta coletânea de textos, de estudos de caso que cobrem respectivamente, as áreas insulares de São Tomé e Príncipe e Cabo Verde, com temas sobre elites nacionais e práticas políticas e questões viradas para a mobilidade populacional e identidades, aos quais se acrescem três estudos sobre Moçambique que abordam questões que vão da administração da justiça à educação, nomeadamente a literacia em língua árabe e o ensino superior. Os cinco estudos referidos oferecem-nos assim um leque variado de análises e a problematização de questões que fazem parte das preocupações que afectam os cientistas sociais destes países. Não sendo problemáticas exclusivas dos países 'Africanos lusófonos', porque são estudos de caso, abrem no entanto uma luz para a compreensão de alguns dos problemas vividos nesta região.

Augusto Nascimento debruça-se sobre o papel das elites em São Tomé e Príncipe, que ele caracteriza como um 'universo micro-insular'. Com o título 'Elites em São Tomé e Príncipe: os lastros da História, as peias do presente', o autor analisa a sua formação e protagonismo, a partir da sua gestação até à construção de um país independente, colocando em relevo as continuidades e/ou mudanças operadas em contextos históricos diferentes e suas consequentes repercussões no pós independência. Ao longo desta discussão, Nascimento problematiza o conceito elite e o seu papel para o caso específico de São Tomé e Príncipe, 'com referência às modulações da evolução política, explicada não apenas pelas mudanças do mundo mas também pelo modo como as várias heranças culturais e as práticas políticas da terra se revelam propícias ou avessas à reprodução de elites locais'.

Iolanda Évora traz-nos algumas reflexões sobre os fundamentos teóricos e empíricos de um projecto de trabalho enquadrado no âmbito dos Grupos Nacionais de Pesquisa (GNT) financiados pelo CODESRIA[5]. Com este artigo intitulado 'O estudo das relações contemporâneas entre a sociedade cabo-verdiana da diáspora e Cabo Verde: considerações teóricas e empíricas', a autora trata da análise das relações contemporâneas entre a sociedade Cabo-verdiana e a diáspora deste país, como nos deixa antever o seu título. São encontros que nos permitem ler as reciprocidades, compromissos e obrigações que emergem e se desenvolvem simultaneamente dos dois lados, para além dos aspectos de 'ordem mais material' (transferência de fundos em dinheiro ou em bens móveis e imóveis), num contexto onde o emigrante é visualizado como 'agente de desenvolvimento'. Iolanda Évora defende ainda a importância de não descurar as vantagens a obter pelos diversos actores posicionados nos dois lados que os representam, 'na medida em que a distância social e geográfica coloca questões de autenticidade e representação', sem perder de vista os processos internos de mudança. Com estas reflexões, Iolanda Évora coloca em debate a problemática 'da pertinência da conceituação em torno do lugar de origem [que] ainda é incipiente no campo das ciências da migração que se referem à noção quando tratam da migração, transnacionalismo e diáspora'.

Chapane Mutiua, com 'O Islão e o processo de Literacia no Norte de Moçambique entre os finais do século XIX e princípios do século XX', estuda o contributo do ensino islâmico para a formação de uma classe letrada e alfabetizada no norte de Moçambique, entre os finais do século XIX e princípios do século XX. Com este trabalho, o autor procura mostrar que: i) a prática de alfabetização e literacia no norte de Moçambique não se circunscreve apenas ao uso do alfabeto latino, embora as abordagens oficiais sobre o fenómeno no país, tenham tendência a excluir os utentes do alfabeto árabe que foi e continua a ser difundido através do ensino islâmico; ii) os ensinamentos transmitidos através da 'escrita árabe' ao ultrapassarem o fórum religioso, carecem de uma melhor atenção pela importância que desempenham no campo sócio-cultural e na educação das populações.

No seu artigo 'A justiça e a cidade: Caminhos e resultados de uma ecologia de justiças no centro urbano de Maputo', Sara Araújo traz-nos duas experiências urbanas na resolução de conflitos partindo do pressuposto de que 'A pluralidade da justiça moçambicana não pode ser analisada apenas a partir do que esteve ou está previsto na legislação. A realidade é complexa e, muitas vezes, imprevisível e situa-se para lá do que encontramos nos livros de história e nos códigos jurídicos'. Considerando que o modelo Ocidental está em crise e que a solução também não pode passar pela romantização das estruturas ditas locais ou tradicionais de resolução de conflitos, a autora propõe uma 'ecologia de justiças', considerando que 'a evolução poderá passar por colocar no debate sobre o acesso à justiça, em pé de igualdade, diferentes práticas que existem no mundo', havendo a necessidade de 'contextualizar e analisar essas práticas, conhecer a forma como actuam e perceber se desempenham um papel relevante na promoção da cidadania ou de que forma o poderão fazer'.

Teresa Cruz e Silva, com o título 'O lugar das Ciências Sociais como Motor de Mudança: o caso de Moçambique' ao tratar da educação terciária no país, analisa a forma como os impactos das mudanças económicas e políticas globais que afectaram o continente Africano depois de meados da década de 80, se repercutiram directamente nas áreas sociais, afectando o sector da educação.Com um enfoque no período 1985- 2010/11, e a partir de um estudo de caso de universidades públicas em Moçambique, a autora traz para debate questões ligadas à contribuição da universidade para romper com as 'vulnerabilidades' políticas e económicas a que muitos países Africanos estão sujeitos. A autora aborda ainda o papel da universidade no cumprimento da Missão para que foi criada e do papel do académico, no momento em que ambos são desafiados a responder de forma activa aos problemas nacionais e do continente.

Constituído embora por temas variados, que resultam da multiplicidade de questões abordadas na conferência organizada pelo CODESRIA e acima referida, o conjunto de textos que hoje apresentamos, se por um lado reflectem a diversidade que caracteriza os países da 'África Lusófona', todos eles se pautam por um somatório de questionamentos directos ou indirectos que reflectem os temas e subtemas que presidiram a XIII ª Assembleia Geral que teve lugar em Rabat.

Ao revisitar variadas temáticas sobre Mulher e Género, a parte I deste livro mostra-nos que, se é verdade que são incontáveis os ganhos que se alcançaram nas últimas décadas no processo de empoderamento das mulheres e acesso a um incontável número de direitos, não é menos verdade que o caminho a percorrer ainda é longo. Os quatro artigos aqui inseridos, são no entanto uma excelente ilustração do papel que os movimentos sociais podem desempenhar na luta por novas conquistas, ao mesmo tempo que nos mostram que há alternativas possíveis.

Os esforços encetados para introduzir sistemas de governação democrática nos países que constituem estudos de caso neste livro, mostram-nos que apenas se deram alguns passos no sentido da transformação para que os direitos humanos dos cidadãos Africanos, nas suas diferentes formas de expressão possam ser respeitados. Exemplos disso são as formas de comportamento dos *media*, os direitos das maiorias e o acesso à educação e à justiça que são retratados pelos autores dos diversos estudos contidos nesta obra. Estes e outros temas levantados nestes artigos levam-nos assim a reflectir sobre a África dos anos 1960 e meados de 1970, quando tiveram lugar as independências dos países Africanos, e a evolução dos contextos sociopolíticos actuais, para que nos seja possível fazer uma leitura das razões que levaram as elites que lutaram pelas independências a assumirem hoje posturas que estão muitas vezes longe de construir uma África que possa romper com as 'vulnerabilidades' que tolhem o seu desenvolvimento e cerceiam as lutas de carácter democrático. A análise deste conjunto de desafios, é hoje permanentemente colocada aos cientistas sociais do continente. Para além de propostas alternativas que alguns textos inseridos neste conjunto de estudos nos apresentam, algumas das quais já mencionadas, há também constatações, mapeamentos, sugestões e questionamentos que nos obrigam a fazer reflexões de carácter metodológico e teórico sobre a necessidade de revisitar e redesenhar as ciências sociais e o seu conjunto de disciplinas por forma a transformá-las de disciplinas científicas subordinadas, em conhecimento novo e produtivo. Só assim construiremos um caminho alternativo.

Notas

1. O conteúdo de cada um dos textos incluídos nesta colectânea é da inteira responsabilidade dos respectivos autores e autoras. A selecção e organização dos artigos são da responsabilidade das organizadoras do livro.
2. Celebrações dos 50 anos das Independências Africanas.
3. Entre outras figuras de destaque estiveram igualmente presentes a este encontro: Kwame Nkhrumah (Ghana); Julius Nyerere (Tanzania); Gamal Abdel Nasser (Egipto); Ahmed Sekou Touré (Guiné); Mobido Keita (Mali) e Ferhat Abbas (Argélia).
4. Luca Bussotti foi o coordenador científico deste projecto de pesquisa, para quem vão os nossos agradecimentos pela sua contribuição no esclarecimento de como o projecto foi concebido e organizado, de acordo com as palavras que se seguem.
5. Trata-se de um Grupo Nacional de Trabalho, sob coordenação de Iolanda Évora e financiado pelo CODESRIA, com o título '*Para além das remessas: a consolidação da sociedade caboverdeana da diáspora e as transformações sócio-culturais e políticas em Cabo Verde*'. O GNT_Lusophone/2011, é constituído por: Iolanda Évora, Celeste Fortes, Clementina Furtado, Leão de Pina e Redy Lima.

I
Mulher e Género

1

Algumas Reflexões Sobre Formas de Deslegitimação da Violência Contra a Mulher em Moçambique

Ana Maria Loforte

Introdução

Em Moçambique, nas últimas décadas têm sido crescentes os movimentos sociais que integram acções colectivas desenvolvidas por Organizações Não-Governamentais (ONG's). Estes movimentos visam a mobilização de recursos materiais e simbólicos para a definição de estratégias transformadoras que tenham como objectivo o alcance da justiça de género. Potenciando as suas capacidades tem vindo a visibilizar o problema da violência baseada no género (VBG), particularmente a violência contra a mulher, e fazer dela um objecto de pesquisa e intervenção. Criadores de novos marcos de interpretação as suas abordagens baseadas em direitos são diversas e propagam-se num campo bastante extenso. Conceptualizam a violência contra a mulher como um atentado aos direitos humanos básicos e, neste sentido, focalizam as suas atenções na mudança das relações de poder que sustentam as desigualdades e a injustiça.

Este artigo, baseado na análise das intervenções de algumas ONG's pretende identificar o papel destas no processo de deslegitimação da violência contra as mulheres. As campanhas que têm sido realizadas procuram o empoderamento da mulher como sujeita de direitos, participante activa nos processos de mudança que fazem com que os portadores dos deveres, estatais ou não, promovam a realização dos direitos humanos e se abstenham da sua violação.

Partindo de questionamento dos aspectos estruturais da opressão e subordinação das mulheres, as denúncias para acabar com a violência, procuram mostrar as manifestações mais brutais da mesma mas, simultaneamente, impulsionam obrigações e responsabilidades num contexto em que as desigualdades históricas impelem a tomada de medidas visando corrigir as assimetrias existentes.

Os movimentos sociais e acção colectiva

Como ponto de partida para esta análise tomamos como definição a proposta de que estes movimentos são uma forma de acção colectiva no sentido em que desenvolvem actividades comuns com o objectivo de se atingirem transformações sociais e desafiarem as normas que perpetuam a violência.

A estrutura da reflexão baseia-se no modelo de análise de género promovida pelas OXFAM (Antrobus 2006) que afirma a existência de três níveis de actuação fundamentais para alcançar mudanças profundas: estes devem situar-se na esfera política, nas estruturas/normas culturais e nas práticas.

Assim, centramo-nos na identificação das formas de participação das ONG's no que tange à sua intervenção social para contribuir para estas mudanças. Buscamos a inspiração em Goffman (1987: 149) ao referir que:

> Uma organização formal pode ser definida como um sistema de actividades in- tencionalmente coordenadas e destinadas a provocar alguns objectivos específicos e globais. O produto esperado pode ser: artefactos materiais, serviços, decisões e informações.

Ao analisar esta definição vários elementos nos saltam à vista e permitem inferir sobre: 1) as actividades da esfera pública que tem procurado influenciar as instituições do Estado e outros parceiros nos processos de reforma legal e definição de políticas; 2) as actividades intencionalmente coordenadas para a transformação estrutural das mentalidades e normas; 3) as práticas assistenciais.

A esfera pública: O Estado como portador de deveres

O quadro legal

As acções de advocacia das ONG's junto do Estado foram ancoradas na identificação da causa principal da violência contra mulher, como sendo o desequilíbrio do poder entre mulheres e homens. Neste fenómeno cuja natureza é estrutural, referem que o mesmo encontra a sua expressão concreta no facto de os grupos dominantes empregarem distintos meios de coerção com a finalidade de conquistar, reter o poder e obter privilégios. Assim apregoam como dever do Estado a domesticação dos instrumentos internacionais de defesa dos direitos humanos das mulheres, a sua responsabilização tanto no domínio público como privado visando a protecção destes direitos, sob pena de se manter a discrepância entre as promessas democráticas de igualdade e justiça e a subordinação das mulheres na vida social. As pesquisas realizadas por organizações como a Women and Law in Southern Africa (WLSA) sobre violência doméstica mostram uma alta incidência deste fenómeno e que um grande número de mulheres vive em 'infernos privados' sem que o Estado as proteja. Trouxeram assim matéria para argumentar para a necessidade de uma lei consentânea com a realidade do país tendo em atenção o impacto negativo da violência doméstica não obstante os primeiros marcos da legislação moçambicana sobre os direitos humanos das mulheres datarem da primeira Constituição da República pós-independência nacional. Esta determina, especificamente, que 'homens e mulheres devem ser iguais perante a lei em todas as esferas da vida política, económica, social e cultural' (Constituição República de 1975).[1] Este princípio que orienta toda a acção legislativa e executiva do Estado no que respeita aos direitos fundamentais está presente ainda na Constituição de 1990 e de 2004.

Houve necessidade das mulheres, através dos grupos de pressão existentes, lutarem para que a breve trecho, a Assembleia da República aprovasse uma legislação não discriminatória, que se conforme com o texto Constitucional e as normas de Direito Internacional acolhidas por Moçambique com vista ao usufruto dos direitos de cidadania em geral. Deste modo, a violência tornou-se uma preocupação fundamental do governo e constitui prioridade nos Planos de Acção de Redução da Pobreza (PARPA) que apontam a necessidade de revisão de toda a legislação discriminatória contra as mulheres e a adopção de nova legislação particularmente contra a violência doméstica, a criação de condições para a sua implementação efectiva, incluindo a capacitação institucional dos intervenientes e a sua disseminação.

Dada a gravidade da situação, o governo coloca igualmente nos seus Planos Quinquenais, a questão de prevenção e combate a este mal social como um dos seus grandes desafios e uma das suas maiores prioridades, a curto, médio e a longo prazo, cientes de que não é possível vencer a pobreza absoluta e construir um Moçambique de paz, harmonia, segurança e prosperidade num ambiente de violência contra a mulher.

As principais conquistas alcançadas na área da prevenção e combate à violência baseada no género são: a aprovação e promulgação da Lei sobre a Violência Doméstica praticada contra a Mulher, Lei n.º 29/2008, de 29 de Setembro, a adopção do Plano Nacional de Prevenção e Combate à Violência contra a Mulher (2008-2012) e a elaboração da proposta de Mecanismo de Atendimento Integrado para as Vítimas de Violência baseada no Género, actualmente em discussão, o que representa formalmente um compromisso do país com a luta por direitos humanos das mulheres.

A Lei sobre a Violência Doméstica praticada contra a Mulher prevê o tratamento das vítimas de violência, incluindo a violência sexual. Este instrumento representa um avanço importante em relação ao Código Penal que não tipifica a violência baseada no género como um crime. A lei preconiza ainda que o crime de violência contra a mulher é crime público, podendo pois ser denunciado por outras pessoas para além da vítima. Os desafios consistem em assegurar a regulamentação e disseminação da lei para garantir a sua aplicação e fortalecer os mecanismos de denúncia e encaminhamento dos casos assim como a provisão dos serviços de atendimento preconizados na lei. Ao se considerar a violência como um crime público, os agentes da lei e ordem são forçados por lei a dar andamento a todas as queixas apresentadas, evitando-se que a violência seja considerada como caso privado.

Chamando a atenção para a análise do poder no direito e sua linguagem, as ONG's sublinham que apesar de se terem revogado as normas substantivas expressamente discriminatórias ainda não se conseguiu um tratamento justo e equitativo para as mulheres em função da prática legal quotidiana.

A existência de uma moldura jurídica que garanta a igualdade legal entre homens e mulheres deve ser articulada com a criação de mecanismos que permitam o acesso das mulheres a um sistema de administração da justiça que não seja ancorado em percepções e práticas discriminatórias.

Tomando em consideração as representações dos agentes policiais na gestão dos problemas de violência contra as mulheres, sublinham que as palavras utilizadas no tratamento dos casos banalizam os depoimentos das mulheres nos casos de violação e agressão física: as situações são avaliadas em função das suas crenças, à luz dos valores patriarcais negando-se a natureza criminal da infração. Evidenciam também, que nos tribunais comunitários (que emergiram por diploma normativo estatal n.42/92 de 6 de Maio) a violência física dificilmente se converte em fundamento de queixa. Os integrantes destes órgãos constroem juizos que categorizam de forma desigual os comportamentos de homens e mulheres. A naturalização do uso da força, por parte do homem, e a tolerância para a sua actuação surge como argumento que justifica o crime cometido. A sua legitimidade é decorrente da necessidade de repor a ordem. A criação subjectiva em torno do mesmo, que se alimenta de argumentos que a definem como instrumento para arbitrar conflitos de interesse, torna-se um factor de compreensão do fenómeno.

As ONG's concluem assim que o direito é um discurso do poder que se manifesta nos dramas legais que se levam a cabo diariamente nas esquadras das polícias ou tribunais por intermédio dos comportamentos e da linguagem. Através desta última o poder abusa-se, exercita-se ou questiona-se (Facio 2007).

Assim, o cometimento do governo com a igualdade entre mulheres e homens encontra entraves decorrentes (i) da fraca indicação de estratégias a perseguir na implementação da legislação; (ii) das dificuldades de articulação sectorial, orçamentação, monitoria e avaliação, e (iii) da ausência de regulamentação dos dispositivos legais.

O compromisso de estabelecer políticas de género continua a coexistir no discurso político, nas deliberações das instituições e nas práticas sociais, com a manutenção de papéis sociais subjacentes ao modelo patriarcal.

As políticas públicas

Ainda no contexto de programas que procuram aumentar a responsabilidade do Estado emerge a criação dos Gabinetes de Atendimento às Mulheres e Crianças Vítimas de Violência Doméstica a nível das esquadras da polícia. São atribuições destes gabinetes: i) prevenir e combater a violência doméstica; ii) prestar assistência às vítimas de violência doméstica, abuso sexual e tráfico; iii) proporcionar um atendimento personalizado de acordo com as necessidades de cada vítima e iv) garantir a observância da lei e facilitar o acesso a justiça.

O governo tem trabalhado no reforço da capacidade e expansão dos Gabinetes de Atendimento às Mulheres e Crianças Vítimas de Violência. O Ministério do Interior expandiu o número de gabinetes de 95 em 2005 para 151 em 2007, atingindo a cifra de 216 em 2011. Procedeu ao estabelecimento de 21 Gabinetes de Atendimento Modelo (dos quais 19 já em funcionamento) em 7 capitais provinciais e 8 distritos. Pese embora a existência de carências materiais com que se deparam, eles criaram um espaço novo de maior receptividade das queixas apresentadas. As ONG's intervieram na formação para o atendimento de casos de violência contra mulheres e crianças incluindo três vertentes: a natureza estrutural da violência de género; o conteúdo da Lei e o espírito de igualdade presente na mesma e os procedimentos policiais aplicáveis. Neste processo, prestarem igualmente assistência jurídica aos Gabinetes quanto a análise e interpretação da legislação relacionada com os crimes de violência. Neste âmbito, a WLSA Moçambique introduziu módulos de Direitos Humanos nos curricula dos cursos da Academia de Ciências Policiais (ACIPOL).

Igualmente importantes têm sido as iniciativas de mapeamento da disponibilidade de serviços de assistência legal para as mulheres assim como o seu acesso aos mesmos, realizadas por organizações como o Fórum Mulher em parceria com o Centro de Formação Jurídica e Judiciária.

Para garantir o conhecimento dos direitos da mulher a nível do sector judiciário, as organizações femininas em parceria com o Ministério da Justiça, reveem o curriculum de formação dos juízes e procuradores, considerando entre outros aspectos, a inclusão no mesmo de módulos sobre os instrumentos internacionais e regionais de protecção e defesa dos direitos da mulher, ratificados por Moçambique.

A formação adequada é considerada como o caminho a seguir para o desenvolvimento de respostas efectivas à violência. Estas organizações, sublinham que os provedores devem estar a par quer da realidade circundante ao fenómeno, quer das estratégias de satisfação das necessidades sentidas pelas vítimas. De outra forma, o problema continuará largamente encoberto. Quanto mais profunda for a compreensão dos processos de vitimização por parte dos provedores, melhores condições haverá para dar assistência e apoio adequado às vítimas. É necessário entender não só os procedimentos específicos do organismo para o qual trabalham, mas também o funcionamento de outros processos que a esse estejam ligados como os sistemas judiciais, sociais e de saúde.

O questionamento das ONG's sobre as práticas jurídicas significa que elas estão preocupadas em abrir-se a novas relações de convivência entre os seres humanos sem reproduzir as lógicas que até ao dia de hoje limitam o exercício e o gozo do potencial humano de mulheres e homens. Isto exige transcender o uso de lemas para se iniciar um discurso sobre os desequilíbrios de género e do poder para desafiar as normas sociais que reproduzem e contribuem para a manutenção da violência.

Alguns resultados das formações levadas a cabo pelas referidas organizações são visíveis, pois os agentes da polícia questionam abertamente o agressor sobre o seu comportamento violento: eles são ameaçados de prisão, sujeitos a prisão preventiva, e são confrontados com representantes da autoridade que lhes contestam o direito de usar a violência contra a mulher.

A transformação estrutural das normas

As acções de sensibilização das autoridades comunitárias

Um crescente número de organizações questiona as formas em que as tradições culturais prevalecentes são usadas para manter as mulheres subordinadas e vítimas de violência. Articulam demandas que exigem mudanças nas normas culturais que constituem instrumentos de opressão e violação dos direitos. Recusam a incompatibilidade do binómio direitos humanos das mulheres-direitos culturais. Sublinham que em nome da justiça e pela igualdade, é possível defender tanto as nossas culturas quanto os direitos humanos.

No caso da violência considerou-se que a mudança de atitudes para com a mulher era fundamental para contribuir para a prevenção em várias dimensões. Neste sentido, são definidas as questões a atacar, os grupos considerados prioritários para a intervenção e as estratégias de actuação. Para a redução da violência contra a mulher não ser tomada como aceitável a nível cultural, é premente alterar os comportamentos prevalecentes nas sociedades marcadas por extremas desigualdades e mudar as práticas de resolução de conflitos através da violência.

A componente de mobilização comunitária envolve o estabelecimento de parcerias com as comunidades e seus líderes com vista à transformação de práticas prejudiciais e uma mudança social onde as crenças são alteradas. Havendo um reconhecimento crescente do potencial dos líderes comunitários em promover e proteger os direitos das mulheres a uma vida sem violência, criando uma cultura de direitos humanos nas comunidades, têm sido realizadas campanhas de sensibilização em que a sua intervenção *é pivotal*. A promoção do diálogo com líderes tradicionais e de opinião para procurar os seus próprios meios para a transformação de práticas e convicções prejudiciais pretende assim fortalecer a sua liderança em iniciativas para abordar a violência contra a mulher. A abordagem com base nos direitos humanos tem sido o fio condutor e o princípio de orientação dos mesmos. Sendo provedores de serviços precisam de estar conscientes dos seus deveres e o conjunto de normas de direitos humanos especialmente para lidar com assuntos que mais afectam as mulheres.

As ONG's femininas ao analisarem os contextos específicos em que ocorre a violência de género são confrontadas com alguns desafios. Alguns dos maiores obstáculos à mudança são oriundos dos detentores de maior poder- os líderes, idosos e idosas nas comunidades, que ao argumentarem a 'defesa da nossa cultura' para a manutenção de determinados princípios e atitudes, põe em causa o enunciado político presente nas políticas de igualdade.

Partindo da naturalização da subordinação da mulher e de argumentos culturalistas que apregoam a permanência cultural como um direito, algo próprio da sua identidade como povo, defendem papéis de género estabelecidos pela tradição ainda que ao determinarem posições desiguais entre mulheres e homens contrariem os objectivos da equidade de género.

Face à tensão entre os direitos humanos universais e o relativismo cultural destes posicionamentos se defende um conceito de cultura dinâmico e aberto demonstrando como os valores culturais podem ser alterados em função de novas necessidades e condições num processo de reformulação.

O uso de argumentos arbitrários, por parte dos que são detentores de poder, que beneficiam dos privilégios, defendem a permanência cultural e conservação dos valores vai ao encontro do que afirma Lenclud (1987:118), ao sublinhar que a utilidade particular de uma tradição é possibilitar e oferecer a todos que a enunciam no quotidiano, os meios de afirmar as suas diferenças e de assegurar a sua autoridade e poder.

A tecedura da solidariedade e o aumento do capital simbólico

Num primeiro momento foi importante definir-se a situação da violência como problemática, injusta e ilegítima, numa segunda fase denunciar as causas da situação sejam elas culturais, ou económicas. Mas foi necessário ainda, propor soluções alternativas pois não basta anunciar que uma condição é injusta mas é também necessário difundir a ideia de que é possível mudar a situação, o que passa pelo respeito dos direitos humanos das mulheres. Assim as ONG's femininas como o Fórum Mulher, WLSA e MULEIDE promoveram,

- Educação pública e aconselhamento a vários grupos sociais,
- Acções de formação e educação sobre direitos humanos e desigualdades de género a membros dos órgãos da comunicação social, treinados activistas e membros de associações locais, para legais.

As formações versaram sobre temas como: 1) direitos das mulheres são direitos humanos; 2) a discrepância entre a lei moçambicana e as leis costumeiras; 3) Resolução de conflitos sem violência, e 4) o encaminhamento dos casos de violência para as esquadras policiais e organizações que providenciam assistência social e legal.

Foram ainda realizadas pesquisas que procuraram analisar as causas subjacentes a estes actos desestabilizadores, as suas consequências e as experiências vividas pelas vítimas. O conhecimento académico e o activismo têm-se desenvolvido de maneira produtiva, com ganhos relativos para inúmeras esferas da construção feminista e para o aumento ao capital simbólico derivado do acesso à informação.

De acordo com a WLSA Moçambique, a investigação acção serve para melhor compreender a violência doméstica com a finalidade desta informação ser utilizada em futuras políticas, estratégias e programas de diferentes parceiros intervenientes nesta área e influenciar a agenda de género em Moçambique. O activismo é a única alternativa para questões que desafiam o *status quo*. O que é necessário é levar o assunto real ao público, iniciar o debate e mudar atitudes.

Da pesquisa emergiram várias publicações de cariz académica para garantir que a informação seja suficientemente detalhada e profunda para servir de base a políticas públicas. Porém, foi igualmente importante popularizar a informação para fácil consumo do público em geral. As brochuras e livrinhos abrem assim, um espaço popular para discussão de temas fundamentais.

As Práticas Assistenciais

As acções realizadas propõem desenvolver uma massa crítica na sociedade e nos serviços sobre o significado da violência sabendo-se que é um flagelo no país. Elas objectivam discutir formas de organizar os serviços de modo a melhorar a sensibilidade para os sintomas e sinais de violência apresentados pelas mulheres, melhorar a notificação dos casos, dar a conhecer os serviços de referência para as vítimas. As organizações da sociedade civil têm sido os principais provedores de assistência das vítimas, fornecendo abrigo, aconselhamento, alimentação e reabilitação.

Muitas das actividades realizadas e serviços oferecidos centram-se na resposta às necessidades práticas das mulheres como por exemplo: assessoria jurídica, casas de refúgio, concentrando-se o seu trabalho nas vítimas. Nos Centros de Atendimento as beneficiárias recebem aconselhamento e são referidas a outras redes de serviços existente tais como a assistência legal, médica, psicolológica e social envolvendo as diferentes ONGs e ministérios de tutela. Nestas, as estratégias de actuação são concebidas periodicamente, de certa forma reflectindo mais os enfoques sobre o ataque às manifestações da violência, e menos sobre a visão estrutural da violência contra a mulher, procurando não interferir na modificação dos pilares da construção social da diferença entre o homem e a mulher e as relações de poder desiguais entre os mesmos. Noutras, o discurso público e as práticas respondem às necessidades estratégicas: ao fornecerem informações sobre os direitos humanos procuram romper com os mecanismos de controlo que criam uma cortina de silêncio por parte das mulheres em relação à violência. Como resultado destas acções as pessoas estão cada vez mais a denunciar este tipo de violência, devido às acções e campanhas do Governo e da sociedade civil no sentido de tornar cada vez mais público que a violência contra a mulher é um mal que pode ser combatido a partir das várias instituições e mecanismo criados para o efeito, transmitindo, deste modo, segurança para a vítima.

Para estas, o 'empoderamento' seria mais do que algo 'dado por' ou 'fixado em', mas que usualmente toma a forma de um processo, uma conquista almejada e comummente considerada como 'um meio para ter voz', tal poder seria um meio para ter poder, mais do que um objectivo único.

As práticas assistenciais dirigidas aos homens são ainda incipientes e essencialmente viradas para a promoção do seu envolvimento na prevenção e combate à violência de género, através da advocacia, prestação de apoio e capacitação de grupos emergentes de homens comprometidos com a eliminação da discriminação contra a mulher. Um exemplo a referir é o estabelecimento da Rede Homens pela Mudança de Moçambique (HOPEM).

A HOPEM foi criada com o objectivo de engajar os homens no questionamento de formas prejudiciais de masculinidade e alcance da igualdade de género através de acções de advocacia, estabelecimento de parcerias, capacitação e consciencialização. Não há evidência de iniciativas de reabilitação de homens, perpetradores de violência contra a mulher.

Um problema identificado é a deficiente comunicação entre os organismos incumbidos de coordenar a resposta à violência contra a mulher, especificação no que respeita à retroinformação. Todavia, dificuldades surgem na coordenação dos esforços das agências para aumentar o impacto e eficiência das acções. É de salientar que todas as contribuições são poucas para minimizar os efeitos devastadores da violência baseada no género.

Considerações Finais

As acções colectivas das ONG's revelam uma convergência de ideais e princípios assumidos a nível internacional, e também revelam bastante sobre a evolução da percepção da violência contra a mulher em Moçambique. O processo de criação e recriação de mecanismos e estratégias evidenciam as alterações nas acções com vista a combater o fenómeno da violência, inicialmente reactivo e finalmente caminhando para a pro-acção. Porém, fica patente que existe a necessidade de estas exercerem mais pressão junto do Estado para serem implementadas acções de combate à violência doméstica, principalmente nos factores que tornam as mulheres mais vulneráveis a este facto.

Com a aprovação da Lei sobre a Violência, cria-se uma oportunidade para que, cada vez mais, mulheres denunciem e levem os casos a julgamento. Assim, é necessário que as expectativas criadas através da legislação sejam adequadamente respondidas. É necessário que os serviços de apoio às vítimas sejam integrados, alargados e uniformizados.

É imperioso que o nível da percepção da violência contra a mulher, por parte de um Estado portador de deveres que nos seus discursos públicos negam sistematicamente o carácter estrutural destes actos (concentrando-se sobretudo no ataque às suas manifestações), não deixe intocáveis as instituições da sociedade que não só toleram este fenómeno, como até o encaram como uma forma 'normal' de resolução de conflitos ao nível conjugal.

Assim, para que a cultura de violência seja substituída por uma cultura de direitos, é preciso que o Estados e as ONG's elaborem, tal como propõe a UNIFEM[2], políticas contra culturais como forma de remover os obstáculos que, de forma estrutural, impedem o acesso e o exercício dos direitos humanos das mulheres.

Notas

1. O ARTIGO 26 da Constituição da Republica Popular de Mocambique de 1975 sobre os Direitos e Deveres Fundamentais dos Cidadãos determina que 'Todos os cidadãos da República Popular de Moçambique gozam dos mesmos direitos e estão sujeitos aos mesmos deveres, independentemente da sua cor, raça, sexo, origem étnica, lugar de nascimento, religião, grau de instrução, posição social ou profissão. O Artigo 29 vem reforçar ainda que '... as mulheres e os homens gozam dos mesmos direitos e estão sujeitos aos mesmos deveres...'.
2. UNIFEM (2009) Quem Responde às Mulheres? Género e Responsabilização, www. unifem.org/progress 11/09/2011.

Referências

Antrobus, P., 2006,'Transformational leadership: Advancing the agenda for gender justice', in Sweetman, C., Ed., *Women and leadership,* Oxford, UK: Oxfam GB, pp.50-56.

Arthur, M. J. & Mejia, M., (Org.), 2006, R*econstruindo Vidas: Estratégias de mulheres sobreviventes de violência doméstica,* Maputo: WLSA Moçambique.

Arthur, M. J. & Mejia, M., (Org.), 2006 *Coragem e impunidade: Denúncia e tratamento da violência doméstica contra as mulheres em Moçambique.* Maputo: WLSA Moçambique.

Bourdieu, P., 2002, *A Dominação Masculina,* Rio de Janeiro: Editora Bertrand, 2ª edição.

Day, V. P., et al.,2003, 'Violência Doméstica e sua Diferentes Manifestações'. *Revista de Psiquiatria do Rio Grande do Sul,* 25 (Suplemento), pp. 9-21.

Facio, A., 2006, 'A partir do Feminismo, Vê-se Outro Direito', *Outras Vozes,* No.15, pp.1.

Fórum MULHER, 2007, *A Violência Doméstica é uma Violação dos Direitos Humanos das Mulheres,* Maputo: Fórum Mulher.

Goffman, E., 1987, *Manicómios, prisões e conventos.* São Paulo: Editora Perspectiva. Melucci, A., 1994, 'Qué hay de nuevo en los movimientos sociais', in Larana, E., e Gusfieled, J., eds., Los nuevos movimientos sociales, Madrid: CIS, pp. 153-180.

Greenan, L., 2004, *Violence Against Women: a literature review,* Edinburgh: ASTRON.

Lenclud, G., 1987, 'La tradition n'est plus ce qu'elle était avant: sur le notions de tradition et de société traditionnelle en ethnologie', in, *Terrain,* No. 9, pp. 110-113.

Loforte, A. M., 2000, *Género e Poder entre os Tsonga de Moçambique,* Maputo: PROMÉDIA.

Loforte, A. M., 2003 'Mulher, Poder e Tradição em Moçambique', in *Outras Vozes,* No.5, pp.4.

Osório, M. C, et al., 2001, *Poder e Violência – Femicídio e Homicídio em Moçambique.* Maputo: WLSA Moçambique, 1ª Edição.

Osório, M. C., et al., 2006, 'O sistema de administração de justiça em Moçambique e os direitos humanos das mulheres', in *Outras Vozes,* No.14, pp. 9.

República de Moçambique, 2010, *Plano de Acção para Redução da Pobreza Absoluta, 2011 – 2014 (PARP).*

República de Moçambique, 2009, *Programa do Governo para 2010-2014.*

2

'Fornadjeras': Mulheres na Produção do Grogue na Comunidade Rural de Ribeira Principal em Cabo Verde[1]

Carla Carvalho

Introdução

Nas pequenas comunidades rurais de Cabo Verde está em curso um processo social que vem alterando as posições de género e o lugar das mulheres nas actividades produtivas. Este processo transcorre em uma sociedade em que historicamente houve forte dominação masculina e poucas chances de mobilidade social. Cabo Verde é um país arquipelágico, constituído por dez ilhas, situado no oeste africano com cerca de 505.756 habitantes, das quais, 51,5 % são do sexo feminino e 48,5 % são do sexo masculino (INE 2008). Estima-se que além desta população de cabo-verdianos estejam residindo em outros países, tais como Estados Unidos, França, Holanda, etc., cerca de 400.000 cabo-verdianos emigrados ou descendentes de segunda e terceira geração. Este fenómeno faz parte da vida socioeconómica e cultural de Cabo Verde, desde finais do século XIX.

Este estudo foi realizado na ilha de Santiago, na comunidade rural de Ribeira de Principal. O interesse em estudar esta comunidade surgiu a partir de visitas realizadas à comunidade, que tinham como propósito efectuar um levantamento de questões ou temáticas que poderiam revelar-se importantes para a elaboração do projecto de investigação. Nas primeiras visitas à Ribeira de Principal percebeu-se que em várias famílias havia membros que estavam emigrados. Essa emigração acontece essencialmente para os países da Europa, como Holanda, França e outros. Um outro facto interessante que logo saltou à vista foi a existência de um número significativo de mulheres que estavam a trabalhar nas 'fornadjas'[2]. Algumas observações e relatos permitiram constatar que até recentemente as 'fornadjas' eram um espaço de produção eminentemente masculino. As mulheres somente frequentavam este espaço para ajudar[3] os homens em tarefas como o transporte da água e lenha, levar refeições aos maridos e transportar o grogue para casa. Paulatinamente foi aumentando a presença da mulher na 'fornadja', na produção e comercialização do grogue. No sentido inverso, alguns homens deixaram este espaço, muitos deles em virtude da emigração ou para desempenhar outras actividades produtivas fora da comunidade, particularmente como pedreiro na construção civil, regressando no período das sementeiras[4].

Neste contexto, as mulheres passam a adquirir uma centralidade cada vez maior na 'fornadja' e também na comunidade, uma vez que passam a ocupar os espaços de organização socioeconómicos antes restritos aos homens. As mulheres passam a desempenhar as mesmas tarefas que antes eram exclusivas dos homens no espaço público, nomeadamente na agricultura e na produção do grogue. Neste sentido, este artigo pretende mostrar a relação que há entre a migração masculina e a reconfiguração do espaço social público e familiar, particularmente, as relações de poder e de género. A emigração masculina contribui para redefinir a posição da mulher no processo de trabalho e, por consequência, afecta as estratégias de reprodução do grupo doméstico como um todo. Daí propõe-se, provisoriamente, uma linha explicativa em que a migração tende a modificar e, no limite, desestruturar, os padrões tradicionais de organização do espaço social e familiar, fazendo com que os *habitus* dos agentes sociais sejam mudados ou fragilizados.

O objectivo central deste artigo consiste em mostrar como a redução da presença dos homens nas famílias e na comunidade, em razão da emigração, produziu um conjunto de novas relações sociais no espaço de produção da 'fornadja', permitindo que as mulheres conquistassem e construíssem a nova identidade de 'fornadjeras' (mulheres que trabalham na 'fornadja'), atribuindo-lhes também um novo papel social, que é o de provedoras do grupo doméstico.

A literatura vem mostrando que o lugar da mulher nos espaços público e privado pode ser analisado pela contraposição de espaços, em que o espaço de produção ('fornadja') e de reprodução (casa) tende a ser representado como o universo marcado pela distinção. Embora simbólicos e ideologicamente separados, os espaços público e privado são tão imbricados que, ao nível da aparência, não se pode ver nem estabelecer fronteiras (Costa *apud* Fischer 2007). Não obstante, na prática quotidiana as mulheres rurais participam no espaço público desde tenra idade, trabalhando na agricultura. Para os homens, este é o espaço público político, enquanto para elas se trata apenas espaço público. Segundo Fischer (2007), as desigualdades entre mulheres e homens são construídas tanto no espaço público como no espaço privado e se apoiam em interesses e privilégios, alinhadas a um projecto hegemónico de dominação masculina.

No meio rural, as mulheres inserem-se no espaço público – na produção agrícola como ajudantes – e no espaço privado – da casa, enquanto os homens se inserem no espaço público como sujeitos políticos. Para Bourdieu (1999), é através de um imenso trabalho de socialização contínua que as diferentes identidades se estabelecem como *habitus* claramente diferenciados e percebidos, segundo o princípio da divisão dominante. Assim, cabe ao homem o lugar externo, do oficial, do público, realizar todos os actos visíveis e arriscados, como por exemplo as guerras. E à mulher cabe o lugar interno, o privado, o escondido, como as tarefas domésticas e o cuidado com os filhos. Mas, na prática quotidiana das mulheres rurais, elas participam, no espaço público – por exemplo, o campo – desde tenra idade, trabalhando na agricultura, que, para o homem, é espaço público político, mas para ela, é apenas espaço público.

O trabalho da mulher, não valorizado e oculto, até mesmo nas transmissões da propriedade, ganha uma nova face em Ribeira de Principal, com a entrada da mesma na 'fornadja'. Segundo Whitehead (1984), homens e mulheres sempre tiveram papéis separados na produção agrícola e foram responsáveis por suprir as diferentes necessidades dentro do grupo doméstico. A divisão sexual do trabalho nas pequenas propriedades rurais é nítida e de carácter patriarcal, pois geralmente quem determina a divisão de tarefas é o homem, 'chefe da família'. O entendimento 'de quem deve fazer o quê' é passado de geração para geração, naturalizando-se, tornando-se, portanto, um modo de ser que se aproxima do conceito de *habitus,* proposto por Bourdieu.

Assim, neste artigo, a proposta de Bourdieu é tomada como referência para explicar a internalização do *habitus* como condição para determinadas configurações das relações sociais. Considera-se que no processo de divisão do trabalho existem posições distintas para cada membro do grupo doméstico – homens, mulheres, jovens, crianças e idosos. Assim, a construção da divisão social e sexual do trabalho naturaliza-se e legitima o *status quo* dominante. Por isso, mudar o *habitus* das mulheres, que implica incorporar outros papéis além dos de mãe, esposa e trabalhadora, não depende somente delas. Será necessária uma reordenação das tarefas domésticas, com maior participação do marido ou companheiro, dos filhos e de outros membros do grupo doméstico, para que a mulher possa assumir plenamente um lugar público.

Este artigo inicia com uma breve secção sobre o contexto social pesquisado. Na segunda secção busca-se identificar e definir quem são as 'fornadjeras' e o processo de iniciação das mulheres nos espaços da 'fornadja'. A seguir, analisa-se como a entrada da mulher na 'fornadja' e a emigração masculina favoreceram a recomposição das estratégias familiares e da comunidade rural em diversos aspectos.

A iniciação das mulheres na 'fornadja'

As mulheres iniciaram a sua trajectória na 'fornadja' pela mão de algum familiar do sexo masculino: pai, irmão, marido, cunhado, tio. Elas começam a frequentar este espaço ainda crianças a acompanhar as mães que levavam refeições aos seus maridos ou companheiros. As crianças desempenham um conjunto de tarefas, designadamente: levar as refeições aos progenitores, apanhar lenha, transportar água e cana sacarina, carregar o balde com calda e colocar o lume no forno do alambique. A criança, enquanto sujeito social, que se encontra nesse espaço acompanhando os progenitores, não está apenas fantasiando mas encontra-se num processo de socialização, ou seja, a trabalhar seus valores sociais e, a internalizar regras e normas socialmente estabelecidas.

Na adolescência, inicia-se a divisão sexual do trabalho, em que as tarefas entre os rapazes e as moças vão-se diferenciar. Estreia-se, a partir deste momento, a interiorização das fronteiras da divisão do trabalho no espaço social de produção em função do género. Em que os rapazes iniciam as primeiras tarefas ligados à produção do grogue – na destilação do grogue (considerado um dos trabalhos mais importantes no espaço da 'fornadja', juntamente com a 'tempra' e o 'compor' o grogue) – enquanto as moças continuam com as mesmas tarefas – consideradas femininas. Assim, paulatinamente foram substituindo os pais e as mães nas tarefas realizadas nesse espaço. Posteriormente, na idade adulta, a mulher se estabelece ali como trabalhadora e produtora de grogue.

O casamento e a união de facto constituem mecanismos de iniciação feminina nas 'fornadjas'. Outras mulheres aprenderam este trabalho por iniciativa própria na medida em que a aprendizagem dessa prática constitui uma estratégia para continuar a prover e a manter o grupo doméstico. A presença de mulheres influenciou outras a trabalharem nesse espaço de produção. Antes da inserção significativa das mulheres nesse espaço somente as mulheres solteiras, viúvas ou algumas com maridos emigrados estavam na linha da frente da produção do grogue. Mas, as mulheres começaram a seguir pisadas das outras e, actualmente encontram-se todas as 'categorias' de mulheres na 'fornadja'; desde casadas, solteiras, viúvas, jovens, idosas, adultas.

As 'fornadjeras' jogam um papel chave como reprodutoras e gestoras de conhecimento na produção do grogue. Os saberes adquiridos, ao longo dos anos, foram iniciando novas mulheres nesse espaço de produção. Ao aprenderem e dominarem as técnicas de trabalho da produção do grogue realizam um trabalho de socialização desse aprendizado com outras mulheres amigas, 'comadres', filhas, vizinhas e parentes. Assim, através dessa rede de amizade, companheirismo, socialização e cooperação, o capital social aumenta. Esta situação contribui para a autonomia dessas mulheres na garantia da provisão do seu grupo doméstico. Neste sentido, as redes sociais construídas por essas mulheres contribuem para a ida e o aumento das mulheres no espaço das 'fornadjas' para, também, trabalharem e participarem activamente desse espaço público de produção.

A iniciação da mulher e, quiçá, a sua própria permanência na 'fornadja' pode ser pensada como um rito de passagem do espaço privado para o público. O rito envolve, no caso, uma rede de rupturas com os papéis previamente determinados e, a constituição de uma identidade pública. Essa entrada coloca a mulher à frente de novas relações de poder e, consequentemente, de tensão nesse espaço, no grupo doméstico e na própria comunidade uma vez que os actores sociais – marido ou companheiro, 'fornadjero' – consideram que a mulher não devia estar nesse espaço.

As 'fornadjeras' podem ser categorizadas em três tipologias. Em mulheres que trabalham quase ininterruptamente na 'fornadja', as que trabalham durante o tempo 'seco' e as que vão efectuar até quatro ou cinco destilações de grogue por ano. As primeiras e segundas dispõem de uma rede organizada de comercialização do grogue. As segundas, porém, guardam o grogue até terem clientes para vender ou, então, 'passar' esse grogue para os que têm clientes para venderem. Estas mulheres desempenham uma diversidade de tarefas para além da produção do grogue. Trabalham no campo (agricultura de sequeiro), na agricultura (de regadio) e, em outras actividades sazonais – como apanha de inertes, venda de peixes ou outros artigos alimentícios e não perecíveis, cuidadora dos filhos e de outros membros do grupo doméstico com fragilidades de saúde – os idosos e os doentes – para além de realizar as tarefas domésticas.

'Fornadjas' são espaços constituídos por alambiques e 'trapiches' com a finalidade da produção do grogue. Nos finais da década de 1980 introduziram o 'trapiche' motorizado no processo da moagem da cana sacarina em substituição dos bois. Esse processo de modernização se viabilizou por causa das remessas dos emigrantes que permitiu aos 'fornadjeros' o contacto com essa inovação. A introdução dessa tecnologia transformou as relações de trabalho nesse espaço contribuindo para o aumento das mulheres nesse espaço pois deixou-se de fazer a criação dos bois para a moagem da cana sacarina e, passou-se assim a trabalhar menos tempo na moagem da mesma. Por causa disso as mulheres passaram a não depender dos homens nesse trabalho.

'Fornadjeras' e emigração

A presença da mulher nas 'fornadjas' não é recente, ou seja, a mulher tem presença frequente nesse espaço. A diferença é que com o início da emigração masculina e a introdução do 'trapiche' motorizado na produção do grogue a presença feminina aumentou significativamente. Antes desses factos, a presença da mulher nesse espaço limitava-se ao papel de ajudante dos maridos e dos pais na produção do grogue. Eram pouquíssimas as mulheres que produziam grogue antes desses acontecimentos. Essa ajuda centrava-se, essencialmente, em actividades de apoio (descritas anteriormente). Hoje, a mulher ocupa uma posição diferente no espaço da 'fornadja'. A sua presença nesse espaço público torna-se uma presença política (Fischer 2007). O seu trabalho não se limita ao de 'ajudante' do membro masculino do grupo doméstico, mas de produtora de grogue. Ela dirige todo o processo produtivo, desde a plantação da cana, passando pela colheita e moagem da mesma, e depois pela destilação e venda do grogue.

A chegada da mulher como produtora de grogue trouxe mudanças nas relações entre homens e mulheres. As transformações incidem, principalmente, na maneira como é visto o papel de cada um desses sujeitos nas relações que se estabelecem dentro do grupo doméstico, no espaço da produção e na própria construção simbólica dos sujeitos sociais de Ribeira de Principal. Entretanto, antes de a mulher começar a trabalhar nas 'fornadjas' como produtora de grogue, essa era a norma instituída, cuidava das tarefas domésticas e trabalhava no campo, mas com um papel subalterno em termos de decisões importantes no tocante à produção. O papel e a responsabilidade do homem era a manutenção do grupo doméstico, ou seja, era considerado o único provedor activo. Isso nos leva a relembrar que o trabalho da mulher realizado em casa e no campo é desconsiderado como trabalho no sentido em que não é valorizado, porque é considerado 'leve', não é remunerado e, principalmente, porque a mulher não decidia no espaço público, na comercialização dos produtos ou na transacção da renda.

A produção do grogue constitui um processo de diversificação dos meios de vida no espaço rural em que as famílias rurais constroem, segundo Ellis (2000), estratégias para enfrentar 'contextos de vulnerabilidade' a partir da realização de um conjunto de actividades. Os actores sociais inseridos em seus grupos domésticos recorrem às diversas estratégias de reprodução, entre as quais se encontram a 'pluriactividade'. Nos grupos domésticos encontra-se pelo menos um membro activo que realiza uma combinação de actividades agrícolas e não-agrícolas. A produção do grogue, pelas mulheres e pelos homens, os trabalhos sazonais na construção civil pelos homens, enquadram-se na situação de pluriactividade. A produção do grogue constitui uma actividade não agrícola embora a matéria-prima utilizada – a cana sacarina – seja um produto agrícola produzido nas hortas de muitos 'fornadjeros' e muitas 'fornadjeras' ou comprado de terceiros.

Este tipo de 'pluriactividade', segundo Schneider (1999), possui uma base agrária pois a actividade não agrícola – a produção do grogue – ocorre no próprio sector da agricultura e, não na indústria. Segundo Schneider (2007) a 'pluriactividade' é heterogénea e diversificada e está ligada, de um lado, às estratégias sociais e produtivas que vierem a ser adoptadas pela família e por seus membros e, de outro, a sua variabilidade dependerá das características do contexto ou do território em que estiver inserida. Por outro lado, a 'pluriactividade' pode adquirir significados diversos e servir para satisfazer projectos colectivos ou como resposta às decisões individuais. Os grupos domésticos articulam o trabalho das 'fornadja' com outras actividades agrícolas e não-agrícolas – uma situação de 'pluriactividade' – em que as mesmas funcionam como fontes de produção de bens e de troca e inserção nos mercados assim como para o autoconsumo. Com esta actividade as mulheres passam a dominar uma nova dimensão do espaço público, ou seja, inserem-se e participam do espaço das trocas mercantis e económicas gerindo o seu próprio dinheiro. Porém, sem o seu abandono total – e começa a integrar gradativamente o espaço público (masculino). Porém, os papéis sociais femininos não se alteraram, pois são as mulheres que fazem o trabalho doméstico, mesmo trabalhando na produção ou em outros locais.

Muitos 'fornadjeros' assim como alguns maridos e companheiros – emigrados ou não – das 'fornadjeras' dizem não querer que elas trabalhem ali, contudo, pode ver-se que a mulher continua trabalhando. Este facto constitui uma situação bastante peculiar, cuja iniciativa partiu das próprias mulheres, que persistem em mantê-la por entenderem que é a única forma de participarem activamente no espaço público. Espaço esse que para elas, até aqui, era o espaço público que se transformou no espaço público político. Todavia as mulheres persistem em manter-se a trabalhar nas 'fornadjas', por vezes, contrariando o modo de ver e de pensar do marido ou companheiro. É uma situação negociada interactivamente entre os sujeitos em que a mulher, neste contexto, está na posse da agência de resistência (Ortner 2006). As mulheres ao conquistarem essa posição no espaço público estão a constituir um sujeito feminino activo, participativo e político, revelando-se não como figurantes, mas como actrizes na transformação das suas comunidades.

Neste sentido, o trabalho na 'fornadja' além de ser uma estratégia de produção para aprovisionamento (Sahlins 1970), especialmente, para os grupos domésticos com menos condições socioeconómicas, constitui, também, uma estratégia de afirmação da identidade da mulher no espaço público. De facto, a necessidade impulsionou a inserção das mulheres nesse espaço. Porém, nem todas elas trabalham nesse espaço por esta necessidade mas sim porque querem participar activamente desse espaço público construindo assim uma nova identidade. Muitas 'fornadjeras' vão trabalhar para participar desse espaço, e, não porque precisam da renda da venda do grogue.

As 'fornadjeras', os 'fornadjeros', assim como a população local afirmam que trabalhar na 'fornadja' é prejudicial à saúde sobretudo das mulheres. Esse argumento assenta, basicamente, na quentura desse espaço que prejudica a saúde da mulher, tanto do ponto de vista físico como da sua capacidade de reprodução. Essa argumentação enquadra-se numa tentativa de naturalizar a diferenciação biológica entre os indivíduos. Assim, a definição social dos órgãos sexuais, longe de ser um simples registo de propriedades naturais, directamente dadas à percepção, constitui produto de uma construção operada ao preço de uma série de escolhas orientadas ou, melhor, através da acentuação de certas diferenças ou escotomização de certas semelhanças (Bourdieu 1999).

Aliás, os homens reforçam este discurso dizendo que o trabalho da 'fornadja' é trabalho masculino, ou seja, 'trabalho pesado'. Como se consideram o mais forte fisicamente, logo, é trabalho indicado. Pode-se verificar, com base na análise de Bourdieu (1999), que o argumento utilizado pelos actores sociais para fundamentar a diferença anatómica, entre os órgãos sexuais, constitui uma justificação para legitimar a diferença social, construída entre os géneros na divisão sexual do trabalho.

Vários autores (Heredia et al 1987), ao analisarem o lugar das mulheres em grupos domésticos camponeses, observam que a organização social camponesa obedece a um padrão de divisão sexual do trabalho bastante rígido e bipolarizado, entre o campo – espaço da produção, público e, por isso, predominantemente masculino, e a casa – espaço do consumo, de domínio feminino. Na Ribeira de Principal, porém, essa classificação não pareceu tão rígida, já que a dinâmica social e as necessidades vivenciadas pelos grupos domésticos permitem que a mulher ocupe espaços considerados como masculino. A emigração, na comunidade, impõe, na prática, constantes redefinições e reconfigurações do lugar ocupado por cada um nos espaços de produção. A classificação desses espaços, porém, permanece em suas representações como masculino e feminino.

A entrada da mulher na 'fornadja' permitiu rearranjos nas relações de género, através da redistribuição de tarefas e de espaços de trabalho, sem romper definitivamente com as representações de género que marcam as posições hierarquizadas dos sexos. As mulheres e os homens vêm desempenhando tarefas consideradas masculinas e femininas. O trabalho das mulheres na manutenção do grupo doméstico vem possibilitando o seu acesso aos espaços públicos, anteriormente exclusivos aos homens. Aí, ao articularem as experiências da vida privada com as do espaço público, nas lides quotidianas, as mulheres questionam a hierarquia de género, não só no grupo doméstico, mas, também, no espaço de produção. Portanto o trabalho das 'fornadjeras' permite a articulação do mundo privado com o mundo público, rompendo com os modelos de fixação das mulheres nos espaços privados e, assim construindo uma nova identidade feminina participante do espaço público político da comunidade.

A emigração, frequentemente articulada às redes sociais em Cabo Verde, constitui uma estratégia de grupos domésticos, de amizade ou de vizinhança no processo de 'reprodução social'. Mas, também, a emigração constitui uma estratégia individual, pois, os factores psicológicos e individuais são importantes para determinar as motivações no processo migratório. O processo migratório em Ribeira de Principal iniciou pouco antes da independência do país (década de 1970). A emigração do homem originou uma escassez da força de trabalho no processo produtivo, o que levou as mulheres a ocupar esse lugar deixado vago e a substituir a força de trabalho masculina na agricultura, no campo e na 'fornadja'. A saída masculina e a entrada da mulher em substituição do homem nos trabalhos agrícolas foi um processo de continuidade, visto que a mulher já trabalhava, também, nesse espaço. Entretanto, a sua substituição deu-se a nível político. A mulher negoceia e decide o processo produtivo – o que não acontecia quando o marido estava presente.

Com a emigração masculina, algumas mulheres foram trabalhar nas 'fornadjas' por terem sentido a necessidade de contribuir para a provisão do grupo doméstico e, nesse espaço público o trabalho é remunerado. Obviamente esta situação aconteceu porque o homem considerado provedor do lar nem sempre, possuía, no estrangeiro, condições para contribuir regularmente para a manutenção socioeconómica do grupo doméstico – muitas vezes a sua condição de ilegal contribuía para o desemprego. Esta situação espelha a situação de vulnerabilidade a que os maridos/companheiros estão expostos assim como o seu próprio grupo doméstico, tanto um como outro passam por condições de precariedade. Esta condição originou a construção de novas estratégias, principalmente, pelas mulheres no meio rural, ou seja, o surgimento das 'fornadjeras' constitui um processo social influenciado pelas condições locais e externas (a emigração e as dificuldades e a precariedade socioeconómica).

A necessidade de contribuir para a manutenção do grupo doméstico levou a mulher a se inserir no espaço de produção que ela frequentava com os progenitores ou cônjuges e procurou aprender o processo de produção do grogue. Por isso passa a ter um papel importante no espaço público e, dentro do próprio grupo doméstico. A necessidade e, posteriormente, a decisão de trabalhar na 'fornadja' como uma figura activa e 'política' foram construídos socialmente a partir da saída do homem desse espaço. A mulher inseriu-se num espaço produtivo e político considerado masculino. A presença activa da mulher está rodeada de conflitos latentes e não declarados. Os homens não querem ter a presença da mulher na 'fornadja', mas tiveram que aceitá-la porque perderam a capacidade de prover, sozinhos, as necessidades do grupo doméstico devido às condições encontradas (nos primeiros tempos) no país de acolhimento, designadamente a condição de ilegalidade, o baixo salário e o desemprego. Contudo, há que relembrar, o homem, antes da emigração, não era o único provedor do grupo doméstico. A mulher trabalha(va) no campo, na agricultura e em casa. Porém, estas actividades como não são remuneradas, considera-se que o provedor do grupo doméstico é o homem que, por sua vez, é socialmente considerada a pessoa de referência no grupo porque realiza tarefas remuneradas e administra a renda.

Com a emigração masculina, cai por terra toda a ideia do homem provedor do grupo doméstico – pois, principalmente nos primeiros anos da emigração, fica patente a situação de precariedade dos emigrantes. Assim, coube à mulher apoiar e prover o grupo – sobressaindo e revelando assim o trabalho 'oculto' das mulheres pois com a ausência masculina passa a ser a pessoa de referência no grupo (isto não quer dizer que a mulher ocupou inteiramente o lugar do homem e que este perdeu a sua posição no grupo doméstico, somente houve uma 'relativa equidade' das posições). A falta da força de trabalho em razão da emigração obriga os grupos domésticos rurais a se inserirem num processo de reconfiguração das relações sociais de trabalho e produção, fazendo com que crescentemente as mulheres deixem o espaço doméstico e privado da casa e passem a ocupar o espaço público e colectivo do trabalho nas 'fornadjas'. Essa dinâmica só é possível porque há uma renegociação, ainda que provisória, de papéis e, uma redefinição de espaços de trabalho. Isso não significa, porém, um rompimento total com a estrutura de poder predominante no grupo doméstico.

Aliás, as relações de poder não são estáticas e, tão-pouco encerram no binómio dominador (homem) e dominado (mulher) pois o poder não está localizado num lugar específico visto que as relações de força interagem entre si. O poder encontra-se nas relações quotidianas, está circulando entre as pessoas e, não está nas pessoas (Foucault 1999). Assim, embora se reconheça a mulher como o sujeito dominado, da relação homem e mulher, ela muitas vezes faz recurso dessa situação de submissão para exercer a dominação. Por exemplo, é o caso da situação de muitas mulheres que trabalham nas 'fornadjas'. Os respectivos maridos ou companheiros não querem vê-las a trabalhar nesse espaço. Porém, elas recorrem a um conjunto de argumentos – a renda, por exemplo, que o marido mobiliza para o grupo doméstico é insuficiente – para continuarem a exercer essa actividade que lhes traz alguma autonomia na gestão dos rendimentos, ali arrecadados, e nas decisões domésticas.

Essas estratégias e discursos aliados à emigração permitiram, de certa forma, uma fluidez nas relações de poder no grupo doméstico uma vez que as mulheres passam a ter maiores iniciativas e tomada de decisões, mesmo que, por vezes, sejam predominantemente relacionadas ao seu espaço de pertença e influência. Da mesma forma, não se redefine totalmente a figura do pai provedor, pois os homens nunca estão completamente ausentes. A autoridade, o poder e a honra paterna continuam sempre representados por meio de símbolos e da construção da ideia de pai.

Conclusão

A emigração e a ocupação dos homens em outros sectores da economia de Cabo Verde, como a construção civil e o trabalho assalariado, abriram novas oportunidades para a inserção da mulher em outras actividades fora do espaço doméstico e privado. A partir do período da incorporação feminina no espaço público do trabalho como produtora passou-se a considerar uma realidade na Ribeira: as mulheres 'fornadjeras', ou seja, trabalhadoras, remuneradas. Esta situação, entretanto, não diminuiu as tarefas realizadas pela mulher no espaço doméstico, pelo contrário aumentou as suas tarefas que para além de dona de casa passa a trabalhadora remunerada. Essa situação permite considerar que a influência dos valores patriarcais configuram o sistema simbólico fundado na oposição casa/trabalho e, legitima, em última instância, a sujeição feminina, pois, a categoria 'trabalhadora' é construída segundo uma configuração masculina. Na qual estão embutidos, em sua formulação, os pressupostos da dicotomia público e privado em que se exclui deste último a remuneração pelos trabalhos realizados. Assim, a construção da categoria 'trabalhador' marginaliza a mulher que acaba por trabalhar duas vezes – uma no espaço público de produção – e a outra – no espaço doméstico –, sendo o primeiro trabalho remunerado mas o segundo gratuito.

A partir do momento em que as mulheres se inseriram activamente no espaço público, trabalhando como produtoras de grogue, conquistaram uma autonomia e um reconhecimento social até então desconhecido. Esse reconhecimento social transforma-as de mulheres ajudantes para trabalhadoras e produtoras de renda. É importante considerar, no entanto, que a conquista dessa posição não foi suficiente para a erradicação de uma sociabilidade fundamentada na hegemonia masculina. Isto porque o discurso das mulheres persiste em considerar que é papel do homem trabalhar na 'fornadja' e, ser o principal provedor do grupo doméstico. Este discurso, porém, é ambíguo no sentido em que as mulheres participam politicamente no espaço público, trabalhando com e como os homens na produção do grogue. Entretanto, elas demonstram, ainda, valores que admitem a divisão sexual tradicional do trabalho, o que contribui para a legitimação desta condição.

Esta situação revela contradições e antagonismos, uma vez que a mulher possui uma carga de responsabilidade imposta para manter o grupo doméstico – na reprodução, nas tarefas domésticas – que a sua situação no mundo produtivo se torna extremamente penosa e arbitrária. E, ao invés de se verem aliviadas dessa situação, como pretenderia a retórica da oportunidade de direitos iguais para as mulheres e da eliminação de qualquer discriminação de género, o que elas presenciam, de facto, é uma acentuada precarização da sua força de trabalho.

Entretanto, a capacidade das 'fornadjeras' em encontrar soluções inovadoras para enfrentarem a situação de vulnerabilidade e pobreza no meio rural mostra que as mulheres, embora sem reconhecimento, realizam actividades diversificadas que lhes permitem, paulatinamente, adquirir autonomia, inserir-se e resistir em espaços dominados pelos homens.

Notas

1. Agradecimentos à CODESRIA (Conselho para o Desenvolvimento da Pesquisa em Ciências Sociais em África) pela concessão da bolsa no âmbito do Programa de Bolsa de Redação de Teses e Monografias.
2. Espaço de produção do grogue (aguardente) constituído por alambiques (equipamentos, feitos de cobre, para a destilação do grogue) e 'trapiches' (equipamentos para a moagem da cana sacarina).
3. Refere-se ao trabalho enquanto um processo de inserção no circuito de produção, comercialização e decisão dos bens produzidos.
4. Plantio dos cereais.

Referências

Bourdieu, P., 1999, A *dominação masculina*, Oeiras: Celta Editora.

Ellis, F., 2000, *Rural livelihoods and diversity in developing countries*, Oxford: Oxford University Press.

Fischer, I. R., 2006, O *protagonismo da mulher rural no contexto da dominação*, Recife: Ed. Massangana.

Foucault, M., 1999, *Microfísica do poder*, Rio de Janeiro: Graal.

Giuffrè, M., 2007, 'Mulheres que ficam e mulheres que migram: dinâmicas duma relação complexa na ilha de Santo Antão (Cabo Verde)', in M. Grassi, I. Évora, orgs., Género e migrações cabo-verdianas, Lisboa: Imprensa de Ciências Sociais, pp. 193-215.

Heredia, M., et al., 1987, 'O lugar da mulher em unidades domésticas camponesas', in Aguiar, N. Mulheres *na força de trabalho na América Latina*, São Paulo: Layola, pp. 28-56.

Instituto Nacional de Estatística, 2000, Censo 2000, Praia: INE.

Ortner, S. B., 2006, 'Poder e projetos. Reflexões sobre a agência', *Conferências e diálogos:saberes e práticas antropológicas*, Goiânia: 25ª Reunião Brasileira de Antropologia.

Sahlins, M., 1970, *Sociedades tribais*, Rio de Janeiro: Zahar.

Schneider, S., 1999, *A Agricultura familiar e industrialização: pluriatividade e descentralização industrial no Rio Grande do Sul*, Porto Alegre: Editora.

Universidade/UFRGS., 2007, 'A pluriatividade no meio rural brasileiro: características e perspectivas para investigação', in Hubert C. de Grammont, *La pluriactividad en el campo latinoamericano*, México: Ed. Flacso, pp. 132-161.

Whitehead, A., 1984, 'Women's solidarity and divisions among women', *IDS Bulletin*, Vol. 15, No. 1, pp. 6-11.

3

Comunidades Imigradas da Cedeao em Cabo Verde Dinâmicas Familiares e Representações Sobre Práticas de Violência nas Relações de Género

Carmelita Silva

Considerações Iniciais

O presente texto propõe-se reflectir sobre a situação dos imigrantes da comunidade CEDEAO em Cabo Verde, particularmente as interacções e dinâmicas familiares e as representações sociais que estes actores constroem das relações de género e poder e, por conseguinte, das eventuais situações de violência, num novo espaço societário que impõe novos padrões de sociabilidade, bem como uma reengenharia nas relações familiares. Busca-se essencialmente compreender como, num contexto culturalmente diverso se constroem e reconstroem as relações sociais, incluindo as relações de género e suas interfaces.

As relações sociais, particularmente as familiares foram, desde as sociedades tradicionais, marcadas por inúmeras contradições, isto é, longe de ser um espaço de afectividade e de autonomização da mulher, a família tradicional constituía um lugar de subordinação à autoridade dos homens. Alguns autores como é o caso de Michel (1975) e Anderson (1984), consideram tratar-se de uma estrutura marcada pela segregação dos papéis sexuais que conduziam ao isolamento afectivo. Com efeito, nesta estrutura familiar, tanto a vida conjugal como a parental eram marcadas pelo formalismo e pela distância (Shorter 1977; Anderson 1984; Michel 1975), visando sobretudo manter as estruturas hierárquicas da sociedade tradicional.

Não obstante as mudanças (demográficas, económicas, sociais e políticas) que acompanharam a evolução e a transformação das sociedades e por conseguinte das relações familiares, o conflito e a violência não deixam de constituir elementos estruturantes destas relações no contexto actual (Kaufmann 1993).

A análise das relações familiares nos dois contextos permite dar conta, da questão da violência baseada no género, particularmente a que é exercida pelo homem contra a mulher, que foi durante algum tempo reservada à privacidade familiar. Embora há algum tempo se venham desencadeando acções no sentido de atingir o seu reconhecimento social, só recentemente esse tipo de crime passou a ser autónomo nas nossas sociedades. Foi precisamente a partir da década de 70, um período que ficou marcado por vários movimentos de questionamentos teóricos e metodológicos que dinamizaram o campo de investigação científica dos fenómenos sociais, que foram trazidos para o cenário público e político, os problemas que até então eram considerados do foro privado, como é o caso da violência doméstica contra as mulheres, crianças e idosos.

Ao questionar a opressão e a violência exercida pelos homens sobre as mulheres, estes movimentos denunciaram várias situações que reforçam a sua prática, desde a impunidade, as legislações discriminatórias até à falta de autonomia e autodeterminação das mulheres. Com efeito, a violência sexista contra a mulher, anteriormente aceite como argumento de legítima defesa da honra, passa a constituir um problema político e social e transforma-se em objecto de denúncias ou contestações públicas que exigem punição ou reparação dos danos causados.

Neste sentido, considera-se que a violência perpetrada contra a mulher não constitui apenas uma forma de controlo e de opressão, mas também uma manifestação da dominação patriarcal. Assim, procura-se por um lado, perceber como o homem utiliza a violência contra a mulher para manter o seu poder na família e por outro, partindo do princípio de que a violência constitui evidência histórica, tenta-se compreender de que modo, os processos sociais e económicos sustentam directa ou indirectamente a dominação patriarcal e o uso da violência contra as mulheres. Neste particular, sustenta-se ainda que a violência doméstica e sua aceitação social se devem ao patriarcalismo e às desigualdades de género associadas aos processos de dominação e de controlo. Além de denunciarem o carácter opressor do sistema patriarcal, os novos movimentos passam a denunciar também a natureza da família moderna, que em vez de constituir espaço de afecto e de intimidade, se transforma num lugar onde a violência doméstica se torna mais expressiva.

Particularizando o caso de Cabo Verde (nosso espaço amostral), constata-se que à semelhança do que aconteceu noutras paragens, a violência contra a mulher, sobretudo a que ocorre no quadro das relações familiares, permaneceu durante um longo período alvo da privacidade familiar. Só recentemente, como resultado de várias acções desencadeadas por instituições públicas e organizações da sociedade civil, e meios de comunicação social se iniciou o processo de reconhecimento social deste problema.

Com efeito, durante o período colonial a mulher era muito discriminada na sociedade cabo-verdiana, tanto a nível social como a nível legal. Essa desprotecção fazia-se sentir com maior incidência quando se referia à mulher solteira e às crianças que nasciam fora do casamento, proporcionando deste modo, oportunidades para o aumento da violência psicológica, social e doméstica contra a mulher e contra os filhos (Salústio 1999). Com a independência nacional ocorreram mudanças significativas no país que possibilitaram uma nova forma de encarar o papel da mulher cabo-verdiana. Entretanto, factores socioeconómicos e culturais, situações de discriminação familiar e social continuam a fazer parte do quotidiano da mulher, reforçando deste modo a violência contra as mesmas.

Neste sentido, a violência nas relações de género em Cabo Verde não pode ser desligada dos processos de emancipação e de redefinição do papel da mulher em todos os sectores da vida social, da democratização da sociedade e de uma consciencialização dos direitos individuais. Não obstante a violência baseada no género ser um problema comum, a maioria dos trabalhos existentes sobre esse assunto faz uma abordagem mais geral ou analisa a violência sob uma perspectiva jurídica, sem contudo ter a preocupação de reflectir sobre as percepções dos actores sociais dos diversos contextos culturais que integram a sociedade cabo-verdiana. Assim, abordar as eventuais situações de violência que emergem no quadro das dinâmicas familiares, numa comunidade heterogénea do ponto de vista étnico e cultural e desconhecida antropologicamente dos cabo-verdianos, constitui um grande desafio, pois, pode ajudar na formulação de políticas públicas de integração dos imigrantes, na tomada de consciência por parte das vítimas e dos agressores e pode constituir um instrumento de acção positiva, na redução das desigualdades sociais entre os sexos, historicamente determinadas nas sociedades que integram a comunidade CEDEAO.

Além disso, o próprio desconhecimento das comunidades imigradas e todo o imaginário e representação social sobre elas, existentes em Cabo Verde (cf. Rocha 2009; Cabral & Furtado 2008) mostram a necessidade do ponto de vista da pesquisa, de uma abordagem que vise um conhecimento tão profundo quanto possível dessas comunidades, por forma a poder trazer à discussão, questões da vida privada que, em alguns contextos socioculturais, são matérias reservadas a esferas íntimas. O facto de algumas pesquisas mostrarem a questão da VBG-Violência Baseada no Género, como não constituindo um problema social para essas comunidades (Santos 1999), incentiva uma pesquisa na busca de uma discussão mais aprofundada desse fenómeno e por conseguinte uma melhor compreensão e visibilidade do problema.

Procura-se, portanto, aprofundar o conhecimento sobre as interacções e dinâmicas familiares nestas comunidades; descrever as categorias de VBG mais frequentes nas comunidades estudadas, incluindo a violência física, emocional e sexual; analisar os processos socioculturais e económicos que sustentam directa ou indirectamente a dominação masculina; dissecar sobre as diferentes representações socioculturais da VBG conhecidas, incluindo as diferentes justificações para considerar actos como VBG e aceitá-los como legítimos (do ponto de vista dos vários intervenientes). Para o efeito, procuramos compreender o sentido da violência para as vítimas (perspectiva do interaccionismo simbólico) e analisar o processo de dominação e de controlo associados ao sistema patriarcal e a desigualdades de género, presentes nas relações familiares (perspectiva feminista). Com base nesses pressupostos teóricos, procuramos mostrar que o fenómeno da violência baseada no género e sua aceitação social se deve ao patriarcalismo e às desigualdades de género associados aos processos de dominação e de controlo.

A partir dessa asserção, tentamos compreender a complexidade do processo de interacção e dinâmicas familiares por meio de análise de entrevistas não estruturadas dirigidas aos imigrantes (mulheres e homens) e ao presidente da Plataforma das Associações de Imigrantes Africanos, acrescidos de informações colectadas a partir da revisão da literatura.

Assim, o artigo se estrutura da seguinte forma: Na introdução fez-se uma breve contextualização da problemática de estudo, referindo-se aos objectivos, à metodologia e à proposta teórica, tendo em conta a especificidade e complexidade do problema em análise. No segundo capítulo procura-se caracterizar as comunidades imigradas da CEDEAO em Cabo Verde em termos demográficos e formas de relacionamento com a sociedade de acolhimento. O terceiro capítulo, dedica-se à análise das percepções dos imigrantes sobre as relações sociais de género e eventuais formas de violência vivenciadas em Cabo Verde. E a terminar, as considerações finais.

Interacção e Dinâmicas Familiares: breve discussão teórica sobre práticas de violência baseada no género

A violência baseada no género não constitui uma prática recente e nem tão pouco de uma sociedade específica. Tem sido objecto de análise de diversos estudos, especialmente a partir da década de 70, momento em que foram iniciados trabalhos de pesquisas sobre a condição da mulher. Com efeito, se recuarmos no tempo constataremos que a violência também fazia parte da vivência das famílias tradicionais.

Neste contexto, as relações familiares eram marcadas por inúmeras contradições, isto é, longe de constituir um espaço de afectividade e de autonomização da mulher, a família tradicional constituía um lugar de subordinação à autoridade dos homens. Além disso, Michel (1975) e Anderson (1984) consideravam tratar-se de uma estrutura marcada pela segregação dos papéis sexuais que conduziam ao isolamento afectivo. Trata-se, portanto, de uma estrutura familiar, onde a vida conjugal e parental eram marcadas pelo formalismo e pela distância (Shorter 1977; Anderson 1984; Michel 1975). Todavia, não se observava nenhuma preocupação em solucionar tais contradições que caracterizava a família tradicional, pois acreditava-se que tal atitude poderia pôr em causa as próprias estruturas hierárquicas da sociedade tradicional (Dias 2004).

No entanto, mudanças em vários domínios (demográficos, económicos, sociais e políticos) acompanharam a evolução e a transformação das sociedades conduzindo à modernidade. Em contrapartida, neste contexto o amor e a felicidade passam a constituir a base das relações familiares. Dito de outro modo, a família emerge como espaço central dos afectos e da expressão dos sentimentos. Aqui, é preciso ressaltar que numa fase inicial essa centralidade que o sentimento ganha no âmbito das relações familiares não se estende de igual modo a todas as camadas sociais. Neste sentido, Kellerhals, Troutot e Lazega (1989) são bem explícitos. Para além de considerarem que a sentimentalização das relações familiares tem afectado de modo diferencial as diversas classes, mostraram que esta foi experienciada de um modo particular pelas classes superiores, alargando-se depois a todas as camadas sociais (Kellerhals, Troutot e Lazega 1989, apud Dias 2004).

Essa sentimentalização da relação familiar no quadro das sociedades modernas teve implicações tanto positivas como negativas. Se, por um lado, essa mudança teve impacto positivo no domínio das relações familiares, por outro, referindo especificamente ao contexto da relação conjugal, tem gerado instabilidade emocional, o que, na óptica de Kaufmann (1993), tem constituído foco de tensão e, por vezes, de conflitualidade crescente no seio da família moderna. Na mesma linha de pensamento de Kaufmann (1993), Kellerhals, Troutot e Lazega (1989 apud Dias 2004) afirmam que o amor e a afectividade além de contribuírem para a estabilidade nas relações familiares têm, gerado tensões no quadro das famílias modernas. Tal significa que nas sociedades modernas a família não está desprovida de violência. Há no seio dessas famílias uma certa contradição, muitas das quais herdadas das famílias tradicionais, ainda que assumindo, características específicas.

Alguns autores, como Nunes de Almeida, Sobral e Ferrão são unânimes em considerar que a reflexão sobre o carácter paradoxal da família moderna pressupõe um recuo 'ao passado com a finalidade de compreender como ela se caminhou para a intimidade e se transformou nos tempos modernos num espaço crucial de afectos" (Almeida, Sobral e Ferrão 1997, apud Dias 2004: 31). Aliás, para compreender a violência cometida pelo homem contra a mulher na sociedade actual, torna-se imprescindível o recurso à história para destacarmos que este fenómeno não é absolutamente recente.

Na perspectiva de Dias (2004), trata-se de um espaço de afectividade e ao mesmo tempo um lugar de sujeição e de exercício de violência sobre os membros. Para reforçar a sua opinião, Dias afirma que se, por um lado, a família moderna 'assume a realização pessoal dos seus membros, a partilha das tarefas, a igualdade de oportunidades, e elevados níveis de comunicação conjugal e intergeracional, como dimensão essencial à sua organização e funcionamento, por outro, (…) as agressões infligidas às crianças, mulheres e idosos, encontram na família moderna um espaço privilegiado de realização' (Dias 2004:49).

Posto isso, fica evidente que mesmo assumindo que tem características diferentes e implicações distintas, a violência faz parte integrante do quotidiano tanto das famílias tradicionais como das famílias modernas. A diferença fundamental é que nas famílias tradicionais a violência não chega a pôr em causa a estrutura e o funcionamento das mesmas, pelo contrário, conduz à estabilidade das relações familiares, dado que assegura o exercício da autoridade masculina (Dias 2004). Em contrapartida, no contexto das famílias modernas, a violência constitui um problema social grave e intolerável que desestrutura, de um modo geral, a própria sociedade. Nestas famílias o conflito parece inevitável. As relações tornam-se cada vez mais complexas, fazendo com que em muitos casos, a violência seja vista como um único recurso. Nesta linha de ideias, Scanzoni (1988, apud Dias 2004), considera que o conflito presente nas relações familiares pode intensificar, fazendo emergir a violência, por não haver outra solução mais simples e mais fácil (Scanzoni 1988, apud Dias 2004).

Os estudos, até aqui referidos, revelam ser a violência, uma característica da relação familiar tolerada e admitida desde os tempos mais remotos e que ainda hoje persiste em algumas sociedades/ regiões. No fundo, procuram demonstrar que se trata de um problema de ordem estrutural, que não passará por profundas transformações, caso não haja mudanças sociais substantivas.

Nesta perspectiva, muitos autores consideram a violência como algo resultante do desequilíbrio de poder historicamente determinada nas sociedades, ou seja, das desigualdades de géneros associados aos processos de dominação e de controlo. Segundo Gelles (1997) a violência sobre o companheiro pode, por um lado, estar relacionada ao uso intencional da força contra outrem, coagindo a acção e causando danos físicos e, por outro, relacionada com um número ilimitado de agressões não físicas, mas igualmente violentas. Nesta óptica, Scott (1992) apresenta a agressão psicológica, o isolamento social, a intimidação, a ameaça, a violência sexual e o recurso ao privilégio masculino ou controlo económico como expressões máximas de uma relação de poder no âmbito das relações de intimidade que podem pôr em causa a própria ordem instituída.

Sendo assim, procurar razões que justifiquem o fenómeno da violência no indivíduo pode não ser muito eficaz. Neste aspecto, as reflexões de Bourdieu (1999) são bastante elucidativas. Segundo ele, é totalmente ilusório acreditar que a violência simbólica possa ser vencida apenas com as armas da consciência e da vontade, pois os efeitos e as condições de sua eficácia estão, duradouramente, inscritas no mais íntimo dos corpos, sob a forma de predisposições (aptidões, inclinações) (Bourdieu 1999: 51). Neste sentido, ressalta que não se pode pensar a dominação masculina sem fazer intervir o *habitus* e as condições sociais que o produzem e que lhe garantem real eficácia.

Numa perspectiva um tanto semelhante, Luísa F. da Silva (1995) vê a violência física, como acto que expressa uma relação de poder, onde se confere ao homem o direito de exercer o seu domínio. Trata-se, com efeito, de uma prática social que naturaliza o fenómeno da violência contra a mulher, fazendo com que os homens se sintam no direito de agredir a sua esposa/ companheira e de lhe impor a sua vontade e onde a mulher tende a aceitar e a silenciar o acto. Neste particular, Bourdieu se demarca um pouco de Luísa F. da Silva, para mostrar que a mulher não está condenada definitivamente a essa posição de vítima passiva. Mesmo quando ocupa lugares subordinados como alvo do poder, também tem potencial para exercê-lo (Bourdieu 1999). A seu ver, tanto o homem como a mulher, dispõem dos mesmos instrumentos de conhecimento para pensar a dominação. O problema está nos mecanismos de luta que utilizam. Como Bourdieu mesmo atesta, há uma tendência dos dominados utilizarem, em suas lutas, as próprias categorias produzidas para a sua dominação.

Ao analisar a violência exercida sobre a mulher como resultado do desequilíbrio de poder ou das desigualdades de género associadas ao processo de dominação e de controlo, Luísa F. da Silva (1995) destaca ainda a dependência económica da mulher em relação ao marido/companheiro, o medo de uma violência ainda maior e o carácter complexo das relações de intimidade como factores que a impedem a mulher de romper uma relação violenta (Silva 1995).

Comunidades Imigradas da CEDEAO em Cabo Verde: caracterização e formas de relacionamento com a comunidade de acolhimento

Caracterização das Comunidades Imigradas

A sociedade cabo-verdiana tem conhecido mudanças significativas nas últimas décadas, mudanças essas decorrentes do processo de urbanização, crescimento económico, o aumento dos investimentos públicos e privados, particularmente no sector da infra-estruturação básica e da imobiliária turística que, nas últimas décadas transformou o país num receptador de imigrantes.

No que concerne ao crescimento económico, nota-se que a partir dos finais dos anos 90, a performance económica de Cabo Verde, aliada a crises económicas em muitos países da CEDEAO resultantes das políticas de ajustamento estrutural impostas pelas Instituições de Breton Woods e dos conflitos militares, transformaram Cabo Verde num novo destino: primeiro, como potencial ponto de acesso a outros países, nomeadamente europeus e americanos e, depois, como ponto de passagem dos imigrantes que buscam chegar às Ilhas Canárias e aportam Cabo Verde, terceiro para os que vêm no mercado de Cabo Verde um potenciador para o emprego e por conseguinte local que lhes assegura melhores condições de vida. De referir ainda ao protocolo que assegura livre circulação de pessoas e o Direito de Residência e Estabelecimento das pessoas provenientes dos países membros da CEDEAO (Lei nº 18/II/82), como outros impulsionadores da circulação de pessoas proveniente desta comunidade, em Cabo Verde.

Como resultado dessas mudanças tanto no campo político como económico, o país conhece um aumento significativo de imigrantes. De acordo com os dados do censo de 2010, o país passa a contar com 14.373 imigrantes, representando cerca de 2,9% da população do país, sendo 8.783, provenientes dos países da CEDEAO, o que representa cerca de 61,1 do total de imigrantes (INE 2010). Neste sentido o quadro que se segue é bastante ilustrativo.

Quadro 1: Imigrantes da CEDEAO residentes em Cabo Verde, 2000 – 2010

Países	Nº de Imigrantes	
	Censo 2000	**Censo 2010**
Guiné-Conacri	91	456
Guiné-Bissau	874	5544
Nigéria	147	740
Senegal	474	1634
Outros África	182	409
Total	**1768**	**8783**

Fonte: INE, Censo de 2000 e 2010

A análise do quadro acima inserido mostra-nos que houve um aumento significativo do fluxo migratório de 2000 (1768) para 2010 (8783). Dos imigrantes residentes em 2000 cerca de 49,4%, eram guineenses, 26,8% senegaleses e 8,3% nigerianos. Em relação ao Censo 2010, o cenário permanece idêntico em termos percentuais, sendo que a Guiné Bissau continua a ter a maior representatividade (38,6), seguido do Senegal (11,4) e da Nigéria (5,1), no universo dos imigrantes.

O aumento do fluxo migratório para Cabo Verde por parte, designadamente, dos africanos continentais tem sido igualmente constatado pelas autoridades policiais, que além de se referirem ao número de efectivos que entram, mostram alguma preocupação em introduzir outras informações que permitam traçar o perfil destes. Com efeito, dados policiais informam que nos últimos dois anos, entraram em média cinco africanos por dia, dos quais, 98% do sexo masculino e somente 2% do sexo feminino, concentrando-se essencialmente em Santiago (Rocha 2009: 48) A essas informações, acrescenta-se a situação desses imigrantes no país. O quadro que se segue traz alguns dos dados disponíveis sobre esta questão :

Quadro 2: Imigrantes da CEDEAO residentes em Cabo Verde, 2005

Países	2005		
	Nº de Imigrantes	Legais	Ilegais
Benim	6	2	4
Burkina Faso	3	1	2
Costa do Marfim	7	0	7
Gâmbia	11	3	8
Gana	88	21	67
Guiné-Conacri	21	3	18

Guiné-Bissau	702	278	424
Libéria	1	0	1
Mali	19	8	11
Níger	0	0	0
Nigéria	321	136	185
Senegal	366	175	191
Serra Leoa	62	23	39
Togo	11	2	9
Total	**1618**	**652**	**966**

Fonte: Polícia de Fronteira de Cabo Verde (Gomes, 2009:156)

Segundo os dados estimados pelos Serviços de Emigração e Fronteiras (2005), o número de imigrantes em situação ilegal no país era superior aos que se encontravam em situação legal em 2005. Entretanto, considerando o aumento do fluxo imigratório, como atestam, aliás, as informações dos membros das comunidades imigradas, provavelmente, o número de imigrantes em situação irregular seja superior aos previstos pela Policia Nacional. Tal ocorrência pode dever-se, eventualmente, ao facto de serem considerados ilegais apenas os imigrantes que deram entrada dos seus pedidos na Policia para obtenção da autorização de residência, não incluindo aqueles que não têm dado entrada aos processos no referido estabelecimento.

Assim, no sentido de ultrapassar esta problemática, nota-se um grande esforço das comunidades imigradas africanas em se organizarem em associações, tendo como objectivo apoiar os que se encontram em situação irregular. As associações são neste caso usadas como estratégias de contacto com instituições nacionais dos seus países de origem e/ou organizações internacionais. De entre essas comunidades, a que mais cedo se organizou em associação foi a Guiné. O Gana, a Nigéria, a Guiné Conacri, o Senegal, e o Mali também já dispõem de associações. A criação da Plataforma das Associações de Imigrantes Africanos, é uma outra iniciativa dos imigrantes continentais que, busca reforçar a capacidade de diálogo com as autoridades nacionais, sobretudo num contexto em que poucos países africanos possuem uma representação diplomática em Cabo Verde.

Um outro aspecto que convém ressaltar tem a ver com a distribuição espacial dos imigrantes. Segundo o presidente da Plataforma das Associações de Imigrantes Africanos, existe uma certa uniformidade em termos de distribuição espacial dos imigrantes em função do seu país de proveniência. As comunidades senegalesa e nigeriana tendem a habitar preferencialmente os bairros de Achadinha, os ganenses, Várzea e S. Pedro/Calabaceira, enquanto os da Guiné-Bissau se concentram na sua maioria na zona de Tira-Chapéu.

Os problemas laborais são uma outra questão que preocupa os líderes associativos e que chegam à Plataforma das Associações. Segundo o presidente da Plataforma, uma grande parte dos imigrantes não tem acesso aos serviços de protecção social o que cria situações complicadas em termos de acesso aos cuidados de saúde e a outras prestações sociais. Para o caso dos trabalhadores por conta própria em situação legal a questão não se coloca uma vez que a actual legislação da previdência social permite a inscrição desses trabalhadores nos serviços públicos competentes para o efeito. Contudo, para os trabalhadores em situação irregular, a sua precariedade e vulnerabilidade ficam bem patentes o que por conseguinte pode criar situações favoráveis à conflitualidades no seio da família. Associada a esta questão, referiu-se ainda a tipos de actividades que estes imigrantes realizam em Cabo Verde. Assim, segundo afirma o líder desta Associação, a maioria dos imigrantes dedica-se ao comércio informal (mulheres e homens) e às de construção civil e de segurança privada das residências e prédios em construção (liderança masculina).

Relações Familiares e a Problemática da VBG: uma visão relacional

Numa análise comparativa, buscaremos neste item, reflectir sobre as diferentes percepções que mulheres e homens provenientes da comunidade CEDEAO constroem sobre as relações de género e, eventuais situações de violência que podem emergir desta relação. Incidiremos essencialmente na análise do discurso das mulheres e homens entrevistadas no âmbito deste estudo e da revisão da literatura.

A violência baseada no género, particularmente a que ocorre no espaço privado, tem sido uma prática recorrente ao longo da história das várias sociedades. É portanto na família, onde se espera maior segurança, amor e afectividade. Verifica-se entretanto, que contrariamente a este pressuposto, os membros destas famílias, na sua maioria constituídos por crianças, mulheres e velhos, acabam por se encontrar mais expostos à situações de violência. Os discursos de mulheres e homens entrevistados no âmbito deste trabalho permitem evidenciar tal situação, como se lê nas duas falas que se seguem:

> (…) logo que casámos ele impediu-me de vender e ou de fazer qualquer tipo de trabalho fora de casa, dizendo que o que ganhava dava perfeitamente para cobrir todas as nossas despesas. Esta situação e o facto de ele vir a assumir uma outra relação, fez com que passamos por vários momentos difíceis (…) Passou a não contribuir para as despesas da casa, obrigava-me a concordar com as suas decisões e se tentasse contrariá-lo agredia-me (Senegal, 50 anos, divorciada).

> Todas as mulheres muçulmanas sabem que os maridos podem ter várias mulheres desde que têm condições para sustentar todas elas. Ele faz tudo para tratá-las bem e também para se relacionarem bem. Hoje é mais difícil, sobretudo nas cidades para as mulheres que estudaram aceitar essa situação. Por isso, pode haver ciúmes. Mas, no geral não há problemas (…). (Guiné-Bissau, 23 anos, solteiro).

Como se pode verificar através deste dois testemunhos, o espaço familiar é marcado pela subordinação da mulher à autoridade do homem. Assim, em termos de representação sobre relações de género nota-se alguma diferença entre homens e mulheres. Se por um lado, as mulheres começam a rejeitar certas práticas culturais que reforçam condutas violentas, por outro, os homens, tendem ainda na sua maioria a naturalizar as relações sociais de género. Com efeito, para os homens, a divisão sexual de papéis tanto no espaço doméstico como no quadro da divisão do trabalho, são normais, não havendo motivos para o seu questionamento e menos ainda para a mudança dos actuais padrões, como também se constata a seguir:

> Existem actividades que pedem mais força e também trabalhos que são realizados longe da casa, como na agricultura, na criação de gado. Estes trabalhos são feitos por homens, até porque as mulheres com crianças pequenas não podem sair por muito tempo. Estas coisas se aprendem desde criança (Nigéria, 34 anos, casado).

Ou ainda:

> É verdade que existe uma divisão entre as funções dos homens e das mulheres e que os homens têm mais responsabilidades no provimento da família. As mulheres realizam trabalhos menos pesados, cuidam da casa e dos filhos. Desempenham um papel importante na família. Hoje, em dia, discute-se muito estas questões e mesmo encontramos nas cidades mulheres que querem fazer a mesma coisa que os homens. Não tenho nada contra. Mas, o que se tem visto é muita confusão (Guiné Bissau, 40 anos, casado).

Se para alguns homens, esta divisão sexual do trabalho social permanece necessária para garantir a estabilidade da família, para outros, a própria dinâmica das sociedades actuais impõe novos critérios, que conduzem a uma divisão menos categórica dos papéis de homens e mulheres tanto no espaço doméstico quando no público:

> Sempre encontrei na minha família mas também na minha aldeia homens e mulheres, meninas e meninos trabalhando tudo e de forma cooperativa. O trabalho conjunto é um hábito muito forte no meu país e, por conseguinte, é difícil afirmar que apenas os rapazes e os homens fazem isso e as mulheres apenas aquilo. Existem coisas que os homens fazem com mais regularidade porque exigem força física, mas as mulheres estão sempre presentes (Guiné Bissau, 28 anos, solteiro).

Alguns inquiridos, sobretudo, os que têm maior vivência urbana e maiores níveis de escolaridade, reconhecem a desigualdade de género, procurando, no entanto, a sua legitimação nos valores culturais:

> (…) na nossa tradição, homens e mulheres não se misturam em termos de responsabilidade e de trabalho. O homem é que é o responsável da família. Ele é que defende a família. As coisas funcionam muito bem, sem qualquer problema (…) Nas cidades é que as coisas agora mudaram. Copiaram tudo de outros países e é só confusão. Eu prefiro que as coisas continuem como estão que está tudo bem (Senegal, 47 anos, casado).

Ou ainda:

> Todas as mulheres muçulmanas sabem que os maridos podem ter várias mulheres desde que têm condições para sustentar todas elas. Ele faz tudo para tratá-las bem e também para se relacionarem bem. Hoje é mais difícil, sobretudo nas cidades para as mulheres que estudaram aceitar essa situação. Por isso, pode haver ciúmes. Mas, no geral não há problemas. (…) (Guiné-Bissau, 23 anos, solteiro)

Nos dois discursos acima inseridos, há uma tendência para separar a tradição da modernidade. A instabilidade nas relações de género e os eventuais conflitos se devem a mudanças introduzidas pela urbanização e pela internalização de valores culturais ocidentais. Pelo contrário, no campo, onde certos valores culturais tradicionais continuam presentes, a harmonia social é uma constante. Não há na sua perspectiva uma relação desequilibrada de género e por conseguinte uma relação de violência, salvo em situações de embriaguez.

Não obstante o facto de a maioria dos inquiridos (homens em grande parte) negar a existência da violência com base no género nas suas comunidades, conseguimos através das entrevistas apreender algumas atitudes e condutas dos homens cujos conteúdos expressam a violência simbólica: a discriminação na educação e a cultura machista, fazem parte de algumas condutas que norteiam relações de poder visando perpetuar a intimidação e o poder de controlo do agressor sobre a vítima.

Assim, a análise da violência baseada no género no seio da comunidade CEDEAO exigiu, além de uma articulação entre as várias formas de expressão de violência, referir às práticas culturais e tradicionais que legitimam o exercício da violência, em especial a que é praticada contra a mulher tanto no espaço público como no privado. Convém, portanto, frisar que muitos dos casos que ocorrem no quotidiano de homens e mulheres não cheguem a ser avaliados, pois a própria mulher enquanto vítima e homens na qualidade de agressor, por força de imperativos culturais (sobretudo da religião) não os considerem violência.

A violência psicológica aparece, por sua vez como reflexo de valores culturais. Pode manifesta-se de diferentes formas: humilhações, ofensas contra a honra, desvalorização sistemática e perda da auto-estima, ameaças de morte, privação de meios económicos, isolamento com graves implicações sobre a vítima (Fonseca et. al. 2002). Trata-se de uma dimensão pouco visível na medida em que, a própria vítima tem dificuldades em reconhecer determinadas condutas violentas e de denunciarem e manterem as suas acusações:

> (…) No início não trabalhava, tudo que ele dizia tinha que concordar, se não queria que eu fosse a algum lugar, não iria porque não me dava dinheiro … não tinha liberdade para fazer o que queria. Tinha que satisfazer todos os seus desejos, inclusive sexuais. Dizia que, talvez me deixasse vender se fosse em casa, quando tentava insistir ele me dizia palavras horríveis e mandava calar a boca., então tinha

que obedecer (…) (Guiné-Bissau, 30 anos, casada).

Ao passar por humilhações e insultos, a mulher cria um sentimento de medo, procurando evitar acções que possam exaltar o agressor. Nota-se neste trecho acabado de mencionar, o poder de controlo que o agressor exerce sobre a sua mulher. Utiliza algumas estratégias para impedir a mulher de exercer trabalho fora de casa, criando nela um sentimento de impotência e ao mesmo tempo de culpa. Neste sentido, o propósito fundamental do isolamento é o controlo. Se o marido conseguir impedir o acesso da mulher aos recursos exteriores, ela dependerá exclusivamente dele, ficará presa às suas amarras. Um outro aspecto a destacar deste testemunho, é a incapacidade da mulher vítima em fazer face à violência. Por um lado, porque se auto-culpabiliza e por outro, porque teme a pressão social/familiar que sobre ela se exerce.

Neste sentido, Bourdieu é bastante esclarecedor. Na sua perspectiva, o poder simbólico faz com que os dominados contribuam muitas vezes para o exercício deste poder, sem se darem conta disso. Por vezes, contra a sua vontade, a mulher contribui para a sua própria dominação ao aceitar tacitamente os limites que lhe são socialmente impostos. Todavia, na perspectiva dos homens não se pode fazer a mesma consideração. Se as relações de género são percepcionadas de forma naturalizada, os homens inquiridos não se referem a experiências pessoais enquanto actores ou participantes em situações que indiciem violência baseada no género, como é a seguir testemunhado:

> Nunca vi, na minha família ou na minha comunidade cenas de violência física entre homens e mulheres. Eu pessoalmente não tive problemas com a minha mulher ou outra mulher. Há um respeito grande. Cada um sabe o que deve fazer e o que não pode fazer. Quando é assim, não pode haver espaços para desentendimento (Gambia, 35 anos, casado)

Mesmo quando confrontados com a questão da poligamia, admitem o exercício da violência. Recorrem à religião e à cultura, salvaguardando que o homem deve respeitar todas as mulheres, assegurar-lhes as condições de vida, bem como dos filhos.

Considerações Finais

Embora Cabo Verde tenha assinado o protocolo que autoriza a livre circulação para os imigrantes da comunidade CEDEAO, a inexistência de políticas claras de imigração visando uma melhor integração dos mesmos, tem criado espaços para vários problemas sociais de entre os quais se destaca neste trabalho, o problema relativo ao processo de adaptação desses imigrantes num novo espaço de construção de relações de género que Cabo Verde representa. A este nível, os inquiridos com menor poder aquisitivo e baixo nível de instrução são unânimes em questionar as políticas e procedimentos administrativos referentes à legalização, e à contratação laboral. Os homens em particular interrogam-se sobre a injustiça salarial, particularmente quando se referem a empregadores privados.

Ainda no concernente à problemática da integração dos imigrantes em Cabo Verde, alguns dos entrevistado contestam a deficiente função socializadora da escola no que se refere particularmente ao princípio de respeito pelo outro, de aceitação das diferenças, de tolerância, e de entreajuda. O mesmo problema foi levantado a nível do sistema de organização familiar que não se mostra vocacionado para lidar com as diferenças culturais que as crianças, adolescentes e jovens trazem das suas comunidades de origem e exprimem na relação com o Outro no país de acolhimento (Cabo Verde). Neste aspecto, tanto as mulheres como os homens questionam discriminação racial vivenciada na sua relação quotidiana com os cabo-verdianos, não só no espaço escolar, mas em todos os outros espaços de interacção social.

Na mesma linha das barreiras anunciadas no domínio da interacção social fora do âmbito doméstico, a inserção num contexto sociocultural e económicamente diferente, pode fazer emergir algumas divergências no seio da família, das quais a violência baseada no género pode afigurar-se como exemplo. Trata-se de um problema estruturante, que resulta da convergência de factores de ordem interna à família, das características e histórias pessoais dos seus membros, dos factores de ordem cultural, entre outras condicionantes que impedem a vítima de adoptar uma postura de ruptura face aos comportamentos violentos.

O problema da violência baseada no género enquadra-se num processo social amplo e complexo de construção e reconstrução de relações sociais que envolve homens e mulheres numa relação de poder. Com efeito, apesar de alguns autores chamarem a atenção para possíveis conflitos derivados das relações (desiguais) de género, ao longo da análise constatou-se que para alguns entrevistados, a divisão de papéis no espaço doméstico e no quadro da divisão do trabalho, tanto no mundo doméstico quanto do trabalho, são normais, e portanto não conduzem à violência, salvo em algumas excepções, dos indivíduos que habitam os centros urbanos ou que possuem maiores níveis de escolaridade, que não obstante reconhecerem a desigualdade de género, procuram, a sua legitimação nos valores culturais.

Em relação às representações sobre VBG, embora homens e mulheres sejam unânimes em afirmar que a violência enquanto prática estrutural não existe na sua comunidade, nota-se alguma disparidade em termos de percepções. Enquanto os homens afirmam que a violência contra as mulheres, tanto no seio das comunidades imigradas quanto nos países de origem é inexistente, a maioria das mulheres entrevistadas declararam ser vítimas de violência física e psicológica não só no seu país de origem, mas também em Cabo Verde. Todavia, por se tratar de condutas socialmente aceites, algumas mulheres, particularmente as do meio rural e de reduzido capital escolar, tendem, a reproduzir os padrões de sociabilidades existentes. Além disso, uma outra variável que influência a percepção de homens e mulheres, particularmente no que se refere à violência física é à filiação religiosa.

Para os pertencentes à religião islâmica, a violência física constitui uma prática aceite apenas em situações de adultério cometido por mulheres. Noutros casos, a violência, sobretudo a física, não é admitida.

Estas diferentes percepções, reforçam a necessidade de se articular a representação que as mulheres e homens vítimas constroem sobre o fenómeno da violência e a interacção que estabelecem com o agressor, o contexto situacional e o universo simbólico em que se inserem. A violência é usada pelo homem como estratégia de controlo do corpo da mulher e como expressão legítima do poder que tem sobre esta. Tivemos a oportunidade de constatar que a assimetria de poder em favor do homem resulta em certa medida, de práticas sociais, que fomentam a desigualdade e a rejeição da mulher; que o silêncio e a cumplicidade da vítima bem como da sociedade reforçam as acções que se enquadram neste âmbito o que confirma a nossa hipótese de base deste trabalho que assegura o fenómeno da violência conjugal no desequilíbrio de poder entre homens e mulheres historicamente determinadas e à naturalização social da sua prática. Notou-se ainda que as mulheres em particular, aceitam permanecer numa relação violenta, por recearem uma agressão ainda maior; por vergonha e/ou em alguns casos por não dispor de uma autonomia financeira. Além da situação económica, o ciúme e o consumo do álcool, destacam-se entre outros factores que justificam práticas e/ou aceitação de violência com base no género.

Referências

Beleza, M. P., 1990, *Mulheres, Direito, Crime ou a Perplexidade de Cassandra*. Lisboa: Faculdade de Direito de Lisboa.

Beleza, T. P., 1989, 'Maus Tratos Conjugais: O art. 153.º, do Código Penal, materiais para o estudo da parte especial do direito penal', *Estudos Monográficos*, No. 2, pp. 57-60.

Bourdieu, P., 1999, *A Dominação Masculina*. Oeiras: Celta.

Bourdieu, P., 1989, *O Poder Simbólico*. Lisboa: Difel.

Casimiro, C., 2002, 'Representações sociais da violência conjugal' *Análise Social*, Nº 163, pp. 603-630.

Cabo Verde, 2000, *Constituição da República de Cabo Verde*, (1992, revista em 1999). Praia.

CEDAW, 1994, *Convenção Sobre a Eliminação de Todas as Formas de Discriminação Contra as Mulheres*. Lisboa: Centro de Informação das Nações Unidas em Lisboa, 1994.

Cisse, H. N., 2008, *Déportations forcées et mauvais traitements infligés aux migrants africains en situation irrégulière : plaidoyer pour une approche « Droits Humains »*. Dakar: OSIWA.

Cabral, I. & Furtado, C., ed., 2008, *Os Estados-nações e o desafio de integração regional da África do Oeste. O Caso de Cabo Verde*, Praia: Fundação Amilcar Cabral.

Debertt, G.G. & Gregori, M.F., 2009, 'Violência e Gênero: Novas propostas, velhos dilemas', *Revista Brasileira de Ciências Sociais*, vol. 23, nº 66, pp. 165-211.

Dias, I., 2004, *Violência na Família: Uma abordagem sociológica*, Porto: Edições Afrontamento.

Flandrin, J.L., 1992, *Famílias - Parentesco, Casa e Sexualidade na Sociedade Antiga*. Lisboa, Editorial Estampa.

Fonseca, J. C., *et. al.*, 2002, *Estudos sobre a protecção às vítimas de crimes Violentos (em Particular as Mulheres)*: *Relatório provisório*, Praia: AMJ.

Foucault, M., 1986, *Microfísica do Poder*, Tradução e organização de Roberto Machado. Rio de Janeiro: Edições Graal, 6ª.edição.

Gomes, J., 2009, *A inserção de Cabo Verde na CEDEAO: o comércio e as migrações*. Porto: Edições electrónicas do CEAUP.

Gelles, R. J., 1997, *Intimate Violence in Families*, Thousand Oaks, Califórnia: Sage Publications.

Giddens, A., 1993, *A Transformação da Intimidade: Sexualidade, amor e erotismo nas sociedades modernas*, tradução de Magda Lopes. São Paulo: Editora da Universidade Estadual Paulista, 2ª edição.

Guedes R.N., 2006, *Violência Conjugal: Problematizando a Opressão das Mulheres Vitimizadas sob Olhar de Gênero*, [Dissertação de mestrado] João Pessoa (Pb) PPGEnf/ CCS/ Universidade Federal da Paraíba, Brasil.

INE, ICIEG, ONU, 2008, *Homens e Mulheres em Cabo Verde: Factos e Números* 2008, Praia: INE.

Lourenço, N.; Lisboa, M., Pais, E., 1997, 'Violência Contra as Mulheres', *Cadernos de Condição Feminina*, n.º 48, Lisboa,: Comissão para a Igualdade e para os Direitos das Mulheres.

Rocha, E. V., 2009, *Mandjakus são todos os africanos, todas as gentes que vêm de África*: *xenofobia e racismo em Cabo Verde*, Praia: UniCV, 2009 (dissertação de mestrado em Ciências Sociais).

Rocha, E. V., 2010, 'Xenofobia e Racismo em Cabo Verde'. *REC- Revista de Estudos Cabo-Verdianos* No.5, pp.

Salústio, D., 1999, *Violência Contra as Mulheres*. Praia: ICF.

Scott, J., 1995, 'Género: Uma Categoria Útil de Análise Histórica', *Educação e Realidade*, vol.20, No. 2, pp. 71-99.

Silva, L. F., 1995, *Entre Marido e Mulher Alguém Meta a Colher*, Celorico de Basto: A Bolina Editores.

SILVA, M. V., 1992, *Violência Contra a Mulher Quem Mete Colher?* São Paulo: Cortez.

4

Movimentos Sociais e Movimentos de Mulheres em Moçambique

Isabel Maria Casimiro

Introdução

Os movimentos de mulheres e os movimentos feministas são considerados – em conjunto com o movimento pacifista e ecologista – poderosos movimentos federativos. Desde o seu ressurgimento na década de 60 do século XX, na que foi designada a II vaga do Feminismo[1], estes movimentos estão em constante processo de transformação em todo o mundo e, mais que um movimento internacional, são movimentos transnacionais, colocando problemas específicos, em cada país, e para diferentes grupos de mulheres, mas defendendo princípios universais e gerais de direitos humanos, de oportunidades iguais no respeito pelas diferenças (Abeysekera 2003:1). A gravidade da situação e as descontinuidades do processo histórico, na segunda metade do século XX, são tais, que se pode falar de uma crise civilizacional (Riechman e Buey 1994:12; Fouque 1996), sendo a crise ecológica global uma das suas componentes. É impensável falar em contrato social, sem falar num contrato com a vida e de um contrato com a natureza, não se tratando apenas de proteger os seres humanos, mas garantir que a cada um, mulher e homem, seja permitida a possibilidade de escolher a sua própria identidade e vida, num processo de democratização permanente (Fouque 1996: 9). Esta é também a proposta dos movimentos sociais de mulheres, a partir da década de 80 do século XX.

A maior visibilidade dos movimentos de mulheres e feministas a nível internacional verificou-se a partir da Década das Nações Unidas para as Mulheres iniciada em 1975, com as várias Conferências das Nações Unidas, principalmente a da População, 1992, Cairo, a dos Direitos Humanos, 1993, Viena, e a das Mulheres, 1995, Beijing.

Desde finais de 1980 mas particularmente a partir da década de 90, Moçambique vem experimentando uma explosão de organizações de mulheres ou que lutam pelos direitos humanos das mulheres. O seu surgimento foi possível graças à aprovação pela então Assembleia Popular da II Constituição da República em Novembro de 1990, e também à aprovação da Lei 8/91 sobre as Associações. A nova Constituição consagrou o princípio da liberdade de associação e organização política dos cidadãos no quadro de um sistema multipartidário e o princípio da separação do poder legislativo, executivo e judicial e da realização de eleições livres, no âmbito duma democracia representativa de tipo Ocidental. A Luta Armada de Libertação Nacional, dirigida pela Frente de Libertação de Moçambique (FRELIMO), entre 1964-74, jogou igualmente um importante papel pelo seu posicionamento em relação à libertação da mulher como factor fundamental para a libertação da sociedade, assim como as políticas assumidas a partir da independência de Moçambique, em 25 de Junho de 1975.

O surgimento das associações de mulheres está relacionado com vários aspectos da história que têm caracterizado Moçambique durante grande parte do século XX mas, sobretudo no decurso das últimas quatro décadas. Algumas surgiram da imposição da ajuda ao desenvolvimento, num ambiente neo-liberal de crítica do Estado pós-independência, por não ter conseguido promover o desenvolvimento, Estado considerado autocrático, e que não possibilitou o crescimento dum movimento associativo autónomo, fora do seu controlo, à semelhança do que acontecera no período colonial (Sogge 1997). Outras surgiram também da iniciativa de grupos específicos, que sentiram a necessidade de se organizar para resolver questões concretas da sua sobrevivência, e que se foram revelando mais eficazes no sentido de providenciar meios mais efectivos e eficientes, para o desenvolvimento a nível micro.

As organizações de mulheres de tipo voluntário, fora dos grupos domésticos ou familiares (Wipper 1995:164), são das primeiras a surgir, a partir da década de 80. Trata-se de associações com ou sem fins lucrativos e em áreas tão diversas como: o Desenvolvimento da Família (AMODEFA), 1989; de Mulheres Empresárias e Executivas (ACTIVA), 1990; para o Desenvolvimento Rural (AMRU), 1991; das Donas de Casa (ADOCA), 1992; mas também para a defesa dos direitos humanos da mulher (MULEIDE), a primeira organização sobre direitos humanos a surgir, em Moçambique, 1991. No geral, são organizações que se criam em torno de áreas ligadas à mulher, no âmbito da divisão sexual e social do trabalho, da construção da identidade feminina, das relações sociais, e de poder existentes. Estão neste grupo as organizações ligadas à saúde materno-infantil e planeamento familiar, à defesa e protecção da criança, à educação, às donas de casa, ao desenvolvimento rural e comunitário, para a defesa dos direitos humanos das mulheres, e por diferentes categorias sócio-profissionais (empresárias e executivas, professoras, profissionais das carreiras jurídicas, funcionárias públicas), organizações ligadas à questão da terra – associações e cooperativas de camponeses – e ambiente.

Com este texto pretendo resgatar a experiência do Fórum Mulher – Coordenação para Mulher no Desenvolvimento – uma rede de 80 associações, sindicatos, organizações comunitárias de base, instituições do governo, e internacionais, com sede em Maputo, Moçambique. Esta rede tem conseguido construir alianças e coalizões cruzando as diferenças de classe, cor da pele, etnicidade, língua e outras identidades variadas, envolvendo-se através dos seus membros em acções colectivas que contribuem para mudanças nas políticas e na legislação bem como nas estruturas de tomada de decisão (Abeysekera 2003: 1).

Movimentos Sociais e Movimentos de Mulheres

Os movimentos sociais são normalmente descritos como grupos de pessoas que realizam actividades conscientes e colectivas com o objectivo de promover a mudança social, protestando contra a estrutura de poder estabelecida e as normas e os valores dominantes. Estes movimentos contribuem para os processos de mudança e transformação constante, possibilitando uma vasta rede de alianças que têm conduzido a mudanças políticas, económicas e sociais (Abeysekera 2003: 1).

Trata-se de movimentos que clamam por ser reconhecidos como actores políticos e sujeitos sociais com reivindicações e objectivos para o conjunto da vida social. Alguns dos novos movimentos sociais preferem associar-se em formas democráticas, através da democracia directa e participativa, recorrendo na sua prática quotidiana a princípios de consenso, reconhecimento da diferença e tolerância.

Alberto Melucci (1994), estudioso italiano dos Movimentos Sociais, define-os como redes de solidariedade com fortes conotações culturais que desafiam o discurso dominante e os códigos que organizam a informação e dão forma às práticas sociais. Adianta que os movimentos sociais podem ser considerados os profetas do presente, uma vez que, 'anunciam a mudança possível, não para um futuro distante, mas para o presente da nossa vida. Obrigam o poder a tornar-se visível e lhe dão, assim, forma e rosto. Falam uma língua que parece unicamente deles, mas dizem alguma coisa que os transcende e, deste modo, falam para todos' (Melucci 2001).

A análise de Melucci permite-nos compreender 'que os movimentos sociais não se constituem como fenómenos colectivos homogéneos ou como personagens dotados de vontades, projecto e sentidos independentes dos impulsos, pressões e restrições do contexto societal como puras subjectividades. Muito menos constituem-se como reflexos ou efeitos automáticos e necessários da realidade objectiva. Antes de mais nada, os movimentos sociais são acções colectivas de carácter fragmentário e heterogéneo que destinam boa parte de suas energias e recursos para a gestão da sua complexidade'. (Lüchmann e Rodrigues 2003:1).

Melucci descreve o movimento social como uma acção colectiva articulada em forma de redes e refere o carácter multipolar dos movimentos sociais. A sua orientação comporta solidariedade, manifesta um conflito e implica a ruptura dos limites de compatibilidade do sistema ao qual a acção se refere (Melucci 2001).

Boaventura de Sousa Santos considera que a característica dos Novos Movimentos Sociais tão heterogéneos é a crítica da regulação e da emancipação social capitalista, através da identificação de novas formas de opressão que extravasam das relações de produção e que não atingem especificamente uma classe social, mas sim grupos sociais ou a sociedade no seu todo (conflito e ruptura). Estas novas formas de opressão estão relacionadas com a guerra, a poluição, o machismo, o racismo, o produtivismo, a sociedade de consumo (Santos 1994:222).

De entre os Novos Movimentos Sociais, os movimentos de mulheres e feministas têm permitido a construção de alianças e coalizões cruzando as divisões de classe, cor da pele, etnicidade, língua, e outras identidades diversas (solidariedade), engajando-se na acção colectiva e desafiando o status quo (conflito), com o intuito de transformar as políticas e as estruturas de tomada de decisão (ruptura) (Abeysekera 2003: 1).

Os movimentos de mulheres e feministas constituem uma diversidade de teorias e movimentos que criticam o preconceito masculino e a subordinação das mulheres, comprometem-se com a eliminação da desigualdade de género e têm uma perspectiva transformadora sobre qualquer assunto que diga respeito às mulheres e homens, desafiando o modo como as relações de género são socialmente construídas.

De acordo com a nigeriana Ifi Amadiume (1987) o feminismo é a 'Consciência política pelas mulheres que leva a um sentimento forte de auto-consciência, auto-solidariedade feminina e, por conseguinte, a questionar e a desafiar as desigualdades de género nas instituições sociais'.

No continente Africano o feminismo tem sido definido como um movimento político que procura transformar as relações de género que são opressivas para as mulheres e como a luta popular das mulheres pela libertação das várias formas de opressão a que estão sujeitas. Algumas feministas Africanas defendem mesmo que o feminismo tem as suas raízes na realidade Africana, devido à consciência sobre a opressão que leva as mulheres a desafiar as diversas formas que a discriminação com base no género assume (Mannathoko 1992).

Para a organização feminista do Terceiro Mundo DAWN-MUDAR (Development Alternatives with Women for a New Era/Mulheres por um Desenvolvimento Alternativo), criada em 1985, aquando da Conferência das Nações Unidas para a Mulher, realizada em Nairobi, Kenya, existe e deve existir uma variedade de feminismos em resposta às diferentes necessidades e preocupações de diversas mulheres e homens, definido por e para elas. Estas tendências diversas traduzem-se nas explicações sobre a opressão das mulheres, nas visões de libertação, e nos quadros epistemológicos em que se inserem.

O Movimento de Mulheres em Moçambique

Até 1989 e, para além da União Geral das Cooperativas, em Maputo, a Organização da Mulher Moçambicana (OMM) era a única organização de mulheres, criada pela FRELIMO, em 1973, e a única com implantação nacional. Em 1989 surgiram as primeiras organizações de mulheres, fora da OMM, com carácter sócio-profissional, denominadas ACTIVA – Associação de Mulheres Empresárias e Executivas – e a AMODEFA - Associação Moçambicana para o Desenvolvimento da Família – filiada na Associação Internacional para o Planeamento Familiar. Em 1991 surgiram a PROGRESSO – organização de carácter comunitário e a primeira, de âmbito nacional, a trabalhar fora de Maputo, nas províncias nortenhas de Cabo Delgado e Niassa –, a MBEU – Associação para Promoção do Desenvolvimento Económico e Sócio-Cultural da Mulher –, e a AMRU – Associação Moçambicana para o Desenvolvimento da Mulher Rural.

A maior parte destas organizações foi criada por ex-membros do Governo, alguns descontentes com as transformações ocorridas e a erosão do sonho socialista, e com membros de outras instituições do Estado, de instituições do ensino e da saúde, de profissões liberais, etc. Houve membros que aderiram a este novo movimento à procura de espaços e poder, alguns em busca de um emprego alternativo, devido à queda no poder de compra dos seus vencimentos, outros porque as ONG's internacionais e as Agências de Financiamento procuravam parceiros locais, num momento de reordenamento das forças políticas em Moçambique. Foram, deste modo, surgindo associações com ou sem fins lucrativos, a maior parte baseada nos seus membros – sindicatos, grupos de mulheres, associações de camponeses, cooperativas, associações profissionais, clubes desportivos; organizações comunitárias de base, com uma base de membros local; *Fora, Redes,* ou Fundações – Fórum Mulher, Fórum das ONG's Nacionais, Fundação para o Desenvolvimento da Comunidade; serviços de apoio institucional – LINK – Fórum das ONG's, *African American Institute*, Serviços de Consultoria e Formação. Muitas das associações criadas têm programas de formação para os seus membros ou congéneres e de investigação sobre temáticas específicas. À semelhança de outros países, surgiu também, em 1990, um Gabinete da Esposa do Presidente da República, instituição do Estado, a trabalhar junto da Presidência da República.

Estas organizações são bastante diversas quanto aos seus objectivos, características dos membros, regiões de actuação e programas de trabalho. As suas preocupações prendem-se com os direitos humanos, questões de sobrevivência económica, bem-estar social, desenvolvimento da família, terra, educação, saúde, habitação, emprego, desenvolvimento comunitário, abastecimento de água.

Algumas associações foram-se revelando autoritárias na procura de espaços e poder e na sua actuação, e pouco solidárias com organizações congéneres, na procura de fundos e programas conjuntos de actuação. Outras enveredaram por um caminho de trabalho conjunto e solidário com os seus pares e com as organizações comunitárias, desafiando as desigualdades através de acções colectivas que possibilitem mudanças nas relações de poder.

O movimento de mulheres, em Moçambique, criado e moldado a partir do movimento nacionalista que excluía as lutas de género, caracterizou-se por uma relação problemática com o nacionalismo e com os seus políticos, sobretudo depois da independência. As lealdades forjadas durante os diversos momentos da luta nacionalista, por um lado e, os desafios decorrentes da construção de novas identidades femininas e de diferentes relações com o Estado e com a sociedade, depois da independência, por outro, podem ser apontadas como razões para esta relação conturbada. Relação contraditória também relacionada com a aceitação ou não das mulheres como actoras sociais e com a questão da transformação do pessoal em político. Qualquer chamada de atenção para a especificidade da mulher era vista como uma deslealdade para com a comunidade e o partido Frelimo e, como atentando contra a preservação do que foi construído e considerado, pelos dirigentes homens, como a cultura e autenticidade Africana, definida como altruísmo, como uma disponibilidade permanente das mulheres darem e cuidarem dos outros.

O movimento conhece ritmos diferentes, desde os anos 70, estando hoje num processo de transformação, através da praxis política, sendo de destacar as respostas do Estado a tal activismo, através de mecanismos políticos e legais que, se por um lado, abrem espaços para diferentes tipos de participação, também bloqueiam ou dificultam os espaços públicos, conquistados pelas mulheres. É possível ver como as diversas associações engendram respostas diferentes, procurando algumas aliar-se aos partidos ou ao governo, e outras, construir plataformas de solidariedade, através do reconhecimento do que as mulheres podem trazer para estas plataformas, a partir da praxis do seu activismo. O papel do Estado tem sido, pois, contraditório, na medida em que cria as condições para o processo de democratização mas, ao mesmo tempo, considera subversivas as organizações que não o apoiam abertamente, alicia outras, apoia movimentos conservadores no sentido de neutralizar o movimento progressista de mulheres e, aprova projectos económico-sociais, que excluem camadas crescentes da população.

Trilhando um caminho diferente das suas congéneres Ocidentais e, talvez pelo carácter do processo em Moçambique, muitas das organizações de mulheres reúnem igualmente homens no seu seio. Para além da descoberta, por parte do movimento crescente de mulheres, da multiplicidade de sujeitos femininos, havia e há a concepção e a prática da necessidade de 'estabelecer uma cadeia de equivalências entre as várias lutas democráticas, de forma a criar uma articulação equivalente entre as exigências das mulheres', dos trabalhadores, e de outras categorias de excluídos. Apesar da crença de que a cidadania moderna é uma categoria patriarcal e de que os seus direitos têm sido conquistados dentro de uma estrutura de poder androcrático e eurocêntrico, as organizações de mulheres estão a tentar construir um novo conceito de cidadania que exige uma concepção de agente social que consiga articular um conjunto de posições do sujeito, correspondendo a uma multiplicidade de relações sociais em que se insere, relações sociais entre as mulheres, e entre mulheres e homens (Mouffe 1996: 105; 111-112). '(…) Movimentos de mulheres, quer autónomos, quer integrados noutros movimentos populares, como, por exemplo, o movimento operário e o movimento ecológico, dão testemunho das possibilidades de reconstrução da subjectividade, tanto individual, como colectiva' (Santos 1994: 264).

Muitas associações de mulheres não se consideram feministas e distanciam-se deste movimento, o que parece estar relacionado com as diversas interpretações que o movimento feminista tem sofrido, desde a luta armada de libertação em Moçambique. Defendem, entretanto, uma perspectiva de direitos humanos e de género, fruto dos desenvolvimentos no seio do movimento feminista, a partir dos anos 70, como resultado da globalização capitalista e das agendas dos doadores, por um lado, mas também da globalização do feminismo, através da participação em discussões e encontros, a nível do continente e mundial.

A sua perspectiva de emancipação da mulher representa uma mistura de visões, cada uma com maior ou menor força. Os seus programas e propostas podem estar ligados à corrente liberal e ou à da igualdade, numa estratégia de articulação de diversas exigências, dependendo dos momentos históricos – em momentos eleitorais, conferências regionais ou internacionais, para a adopção e implementação de convenções internacionais ou continentais, na discussão de determinadas leis ao nível da Assembleia da República.

Esta mistura de visões pode, por vezes, ser problemática. Por detrás do mito da igualdade de oportunidades, existe um tratamento desigual, a discriminação sexual, os estereótipos culturais, e a subordinação das mulheres, em casa, no mercado, nos processos de tomada de decisão. Os movimentos de mulheres apoiam a prática liberal, na medida em que a análise baseada nas relações de género, possa traduzir-se em programas políticos positivos – prolongamento das licenças de parto, criação de creches e infantários, salário igual para trabalho igual, leis contra a violência de género e o assédio sexual, vantagens em termos de saúde, educação, justiça. Contudo há limites para este tipo de análise pois a concepção do poder apenas em termos de acesso às instituições sociais, económicas ou políticas, e não de desafio das estruturas de poder existentes, põe de lado outras possibilidades e alternativas, avançadas pelas feministas radicais, como é o caso da actividade cívica e o autogoverno participativo (Dietz 1996: 3-8).

A participação das mulheres em diversas associações é bastante ambígua e contraditória, e reveladora de realidades complexas, nos esforços para serem consequentes com os seus ideais e posicionamentos. Algumas organizações são, no geral, de carácter patriarcal, baseiam-se na hierarquia e na competitividade, como valores supremos e ao acederem aos cargos de tomada de decisão as mulheres embriagam-se com o poder, habituando-se às relações hierárquicas, a uma determinada forma de falar e de vestir, exigidas pelo facto de se estar dentro de uma instituição patriarcal, perdendo a identidade feminina (Oliveira 1991). As mulheres que vão acedendo a cargos de poder, tendem a perpetuar as práticas existentes, mantendo o *status quo*, o que não é difícil de entender, pois mulheres e homens são socializados a aceitar as práticas culturais e as leis opressivas e repressivas, como legítimas.

Convém salientar alguns aspectos contraditórios resultantes da participação nas organizações: a destruição do patriarcado é a estratégia para a incorporação da perspectiva de género em todo o sistema governamental e nas associações, mas também significou a institucionalização da tecnocracia de género (Arnfred 1999; Hanselma 1997). O reconhecimento oficial da violência de género, como uma violência dos direitos humanos, foi um passo em frente para a sua eliminação. Mas também foi uma cooptação do discurso feminista, sobretudo sabendo-se que os governos que promovem as leis, produto deste acordo, são os mesmos que, no quotidiano reprimem com violência mulheres, meninas e meninos, com aparatos de segurança, e as suas medidas económicas. Mas também é contraditório o facto de que, as leis que se promulgam em todo o mundo podem ser instrumentos poderosos para nos consciencializarmos a exigir o respeito pelo direito humano de viver uma vida sem violência (Facio 1997: 5-7).

Fórum Mulher – Há vinte anos a caminhar pelos direitos humanos das mulheres

Em Abril de 1990, por iniciativa do PNUD e UNICEF, Oficiais de Programa Mulher no Desenvolvimento, de diversas organizações doadoras, iniciaram um contacto mensal, no sentido de trocar informações e programar projectos e actividades conjuntos, na área da 'Mulher no Desenvolvimento'. Este encontro mensal teve a designação de *Inter-Agency WID Meeting*. Faziam parte destes encontros representantes do UNICEF, PNUD, FNUAP, FAO, Banco Mundial, USAID, DANIDA, NORAD, ASDI, CUSO-SUCO (Agência Não-Governamental de Desenvolvimento Canada-Moçambique), *Save The Children-UK, Save The Children-US*. Gradualmente este grupo foi incluindo representantes de organizações governamentais e não-governamentais moçambicanas mais envolvidas na problemática da 'Mulher no Desenvolvimento', como por exemplo, a Organização da Mulher Moçambicana (OMM), o CEA/NEM/UEM[2] e o Ministério da Cooperação. Este grupo passou a designar-se *WID Working Coordination Group*, a partir do 3º trimestre de 1990, do qual foram fazendo parte também, a Comissão Nacional do Plano, o Ministério da Saúde, o Ministério da Educação, a Direcção Nacional de Economia Agrária (DNEA) do Ministério da Agricultura[3] e da CARE.

Esta actividade foi, porém, interrompida depois de aproximadamente 15 meses de encontros mensais regulares (até Agosto de 1991), nas sedes das organizações participantes, por falta de recursos humanos e por impossibilidade de consagrar tempo para assegurar uma continuidade de trabalho entre as reuniões. O funcionamento do grupo baseava-se nas contribuições voluntárias rotativas dos participantes, o que se foi revelando insuficiente, apesar do muito que se foi conseguindo em termos de coordenação de actividades realizadas ou a realizar, identificação de necessidades, consultorias ou projectos de investigação realizados. O último encontro deste grupo realizou-se a 30 de Agosto de 1991. Deste grupo saiu a proposta de se realizar um Inventário de Programas, Projectos e Actividades na área 'Mulher no Desenvolvimento' em Moçambique, efectuada pelo CEA e que possibilitou uma visão acerca dos projectos existentes e das regiões de Moçambique contempladas pelos mesmos[4].

Entretanto, considerando a importância da coordenação e contactos entre os diferentes actores que efectuavam trabalho para a promoção da mulher, surgiu uma proposta de várias organizações – OMM (representada por Rafa Machava)[5], CEA/DEMEG[6] (por Isabel Casimiro), UNICEF (por Diana Pereira) e NORAD (por Nina Berg) – no sentido de reactivar o grupo, com a perspectiva de criação duma rede informal moçambicana de organizações, tendo em consideração a necessidade de alargar o grupo para incluir: associações femininas nacionais; ONG's estrangeiras com programas da mulher; Ministérios e outras instituições nacionais mais vocacionadas para o desenvolvimento da mulher; doadores internacionais. O grupo seria soberano, com participação em termos iguais de cada uma das organizações e instituições. O grupo aprovaria uma coordenadora nacional e uma cooperante para efectuar o trabalho prático dando-lhe as directivas. O funcionamento do grupo seria financiado pelos doadores participantes, de acordo com planos de actividades elaborados pelos seus membros.

Os seus objectivos seriam:

1. Melhorar a comunicação entre os diferentes actores no campo *WID (Women in Development,* 'Mulher no Desenvolvimento'); oferecer um fórum de discussão sobre estratégias e metodologias; trocar informação e experiências; coordenar o trabalho dos participantes para uma melhor eficiência;

2. Servir e capacitar os participantes para apoiá-los na sua tarefa de promoção da mulher – organizar cursos sobre temas escolhidos pelo grupo, p. ex. gestão, administração, identificação de projectos, gender awareness, etc.; sensibilizar os órgãos estatais sobre a importância da integração de programas específicos para a mulher nos planos de acção do governo; disponibilizar informação sistematicamente recolhida sobre as actividades no campo da 'Mulher no Desenvolvimento' em Moçambique.

Esta proposta tinha como base a convicção de que o Grupo de Trabalho Mulher no Desenvolvimento em Moçambique deveria continuar a funcionar, mantendo-se como um grupo informal; a representatividade de diversas organizações sociais moçambicanas na área da mulher; a necessidade duma fase transitória para reforço e crescimento; a existência de um grupo pequeno na fase transitória, representando 2 associações nacionais (OMM e ACTIVA) e 1 centro de pesquisa (CEA), que trabalharia com a cooperante, de Julho de 1992 a Janeiro de 1993. Durante estes seis meses o Grupo distribuiria entre si as áreas de trabalho e apresentaria um programa de actividades, de acordo com as Tarefas do Grupo; disponibilização de tempo para os membros das organizações dedicarem ao Grupo provisório.

O Grupo Informal iniciou as suas actividades com a designação de 'Grupo de Coordenação para a Mulher no Desenvolvimento', funcionando em instalações disponibilizadas pela OMM, tendo cumprido com todas as actividades propostas e aprovadas pelos seus membros. Foi em 1992 que passaram a participar deste grupo a ACTIVA, a MULEIDE e o IDIL (Instituto para o Desenvolvimento da Indústria Local).

Durante o 1º semestre de 1993 o Grupo de Coordenação discutiu, para além de questões relacionadas com a selecção da futura coordenadora nacional, os objectivos e a definição do que deveria ser no futuro. Os debates, com uma ampla e democrática participação de grande parte das organizações então existentes, prolongaram-se por cerca de 6 meses, tendo-se decidido pela criação do Fórum Mulher – Coordenação para Mulher no Desenvolvimento – com o respectivo, Estatuto, Programa de Actividades e logótipo. Os seis meses de debates e preparação que levaram à criação do Fórum Mulher transformaram-se em momentos especiais de conhecimento e aprendizagem mútua, de democracia participativa, momentos por vezes de grande tensão, mas com uma grande dose de solidariedade e de criatividade, envolvendo mulheres e homens, com diferentes origens sociais, ideologias, crenças religiosas, visões e perspectivas de desenvolvimento e sobre a mulher. Para algumas agências doadoras – que apoiavam estes preparativos e estavam dispostas a financiar a futura organização em preparação – perdeu-se demasiado tempo. A convicção do núcleo duro foi, entretanto, a de que estes seis meses ajudaram a preparar as condições para o surgimento da rede que se foi construindo e consolidando no próprio processo da sua gestação.

A ideia inicial de ser uma rede informal de diverso tipo de organizações acabou por não se concretizar, devido a questões práticas e legais – contratos, orçamento, sede – que obrigaram a uma legalização como associação, três anos depois do início dos trabalhos preparatórios. O Fórum Mulher foi constituído como uma rede de organizações de natureza variada, mas com o objectivo de lutar pela liberdade e igualdade da mulher, com associações nacionais e internacionais, agências das Nações Unidas e de desenvolvimento de países diversos, organizações governamentais, organizações religiosas, ligas femininas de partidos políticos, organizações de camponeses, de operários, de empresários, cooperativas, sindicatos. O Fórum não tem fins religiosos, partidários, nem lucrativos.

O Fórum Mulher começou a trabalhar em 1993, mas apenas ficou legalizado em 1996. O seu gabinete está sediado em Maputo, mas a sua intenção sempre foi a de estabelecer contactos com todas as organizações e grupos de mulheres em diferentes pontos do país (Panfleto do Fórum Mulher, Maputo, 1993).

Nos primeiros anos as suas actividades foram norteadas pela participação no desenvolvimento sócio-económico-cultural do país; luta pelos direitos das mulheres e dos homens e que estes sejam gozados pelos indivíduos; participação da mulher e de outros grupos excluídos da sociedade no desenvolvimento; a existência de interesses e objectivos comuns entre os membros; a necessidade de conjugação e de coordenação de esforços e de procura de consensos quanto aos princípios (Seminário dos Órgãos Sociais do Fórum Mulher, sobre a adequação do lugar, papel e objectivos da Organização e expectativas da sociedade, Maputo, 15/11/97).

As suas áreas de actividade na fase inicial eram: i) Formação, ii) Informação, iii) Implementação da Plataforma de Beijing, Cairo e Copenhague, iv) *Lobbying*.

Em relação à Formação, o Fórum foi desenvolvendo capacidades ao nível dos seus membros e criou uma Rede de Formadores e Consultores na área de Capacitação Institucional, Gestão de Projectos, Metodologia de Planificação de Género, *Lobbying*, Educação Cívica, Participação Democrática. Na área da Informação, publica trimestralmente um Boletim, distribuído a todos os membros e interessados. No âmbito da Implementação da Plataforma de Beijing, Cairo e Copenhague, o Fórum Mulher coordenou o Programa 'Todos Contra a Violência'[7], com a participação de várias associações e instituições do governo, através dum Grupo de Trabalho constituído pelo *Kulaya* (Centro de Acolhimento de pessoas vítimas de violência, e que significa refúgio) – no Centro de Psicologia da Faculdade de Medicina da Universidade Eduardo Mondlane (UEM), situado no Hospital Central de Maputo (HCM) – o Ministério da Mulher e Coordenação da Acção Social, o Centro de Estudos Africanos (CEA) – que desenvolve pesquisa nesta área de violência – a OMM e as associações MULEIDE, Associação Moçambicana das Mulheres de Carreira Jurídica, Associação Moçambicana Mulher e Educação. No que respeita à área de actividade *Lobbying*, foi realizado trabalho aquando das eleições de 94, no sentido de se garantir uma percentagem de mulheres ao nível do Parlamento e do Governo, trabalhou-se com os partidos políticos sobre as questões relacionadas com a mulher e criou-se um grupo de trabalho que discutiu a pertinência ou não da existência dum Ministério sobre questões da mulher, à semelhança do que acontece noutros países.

Esta rede desempenhou um papel importante na educação cívica, aquando das primeiras eleições multipartidárias de 1994, fez lobbies no sentido de que o Parlamento integrasse, pelo menos 1/3 de mulheres, que o Governo integrasse mulheres profissionais e respeitadas e inscrevesse a perspectiva de género no seu Programa. Membros seus integraram grupos de trabalho que elaboraram reflexões sobre questões éticas a tomar em consideração no respeitante aos métodos de trabalho e ao exercício do poder, para o Governo saído das primeiras eleições multipartidárias.

Em 1994/95 coube ao Fórum Mulher realizar os preparativos para a participação das organizações moçambicanas na Conferência das Nações Unidas sobre a Mulher, realizada em Beijing, em Setembro de 1995. Teve um papel mobilizador e activo na discussão sobre a nova Lei de Terras, aprovada pela VI Sessão do Parlamento, realizada entre Fevereiro-Abril de 1997. A questão da terra é um assunto bastante 'quente' em Moçambique, onde se conjugam pressões externas e internas no sentido da privatização da terra. Até ao presente momento, a terra é propriedade do Estado todavia, após o Programa de Reabilitação Económica, iniciado em 1987 e a globalização das políticas neo-liberais, tem havido um mercado informal de terras e, as principais prejudicadas são as mulheres, num país onde são as principais produtoras de bens alimentares e onde cerca de 60% das exportações vêm do sector familiar. De entre os títulos de posse de terra[8] até ao momento entregues a camponeses, apenas 1% são para mulheres.

A Rede Fórum Mulher realizou nos primeiros anos encontros mensais com os seus membros para debater questões relativas à organização, discussão de temas específicos, introduzidos por representantes das suas organizações ou pessoas convidadas. Por exemplo, aquando do debate sobre a revisão da Lei do Trabalho, realizou-se um encontro onde o Comité da Mulher Trabalhadora (COMUTRA), da Organização dos Trabalhadores Moçambicanos (OTM) apresentou as suas posições. Uma acta deste encontro foi anexada ao parecer da Comissão dos Assuntos Jurídicos, Direitos Humanos e de Legalidade, da Assembleia da República, aquando da discussão da Revisão da Lei do Trabalho, na sua VII Sessão em finais de 1997.

O Fórum Mulher operou inicialmente na Cidade de Maputo, desenvolvendo contactos com várias organizações nas províncias, ao longo dos primeiros cinco anos de actividade, através do envio regular de informação diversa e do Boletim do Fórum Mulher (trimestral) e convites às organizações para participar em encontros ou cursos, garantindo, deste modo, uma participação nacional. O Fórum também realizava reuniões regionais – reuniões preparatórias da Conferência Internacional das Nações Unidas sobre a Mulher em Beijing e reuniões sobre o programa pós-Beijing. E mantém relações de trabalho e coordenação, no continente Africano, com diversas organizações de mulheres e feministas, bem como com organizações a nível mundial.

Em finais dos anos 90 o Fórum iniciou um processo de reflexão sobre a sua visão e missão, os seus valores e objectivos, discutindo as melhores formas de funcionar como rede, e o relacionamento com as organizações membro. Em Novembro de 1997 teve lugar um Seminário com a participação dos órgãos sociais, para discutir a sua missão e objectivos, a adequação do lugar e papel da organização, bem como as expectativas da sociedade civil. Esta reflexão foi-se revelando importante à medida do seu crescimento, das solicitações das organizações que dele fazem parte e devido à necessidade de se pensar sobre as suas forças e fraquezas. Uma questão que mereceu um grande debate foi a dos membros, que são colectivos, a sua representatividade, responsabilidade e realização das tarefas.

Desafios do Fórum Mulher

Desde a sua criação em 1993 o Fórum Mulher atravessou várias fases, sendo de destacar: i) a das acções de advocacia, 1994-1999; ii) a da integração da perspectiva de género nas políticas públicas, 2000-2009, marcada pela participação na Marcha Mundial das Mulheres e a luta contra a feminização da pobreza, a violência de género e a feminização do SIDA, pela aprovação da Lei da Família (2004) e da Lei da Violência Doméstica praticada contra a Mulher (2009), pela participação no Observatório da Pobreza (OP)[9]; iii) e a fase recente marcada pela aprovação do Plano Estratégico 2009-2013 em que se define como uma organização feminista.

Em 2008 o Fórum Mulher realizou a revisão dos seus Estatutos reafirmando o compromisso de agir como organização da Sociedade Civil, que se orienta pelos ideais do Feminismo, no compromisso de 'lutar contra os determinantes sócio-culturais que perpetuam a subordinação das mulheres, resultando nos inúmeros problemas que a nossa sociedade enfrenta: feminização da pobreza, da violência baseada em género, do HIV e SIDA'.

O Plano Estratégico 2009-2013, elaborado colectivamente com as associações membros em 2009, comporta desafios para o Fórum Mulher, dadas as mudanças introduzidas, entre as quais a nova estrutura programática; a gestão baseada em resultados; a necessidade do reforço dos mecanismos de coordenação, transparência e prestação de contas.

Para enfrentar estes desafios, assumiu-se o compromisso de agir numa frente Programática orientada para:

1. O combate à Violência Baseada em Género;
2. A Economia de Género para o empoderamento económico das mulheres;
3. A Luta pelos Direitos Sexuais e Reprodutivos e Educação Não Sexista;
4. A melhoria da Participação Política das Mulheres, a todos os níveis;
5. O Reforço da Capacidade Institucional do Fórum e seus membros.

A implementação do plano estratégico tem sido acompanhada por 'uma avaliação de processo como parte da aprendizagem institucional, frente ao pressuposto que os procedimentos formulados no planeamento e expressos no Plano Estratégico, e nos seus instrumentos de implementação expressam ideias, estratégias e posicionamentos políticos e metodológicos que devem ser incorporados pelas organizações membros. … o método adoptado se propõe a criar um ambiente para o aprendizado crítico que reflicta o compromisso de membros e equipa do gabinete sobre os problemas e avanços do semestre que permita planificar estratégias e acções adequadas'. A avaliação comporta o acompanhamento dos membros, dos seus limites, as dificuldades para executar actividades e participar do Fórum Mulher e de quais as saídas e compromissos das organizações para melhorar a participação. Instituiu-se um processo de formação permanente na perspectiva feminista e foi elaborada a política de educação da Rede de Formadores (Rocha 2010: 1).

Em 2009 o Fórum Mulher recebeu o Prémio Igualdade de Género, African Gender Award, entregue pela organização Femmes Africa Solidarité e o seu Pan African Centre for Gender, Peace and Development. 'Forum Mulher has been recognized nationally by the Civil Society members of Mozambique for the notable contribution to gender equality agenda that led the foundation of Family Law and Domestic Violence against Women, both already approved by the Parliament of Mozambique'[10].

Depois de cerca de 5 anos de preparação foi assinado em 2011 um Memorandum de Entendimento com alguns dos parceiros.

Em 2011 existem, em todo o país, diversas redes cuja criação teve o apoio do Fórum Mulher. Referimo-nos à NAFEZA – Núcleo das Associações Femininas da

Zambézia (1997); FOFEN – Fórum das Organizações Femininas do Niassa (2010); NAFET – Núcleo das Associações Femininas de Tete (2011). Está em processo de criação uma rede idêntica na província de Inhambane. A existência destas redes, núcleos ou fóruns provinciais reflecte a vitalidade do movimento de mulheres aos mais diversos níveis e a prática duma cidadania mais inclusiva e participativa.

Conclusões

O Fórum Mulher nasceu duma dupla necessidade de melhor coordenar as actividades em relação à mulher, mas também por parte dos doadores, que viam multiplicar-se as necessidades, as organizações, a duplicação de esforços em termos de projectos e financiamento. Beneficiou, como no caso das outras organizações, dum ambiente favorável, relacionado com a 'moda', primeiro da perspectiva 'Mulher e ou no Desenvolvimento', seguida por muitas organizações doadoras, e depois, pela perspectiva 'Género e Desenvolvimento' e mais recentemente pelo *mainstreaming gender*. Mas acabou por se transformar numa rede autónoma, com independência na elaboração dos seus programas.

Através das suas acções e diálogo entre a sociedade, e entre esta e o Governo, tem contribuído para uma visão holística da sociedade, e para a construção duma solidariedade activa dos seres humanos, ou seja, para uma sociedade de cidadania e subjectividade plenas, para mulheres e para homens.

O Fórum Mulher tem funcionado como uma rede que procura encontrar equivalências entre várias lutas democráticas, não apenas em Moçambique, mas noutras regiões do mundo, de forma a articular formas de luta pelos direitos humanos colectivos e de grupos, de democracia participativa, de autonomia institucional e igualdade, identidade cultural, expansão da liberdade contra o autoritarismo do Estado, ou contra a dominação cultural de massa, enfatizando o empoderamento (Santos 1995: 266-267; Mouffe 1996:105).

O Fórum Mulher clama por ser reconhecido como um actor político com reivindicações e objectivos para o conjunto da vida social, desafiando o discurso dominante e os códigos que organizam a informação e dão forma às práticas sociais, anunciando a mudança possível.

Tendo como guia a solidariedade o Fórum Mulher, através duma acção colectiva articulada em forma de rede, vem combatendo a dominação e o controlo (político, técnico, mercantil) através da defesa do sujeito e de princípios universalistas de liberdade e igualdade, e as suas acções implicam uma ruptura com o sistema que reproduz e reforça a alienação das pessoas através da reapropriação da capacidade de forjar a sua própria identidade (Melucci 2001; Lüchmann e Rodrigues, 2007: 2-3).

Notas

1. A primeira vaga do Feminismo remonta a finais do séc. XIX com a luta das mulheres pelo direito ao voto, daí a sua designação de feminismo sufragista.
2. Centro de Estudos Africanos; Núcleo de Estudos da Mulher; Universidade Eduardo Mondlane.
3. Membros destes Ministérios e da DNEA participaram apenas em encontros para discutir programas/projectos/actividades da sua área.
4. De acordo com este estudo, 90% de todos os projectos nesta área, concentravam-se nas 3 províncias do sul de Moçambique, durante a década de 80 e princípios da de 90.
5. Actualmente Directora Executiva da MULEIDE.
6. O DEMEG, Departamento de Estudos da Mulher e Género, foi criado em 1990, na sequência do Núcleo de Estudos da Mulher, NEM, surgido em 1988, no Centro de Estudos Africanos. Todavia, a sua oficialização, dentro da UEM, só se verificou em 1991.
7. Movimento contra a violência doméstica.
8. DUAT – Direito de Uso e Aproveitamento da Terra.
9. Actualmente designado Observatório do Desenvolvimento.
10. Carta enviada à Directora Executiva do Fórum Mulher, Graça Samo, por Bineta Diop, Fundadora e Directora Executiva, Femmes Africa Solidarité, Abril 2010.

Referências

Abeysekera, S., 2003, 'Social Movements, Feminist Movements and the State: A Regional Perspective', *in* Development Alternatives with Women for a New Era (DAWN). http://www.dawn.org.fj/publications/docs/prstabeysekera2003.doc. 23/07/05.

Amadiume, I., 1987, *Male Daughters, Female Husbands. Gender and Sex in an African Society*. London: Zed Books.

Antrobus, P., 2004, The *Global Women's Movement. Origins, Issues and Strategies*, London: Zed Books.

Arnfred, S., 1999, 'Género e Desenvolvimento: Discussão e Crítica', *mimeo*. Dietz, M. G.,1996, 'Cómo Encarar la Ciudadanía', *Perspectivas*, ISIS Internacional, Nº 2, pp. 3-8.

Facio, A.,1997, 'Campaña Mundial 1998: Un Año para Celebrar y Exigir'. *Boletin Red contra la Violencia*, No. 17, Septiembre, pp. 5-7.

Fouque, A., 1996, 'Transnacional y Federativo', *Perspectivas*, ISIS Internacional, Nº 3, pp. 9.

Francisco, A., *et al.*, 2008, *Índice da Sociedade Civil em Moçambique 2007. A Sociedade Civil Moçambicana por Dentro: Avaliação, Desafios, Oportunidades e Acção*. Maputo: Fundação para o Desenvolvimento da Comunidade.

Halsema, I. V., 1997, 'Feminist Methodology and its relation to Policy Research on Gender and Environment'. Paper prepared for *Gender Matters, Method Matters*, Third Seminar of the CERES working group on Gender, Environment and Development, 15/05/97, TDG/UT, *Institute of Social Studies*, Den Hague.

Loforte, A., 2009 'Os movimentos sociais e a violência contra a mulher em Moçambique: marcos de um percurso', *Outras Vozes*, Nº 27,Maputo: WLSA Moçambique.

Lüchmann, LHH., e Rodrigues,J., 2003, 'Conceituando movimentos sociais', *in* Lüchmann, L. H. Hahn and Rodrigues, J., 2007, 'O movimento antimanicomial no Brasil'. *Ciência & Saúde Coletiva*,Vol.12, No.2, pp.399-407.

Magalhães, M. J., 2007, 'Entrelaços e Desenlaces nos Quotidianos Femininos de Trabalho, Família e Política', in Cunha, T., e Santos, C., Orgs., *Artigo Feminino: Andar por outros Caminhos*, Santa Maria da Feira: AJPAZ, pp.117-127.

Mannathoko, C., 1992, 'Feminist Theories and the Study of Gender Issues in Southern Africa', *in* Meena, R., ed., *Gender in Southern Africa – Conceptual and Theoretical Issues*. Harare: Sapes Books, pp. 71-91.

Melucci, A., 1989, 'Um objectivo para os Movimentos Sociais?'. *Lua Nova*: Nº 17, pp. 49-66.

Melucci, A., 2001, 'A invenção do presente: movimentos sociais nas sociedades complexas'. Rio de Janeiro: Vozes.

Melucci, A., 1994, 'Qué hay de nuevo en los movimientos sociais',in, Larana, E. e Gusfieled, J. (eds.), *Los nuevos movimientos sociales*. Madrid: CIS, pp. 153-180.

Mouffe, C., 1996, *O Regresso do Político*. Lisboa: Gradiva.

Nhalivilo B., Donduro, I.,Wing, L., e Loforte, K., 2010, *Memórias do Fórum Mulher*. Maputo: Fórum Mulher (no prelo).

Oliveira R. D., 1992, *Elogio da Diferença - O Feminino Emergente*. São Paulo: Editora Brasiliense. 2ª Edição.

Riechman, J., e Francisco F. B., 1994, *Redes que dan libertad. Introducción a los nuevos movimientos sociales*, Barcelona: Ediciones Paidós.

Rocha, S., 2010, 'Fórum Mulher, Plano Estratégico 2009-2013. Avaliação de processo e outros encaminhamentos', Maputo: Fórum Mulher.

Santos, B., S., 1995, *Toward a New Common Sense – Law, Science and Politics in the Paradigmatic Transition*, London: Routledge.

Santos, B.. S., 1994, *Pela Mão de Alice – O Social e o Político na Pós-Modernidade*. Porto: Edições Afrontamento.

Sen, G. e Crown, C., 1988, *Desenvolvimento, Crise e Visões Alternativas: Perspectiva das Mulheres do Terceiro Mundo*. Rio de Janeiro, Editora Espaço e Tempo e Dawn/MUDAR.

Sogge, D., 1987, 'O sector civil', *in* Sogge, D., ed*., Moçambique - perspectivas sobre a ajuda e o sector civil*. Amsterdam: Gemeenschapelijk Overleg Medefinanciering, pp. 45-75.

Tandon, Y., 1991, 'Foreign NGO's, Uses and Abuses: An African Perspective', *in* IFDA Dossier 81, April/June, Roma.

Von Bülow, M. e Rebecca A., 2011, 'As Transformações do Estudo dos Movimentos Sociais: Como Estudar o Ativismo Através da Fronteira entre Estado e Sociedade? Instituto de Ciência Política da Universidade de Brasília. Trabalho apresentado no Congresso *Whatever Happened to North-South*. IPSA-EPCR Joint Conference, São Paulo, 16-19 de Fevereiro de 2011.

Wipper, A., 1995, 'Women's voluntary associations', *in* Margaret J. Hay & S. Stichter, eds., *African Women South of the Sahara*. London: Longman Group, pp. 164-186. 2ª edição.

II
Media e Direitos Humanos

5

Imprensa e Direitos Humanos:
O Caso de Dois Jornais Angolanos

Gilson Lázaro

Introdução

Este artigo analisa o papel desempenhado pela imprensa no que se refere aos direitos humanos em Angola. Propõe-se assim, para o caso vertente comparar as ocorrências de informações sobre violações dos direitos humanos no 'Jornal de Angola' e no 'Semanário Angolense'. Para o efeito, metodologicamente fez-se a recolha dos jornais nos respectivos arquivos e a consequente selecção dos textos mais adequados à pesquisa, partindo fundamentalmente de três factores:

> O primeiro, por se tratar do único diário público 'Jornal de Angola' e pela abrangência que tem a nível nacional, tendo sido a escola de muitos jornalistas angolanos do sector privado. O segundo, do jornal privado 'Semanário Angolense', deriva do contexto pelo qual se caracteriza o surgimento da pluralização da imprensa, ainda que formal, durante a segunda metade dos anos 90 e de ter resistido aos momentos de crise e transformação do jornalismo angolano; o terceiro tem a ver com o fato do jornal privado, contrariamente ao público, estar virado para o jornalismo que articula análise social e opinativa, e consegue reunir uma diversidade de actores angolanos, bem como a circulação no meio urbano.

Ocorre, porém, que se restringiu ao máximo possível a selecção dos dois jornais com relativa diferença em termos de publicação e alcance, sobretudo devido ao extenso volume dos arquivos do diário público. Seleccionaram-se assim dois dias da semana entre segunda e sexta para o diário e os sábados para o semanário publicado precisamente nos finais de semana. Há ainda que referir a limitação constatada no acesso aos arquivos das duas publicações (pública e privada) cujas instalações se encontravam encerradas para restauração, no caso do jornal público, ao passo que os arquivos do jornal privado se encontravam dispersos, o que tornou mais difícil a pesquisa.   Em função do material escolhido, fez-se um recorte bianual correspondendo aos anos de 2008 a 2009.

A parte da análise que se segue está dividida em duas seções, sendo a primeira dedicada à contextualização do jornalismo em Angola, o surgimento das matérias de direitos humanos no diário público 'Jornal de Angola' nos aspectos quantitativo e qualitativo, e a segunda seção versa sobre a análise quantitativa seguida da qualitativa quanto às matérias do 'Semanário Angolense'.

Finaliza-se a comunicação com uma breve nota comparativa entre a produção dos dois jornais durante o biénio 2008-2009, destacando-se dois casos mediáticos.

A Imprensa no Partido Único

A independência do país foi proclamada em duas velocidades – em Luanda e no Huambo – debaixo de fortes combates internos, que opunha os três movimentos de libertação nacional (Frente Nacional de Libertação de Angola – FNLA; Movimento Popular de Libertação e Angola – MPLA; e União Nacional para a Independência Total de Angola – UNITA). O Estado que daí resultou, sob o signo da violência, implementou um tipo de 'jornalismo de Estado' cujo controlo efectivamente ideológico tinha predominância sob a prática profissional.

A ética e a prática jornalísticas foram, no pós-independência, substituídas pela lógica ideológica decorrente do modelo de partido-Estado de inspiração Marxista-Leninista (Mateus 2004). Posteriormente, as clivagens internas entre as forças políticas angolanas minaram a comunicação social em nome da guerra que fraturou decisivamente o tecido social, onde era visível o engajamento político dos órgãos públicos (televisão, rádio, jornal e agência de notícias) por um lado, e, por outro, como modo de 'sobrevivência informativa', a rebelião armada, protagonizada pela UNITA, criou a sua própria comunicação social, baseada na VOGARN (Voz de Resistência do Galo Negro) – monitorizada desde 4 de Janeiro de 1979 pela 'British Broadcasting Corporation' – BBC e, posteriormente, em 1983 pela 'Foreign Broadcast Information Service' (FBIS), onde as matérias eram produzidas pela Agencia de Inteligência Americana (CIA), com o apoio da 'South African Broadcasting Corporation' SABC e a 'Radio South Africa' (RSA), a Agence France Press (AFP) e a Agência Portuguesa de Notícias. Para além da VORGAN, a UNITA contava igualmente com a Agência de notícias 'Kwacha UNITA Press' e o jornal de circulação restrita 'Terra Angolana' (este impresso a partir de Lisboa, Portugal), ao serviço da propaganda deste partido.

A esse respeito em particular, Elaine Windrich (1992 2000) retrata como a guerra civil de Angola foi compreendida a partir da imprensa norte-americana. A autora demonstra como os editoriais dos principais jornais americanos encaravam a guerra que acontecia em Angola, na maior parte das vezes dando grande ênfase à guerrilha protagonizada pela UNITA durante a década de 80 e a seguir à visita de Jonas Savimbi aos Estados Unidos da América, onde foi recebido primeiro em Janeiro de 1986 e depois em 1990 respectivamente pelos presidentes Ronald Reagan e George Bush. Ou seja, desde 1987 até sensivelmente 1990 a imprensa norte-americana virou-se para a cobertura da guerra em Angola com um certo favoritismo à propaganda política da UNITA. Em suma, esta autora defende que a imprensa norte-americana deu visibilidade à guerra em Angola sobretudo perante o apoio explícito das duas administrações americanas, a de Reagan e a de Bush, visando potenciar a guerrilha de Savimbi contra a suposta 'ameaça comunista' do MPLA.

A guerra que eclodiu como consequência directa da situação de confronto entre os movimentos de libertação teve, com efeito, fortes repercussões na imprensa nacional e, sobretudo internacional, quando o país passou a ser visto a partir dos meios de comunicação, afectando decisivamente a sua imagem. A guerra civil teve, portanto, consequências gravosas não somente em termos infraestruturais e do tecido humano como também influenciou o modus operandi do jornalismo praticado nos dias de hoje.

No início dos anos 1990, a mudança do sistema político de partido único coincidiu 'com o chamado processo de transição para a democracia em África que também correspondeu, estando Angola em guerra, a um processo de pacificação como resultado dos Acordos de Bicesse de 1991 e a realização das primeiras eleições gerais, cujo desfecho se prolongou até aos Acordos de Lusaka, ainda na primeira metade da década de 90. Este momento político pressupunha 'quatro transições encetadas: da guerra para a paz; da economia centralizada para a economia de mercado, do partido único ao multipartidarismo e da miséria ao desenvolvimento' (Pestana 2005:198). A lei Constitucional de 1992 consagrou amplas liberdades aos cidadãos angolanos, designadamente a liberdade de criação de partidos políticos, a liberdade de manifestação, a liberdade de expressão e de imprensa, incluindo a criação de novos títulos. Contudo, 'os conflitos despontados limitaram seriamente as liberdades conquistadas durante a transição democrática em alguns países africanos' (Nyamnjoh 2005) incluindo Angola.

Nessa época houve uma tentativa arrojada de despolarização da imprensa, de modo genérico, quer dos órgãos públicos sob controlo do governo, quer dos meios de comunicação da UNITA, caso em concreto da VORGAN. Tal processo permitiu a criação de um quadro legal que possibilitou a circulação dos jornais 'Terra Angolana' da UNITA e do 'EME', este último jornal do MPLA de publicação restrita, e a projecção da rádio da UNITA em onda média para Luanda e arredores.

Estava assim, criado um quadro jurídico-legal que permitiu igualmente o surgimento das primeiras publicações independentes ou privadas (Neto 2004). Trata-se, no essencial, dos jornais 'O Correio da Semana' (1992), 'Imparcial FAX' e 'Comércio e Atualidade' (1994), 'Folha 8', (1995), 'Agora' e 'Angolense' (1997) e o 'Independente' (1999) (Lima 2000; Carvalho 2010), numa luta constante para se manterem as tiragens e diversificar as informações. A guerra civil que vigorou durante toda a década de 90 dominou parte das abordagens dos jornais angolanos, em que o diário público, 'Jornal de Angola', privilegiava a salvaguarda das instituições do Estado, ao passo que os jornais independentes, como o 'Folha 8' (1995) e o 'Angolense' (1997) procuravam denunciar as violações durante o conflito. A guerra civil e as violações foram a tónica dominante das abordagens da imprensa escrita em Angola. A segunda metade dos anos 90 foi determinante para a afirmação da liberdade de imprensa, pois, o vigor dos jornalistas que saíam de uma cultura autoritária, que tinha um controlo amplo sobre os meios de comunicação, fez-se notável quando passaram a exercer um tipo de jornalismo de pressão política e social.

Provavelmente, esse modelo de se fazer jornalismo se deve ao fato dos jornais privados serem vistos como espaços alternativos para o exercício da cidadania, e para abordagem de assuntos sociais postos à margem pelos órgãos estatais. Um dos primeiros casos de impacto político imediato no âmbito da imprensa privada praticada em Angola aconteceu em 1999 com a publicação de um texto bastante crítico à política presidencial, intitulado:

> 'O Báton da ditadura'[1] As reacções do poder político não se fizeram esperar, resultando na detenção do articulista, acrescendo-se-lhe a instauração de um processo judicial. A pressão da imprensa fez com que o Presidente da República desvalorizasse publicamente os papéis desempenhados pelos jornais privados que se publicavam em Luanda. Em reacção a isso, os jornalistas manifestaram repúdio e consideraram os referidos pronunciamentos desencorajadores para o trabalho que esta classe tem prestado à sociedade.

No decurso do ano 2000 a imprensa nacional foi dando maior atenção às transformações políticas e socioeconómicas. No que respeita aos direitos humanos deu-se primazia às violações dos direitos políticos e cívicos por parte das instituições do Estado. O fim da guerra civil, em 2002, marcou de forma profunda a mudança de abordagem da imprensa angolana e impôs, de igual modo, maiores exigências no que respeita à liberdade de expressão e ao direito à informação. A liberdade de imprensa, concomitantemente à segurança profissional dos jornalistas, foi muitas vezes posta em causa com casos de prisões, que envolveram processos judiciais fruto das matérias veiculadas (Neto 2004) consideradas nocivas, caluniosas e violadoras dos direitos à privacidade. O Caso do jornalista Rafael Marques não foi nem o primeiro nem o segundo, pois durante a primeira metade dos anos 90 registaram-se na história do jornalismo angolano outros casos de intimidações e processos judiciários contra jornalistas[2] movidos por individualidades governamentais, acusando-os de difamação, calúnia e atentado à privacidade. Já na primeira década de 2000, o jornalista e director do 'Semanário Angolense', Graça Campos, foi chamado a depor em tribunal por causa de uma matéria do jornal que apresentava publicamente uma lista de nomes dos governantes e empresários nacionais próximos ao partido no poder que tinham acumulado uma riqueza não correspondente às condições do país. Esta matéria abriu o debate nacional sobre o enriquecimento ilícito em Angola e a dimensão da corrupção. Era a primeira vez que se tratava do assunto publicamente. O caso ficou conhecido como 'Os Nossos Milionários', uma matéria de 18 de Julho de 2003, cujo impacto político e social só se compara com o artigo 'O Báton da Ditadura' de Rafael Marques, de 1999. Ambos 'mexeram' fortemente com as várias vozes e sensibilidades da sociedade angolana.

A despeito da diversidade de jornais privados, a liberdade de imprensa tem-se confrontado com muitos constrangimentos, desde a conformidade da lei de imprensa – com a Constituição de 2010 –, passando pelas denúncias de violação dos direitos dos cidadãos, em alguns casos, como referido mais acima, culminando em perseguições e pressão política de que os próprios jornalistas são alvo. Como exemplo concreto da importância da imprensa escrita angolana, no dia 26 de Julho de 2008, o jornal 'Semanário Angolense' noticiou em primeira página a morte de 8 jovens, alegados marginais, por indivíduos afectos à polícia nacional, no Sambizanga, zona periférica de Luanda. Este episódio levou à instauração de um processo contra os indivíduos afectos à polícia nacional, o que tem encorajado a imprensa angolana, particularmente o jornal 'Semanário Angolense', a fazer um acompanhamento do caso junto da polícia, do tribunal de Luanda e das famílias das vítimas.

Direitos Humanos No 'Jornal de Angola'

O formato actual do 'Jornal de Angola' é diametralmente oposto ao do período colonial, embora se mantenha nas mesmas instalações que sofreram algumas remodelações. Com a sua origem no jornal 'Província de Angola', este órgão de informação tinha já assumido o nome que hoje ostenta, 'Jornal de Angola', no ano anterior à independência nacional, em Novembro de 1975, passando já nessa altura à tutoria governamental. O 'Estado Revolucionário' ora instaurado manteve o monopólio deste jornal e a sua refundação ficou então sob a tutela do Ministério da Informação e no 'período democrático' sob a tutela do então Ministério da Comunicação Social (Hodges 2002). Nessa fase cessaram igualmente actividades outros jornais e revistas, tais como:

> o 'Comércio ABC', 'Notícia' e a 'Semana Ilustrada', em Luanda, e desapareceram os poucos jornais editados nas províncias, entre eles, 'O Planalto', publicado no Huambo. 'O Diário de Luanda' após uma breve interrupção regressa às ruas da capital como jornal vespertino, cessando a sua publicação em Maio de 1977, depois de a sua linha editorial ter sido conotada com o 'Fraccionismo', uma cisão do partido no poder, MPLA, em Luanda (27 de Maio de 1977).

A partir de 1990, quando se deu a chamada democratização do país, sem necessariamente se ter constatado uma alteração radical do cenário político nacional, houve uma certa abertura para as liberdades políticas, económicas e sociais. Nesta altura, começaram a surgir pequenas iniciativas de publicações autónomas do Estado. Do 'Jornal de Angola' desprenderam-se duas sucursais confiadas a jornalistas transferidos do próprio diário público. Em 1997 o 'Jornal de Angola' era o único que se publicava no país e não conseguiu alcançar os 10. 000 exemplares. Esta situação serve para ilustrar as dificuldades com as quais o jornal, ainda hoje, se depara para atingir a totalidade do país não obstante apresentar-se com âmbito nacional.

Provavelmente foi nessa fase que se começaram a registar alterações, ainda que não substanciais, na estrutura editorial do jornal, onde as questões de direitos humanos estavam relegadas à seção 'Sociedade' que veiculava informações relacionadas com a guerra entre as forças militares beligerantes. Os acontecimentos do quotidiano angolano ainda ocupavam curtos espaços no diário público.   Em certa medida, a abordagem do 'Jornal de Angola', quanto aos direitos humanos, deve ser tida em conta no contexto do conflito, embora se possa verificar que o jornal mantinha a mesma linha editorial comprometida com a política interna do partido no poder, em Angola. As críticas que lhe são feitas, quanto à sua linha editorial, prendem-se com uma resistência da direcção em se abrir aos vários segmentos sociais da sociedade angolana, pois primava pelo modelo de 'Boletim Oficial' devido à preocupação em retratar quase que exclusivamente informações oficiais, e ignorar claramente as outras sensibilidades e acontecimentos sociais. O 'Jornal de Angola' tem sido acusado de permanecer insistentemente virado para o passado, mostrando fidelidade ao governo.

Independentemente das transformações que ocorreram no jornalismo angolano, a direcção do diário público, ao que tudo indica, continua mentalmente no passado e, vezes sem conta, utiliza o jornal para confrontar directamente as opiniões contrárias às opções governamentais, mesmo diante de evidências.   Mantém pois posições irredutíveis às críticas das organizações civis e de partidos políticos angolanos quanto à abertura ao debate público plural e abrangente no interior do jornal. O jornal tem sido, também, muito criticado pela postura pouco ética e profissional, pois utiliza o espaço de utilidade pública para a publicação de artigos com nomes de articulistas falsos, e quando muito, desfere ataques às oposições políticas sem permitir o contraditório, violando assim, um dos seus pressupostos básicos. Apesar desse fato, o jornal ainda continua a ser considerado como o principal veículo de informação de abrangência nacional, não obstante as limitações verificadas na distribuição pelas províncias do país e lugares mais recônditos.

Actualmente o 'Jornal de Angola' é gerido por um conselho de administração, na categoria de empresa pública denominada 'Edições Novembro', e conta com uma página electrónica (www.jornaldeangola.sapo.ao) e mais dois suplementos (Desporto e Economia) com relativa autonomia editorial; a direcção de cada suplemento envolve equipas de jornalistas seniores que se dizem convencidos que o diário é ainda considerado pelo público-leitor nacional, e goza de credibilidade nacional e internacional.

Direitos humanos em foco

Tendo em conta o exposto mais acima quanto à periodicidade da publicação em análise, as informações tratam apenas dos casos verificados entre Segunda e Sexta-feira do biénio (2008-2009).

No decurso do ano de 1990 começa-se a constatar uma certa mudança de abordagem do jornal com a publicação da rubrica 'Perspectiva', pois a mesma visava reflectir sobre os mais variados assuntos do país. Neste mesmo ano é possível também constatar a publicação de curtas matérias que davam conta de violações de cidadãos, mas sem grande cobertura da imprensa pública. Eis alguns poucos exemplos de violações dos Direitos Humanos:

'Espancado por causa de 40 Novos Kwanzas': 2/10/1990
'16 anos de prisão por matar o marido':13/10/1990
'Morto por roubar 40 Novos Kwanzas': 14/10/1990

Dois anos mais tarde, um editorial do 'Jornal de Angola', de Abril de 1992, intitulado 'Violência no lar', sugere fortemente que a violência doméstica estava a aumentar e tinha resultado na morte de algumas mulheres, embora o artigo não estabelecesse uma relação entre o período pós-conflito e o aumento da violência doméstica já mencionada (Comerford 2005:190). Passados dez anos, o mesmo 'Jornal de Angola' voltou a reportar 'uma estatística de cerca de 1772 casos durante os primeiros seis meses de 2002, em Cazenga, o bairro mais populoso de Luanda' (Comerford 2005:223). Estava-se a reconhecer que depois da guerra, a violência doméstica era efectivamente registada dentro dos lares, ou seja, que a violência tinha deixado de estar nas ruas e passado imediatamente para as casas das pessoas.

Segundo Comerford, os relatórios que avaliavam a situação dos direitos humanos em Angola geralmente incomodavam o leitor, acusando tanto a UNITA como o governo angolano da ocorrência de violações. Por exemplo, o relatório de 2000 da Human Rights Watch sobre Angola dizia: 'houve pouco sinal de maior respeito pelos direitos humanos já que continuavam as violações das leis de guerra pelas quais esse conflito tem sido notório' (Human Rights Watch 2005:136). Tanto o governo como os rebeldes tinham sido responsáveis por essas violações. A resposta do governo angolano às acusações de violações dos direitos humanos foi frequentemente de frustração, já que as organizações que alegavam as violações raramente tinham acesso às áreas controladas pela UNITA. Em muitas ocasiões a resposta do governo para essas organizações foi de ligar a sua mensagem directamente à UNITA. Além de destacarem a extensão de violações dos direitos humanos em Angola, esses relatórios serviam também para sublinhar o contexto difícil no meio do qual funcionavam as organizações da sociedade civil (Human Rights Watch 2005:148).

Análise do 'Jornal de Angola'

Apresentar-se-ão aqui alguns aspectos da análise feita sobre os artigos do jornal em questão, com referência ao biénio 2008-2009. A primeira parte será de tipo quantitativo, a segunda mais qualitativa.

A tabela 1 que se segue, é ilustrativa quer dos temas reportados quer do número de artigos publicados sobre os mesmos:

Tabela 1: Temas relativos à violação dos DH abordados pelo jornal (2008-2009)

Assunto	Nr. Artigos
Violação nas Cadeias	5
Violência no lar	15
Homicídio	3

Na generalidade dos casos, é possível constatar um elevado número de artigos de tipo notícia em detrimento de outros géneros jornalísticos (reportagem e entrevista). Uma outra variável a considerar, para além dos géneros jornalísticos, tem que ver com a secção de 'Sociedade', espaço reservado para abordagem de questões sociais a nível do país, em curtas e breves informações por cada uma das diferentes províncias. Geralmente, o jornal aborda as questões relacionadas aos Direitos Humanos na seção 'Sociedade', onde também trata os assuntos sociais. Do ponto de vista numérico, como já referido mais acima, o 'Jornal de Angola' utiliza o género notícia (32), reportagens (2) e entrevistas (2), bem como notas do editorial do jornal relacionadas com os Direitos Humanos (3).

Quanto ao número de páginas, é de assinalar que o jornal dedica duas ou três páginas à secção de 'Sociedade' subdividida em diferentes categorias de notícias e reportagens que, de uma forma geral, acabam por cobrir as várias províncias do país. Regra geral, o jornal veicula notícias em espaços bastantes curtos da secção 'Sociedade' e raramente uma página. Exceptua-se aqui o tratamento de um leque de reportagens de âmbito nacional. As informações aparecem muito condensadas nesta secção e desenvolvem-se em diferentes níveis, de acordo com o seu grau de importância.

A tabela 2 que se segue mais abaixo refere-se aos géneros jornalísticos por um lado, e, por outro, às fontes de informação utilizadas pelo 'Jornal de Angola', geralmente institucionais, como exposto mais acima. Os géneros usados são quantificados de acordo com o uso dado pelo referido jornal, de modo a ilustrar a pertinência que cada um assume no seu interior.

Tabela 2: Género e número de artigos comparados com as fontes utilizadas (2008-2009)

Género e número de Artigos publicados	Fonte usada
Notícia (27)	Polícia Nacional (PN) (5); Instituto Nacional de Apoio a Criança (INAC) (5); Ministério da Família e Promoção da Mulher (MINFANU) (5) Direcções Provinciais da Família e Promoção da Mulher (DPMF) (5); Fórum das Mulheres Jornalistas; Secretaria de Estado para os Direitos Humanos (1); 7ª Comissão do Conselho dos DH, MINREX Ministério do Interior (5); Direcção nacional de Investigação Criminal (DNIC) (1)
Reportagem (2)	Procuradoria-Geral da República (PGR) e Secretaria de Estado para os Direitos Humanos
Entrevista (2)	Juiz Presidente do Tribunal de Luanda
Editorial (3)	Director e Subdirector

Os casos de violações dos direitos humanos nas páginas do 'Jornal de Angola' são, em regra, dominados pelas notícias de violência doméstica, que logo após a guerra civil, conhecem um aumento considerável em todo o país. Aqui, vamos sumariamente focalizar apenas alguns casos de violações publicados nas páginas do jornal. Pode-se, de uma forma geral, dividi-los em duas partes:

> A primeira parte está relacionada à execução sumária de cidadãos no seio de famílias, como são os casos referidos mais abaixo. Ainda neste aspecto, verificou-se que o jornal deu muito pouco destaque às notícias, e o espaço para o desenvolvimento da mesma é bastante curto, sem uma informação mais apurada. A notícia fica-se pelo título e pouco mais de 6 linhas de descrição dos diferentes casos:

1- 21/01/2008 – título: 'Adolescente mata irmão supostamente por o pai os tratar de forma desigual'
2 - 17/04/2009 – título: 'Mulher mata marido'
3 - 18/04/2009 – título: 'Pai mata filho'
4 - 22/05/2009 – ante-título: 'Luena'; título: 'Jovem encontrado morto'

Quanto à segunda parte dos casos de execução sumária, estes são praticados por uma instituição pública. Trata-se da polícia nacional, sendo que um oficial terá matado a sua própria esposa, no exemplo que utilizamos. Aqui convém observar que o jornal optou por uma estratégia diferente de apresentação da notícia. A notícia, como o título revela, parece não engajar o agente policial ao crime, na medida em que o mesmo não é associado ao acto. O jornal opta por dar destaque ao apoio prestado pela polícia à família da vítima, e em nenhum momento assume responsabilidade pelo acontecimento. Diferente do título, a lead informa com maiores detalhes o acto praticado pelo agente policial. É a partir desse momento que se toma conhecimento que o oficial teria morto a sua própria esposa, como é ilustrado a seguir:

> Ex: 1 – 26/05/2009 – título 'Polícia apoia óbito de vítima da tragédia do bairro da Cuca' Lead: Fernanda Kandamba morta a tiro no bairro da Cuca pelo marido, oficial da polícia.

Fontes de Informação Utilizadas

Nos artigos do 'Jornal de Angola' as fontes de informação geralmente são de âmbito institucional. Raramente se observam casos de uso de fontes não-institucionais, porquanto o jornal tem como prioridade as informações veiculadas pelas instituições públicas como a polícia nacional, órgãos ministeriais, direcções provinciais, tribunais, procuradoria, bombeiros e empresas públicas. Verifica-se, igualmente, que a polícia nacional é dos órgãos que maior informação fornece ao jornal no que diz respeito aos direitos humanos, pois tudo indica haver da parte deste órgão de informação um maior nível de confiança nos dados apontados por esta instituição. Outras vezes são os órgãos públicos ou instituições públicas que privilegiam o 'Jornal de Angola' por se tratar de um veículo de informação, também ele público, daí poder-se constatar que muitos jornalistas são chamados para fazer a cobertura das actividades dos órgãos governamentais, e por força disso, reportam em primeira mão o resultado desses eventos oficiais.

Notícia

Na generalidade a notícia ocupa grande parte das informações da seção 'Sociedade' do 'Jornal de Angola', por se tratar de um género muito económico, que relacionado com o espaço dedicado pelo jornal aos factos sociais e, consequentemente, às questões dos direitos humanos, parece satisfazer os seus repórteres. No entanto, raramente outro género jornalístico é mais notório nas páginas do 'Jornal de Angola' do que a notícia. O próprio jornal já foi muito criticado por prescindir dos géneros reportagem e entrevista em detrimento da notícia. Aliás, assinala-se que esta parece ser uma tendência na linha de abordagem do próprio jornal.

Reportagem

A reportagem é dos poucos géneros utilizados pelo jornal, salvo em condições muito específicas, que podem derivar de uma actividade de âmbito nacional em que o jornal é chamado a fazer uma grande cobertura de informação. Verifica-se que o jornal, com muito pouca frequência, faz uso desse género para abordar questões sobre os direitos humanos.

Entrevista

As poucas entrevistas apresentadas pelo jornal em relação às questões de direitos humanos são geralmente indirectas. Constatou-se assim, que no biénio 2008-2009 raramente o jornal utilizou o género de entrevista para reportar questões ligadas aos direitos humanos, salvo uma entrevista com o Juiz Presidente do Tribunal de Luanda, quando falava do excesso de prisões preventivas. Outros momentos de entrevistas indirectas foram com a directora provincial da família e promoção da mulher, quando esta abordava a questão dos índices de violência doméstica e da visita efectuada pelo secretário de Estado para os direitos humanos, às penitenciárias da província do Kuando Kubango situada no sudeste de Angola.

A Função das Fotos no 'Jornal de Angola'

As fotos são muito pouco utilizadas no espaço 'Sociedade' onde o jornal trata de matérias relacionadas com os direitos humanos. Verificou-se a existência de um total de (9) fotos nos vários artigos publicados, entre eles a categoria: notícia (5), reportagem (2) e entrevista também (2), durante o período em análise.

Direitos Humanos no 'Semanário Angolense'

O jornal 'Angolense' foi fundado em Novembro de 1997 por um grupo de jornalistas com uma vasta experiência acumulada nos órgãos públicos. Este 'projecto Angolense', que inicialmente envolvia Américo Gonçalves e Graça Campos, desagregou-se anos mais tarde. Ambos criaram equipas diferentes, embora mantivessem a designação 'Angolense' nas duas publicações: uma sob direcção de Américo Gonçalves e outra com Graça Campos. O grupo dirigido por Graça Campos e Silva Candembo viria a refundar a publicação em 2003, com a designação de 'Semanário Angolense' já como 'Sociedade Semanário Angolense, Lda.', mudando igualmente de sede e de formato. O 'Semanário Angolense' e as publicações 'Folha 8' e 'Agora' contribuíram para a consolidação da imprensa escrita praticada em Angola. Apesar dos passos dados na evolução do panorama jornalístico angolano, as fontes de informação e os materiais logísticos continuaram a marcar as dificuldades da imprensa (Paiva 2005). Outra dificuldade com que se deparou o 'Semanário Angolense' e outras publicações relaciona-se com as apreensões dos jornais vendidos nas ruas de Luanda pela polícia nacional. Aliás, um dos aspectos que muito tem condicionado a actividade jornalística prende-se, efectivamente, com a insensibilidade dos órgãos policiais para com o exercício da liberdade de informação. O exercício da actividade jornalística num país assolado por uma guerra civil de 27 anos afectou de modo severo a relação entre os jornalistas e os poderes públicos. Vezes sem conta a direcção do 'Semanário Angolense' teve de enfrentar processos judiciais, o último dos quais movido pelo então ministro da justiça, em 2007, que colocou o seu director, Graça Campos, em prisão efectiva. Trinta dias depois, este foi absolvido e viu a sua sentença suspensa pelo tribunal supremo, por irregularidades detectadas no processo. A posição assumida pela equipa do 'Semanário Angolense' tem-se mantido irredutível perante os processos judiciais e as pressões de natureza política.

Pode-se dizer que o 'Semanário Angolense' é um dos jornais independentes mais importantes de Angola pelo facto de ter inaugurado temáticas muito sensíveis e que, de certo modo, constituíam tabus na sociedade angolana. Trata-se, por exemplo, do caso conhecido publicamente como 'Riqueza mudou de cor. Os Nossos milionários' (de 18 de Janeiro de 2003) e de outras matérias como por exemplo, a matéria intitulada 'Afinal, temos milionários', publicada na edição nº 72, de 31 de Julho a 7 de Agosto de 2004, na esteira de um tema já publicado no ano anterior; um outro artigo polémico intitulado 'Não bastaram os 500 anos?' publicado na edição, nº 132, de 1 a 6 de Outubro de 2005 'mexeu' novamente com a sociedade angolana. A edição nº 86 de 13 de Novembro de 2004 cujo título da manchete era 'Onde estão os brancos e mulatos deste país' e a edição nº 112, de 14 a 21 de Maio de 2005 com a manchete 'Pouca Vergonha' que retratava a vivência dos cidadãos nacionais homossexuais, de quem a sociedade reprovava a orientação sexual, são outros exemplos que podem ser utilizados como ilustrações. O próprio jornal ao publicar estas matérias deixou transparecer uma certa posição de reprovação em relação ao fenómeno da homossexualidade em Angola apesar da tentativa de equilíbrio jornalístico. Um ano mais tarde, o mesmo jornal publicou as seguintes manchetes: '27 anos no leme' (edição nº 181, de 16 a 22 de Setembro de 2006), referente ao mandato do presidente da república, e a manchete 'Dos Santos igual a Salazar' (edição nº 192 de 2 a 8 de Dezembro de 2006), onde se estabelece uma comparação entre José Eduardo dos Santos, presidente de Angola e António Salazar em Portugal, versando novamente a questão do mandato presidencial. O mesmo 'Semanário Angolense' instituiu nas suas páginas a rubrica 'fogo cruzado', com a finalidade de promover o debate de ideias entre os vários protagonistas da esfera pública angolana (desde questões políticas, culturais e económicas) que 'mexiam' com o país. Portanto, o espaço 'fogo cruzado', sem sombra de dúvida, foi uma iniciativa que contribuiu de maneira decisiva para o debate público sobre temas que envolviam a sociedade.

Acontece que a afirmação do 'Semanário Angolense' no panorama jornalístico nacional não excluiu de todo que este enfrentasse dificuldades financeiras. Por este motivo, em 2010, a 'Sociedade "Semanário Angolense" viu-se forçada pelas regras do mercado a vender o seu património ao grupo *Media Invest SA.*, actualmente proprietário da publicação. Uma das exigências dos novos proprietários tinha a ver com a reformulação da equipa, o que colocava Graça Campos e Silva Candembo fora da direcção do jornal. Passados alguns meses, o próprio ex-director do 'Semanário

Angolense', numa entrevista ao jornal 'O País' acabou por confirmar que não estaria disponível para permanecer na direcção do referido jornal enquanto o mesmo tivesse a *Media Inves SA.* como proprietário. Ou seja, Graça Campos recusou submeter-se às regras dos novos proprietários de cuja publicação foi fundador e director.

Análise do 'Semanário Angolense'

Assim como para o caso do 'Jornal de Angola', para o 'Semanário Angolense' também levamos a cabo uma sintética investigação de tipo quantitativo-qualitativo, que vamos tentar resumir, através da leitura da tabela 3 que se segue, e que relata os temas e número de artigos publicados sobre direitos humanos, entre 2008 e 2009:

Tabela 3: Temas relativos à violação dos DH abordados pelo 'Semanário Angolense' (2008-2009)

Temas publicados entre 2008-2009	Nr. Artigos
Casos de demolições forçadas por parte do Estado e expropriação de imóveis	11
Casos de execuções sumárias, baleamentos, detenções arbitrárias e outras violações com os relativos seguimentos processuais	15
Total	26

Neste nível de análise tem-se em conta diferentes variáveis, de acordo com os temas abordados: ano de publicação (biénio 2008-2009), número de artigos (68), número de páginas (98 e meia), número de fotos (86). Os dados recolhidos das variáveis estão divididos em categorias analíticas que são: notícia (45); artigos de opinião (11), reportagens (8) e entrevistas (4).

De seguida trataremos com mais detalhes do caso 'Frescura' com incidência para o 'Semanário Angolense' em comparação com o 'Jornal de Angola'.

Caso 'Frescura'

Os casos de execuções sumárias têm abalado de forma violenta a sociedade angolana pós-conflito. No dia 23 de Julho de 2008, uma quarta-feira, por volta das 18 horas e 30 minutos, homens desconhecidos em composição indeterminada chegaram, (numa viatura de marca Hiace) à zona da 'Frescura', uma 'mutamba'[3] de jovens desse bairro do Sambizanga, onde se puseram a disparar contra tudo e todos. Em consequência dos disparos, feitos por homens armados, 8 jovens foram mortos. Porém, ouvida a polícia de Luanda, esta referiu desconhecer os autores do crime. Por seu turno, familiares e amigos das vítimas, ouvidos pela imprensa, garantiram terem sido autores do crime agentes da corporação à paisana. De acordo com os testemunhos recolhidos pelo 'Semanário Angolense', na altura do acontecimento, os homens armados que haviam descido de um carro, envolveram-se em conflito com os jovens, que se encontravam a conviver na sua pousada de todos os dias, disparando inicialmente para o ar, a fim de dispersarem os curiosos. A sessão de disparos contra os jovens deu-se logo após os homens armados terem orientado que os mesmos se deitassem ao chão. Entre as oito vítimas, cinco dos jovens morrem no local do acontecimento e três acabaram por falecer no hospital.

A polícia nacional, segundo o mesmo jornal, distanciou-se publicamente dos acontecimentos acabados de mencionar. Contraditoriamente, tanto os familiares das vítimas, como os seus amigos, garantiam terem sido agentes à paisana os responsáveis pelo sucedido, tendo havido, inclusivamente, a identificação de três deles. Por outro lado, havia igualmente relatos do envolvimento indirecto de um 'patrulheiro'[4], que, segundo uma das testemunhas, estaria a fazer a cobertura da acção dos 'matadores de serviço'. Poucos dias depois do acontecimento, a própria polícia apresentou publicamente sete agentes seus como alegados autores do crime.

A tabela 4 que se segue mais abaixo visa ilustrar as principais fontes usadas pelo 'Semanário Angolense' para a obtenção de informação e a relação com os géneros jornalísticos, durante o biénio em causa.

Tabela 4: Género de artigos, comparados com as fontes utilizadas (2008-2009)

Tipo de artigo	Fontes Utilizadas
Notícia (45)	Rádio Eclésia (10), População (Familiares das vítimas), organizações não-governamentais (AJPD, Mãos Livres, Open Society) (10); Policia Nacional (5); Organizações sociais das Igrejas (10); Global Witness, Amnistia Internacional, Human RightsWatch (10)
Breve (6)	Fontes alternativas 'anónimas'
Reportagem (8)	Porta-voz da Polícia (2), populares vítimas da acção (4), Ministério da Família e Promoção da Mulher (MINFPM) (2)
Entrevista (4)	Procuradoria Geral da República (PGR), deputado da UNITA
Opinião (11)	Vários autores

O caso mais violento desde que o país alcançou a paz efectiva foi a notícia com o título em primeira página: 'Chacina no Sambizanga', decorrido em 2008, ou o caso 'Frescura' como se conhece publicamente. Ambos revelaram com clareza o que tem acontecido na sociedade angolana, e o impacto que tais acontecimentos tiveram na imprensa escrita. O caso 'Frescura' segundo a imprensa escrita, em particular o 'Semanário Angolense', colocou em aberto a difícil relação entre os cidadãos e a polícia nacional. Foi por meio da imprensa que o país tomou conhecimento de tal acontecimento.

Desde o momento da cessação das hostilidades entre o governo de Angola e a parte substancial da oposição armada que constituía a UNITA, até 22 de Março de 2002, não se conhecia qualquer acontecimento público que tivesse 'mexido' tanto com a 'moral' pública da sociedade angolana quanto o caso 'Frescura'. Numa segunda edição onde tratava do mesmo caso, o 'Semanário Angolense' titulou-o: 'Massacre da Frescura'. O mesmo jornal na altura apresentava o antetítulo 'Polícia pondera três alternativas' dando conta que a polícia nacional já tinha algumas informações relacionadas com o caso. O caso 'Frescura' marcou de forma severa e serviu para 'forçar' uma reformulação na relação entre os agentes da polícia nacional e a população em geral, acto que resultou na execução de 8 jovens moradores do bairro do Sambizanga, na periferia de Luanda. O bairro do Sambizanga situa-se no município com o mesmo nome, e albergava um dos maiores mercados a céu aberto da história de Angola pós-independência. Devido à existência do Mercado do Roque Santeiro, o bairro do Sambizanga era apontado pelas autoridades oficiais como tendo o maior nível de criminalidade da província de Luanda. Por este fato, a actuação da polícia era igualmente severa, daí que, a pressão foi no sentido de reformular os seus métodos de actuação, e para que esta realizasse actividades de educação dos seus agentes de modo a se adaptarem ao tempo pós-conflito, principalmente no sector da ordem pública, por ser este que se relaciona directamente com os cidadãos, no dia-a-dia.

Considerações finais

A imprensa angolana tem sido muitas vezes pressionada pelos factos sociais a cobrir, envolvendo questões de direitos humanos, outrora invisíveis devido à guerra cometida de ambas as partes. Tendo em conta que a análise quer quantitativa, quer qualitativa referida nos pontos anteriores já fornece dados relevantes, para a nossa conclusão focalizaremos as semelhanças e diferenças mais salientes nas abordagens do 'Jornal de Angola' e do 'Semanário Angolense'.

Durante o biénio 2008-2009 foi notória a preocupação dos dois jornais em abordar as violações dos direitos humanos, pois os dados quantitativos existentes, manifestam um certo equilíbrio, que corresponde a uma média mínima de quinze artigos, embora se realce que o 'Semanário Angolense' em detrimento do 'Jornal de Angola' ter coberto mais acontecimentos. A tendência da média de trinta das matérias cobertas, espelha o quanto a imprensa angolana ainda está distante da ampla cobertura de temas sobre violações de direitos humanos. Com efeito, é mister reconhecer o crescimento gradual da cobertura de matérias com cariz mais social, embora persistam em reportar notícias sensacionalistas.

Além do número médio de artigos publicados pelo 'Jornal de Angola' e o 'Semanário Angolense', concernente à cobertura dos direitos humanos, importa sublinhar que ambos inserem as notícias na seção de 'Sociedade', ou seja, é neste sector que os jornais têm publicado os assuntos sobre direitos humanos. As diferenças verificadas quanto ao tipo de abordagem dos jornais, apresentam-se apenas no formato das notícias. Por exemplo, no 'Semanário Angolense' o tratamento da notícia é geralmente mais aprofundado, ou seja, há um seguimento de uma notícia, diferente do tratamento dado pelo 'Jornal de Angola', que em apenas uma edição (28 de Agosto de 2008) fez referência em primeira página aos autores do crime envolvidos no caso 'Frescura', embora seja um dos casos mais mediáticos no panorama dos media nacionais. Em parte, o seguimento, ou não, de matérias consideradas sensíveis deriva das diferenças existente nas linhas editoriais dos dois jornais, sendo que, o 'Jornal de Angola' prima por uma linha que visa salvaguardar as instituições do Estado, e a defesa das autoridades. A linha editorial do único diário de Angola e com a maior circulação, é muitas vezes usada pela direcção do mesmo para defender posições concretas em favor das autoridades governamentais, ao passo que o 'Semanário Angolense' prima pela divulgação de informações das mais variadas sensibilidades do país, embora se possa denotar ao mesmo tempo, uma certa tendência em dar voz às instituições e segmentos sociais que, de qualquer modo, são marginalizados pelos órgãos públicos. Aqui também a linha editorial do 'Semanário Angolense' diz-se comprometida com o 'ser e a defesa do angolano', muitas vezes usada para a chamada de atenção das instituições e autoridades governamentais. As diversas fontes de informação têm constituído uma variável díspar na cobertura das questões de violações dos direitos humanos entre os dois jornais. No caso do 'Jornal de Angola' a primazia é dada às fontes institucionais, talvez devido ao facto de existir maior confiança por parte desses mesmos órgãos, e de diferente modo o 'Semanário Angolense' privilegia as fontes não-institucionais, pois diz encontrar inúmeras dificuldades de acesso à informação por parte das instituições públicas que se recusam a prestá-las, mesmo tratando-se de cobertura de actividades oficiais do Estado.

Há uma disparidade quanto ao posicionamento 'político' assumido por cada um dos dois jornais. No 'Jornal de Angola' o posicionamento aparece no editorial e nas informações de carácter oficial que quase sempre vão de encontro às autoridades policiais e dificilmente de forma crítica; o 'Semanário Angolense' situa-se no sentido oposto, pois tem desenvolvido um certo equilíbrio no tratamento das peças jornalistas, quando muito a atenção recai para a crítica às autoridades policiais, ou de modo geral, as instituições públicas. Nos dois casos o posicionamento dos jornais deriva em grande medida das linhas editoriais.

O 'Semanário Angolense' de acordo com a sua linha editorial tem-se pautado por uma postura de defesa da vida e dignidade humana dos cidadãos angolanos, como por exemplo: de realçar a cobertura mais que conseguida efectuada pelo jornal, no caso 'Frescura' até ao julgamento e sentença dos culpados. Por seu turno, o mesmo assunto (caso 'Frescura') foi noticiado apenas numa única ocasião pelo 'Jornal de Angola' no curso do caso em julgamento, e nem sequer a sentença atribuída aos culpados foi motivo de notícia. O 'Semanário Angolense' sobre este caso criticou duramente a polícia pelo comportamento dos seus agentes no relacionamento com os cidadãos. O jornal chamou igualmente a atenção das autoridades para maior cautela nas acções, e para a necessidade de se prestar maior atenção ao processo de educação dos agentes adequando-se ao momento actual vivido no país. O mesmo se pode dizer dos diferentes casos de expropriação de terra e demolições feitas pelas autoridades governamentais.

Há ainda uma diferença muito díspar no tratamento das fotografias entre os dois jornais, sendo o 'Semanário Angolense' o que mais acompanha as notícias com fotografias diversas para dar maior visibilidade aos acontecimentos.

No que diz respeito ao ponto de vista dos jornais em matérias de direitos humanos, podem-se destacar dois pontos díspares:

No primeiro caso do 'Jornal de Angola' é notório um certo comprometimento dos jornalistas na abordagem de assuntos, que de alguma forma, 'mexem' com a sensibilidade das autoridades governamentais. Assinala-se que os jornalistas partem de um ponto de vista de autocensura no tratamento de assuntos ligados aos direitos humanos. Assim sendo, a crítica nunca se faz abertamente. É mais frequente verificarem-se abordagens dos assuntos de um ponto de vista positivo, ou numa espécie de crítica velada.

No segundo caso, o do 'Semanário Angolense', o tratamento dos assuntos é geralmente feito de forma clara e aberta. O ponto de vista dos jornalistas apresenta-se muito claro, nos textos publicados, sendo que até mesmo as críticas às instituições e autoridades são feitas de forma directa e aberta. Muitas vezes os jornalistas reportam matérias com títulos bombásticos de modo a provocar reacções da sociedade, e das autoridades, em particular. O confronto do contraditório é uma nota a realçar nas páginas do 'Semanário Angolense', o que difere de forma igualmente notória das páginas do 'Jornal de Angola'. Por exemplo: o 'Jornal de Angola' na cobertura que fez do caso 'polícia apoia óbito de vítimas da tragédia do bairro da Cuca'; lead: 'Luzia Fernando Kandamba, morta a tiro, no bairro da Cuca, pelo marido, oficial da polícia'; em nenhum momento procurou ouvir outras opiniões no tratamento desse assunto. Desde já, porque qualificou o caso como sendo o resultado de uma tragédia, sem, no entanto, noticiar a responsabilidade do agente da polícia.

Apesar dos vários esforços e medidas tomadas pelo governo angolano, com o fim de incrementar o respeito pelos direitos humanos dos cidadãos, o relatório de 2009 sobre os direitos humanos em Angola sugere que o comportamento do governo em termos de respeito pelos direitos humanos ainda não atingiu níveis aceitáveis, sendo que as violações registadas foram inúmeras e graves. O documento refere que os abusos dos direitos humanos incluíram situações como a diminuição dos direitos dos cidadãos de elegerem representantes a todos os níveis; assassinatos por parte da polícia, dos militares e de forças de segurança privada; tortura, espancamentos e violações por forças da segurança; condições duras nas prisões; prisão e detenção arbitrárias; corrupção e impunidade das autoridades; um sistema judicial ineficaz e sem independência; longa duração da prisão preventiva; inexistência dum processo isento; restrições à liberdade de expressão, de imprensa, de reunião e de associação; despejos forçados sem indemnização; e discriminação, violência e maus-tratos contra mulheres e crianças (RSPA 2010: 45).

Notas

1. Artigo publicado a 3 de Julho de 1999 no 'Semanário Agora' de autoria do jornalista sénior e activista dos direitos humanos, Rafael Marques
2. William Tonet, Aguiar dos Santos, Gilberto Neto e outros - o primeiro e segundo são directores dos Semanários 'Folha 8' e 'Agora', respectivamente.
3. O termo Mutamba refere-se a um local de lazer dos jovens.
4. Carro de campanha policial.

Referências

Carvalho, P. de, 2010, *A campanha eleitoral de 2008 na imprensa de Luanda*, Luanda: Kilombelombe.

Coelho, S., 1999, *Angola – História e estórias da informação*, Luanda: Executive Center.

Comerford, M., 2005, *O rosto pacífico de Angola: biografia de um processo de paz (1992-2002)*, Windhoek: edição do autor.

Fundação Open Society, 2010, *Relatório Segurança Pública em Angola*, Luanda: Open Society-Angola.

Paiva, M., 2005, 'Panorama nacional' in *So this is democracy? – State of media freedom* in MISA, *Southern Africa 2005*, Windhoek: MISA, pp. 27-36, www.misa.org, 17.09.2011.

Neto, G., 2004, 'Angola', in MISA *So this is democracy? State media freedom in Southern Africa 2004*, Windhoek: MISA, pp. 28-36. www.misa.org, 20.09.2011.

Hodges, T., 2001, *Angola – Do Afro-Estalinismo ao capitalismo selvagem*. Cascais: Principia.

Human Rights Watch, 1999, *Angola Explicada – Ascensão e queda do processo de paz de Lusaka*, Nova Iorque: HRW.

Lima, F., 2000, 'Os media em Angola', in Nick, S., Koudawo, F., *Pluralismo de informação nos Palops*, Cascais: Principia e Publicações universitárias e científicas, pp. 35-76.

Mateus, I., 2004, *The role of Angolan media during the conflict and in the construction of democracy*, Conciliation Resources web site. Retrieved August 2006, from http://www.cr.org/our-work/accord/angola/media.php , 20.03.2012.

Pestana, N. 2005, 'O poder e a diferenciação social em Angola', in Cruz e Silva, T., Cardoso, C., e Araújo, M., *Lusofonia em África: História, democracia e integração africana*, Dakar: CODESRIA, pp.191-206.

Nyamnjoh, F., 2005, *Africa's Media – Democracy & the politics of belonging*, London: Zed Books & Pretoria: UNISA Press.

Windrich, E., 1992, 'Media coverage of the Angolan war', *Africa Today*, vol 39, 1/2 Angola and Mozambique, pp.89-99.

Windrich, E., 2000, 'The role of clandestine radio in the Angolan War', *International Journal of Cultural Studies*, London, vol. 3 (2), pp. 206-218.

6

A Cobertura da Violação dos Direitos Humanos por Parte do Estado na Imprensa Moçambicana: 'O País' e 'Notícias (2008-2009)

Luca Bussotti e Virgínia Olga João

Os Direitos Humanos em Moçambique: enquadramento geral

A 'descoberta' dos Direitos Humanos é relativamente recente em Moçambique. O regime samoriano (1975-1986) não atribuía grande importância a esta vertente, valorizando muito mais os direitos sociais (Marshall 1964).

Uma sensibilidade diferente em relação aos direitos humanos manifesta-se a partir da nova Constituição de 1990, seguida da assinatura dos Acordos de Paz de Roma (1992) e da 'abertura' para o multipartidarismo e a liberdade de informação e de expressão. Em Dezembro de 1990 o Parlamento aprova o Pacto Internacional sobre os Direitos Civis e Políticos, junto com o segundo pacote de medidas que visam abolir definitivamente a pena de morte; simultaneamente, se formam as organizações da sociedade civil que começam a 'fiscalizar' a acção do Estado em relação aos cidadãos, graças inclusive ao financiamento das cooperações e das grandes ONGs ocidentais, que acabam tornando o respeito pelos direitos humanos como uma das variáveis para medir o grau de confiabilidade política do novo Moçambique. Uma das ONGs moçambicanas mais relevantes é certamente a Liga dos Direitos Humanos, fundada em 1995, que anualmente publica um relatório sobre o estado dos direitos humanos em Moçambique.

O interesse da imprensa para com esta matéria é o resultado dessa mudança cultural geral. Os jornais inserem-se portanto num debate que já estava decorrendo na sociedade, tentando, embora não de forma sistemática, promover novos assuntos. Os direitos humanos sempre tiveram, desde os anos noventa, um elevado valor político, além de 'humanitário' no sentido lato.

Este trabalho visa analisar o posicionamento e o tipo de cobertura dos jornais moçambicanos sobre violação dos direitos humanos por parte do Estado no biénio de 2008-2009. Os jornais escolhidos foram o diário 'Notícias' – formalmente privado, mas controlado na maioria pelo Banco de Moçambique –, que tende a 'defender' o Estado, reduzindo as violações perpetradas em detrimento dos cidadãos sobretudo por parte de agentes policiais a 'casos' isolados, e outro diário de circulação nacional, 'O País' – controlado pelo grupo privado SOICO, fundado em 2002, que gere também a STV (um canal privado de televisão). Este acentua a responsabilidade directa da própria polícia e, portanto, das instituições do Estado, discordando com a abordagem do 'Notícias'. A confirmação disso vem das próprias palavras dos dois directores dos órgãos analisados, ou seja, Rogério Sitoe ('Notícias') e Jeremias Langa ('O País'). Os dois defendem um argumento comum: os 'direitos humanos' não seriam fruto de importação, pois, na realidade factual, uma sensibilidade com relação a eles existia já na altura de Samora Machel; todavia, ela era 'frustrada' pelo regime e não podia ser sistematizada de forma teórica. Aquilo em que os dois divergem é: que Langa enfatiza muito mais do que Sitoe o papel desempenhado pela imprensa independente e pela ONG 'Liga dos Direitos Humanos'. Na óptica de Sitoe, foram as próprias instituições que 'puxaram' no sentido de um maior respeito pelas prerrogativas individuais, enquanto, do ponto de vista de Langa, este papel tem que ser atribuído muito mais aos sujeitos independentes acima citados. Essas duas diferentes posturas constituem a chave para perceber toda a diferença nas duas linhas editoriais acima mencionadas.

O biénio aqui considerado, o de 2008-2009, é bastante significativo, uma vez que se registam:

1. A entrada no mercado do jornal 'O País', como diário, o primeiro independente de âmbito nacional;

2. A cobertura do caso-Mongincual pelos dois diários, uma espécie de repetição do caso Montepuez, em que 12 detidos – mais uma vez, simpatizantes da Renamo – encontraram a morte, supostamente por asfixia, numa minúscula cela naquela localidade do norte do País.

A partir daí apresentar-se-á o trabalho analítico, que consta de uma parte de tipo quantitativo, uma de tipo qualitativo e finalmente as conclusões em volta da linha editorial dos dois jornais aqui considerados.

O jornal 'Notícias'

Análise quantitativa

O jornal 'Notícias' publicou, ao longo do biénio de 2008-09, 32 artigos sobre a matéria aqui abordada. A esses é preciso acrescentar mais 11 de opinião, os quais representam portanto uma parte consistente do material global sobre a matéria.

Trata-se geralmente de artigos que dizem respeito às violações que ocorrem fora das cadeias (10), sobretudo abates de supostos criminosos por parte da polícia. Entretanto, como será demonstrado na parte qualitativa, esses casos são apresentados, geralmente, como firme actuação de um corpo policial que garante a lei e a ordem, mesmo que isso seja feito com modalidades 'extremas'. Outro assunto mais focado é representado pelas violações no seio das prisões (também 10) e, a seguir, o de tipo político.

Os artigos costumam ser relativamente curtos, com uma excepção bastante evidente que diz respeito aos assuntos políticos. A posição que eles ocupam também é significativa: por 4 vezes o 'Notícias' faz a sua manchete com violações fora das cadeias, e por 11 vezes esta tipologia é colocada entre as primeiras cinco páginas, enquanto, em todos os outros casos, apenas em 6 circunstâncias temos esta ocorrência.

A tabela abaixo ilustra a cobertura quantitativa feita pelo 'Notícias' ao longo do biénio em análise:

Tabela 1: A cobertura quantitativa do jornal 'Notícias'

Anos 2008/2009	Nr. artigos	Página	Foto	Data
Síntese/comentários de relatórios	(4)	5 18 19 10	(1)	4/10/2008 12/1/2008 18/30/2008 11/3/2009
Casos de execuções sumárias, abates, detenções arbitrárias e outras violações com os relativos seguimentos processuais	(10)	1 5 8 8 2 1 9 10 4 4	(3)	15/03/2008 30/03/2008 14/04/2008 4/07/2008 8/07/2008 19/07/2008 11/10/08 11/09/ 2008 21/01/2009 5/02/2009
Violação dos DH nas cadeias (mortes, espancamentos, torturas, etc.)	(10)	3 12 8 4 5 6 9 1 1 3	(3)	12/12/2008 22/12/2008 14/08/2008 18/03/2009 19/03/2009 21/03/2009 24/03/2009 26/03/2009 28/03/2009 30/03/2009

Assuntos políticos relacionados com os DH (debates parlamentares, aprovação/modificação de leis, etc.)	(8)	4 15 4 6 12 5 7 9 3	(4)	24/04/2009 9/07/2008 2/09/2008 23/12/2008 2/03/2009 4/03/2009 14/04/2009 14/04/2009
DH internacionais	0	0	0	0
Total	**32**		**11**	

As duas tipologias informativas que prevalecem dizem respeito aos abates da polícia em plena rua e às violações no seio das cadeias: em ambas as circunstâncias trata-se de 'casos' específicos, dos quais o 'Notícias' decide dar conta. A análise qualitativa demonstrará, todavia, que aquilo que aqui é classificado como violação dos direitos humanos – os abates de supostos criminosos –, do lado do jornal é apresentado como crónica, por vezes até expressando comentários favoráveis a respeito da eficiência policial. Esta tendência a um jornalismo de tipo *événementiel* encontra clara confirmação na tabela 2, relativa ao grau de condensação temporal dos artigos, extremamente elevada.

Tabela 2: Grau de 'condensação' temporal dos artigos com base no seu conteúdo

	Caso	Não-caso
Lapso temporal de cobertura	Mongincual (8) 18/3/2009- 30/03/2009 Costa do Sol (2) 19/07/2008- 01/08/2008 Tiroteio em Maputo (2) 04/07/2008- 08/07/2008	Todos os outros (26) 15/4/2008 - 11/8/2009

Oito dos 32 artigos (praticamente ¼ do total) representam a cobertura que o 'Notícias' faz do caso-Mogincual. Apenas em mais dois casos, como assinalado na tabela 2, o jornal fez um seguimento, embora mínimo, da notícia. Fora disso, temos uma grande dispersão na cobertura, de acordo com uma abordagem superficial, em que em nenhuma circunstância se faz o *follow-up* da notícia que, portanto, fica isolada e sem nenhuma possibilidade de aprofundamento por parte do leitor.

Na tabela 3 podemos ver o tipo de artigos e fontes utilizadas:

Tabela 3: Tipos de artigos comparados com as fontes utilizadas (2008-2009)

Tipo de artigo		Fonte usada
Notícia	20	Porta-voz do Comando da PRM (Armando Chefo); Ministro do Interior (Pacheco); Chefe de departamento de relações Públicas do Comando da PRM - Nampula; LDH+PGR; Tribunal + Processo no 44/2007+ audiência do Julgamento; Comandante da PRM - Sofala (Alexandre Mugela); IPAJ; Porta voz da PRM (Jacinto Cuna) + outras fontes anónimas; Ministra da Justiça (B. Levi); Porta-voz da Polícia (Arnaldo Chefo) + testemunhas oculares; Relatório pericial da PRM; PRM + Hospital Central de Nampula; Procuradoria Provincial de Nampula + Governador de Nampula; Comandante-geral da PRM (Jorge Kalau) + Secretário permanente de Mongincual (Fernando Assale); Administrador distrital de Mongincual (Bernardo António); Ministro do Interior; PRM; PRM; Ministra da Justiça (2)
Breve	2	Director da Educação e Cultura de Inhambane (Pedro Baptista); Desconhecida;
Reportagem	8	Vice-Comandante PRM (Jorge Kalau) + Presidência aberta; Director das Alfândegas de Inhambane (Jaime Nicholson + Comandante da PRM - Inhambane (José Machava); Assembleia da República; Sociedade civil; Hospital Central de Nampula + Secretário permanente de Mongincual; Comandante PRM – Nampula (Arsénia Massingue) + Familiares das vítimas; Familiares das vítimas + Secretário permanente de Mongincual (Fernando Assale); Juízes do Tribunal supremo + juízes do Tribunal especial do Distrito no 2; FADH + PRM
Entrevista	1	Elísio Macamo
Opinião	11	Josué Bila; Mouzinho de Albuquerque (2); João Baptista André Castande; Josué Bila (4); Tanga Ya Wena; Sanguno Manjate; António Muchanga; Paul Fauvet

Esta tabela mostra que há apenas 8 reportagens, cujas fontes são maioritariamente de tipo institucional, o que torna difícil comparar a versão oficial com outras possíveis e, se calhar, alternativas. Quando isso acontece, o resultado (veja parte qualitativa) é interessante, como no caso da reportagem feita aquando do desfecho do caso Mogincual.

A análise quantitativa mostrou as seguintes características no que diz respeito ao 'Notícias':

1. Interesse fraco e concentrado em episódios específicos (nomeadamente o caso Mogincual), interpretando as questões ligadas aos direitos humanos consoante uma perspectiva mais política;

2. Seguimento dos casos quase que ausente, com a excepção das mortes na cela de Mogincual e, em parte, em outras duas circunstâncias (o processo-crime contra os 3 polícias envolvidos no assassinato de 3 supostos criminosos no bairro Costa do Sol, e o tiroteio na baixa de Maputo, que provocou um morto);

3. Destaque bastante secundário a respeito dos direitos humanos quanto à posição que eles ocupam no seio do jornal, quer em termos de tamanho dos respectivos artigos, quer (sobretudo) de destaque nas primeiras páginas. A parcial excepção é representada por alguns casos particularmente graves de execuções sumárias ou outras violações fora das cadeias, mas, mais uma vez, sem que isso implique um sucessivo seguimento da notícia;

4. A questão das fontes emerge, desde a análise quantitativa, como um dos elementos mais relevantes e, de certa forma, preocupantes. Elas são maioritariamente institucionais, e em nenhum caso há uma reportagem feita com base em outras fontes.

Análise qualitativa

Na parte qualitativa, o objectivo principal será perceber de que maneira a linha editorial do jornal aborda a questão relativa aos direitos humanos, tomando em consideração alguns dos aspectos mais significativos, tais como os títulos, o uso das fontes e das intervenções externas (cartas/editoriais).

A função dos títulos

De uma forma geral, os títulos não costumam ser bombásticos e geralmente não tencionam despertar a atenção do leitor. Entretanto, há excepções a isso, nomeadamente em duas tipologias de casos: primeiro, nas violações fora das cadeias, quando há relatos de casos em que a polícia persegue e consegue abater indivíduos, geralmente supostos perigosos cadastrados; segundo, nos assuntos político-institucionais, quando a dignidade nacional é posta em perigo por observadores estrangeiros. Nesses casos o jornal público 'compacta' as fileiras, ostentando unidade perante esta possível ameaça, ou nas reportagens de debates parlamentares ou entrevistas com personalidades do Governo, destacando o papel positivo da maioria política e do próprio executivo. Quer do primeiro, quer do segundo caso iremos fornecer exemplos adequados.

Em termos técnicos, a construção do título, no 'Notícias', é concebida geralmente de forma simples. O uso do antetítulo é pouco frequente e, no lugar do lead 'clássico', há um lead muito amplo e exaustivo, que às vezes até induz a dispensar a leitura do texto completo.

Analisaremos agora casos concretos, relativos às três categorias onde é maior a frequência dos artigos: isto é, a violação dos direitos humanos fora das cadeias, nomeadamente o abate de supostos delinquentes pela polícia, as violações no interior do âmbito prisional, finalmente as notícias inerentes ao mundo político. Logo a seguir far-se-á a análise das intervenções externas ao jornal (opiniões, cartas de leitores, etc.) que, no caso do 'Notícias', ocupam uma posição privilegiada e, portanto, relevante.

Os títulos nas violações dos direitos humanos fora das cadeias

O jornal 'Notícias' destaca com uma certa ênfase a questão relativa aos abates na rua protagonizados pela polícia. Eis a sequência dos relativos títulos:

1. 15/04/2008:   'Ladrão de viaturas abatido pela Polícia'.
2. 10/05/2008:   'Nampula: abatido perigoso cadastrado'.
3. 04/07/2008:   'Tiroteio gera pânico na baixa de Maputo'.
4. 08/07/2008:   'Ainda o tiroteio da baixa: Assaltante abatido era "aprendiz".
5. 20/12/2008:   'Em pleno dia na Malanga: Polícia atira contra jovem automobilista'.
6. 21/01/2009:   'Suposto cadastrado alvejado em Pemba'.
7. 05/02/2009:   'Todinho foi baleado em três ocasiões – indica Polícia'.

Em cinco dos sete artigos citados, o 'Notícias' apresenta a mesma abordagem, ou seja, a informação é dada de forma 'assertiva', baseada nas seguintes características:

1. A vítima é apresentada como sendo um delinquente, sem distinção entre o 'pilha-galinhas' ou um verdadeiro criminoso.
2. Os verbos usados para comunicar a eliminação física do delinquente são 'abatido', 'alvejado' ou 'baleado'. Isso significa que os criminosos quase que não têm uma identidade própria, portanto podem ser 'abatidos', como acontece com os animais. O jornal acaba assumindo e reproduzindo a linguagem usada pela própria polícia na altura em que ela faz a comunicação externa desses eventos, sem nenhuma forma de filtragem da mesma.
3. A actuação da polícia nunca é posta em discussão, pois o importante é a salvaguarda das instituições, a qualquer custo. Nunca se questiona sobre a

perda da vida de alguém pelas forças policiais, nem se elas não podiam ter evitado uma solução tão drástica. Mesmo no caso número cinco, em que a polícia mata um inocente, o título mantém-se neutro, informando apenas que o jovem automobilista 'foi morto ontem', sem nenhum pormenor sobre a conduta policial.

4. Finalmente, os títulos são construídos a partir de fontes sempre oficiais, geralmente provenientes da própria polícia.

Os leads – que não foi possível reportar aqui por serem demasiado longos – explicam de forma mais clara o posicionamento do jornal. No caso relativo ao artigo do dia 15/04/2008, toda a linguagem escolhida pretende dar a ideia de um trabalho constante e bem-sucedido do lado da polícia, cuja imagem reflecte um grau extremamente elevado de eficiência. Por exemplo, logo no princípio, pode ler-se 'Mais um suposto ladrão' foi abatido pelas forças policiais. O outro elemento significativo tem a ver com o facto de a polícia ter perseguido e atingido (mortalmente, mas este aspecto não é muito enfatizado) o delinquente que estava em processo de fuga: mais uma prova de eficiência e boa organização. No artigo de 10/05/2008, o 'perigoso cadastrado', alvejado mortalmente em Nampula, 'se envolveu num tiroteio com agentes da PRM': por isso a polícia teve que ser inexorável com ele. Por último, o caso da morte de Todinho: o lead relata que ele foi atingido 'em três ocasiões diferentes', tendo o confronto com a polícia começado no Bairro da Coop, para terminar na Avenida da Angola e finalmente 'algures no Bairro de Malhampswene'. Mesmo casos trágicos parecem abordados sob o mesmo prisma. Quando a polícia abate um inocente que estava conduzindo o seu carro (artigo do dia 20/12/2008), o lead tenta explicar esta grave falha mediante uma espécie de 'excesso de zelo', mas sem fazer menção que isso possa configurar-se como um verdadeiro abuso de autoridade e até homicídio voluntário. Tudo isso deixa claro como, do ponto de vista do 'Notícias', esses casos não devem ser considerados como graves violações dos direitos humanos, mas sim sob o prisma das performances da polícia moçambicana.

Os títulos nas violações dos direitos humanos nas cadeias

O 'Notícias' aborda questões relacionadas com a situação do mundo prisional de forma bastante esporádica e irregular. Eis alguns dos títulos relativos aos artigos pertencentes a esta categoria:

1. 09/06/2008: 'Reclusos queixam-se na cadeia de Nampula'.
2. 12/12/2008: 'Cadeia Central de Maputo: Diarreia mata reclusos – confirma ministra da Justiça, quando ontem empossava novos quadros do sector'.
3. 18/03/2009: 'Detidos morrem na prisão em Mogincual'.
4. 19/03/2009: 'Cadeia de Mogincual: Detidos morreram vítimas de asfixia – indicam resultados dos exames médico-legais'.

5. 24/03/2009: 'Aberto inquérito sobre caso Mogincual'.

6. 26/03/2009: Antetítulo: 'Mogincual: Governo ampara órfãos e viúvas'. Título: 'Ainda a morte de reclusos em Mogincual: Governo ampara órfãos e viúvas'.

7. 26/03/2009: 'Parentes querem saber mais da causa das mortes'.

8. 28/03/2009: 'Não houve espancamentos na cadeia de Mogincual'.

9. 14/04/2009: Antetítulo: 'Participantes do Seminário Nacional sobre Saúde Prisional (C. Bernardo)'. Título: 'Nas cadeias de todo o país: HIV/SIDA ameaça reclusos'.

De 14 artigos sobre problemas de direitos humanos nas cadeias, 7 versam sobre o caso Mogincual. Desde o primeiro artigo, a linha editorial tenciona limitar os danos de imagem às autoridades públicas subsequentes ao acontecimento. De facto, o título do primeiro serviço é meramente descritivo. As primeiras hipóteses só são adiantadas no lead, e a estratégia 'defensiva' pauta pela asfixia como causa das mortes, devido ao 'intenso calor', juntamente com a superlotação da cela. No artigo a seguir (19/03/2009) a confirmação da hipótese adiantada sai de forma inequívoca, sustentada pelos exames médicos legais. No terceiro (24/03/2009) o destaque vai pela iniciativa da Procuradoria, que 'ordena detenções'. A seguir (dia 26/03/2009) o jornal informa que o 'Governo ampara órfãos e viúvas', explicando, no lead, que o Governo local irá tomar conta da 'educação das crianças em idade escolar' até à maior idade, como forma de compensar as famílias pela perda dos respectivos chefes (as vítimas eram todas de sexo masculino). Finalmente, o último artigo sobre o caso Mogincual (sem contar com as cartas e as opiniões dos colunistas), do dia 28 de Março de 2009, fecha a sequência. O título é bastante claro, deste ponto de vista: 'Não houve espancamentos na cadeia de Mogincual'. E o lead acrescenta: 'Nenhum dos 12 cidadãos que morreram na cadeia de Mogincual apresenta sinais de espancamento e tortura, como têm vindo a alegar círculos da Renamo'. É exactamente no fecho da sequência que o jornal 'Notícias' descobre as cartas: primeiro, titula realçando a simples negligência. Segundo, exclui também o envolvimento de um suposto 'chefe' da cela, que teria espancado os outros. Finalmente, no lead classificam-se essas hipóteses como puras ilações, evidentemente infundadas, e provenientes do partido Renamo, dando portanto uma leitura 'política' daqueles factos. As instituições moçambicanas são salvas.

Os títulos no caso dos assuntos políticos relacionados com os Direitos Humanos

Conforme a sua natureza de jornal público, o 'Notícias' aborda com uma certa frequência casos de direitos humanos relacionados com o debate político-institucional. Isto é feito quer mediante a cobertura constante de iniciativas extraparlamentares (por exemplo conferências de imprensa, presidências abertas, entrevistas com membros do Governo), quer por meio da cobertura de sessões da

Assembleia da República. Trata-se de 6 artigos, sem contar com comentários de colunistas e cartas de leitores. Eis os títulos dos 6 artigos identificados:

1. 30/04/2008: Título: 'Após denúncia popular: Quatro polícias detidos durante visita presidencial'.
2. 02/10/2008: Título: 'Pacheco preocupado com conduta policial'.
3. 27/12/2008: Título: 'Frelimo quer garantir Direitos Humanos no país'.
4. 02/03/2009: Título: 'Justiça e Direitos Humanos com avanços e retrocessos-considera Benvinda Levy, reagindo ao relatório do Departamento de Estado norte americano'.
5. 03/03/2009: Título: 'Avaliando Moçambique: Um relatório sofrível sobre os Direitos Humanos'.
6. 04/03/2009: Título: 'Actuação com base em motivações políticas: Juízes desmentem relatório dos EUA'.

Onde o 'Notícias' mostra de forma mais aberta o seu posicionamento político é no artigo do dia 23 de Dezembro de 2008. A ocasião é a aprovação da Comissão Nacional dos Direitos Humanos, que a Assembleia vota nesta altura. Entretanto (mas disso o 'Notícias' não fará menção, não dando seguimento ao caso), a Renamo decide votar contra, devido basicamente a uma questão formal: alguns dos membros da dita Comissão deverão ser nomeados pelo Governo, indo contra os princípios constitucionais. Com efeito, o Tribunal Supremo rejeitará a lei, exactamente pelos motivos alegados pela Renamo. Entretanto, o jornal posiciona-se de forma muito aberta a favor da lei e contra a suposta resistência da Renamo. O título enaltece o papel da Frelimo como (única) defensora dos direitos humanos no país: 'Frelimo quer garantir Direitos Humanos no país'. Mas o lead torna-se ainda mais explícito. Destaca-se que a Renamo 'voltou a recorrer à sua velha táctica de barulho ruidoso', com o único intuito de impedir a aprovação da proposta em questão. A linguagem usada é mais próxima à da propaganda política do que à da profissão jornalística, e nada tem a ver com a busca da verdade. Assistimos, neste caso, a uma grave queda de estilo, mas também (como se verá na análise do conteúdo dos artigos) a uma tentativa de descredibilizar – neste caso sem razão – o papel da oposição parlamentar que, porém, tinha levantado uma questão com sentido.

O grupo de artigos inerentes às reacções ao Relatório USA sobre os direitos humanos em Moçambique tem a mesma filosofia que acabamos de ver. Todavia, neste caso, sendo o 'inimigo' muito mais forte e credível, o jornal decide não tomar uma atitude frontal, mas sim procurar confirmações externas, capazes de desmentir os resultados do supradito documento. Documento que, entre parenteses, o jornal não analisa nem cita na altura da sua saída, ficando apenas pela 'defesa' das instituições moçambicanas. Entre o dia 2 e o dia 4 de Março de 2009 são três os artigos que saem em volta desse Relatório. O primeiro é uma entrevista com a Ministra Levi. A avaliar pelo título, a Ministra demonstra-se bastante cautelosa, admitindo que existem 'avanços e retrocessos' nos direitos humanos em Moçambique, e que (lead) isso pode ser considerado como normal, uma vez que o caminho a percorrer apresenta inúmeras dificuldades. A mesma atitude equilibrada não caracteriza a intervenção de Paul Fauvet (da AIM, Agência de Informação de Moçambique), que define o Relatório de 'sofrível', recordando o caso de Guantanamo. Mas é provavelmente o terceiro e último artigo, do dia 4 de Março, a constituir o pilar da tese defensiva do 'Notícias'. Trata-se de uma série de breves entrevistas a juízes que, de forma unânime, desmentem as ilações do Relatório quanto às possíveis interferências do mundo político nas suas decisões profissionais. O título está bem claro: 'Actuação com base em motivações políticas: Juízes desmentem relatório dos EUA'. O lead explica ainda melhor o posicionamento do jornal que, desta vez, decide falar por intermédio de uma categoria achada de super partes, incorruptível e em certa medida não muito próxima ao poder da Frelimo.

Os títulos nos artigos de opinião e nas cartas dos leitores

O uso de colunistas e cartas de leitores é muito frequente. Em 2008 e 2009, eles foram 11.

A titulação mantém-se bastante sintética e geralmente sem lead. Na própria análise do texto dos artigos envolvidos será mais evidente a função que eles desempenham no equilíbrio estratégico do jornal: conseguir uma 'brecha' da melhor crítica comparativamente com os outros artigos. Eis a lista dos títulos dos artigos de opinião (nela consta também a citada intervenção de Paul Fauvet):

04/10/2008:   'Justiça: recuperando a legitimidade!!?'
12/12/2008:   'Reflectindo sobre a implementação dos Direitos Humanos em Moçambique'.
03/03/2009:   'Avaliando Moçambique: Um relatório sofrível sobre os Direitos Humanos'
11/03/2009:   'Reclusos e não-reclusos têm os mesmos direitos?' (1)
12/03/2009:   Idem (Concl.)
17/03/2009:   'Comemorar a força dos direitos humanos'
18/03/2009:   'Mogincual'
26/03/2009:   'Porta-voz da Polícia'
30/03/2009:   'Sobre o debate estéril do 'caso Mogincual'
24/04/2009:   'Moçambique: direitos humanos e políticas públicas'
08/06/2009:   'Justiça, direitos humanos e o trabalho'.

Como é fácil notar, 7 dos 11 artigos de opinião estão concentrados em um mês, isto é Março de 2009. Isso é devido, por um lado, à publicação do Relatório americano acima mencionado e, logo a seguir, ao caso Mogincual. É daí que se desenvolvem uma série de intervenções sobre dois assuntos fundamentais e específicos: primeiro, o problema dos direitos dos reclusos e das condições de vida nas cadeias moçambicanas; segundo, o funcionamento da justiça no país; abre-se portanto o espaço para uma reflexão em princípio mais livre e crítica, assinalada pelo uso de verbos de 'reflexão', tais como 'Reflectindo' ou 'Avaliando', mas também pela rica pontuação de fecho dos títulos (com pontos de interrogação, por vezes acompanhados por outros de exclamação). Em outros casos o posicionamento do colunista torna-se ainda mais claro; por exemplo, no título do dia 30 de Março está patente a incapacidade de o mundo político levar a cabo um debate profícuo sobre o caso-Mogincual. Finalmente há também títulos mais 'neutros', em que o autor apenas coloca a problemática que pretende abordar, sem mais pormenores (por exemplo, 'Mogincual' ou 'Porta-voz da Polícia').

As fontes

Notoriamente, o 'Notícias' tem acesso privilegiado às fontes oficiais, isto é, institucionais. A questão que se coloca, todavia, é ver como é que elas são tratadas. A tabela abaixo indica quais as fontes usadas de acordo com a tipologia da notícia. Deste levantamento excluímos os artigos de opinião e as entrevistas (que, na verdade, reduzem-se apenas a uma, dirigida ao sociólogo Elísio Macamo), concentrando a atenção nas notícias, nas reportagens e nas breves.

Tabela 4: Fontes usadas de acordo com a tipologia da notícia

Tipo de fonte	Notícia	Reportagem	Breve
1	PRM	Presidência aberta + PRM	AIM
2	Ministro do Interior	Alfandegas + PRM	Desconhecida
3	PRM	Assembleia da República	
4	PGR + LDH	Natal do Recluso (várias fontes de ONGs)	
5	Tribunal	PRM + Famílias das vítimas	
6	PRM	Famílias das vítimas + Secretário Permanente de Mongincual + Ex-detido	
7	IPAJ	Juízes	
8	PRM + Outras fontes	FADH + PRM	
9	Ministro da Justiça		
10	PRM + Testemunhas oculares		

11	PRM		
12	PRM + Hospital Central de Nampula		
13	Procuradoria Provincial de Nampula + Governo Provincial de Nampula		
14	PRM + Secretário Permanente de Mongincual		
15	Administração Distrital		
16	Ministro do Interior		
17	PRM		
18	PRM		
19	Ministra da Justiça (Conferência de Imprensa)		
20	Ministra da Justiça		

Notícias: As fontes utilizadas nessa tipologia jornalística são 9, privilegiando a PRM, utilizada por 6 vezes como fonte única, em 4 casos associada a outras. Os dois Ministros que lidam mais directamente com o assunto (Justiça e Interior) constituem a fonte da notícia respectivamente por 2 e 3 vezes. As administrações locais e os Tribunais também são usados por 3 vezes cada, o Hospital Central de Nampula uma vez, e só em 3 circunstâncias é que se faz recurso a fontes não-institucionais. No total, de 26 casos em que o jornal usou as fontes de informação, apenas em 3 se recorreu às não-institucionais. Porém elas nunca foram usadas de forma isolada, mas sempre tiveram que ser comparadas com as oficiais. Portanto, o jornal confia quase que cegamente nessas últimas, sem se preocupar muito em validá-las com iniciativas próprias, quase que ignorando as outras fontes.

Reportagens: Nos 8 casos encontrados, só uma vez é que o 'Notícias' usa apenas fontes não-institucionais (por ocasião da reportagem sobre o 'Natal do Recluso', dia organizado por várias ONGs). Em 4 casos regista-se o uso misto de fontes institucionais e não institucionais, sendo que em um se verifica o uso de duas fontes institucionais, e em dois o uso exclusivo de uma fonte institucional. Este quadro não foge muito daquilo que acabámos de ver nas notícias. Mais uma vez, nos deparamos com um voto de confiança nas fontes oficiais, deixando muito pouco espaço às outras.

Para percebermos melhor o uso das fontes que o jornal 'Notícias' faz, utilizaremos a análise qualitativa, tentando seleccionar uma pequena amostra de notícias e reportagens a serem melhor estudadas.

No caso das notícias iremos aprofundar as seguintes tipologias de fontes:

1. caso em que a única fonte é a PRM;
2. caso em que a fonte é constituída por uma administração local;
3. caso em que se faz uso de fontes não-institucionais.

1. Fonte única: PRM Artigo do dia 15/04/2008, 'Ladrão de viaturas abatido pela Polícia'. No artigo reporta-se por inteiro a versão da ocorrência com base nas declarações do porta-voz do Comando da PRM de Maputo, Arnaldo Chefo. Eis algumas expressões que, do nosso ponto de vista, testemunham o posicionamento do jornalista: 'o malogrado (...) desobedeceu a uma ordem policial no sentido de parar a marcha'; 'Ao recusarem-se a cumprir a ordem da Polícia, os dois indivíduos puseram-se em fuga'; 'Depois do acidente, de acordo com a nossa fonte, os dois supostos assaltantes [pretenderam] ludibriar a Polícia'. Os trechos citados testemunham que o jornalista acreditou plenamente na versão oficial, sem colocar possíveis dúvidas, tais como: a. Será mesmo que o motorista recusou-se parar depois da ordem dada pela Polícia? b. Será mesmo que, depois disso ter acontecido, os dois tentaram fugir? c. Será mesmo que os dois entenderam 'ludibriar' a polícia? d. Será que ele tentou disparar contra a polícia? Nenhuma testemunha ocular (o facto aconteceu entre a Avenida 24 de Julho e o Bairro do Alto-Maé, ou seja, em plena cidade) foi entrevistada pelo jornalista, que nem se deu ao trabalho de ouvir a versão dos médicos que atenderam o jovem.

2. Fonte: Administração local: artigo do dia 26/03/2009, 'Ainda a morte de reclusos em Mogincual: Governo ampara órfãos e viúvas'. A fonte directa é Bernardo António, administrador distrital do distrito de Mogincual, que fala em volta das indemnizações que aquele Governo disponibilizará para as famílias cujos membros morreram na cadeia local. A lista é bastante longa no que respeita às medidas a serem tomadas, tais como a garantia da escola gratuita até as crianças atingirem a maioridade, o desenvolvimento de pequenos projectos de rendimento financiados pelos 'sete milhões', a integração dos idosos no sistema do INAS, entre outras. Ora, a fonte é deixada na maior liberdade de se expressar, sem que o jornalista sequer coloque uma pergunta ou uma dúvida: por exemplo, sobre os prazos dentro dos quais essas medidas terão que ser tomadas, sobre os recursos (só se citam os sete milhões para projectos de pequena escala), sobre a disponibilidade de outras instituições aceitarem a proposta da administração distrital de Mogincual. O artigo tem mais o sabor de um 'livro de sonhos' do que de medidas concretas, com recursos e prazos certos. Inclusivamente, o jornal não fará o seguimento da notícia, razão pela qual ninguém poderá saber se, de facto, aquelas medidas foram tomadas ou se não passaram de meras promessas.

3. Fontes não-institucionais, artigo do dia 19/07/2008, 'Execuções sumárias na

Costa do Sol: Agentes da Polícia julgados, sentença marcada para dia 31'. As duas fontes são constituídas pela Procuradoria-Geral da República (PGR) e pela Liga dos Direitos Humanos, sendo esta última a fonte não-institucional, cuja função pretendemos analisar. O artigo consta de duas partes bem distintas: a primeira, em que o jornalista dá conta do procedimento processual relativo aos crimes em questão, usando a fonte da PGR. Na segunda parte, o jornalista reporta o conteúdo de um comunicado de imprensa da LDH, com todos os pormenores dos tiros contra três indivíduos por parte da PRM. Neste caso, o uso desta fonte não-institucional torna o artigo exaustivo, explicando eficazmente as dinâmicas do acontecimento, confirmadas através da comparação entre esta fonte e a PGR.

Reportagens: Como vimos na parte quantitativa, as reportagens constituem uma minoria, se comparadas com as notícias. Neste caso analisar-se-ão dois artigos desta categoria noticiosa, a saber: um em que a fonte oficial (PRM) está associada a outra fonte oficial (Alfândegas); outro em que as fontes prevalecentes são de tipo não-institucional, associadas a uma oficial (Secretário permanente do distrito de Mongincual).

1. Fonte oficial (PRM) associada a outra fonte oficial (Alfândegas): artigo do dia 17/05/2008, 'Alfândegas e Polícia confrontam-se em Homoíne'. Neste caso a co-presença de duas fontes, embora ambas institucionais, facilita a percepção dos acontecimentos narrados na reportagem, dos quais emergem duas versões completamente contrastantes dos factos.

2. Duas fontes não-oficiais associadas a uma institucional: artigo do dia 26/03/2009, 'Parentes querem saber mais da causa das mortes': trata-se de uma reportagem realizada pelo 'Notícias' na localidade de Hiawè, cerca de 8 Km de Mogincual, onde foram entrevistados alguns familiares e um sobrevivente da tragédia ocorrida na cadeia local. Na primeira parte do artigo duas fontes são confrontadas: um familiar de uma das vítimas e Fernando Assale, secretário permanente do distrito de Mogincual. O uso da dupla fonte traz à tona uma questão bastante crítica, isto é (como refere o Sr. Daniel Martinho) o facto de 'o Governo não ter prestado informação oficial às famílias enlutadas sobre as reais causas da morte daquelas pessoas'; problema ao qual Fernando Assale procura dar uma resposta, recordando que 'sobre este ponto (...) o governo não subestimou a necessidade de informar as famílias sobre as razões das mortes dos detidos'. Particularmente interessante e dramática é a testemunha de Diogo Caetano, sobrevivente. Ele realça que as causas das mortes deveram-se 'a espancamentos e à asfixia' por parte de um dos detidos, um certo Subayre, 'forte e arrogante'. Entretanto, como já vimos na análise dos títulos, o artigo de fecho do caso Mogincual diz que 'Não houve espancamentos na cadeia de Mogincual' (28/03/2009), com base na informação do próprio Ministro do Interior, Pacheco, ao falar do

'trágico incidente'. Ora, o jornal teria material suficiente para pelo menos pôr em dúvida a credibilidade desta fonte: pelo contrário, o artigo conclui-se de forma acrítica, reportando a retórica político-nacionalista de Pacheco, com frases tipo: 'O Governo de Moçambique condena a desinformação e instigação à violência. Por isso, protege e defende as vítimas dos desacatos. Neste contexto, continuaremos a privilegiar a educação patriótica e cívica dos cidadãos', indicou.

Que conclusões gerais tirar sobre o uso de fontes feito pelo 'Notícias'? As fontes institucionais constituem de longe as privilegiadas. Elas são usadas em qualquer género noticioso, e nunca questionadas. A opção do 'Notícias', portanto, é limitar o trabalho de redação à simples reprodução do informe disponibilizado pelas fontes oficiais, geralmente com a ausência de outras alternativas. Quando o cruzamento das fontes acontece, o quadro das certezas absolutas e incontestáveis muda ligeiramente. Entretanto, isso nunca é feito de forma explícita, mas, mesmo assim, a simples confrontação de versões diferentes torna possível uma leitura menos unilateral e, portanto, mais reflexiva e crítica. Situação que se acentua quando a fonte 'alternativa' é de tipo não-institucional.

Uma tal postura cria várias limitações: primeiro, o leitor tem que confiar quase que fielmente na fonte oficial, de acordo com uma estratégia editorial definida de 'hierarquia da credibilidade', consoante a qual o grupo hierarquicamente superior o é também, no que toca à definição e interpretação de como as coisas são (Becker 1967: 234-247). Como bem explicam Greer e McLaughlin, este tipo de posicionamento da média para com a polícia permite que esta se mantenha no topo da 'hierarquia da credibilidade' e, portanto, num pedestal de incontestabilidade (Greer & Mclaughlin 2010: 105-133); segundo, torna-se praticamente impossível a prática do jornalismo investigativo, cuja base assenta justamente na diversificação das fontes de informação; terceiro, os assuntos relacionados com os direitos humanos (na acepção aqui abordada) precisam de uma séria validação das versões oficiais, uma vez que são as próprias instituições a serem as protagonistas das violações mais graves. Se o jornal se abstiver de fazer isso, só restará confiar na boa vontade e na honestidade delas. O que, francamente, não é suficiente.

O posicionamento do jornal nas principais questões inerentes aos direitos humanos

O jornal 'Notícias' mostra o seu posicionamento específico sobre os direitos humanos em situações muito bem delineadas. A análise do uso das fontes tornou claro que este diário costuma reproduzir as versões institucionais, o que significa que elas não são questionadas e interrogadas. Onde o jornal toma um posicionamento mais explícito é em dois casos: o primeiro, mais directo, quando o assunto é de natureza política; o segundo quando a intervir são colunistas ou leitores que escrevem cartas, o que permite aos autores terem um pouco mais de liberdade. Portanto, analisar-se-á essas duas categorias de conteúdos noticiosos, junto com um caso específico que, devido à sua gravidade, foi abordado em vários artigos pelo jornal 'Notícias', assim como pelos outros órgãos aqui considerados: o caso Mogincual.

O ponto de vista do jornal no debate político sobre os direitos humanos

Serão aqui considerados dois artigos: o relativo ao debate na Assembleia em volta da constituição da Comissão Nacional para os Direitos Humanos; e a cobertura de uma conferência de imprensa organizada pela Ministra da Justiça, Benvinda Levi, como reacção ao Relatório americano sobre os direitos humanos em Moçambique.

1. Reportagem do dia 23/12/2008, 'Frelimo quer garantir Direitos Humanos no país'. Desta reportagem já se tratou no que toca ao título e ao lead, destacando a parcialidade do posicionamento do jornalista. O conteúdo do artigo continua na mesma esteira. O início é bastante esclarecedor: 'Momentos antes desta tentativa, a RUE chegou mesmo a defender a rejeição da apreciação em plenária do projecto de lei', alegando aspectos formais (isto é, que o Governo nunca tinha chegado a retirar a primeira proposta, apresentando uma segunda nova), desmentidos pela então Vice-Presidente da Assembleia, Verónica Macamo. 'A posição da Verónica Macamo tinha razão de ser', acrescentando a intervenção de um deputado da Frelimo, Feliciano Mata, que assim conclui: 'A Renamo não deve tentar transferir a sua própria desorganização para toda a Assembleia'. O posicionamento do jornal reforça a sua parcialidade não só evitando dar a palavra, no artigo, aos deputados da oposição (assim como tem sido feito pela Frelimo), mas sobretudo sublinhando, mais uma vez, o papel 'inviabilizador' da Renamo.

2. Entrevista do dia 02/03/2009, 'Justiça e Direitos Humanos com avanços e retrocessos – considera Benvinda Levy, reagindo ao relatório do Departamento de Estado norte americano'. Neste caso, o jornalista destaca os três pontos que a Ministra quis tocar, a saber: situação nas cadeias, execuções sumárias e controlo do poder judicial pelo poder político. Sobre as cadeias, a Ministra procura desculpar a superlotação das mesmas, destacando que 'as condições de reclusão são as melhores possíveis que temos'. Sobre as execuções sumárias, 'a titular da pasta da justiça afirmou que nunca foi política do Governo, muito menos de qualquer outro que já esteve no poder, ordenar execuções'. Finalmente, no que toca às possíveis influências políticas nas sentenças emitidas pelos Tribunais, a Ministra frisa 'Eu sou magistrada de carreira e durante o tempo em que estive a exercer a magistratura nunca recebi qualquer ordem que fosse destinada a influenciar nas minhas decisões'. Mais uma vez, mesmo neste caso, o jornalista nada questiona em mérito às teses defendidas pela Ministra que, pelo contrário, despertam uma série de assuntos altamente problemáticos, diferentemente

daquilo que, sobre o mesmo evento, tinham feito os órgãos independentes.

O ponto de vista do jornal nas intervenções dos colunistas

Como dito anteriormente, o espaço que o 'Notícias' dedica aos artigos de opinião é relevante: os 11 artigos que abordam o assunto dos direitos humanos têm, como foco principal, as questões políticas. No caso dos artigos escritos pelos colunistas regista-se também uma evidente condensação em um breve trecho de tempo (como reacção à publicação do Relatório americano sobre os direitos humanos e ao caso-Mogincual). Apesar da esporadicidade, as intervenções externas representam a modalidade provavelmente privilegiada que o 'Notícias' tem de expressar um posicionamento distinto do 'oficial' que, como vimos, prevalece no seu trabalho diário. A este propósito, optámos por seleccionar 2 artigos de opinião, referentes a assuntos diferentes: o primeiro, que diz respeito a uma dura crítica à actuação da polícia no caso Mogincual; o segundo, em que se dá uma avaliação extremamente negativa do debate parlamentar ocorrido na Assembleia em volta das mortes na cadeia de Mogincual.

1. M. De Albuquerque, 'Porta-voz da polícia', 26/03/2009. Na verdade, Mouzinho de Albuquerque escreve dois artigos (o primeiro tem a data do dia 18 de Março de 2009) sobre o caso-Mogincual. Eles são particularmente duros, distintos do tom ordeiro utilizado pelo 'Notícias' com relação a este tremendo acontecimento. As críticas à polícia não são poupadas, quer do ponto de vista da sua actuação específica, quer no que toca ao assunto de como ela se relaciona com a comunicação social. Sobre o segundo desses dois elementos, o autor destaca que Moçambique tem 'um horizonte prospectivo em matéria de informação isenta e credível', assim como positivo é o facto de as várias instituições terem optado por nomear um porta-voz que desempenhe o papel de lidar com a imprensa. Entretanto, continua o autor, na PRM de Nampula isso infelizmente não acontece, tanto que o respectivo porta-voz é 'furado', no sentido de que ele, 'por incrível que pareça, não tem telefone celular que lhe possa facilitar na comunicação com eles'. Ter um Porta-voz 'incomunicável' constitui, portanto, ao mesmo tempo um obstáculo incontornável e uma absurdidade no mundo actual, sobretudo quando se trata de um comandante provincial da PRM, constantemente solicitado a dar informações sobre este ou aquele caso. O autor não pode acreditar que a PRM não consiga resolver este problema: consequentemente, deduz-se que esta situação é devida à falta de vontade, provavelmente a uma precisa opção política; também o 'direito de acesso às fontes', assim como estabelecido na Lei de Imprensa, constitui um direito sagrado, que a PRM de Nampula tem violado sistematicamente. A mesma ideia é partilhada pelo Director Sitoe que, na entrevista por ele concedida, assinalou claramente o problema.

2. J.B.A.Castande, 'Sobre o estéril debate do 'caso Mogincual'', 30/03/2009. Nesta intervenção, o autor adopta um tom (e expressa um conteúdo) particularmente duro para com o mundo político moçambicano, não poupando críticas ao próprio partido no poder. O artigo defende que o verdadeiro objectivo foi de cada uma das bancadas 'se ilibar das enormidades cometidas no distrito de Mogincual, com a intenção de conquistar o voto popular nas próximas eleições'. Desta forma, a 'carnificina' que resultou das mortes nas cadeias de Montepuez, Mocímboa da Praia e, por último, Mogincual, ainda ninguém sabe ao que se deveram: se à ignorância do povo, ao ódio que continua entre Moçambicanos, à falta de tolerância ou ao fanatismo político. E, para fortalecer a sua total desilusão com a capacidade de a política moçambicana dar respostas cabais a essas questões vitais do país, o autor cita um trecho de uma entrevista de Rahil Khan, deputado da Renamo, concedida ao jornal 'Zambeze', em que acusa a Frelimo de ser um 'Governo falhado, caduco, prenhe de criminosos'. Por seu turno, cita também a réplica de Edson Macuácua que, 'com a habitual prontidão combativa e linguagem que lhe é peculiar', responde mediante novas ofensas às acusações levadas a cabo pelo seu adversário político. Conclusão: 'do debate agendado nada de racional se poderia esperar'. Perante um 'espectáculo parlamentar absolutamente frustrante para a causa nacional', a ideia que o autor do artigo deixa nos leitores é aquela de uma total desconfiança e falta de credibilidade nos dirigentes moçambicanos. Mais uma vez, a perspectiva crítica é deixada a uma opinião externa, abrindo espaços bastante contraditórios (ou pluralistas?) entre a linha 'oficial' e 'opiniões' presentes no jornal.

A cobertura do caso Mogincual

O caso Mogincual, como vimos, constitui o fulcro da cobertura que o 'Notícias' faz sobre a violação dos direitos humanos em Moçambique no biénio de 2008-2009. No total, trata-se de 10 artigos, dos quais 3 de opinião por parte de colunistas. Sendo assim, este caso trágico representa talvez o único em que este jornal faz um seguimento afincado e constante de notícias ligadas aos direitos humanos.

O elemento central reside no uso das fontes: apenas em um artigo, as de tipo institucional estão complementadas por outras informais, nomeadamente testemunhas oculares do acontecimento e familiares das vítimas. O posicionamento global diante deste caso pode ser definido de 'ambíguo', uma vez que oscila entre tentativas de procura da verdade e protecção das instituições moçambicanas, abaladas por esta terrível ocorrência, revelando todas as dificuldades de um jornalismo ainda 'público', mas que não deixa de ser praticado por profissionais sempre mais sérios e competentes.

Esta tendência parcialmente contraditória torna-se evidente desde o primeiro artigo (publicado aos 18 de Março de 2009), em que o elemento que se destaca é a escassa propensão da PRM de Nampula em informar a comunicação social, inclusive aquela 'amiga' representada pelo 'Notícias'. Nos artigos seguintes, a tragicidade do caso remonta à negligência da PRM de Nampula e de Mogincual: a partir do segundo artigo esclarece-se que os detidos eram 48, numa cela de 2 x 4, informando que o comandante distrital da PRM e o director da PIC foram suspensos e imediatamente substituídos. Neste segundo artigo (publicado no dia 19 de Março de 2009), o jornalista frisa que familiares das vítimas alegam, como uma das causas das mortes, também 'agressões físicas de que [os reclusos] estavam a ser vítimas por parte de um dos detidos, de nome Zubair'. Versão, esta, confirmada pelo supramencionado artigo do dia 26 de Março de 2009. Entretanto, estas investigações por parte dos jornalistas do 'Notícias' não têm seguimento, acabando por serem 'sufocadas' por razões de 'força maior', ou seja a 'limitação dos danos' à imagem das instituições. Um tal posicionamento, por parte do jornal, manifesta-se mediante duas estratégias editoriais: por um lado, realçando o papel de 'socorro às famílias das vítimas' exercido pelas autoridades locais, que se comprometem em ajudar os filhos dos malogrados em completarem os estudos, incluir os idosos no sistema de protecção social e celebrar funerais condignos. Por outro, fechando o caso com um título de certa forma bombástico (na edição do dia 28 de Março de 2009: 'Não houve espancamentos na cadeia de Mogincual'), inspirado na comunicação feita pelo Ministro do Interior, Pacheco, ao Parlamento. Repare-se na linguagem usada neste artigo e a consequente mudança de posicionamento do jornal: os 12 detidos morreram 'por asfixia, devido à superlotação da cela, relevando ter havido uma negligência e falta de zelo por parte da Direcção do Comando Distrital de Mogincual'. Qualquer outra hipótese mais grave, desaparece.

Desse ponto de vista, os artigos dos colunistas externos servem para colocar alguma reflexão crítica e dúvida relativamente à versão oficial do facto em questão. Mouzinho de Albuquerque, em dois artigos, enfatiza principalmente a falta de informação por parte da PRM sobre o caso, que ele julga de 'grave', 'Como se as mortes fossem perfeitamente normais'; contrariamente, Carlos Tembe aborda o vazio saído do debate parlamentar sobre o caso.

Conclusões

A análise levada a cabo demonstrou os seguintes aspectos a propósito do jornal 'Notícias':

1. O interesse em relação à questão abordada é fraco;
2. A abordagem que se faz é extremamente cautelosa, uma vez que está em jogo a credibilidade do Estado e das suas estruturas;
3. Esta cautela manifesta-se, para além de um espaço bastante reduzido dedicado aos direitos humanos, no uso de fontes quase exclusivamente institucionais, privilegiando, portanto, o género da notícia em detrimento da reportagem. As

fontes não oficiais são usadas de forma isolada, embora elas possam contribuir para impulsionar a procura de versões mais críticas que as oficiais;

4. Consequentemente, a abordagem às fontes institucionais é geralmente acrítica: isto significa que os jornalistas do 'Notícias' não as interrogam, não colocam dúvidas, aceitando as versões (às vezes contraditórias) que elas dão;

5. Isso torna muito pobre a maioria dos artigos em volta dos direitos humanos, cujo objectivo fundamental não é tanto chegar ao apuramento dos factos, quanto 'limitar os danos' de imagem que podem ser provocados por casos embaraçosos (como o caso Mogincual);

6. A parcialidade do jornal emerge sobretudo quando estão em questão assuntos políticos, tal como aconteceu com a cobertura do debate parlamentar sobre a constituição da Comissão Nacional dos Direitos Humanos, ou quando o Governo recebe críticas externas. Neste caso a tendência é de 'cerrar as fileiras', defendendo a credibilidade internacional do país;

7. O jornal não costuma fazer o seguimento das notícias das quais faz cobertura. A única excepção, neste sentido, é constituída pelo caso-Mogincual, em que a redacção é obrigada, de certa forma, pela gravidade dos eventos, a acompanhar o desenrolar dos acontecimentos;

8. Finalmente é preciso concluir que um espaço de debate relativamente livre existe, dentro do jornal: ele encontra-se concentrado nas intervenções externas, principalmente cartas de leitores e opiniões dos colunistas, em que o jornal não tem uma responsabilidade directa quanto aos conteúdos ali apresentados, oferecendo apenas um espaço físico de reflexão.

O jornal 'O País' na sua abordagem sobre os Direitos Humanos

Introdução

Com reportagens geralmente eficazes, embora às vezes um tanto ou quanto sensacionalistas, e com uma postura pró-activa, investigativa, o grupo SOICO – por meio do jornal 'O País' e da STV – deu uma viragem notável ao rumo do jornalismo moçambicano, principalmente no que respeita à concepção da comunicação com os telespectadores e os leitores do jornal. O jornal 'O País' (que começou as suas edições em 2008 como semanário, para se tornar, no ano seguinte, diário) abriu novas modalidades de conceber e fazer o jornalismo em Moçambique, com rubricas inéditas e, sobretudo, uma abordagem nova e agressiva que, com o andar do tempo, se tornou cada vez menos sensacionalista e mais profissional. Sendo assim, 'O País' trouxe à tona questões extremamente sensíveis, tais como o tema da homossexualidade (debatido na própria STV), do aborto, da reforma do ensino superior, do enriquecimento ilícito dos políticos, entre outras.

O objectivo desta parte do trabalho é portanto verificar até que ponto este jornal diário conseguiu contribuir para o conhecimento, por parte da opinião pública, da questão inerente aos direitos humanos, analisando como estes terão sido abordados pela redacção, procurando identificar a essência da sua linha editorial.

As mesmas ferramentas metodológicas usadas no caso do 'Notícias' foram também usadas na análise do 'OPaís'. Nas conclusões destacar-se-ão os elementos essenciais da linha editorial do jornal em volta dos direitos humanos, com base na pesquisa realizada.

O elemento crucial, que serve de premissa, é o ponto de vista do Director Langa, entrevistado no Maputo em Agosto de 2012. Ele defende que o maior violador dos direitos humanos em Moçambique é o Estado, acima de tudo a polícia, recordando inclusive episódios pessoais que remontam à sua adolescência. Por isso é que a linha editorial do jornal que dirige, embora sem um enfoque especial para os direitos humanos, tende constantemente a enfatizar as responsabilidades directas da instituição enquanto tal, evitando adoptar a distinção feita pelo 'Notícias' entre actuação dos agentes singulares e da corporação como um conjunto. É por isso que o jornal usa uma estratégia distinta: estilo conciso e essencial, o mais objectivo possível, quando se trata de cobrir casos específicos; tom e títulos mais bombásticos quando se trata de comentar os relatórios sobre os direitos humanos produzidos essencialmente pela Liga dos Direitos Humanos. Langa defende que a Presidente dessa ONG, Alice Mabote, teve um papel fundamental no que diz respeito ao fortalecimento da cultura do estado de direito em Moçambique, portanto julga esta fonte como completamente fidedigna, facto que lhe permite confirmar a linha editorial geral de 'O País' em volta da má-actuação da Polícia, assumindo um posicionamento mais explícito.

'O País', portanto, devido à sua natureza de jornal independente, não vive a perene contradição, típica do 'Notícias', entre respeito duma linha editorial que tenciona salvaguardar as instituições e deontologia profissional: se for o caso, esta contradição manifesta-se mais nos termos de uma relação com o mercado dos leitores do que os jornalistas desse órgão devem ter como seu alvo, procurando encontrar, desta vez, um equilíbrio entre necessidade de vender o produto e procura da verdade.

A análise quantitativa

A primeira variável a considerar é o espaço ocupado pelos artigos no seio do jornal, consoante a tabela abaixo.

Tabela 5: Espaço de acordo com os temas abordados

Anos 2008/2009	Nr. Artigos	Página	Foto	Data
Síntese/comentários de relatórios sobre os DH	(4)	10 4 12 10	(2)	2/5/08 9/10/08 4/3/09 22/5/09
Casos de execuções sumárias, baleamentos, detenções arbitrárias e outras violações com os relativos seguimentos processuais	(9)	8 8 8 8 8 2 8 10 10	(7)	1/8/08 31/10/08 3/11/08 5/11/08 13/11/08 12/1/09 21/1/09 11/2/09 27/5/09
Violação dos DH nas cadeias (mortes, espancamentos, torturas, etc.)	(9)	1 2 9 1 2 6 1 5 6	(1)	18/3/09 (2) 19/3/09 (2) 25/3/09 27/3/09 31/3/09 (2)
Assuntos políticos relacionados com os DH (debates parlamentares, aprovação/modificação de leis, etc.)	(8)	32 4 6 11 5 6 6	(5)	29/10/08 30/10/08 27/1/09 2/3/09 5/3/09 27/3/09 30/3/09 28/5/09
DH internacionais	(2)	32 20	(1)	15/10/08 29/5/09
Total	**32**		**16**	

O jornal 'O País', nos dois anos analisados, e apesar das possíveis falhas nos incompletos acervos consultados, apresenta cerca de 32 artigos sobre os direitos humanos, na acepção definida neste trabalho, por sinal o mesmo número que o 'Notícias'.

Em termos gerais, os Direitos Humanos são abordados no tópico das violações dentro e fora das cadeias, nas suas diferentes formas (respectivamente 9 artigos por cada uma dessas duas categorias). Somando-as, isso significa que mais que a metade dos assuntos relacionados com os direitos humanos tem a ver com 'casos'. A outra categoria importante é representada pelo tratamento dos direitos humanos ao nível político (oito vezes), a seguir vem a síntese e os comentários sobre relatórios apresentados por várias entidades (LDH, Ministério da Justiça, etc.), em número de quatro (4). Constam apenas dois (2) casos em que o jornal reporta notícias sobre os direitos humanos no plano internacional.

Esses primeiros dados deixam entender que o jornal está especialmente interessado numa questão fundamental: isto é, nas violações, dentro e fora das cadeias, protagonizadas pelas forças policiais contra os cidadãos. Aqui (como veremos na parte qualitativa), a redacção decide fazer uma cobertura o mais completa possível, principalmente em forma de reportagem (veja tabela 7), demonstrando uma postura realmente 'activa' (e, de certa forma, agressiva), indo atrás da notícia, fazendo o devido *follow-up*, procurando descobrir a verdade de acontecimentos terrivelmente violentos por parte das próprias instituições do Estado.

A frequência parece constituir portanto uma variável significativa: a 'condensação' é elevada, sendo concentrada num lapso de tempo bastante restrito. No caso das violações fora da cadeia encontramos oito (8) artigos concentrados em treze dias. Trata-se – como vimos na análise do 'Notícias' – da cobertura do caso Mogincual. A mesma situação verifica-se no que toca aos assuntos político-institucionais. Se formos a ver, as datas de quatro (4) deles (de um total de 8) coincidem com aquelas assinaladas pela categoria anterior: e, de facto, tratam do mesmo tema, só que abordado mediante o debate parlamentar e algumas entrevistas ou declarações aos ministros competentes. Isso significa que o caso Mogincual cobre qualquer coisa como doze (12) artigos sobre os direitos humanos dos 32 que encontrámos ao longo de 2008 e de 2009 no jornal 'O País'.

A outra categoria significativa, em termos de número de artigos publicados, é a relativa às violações fora da cadeia: neste caso, com a excepção do primeiro e do último, todos os artigos concentram-se no trecho temporal de onze (11) dias. Mais uma vez, se formos a ver, trata-se dum caso bem 'quente', o abate de um cidadão inocente pela PRM em Maputo, obrigado a fazer o tratamento médico algemado, no hospital.

Fora disso, os artigos não estão condensados em poucos dias, mas – uma vez que não abordam casos específicos – encontram-se dispersos em várias edições do jornal (ver tabela 6).

Tabela 6: Grau de 'condensação' temporal dos artigos com base no seu conteúdo

	Caso	Não-caso
Lapso temporal de cobertura	Mongincual (12) 18/3/2009 – 31/03/2009	Todos os outros 02/05/2008 – 29/05/2009
	Baleamento Justino Tembe (4) 31/10/2008 – 11/11/2008	
	Mortos na cadeia de Tete (2) 31/03/2009	
	Caso "Costa do Sol" (1) 1/8/2008	

A importante conclusão a que se chega é portanto a seguinte: 'O País' mostra-se interessado basicamente na cobertura de 'casos', enquanto as situações 'normais' merecem uma atenção muito mais limitada.

Esses casos' ocupam por quatro (4) vezes a primeira página; em três deles o assunto abordado tem a ver com um episódio específico (nomeadamente o ferimento dum suposto inocente pela PRM, Justino Tembe).

Na secção 'Sociedade' (geralmente na p.8 do jornal) encontramos os artigos relativos a situações de execuções sumárias e outras violações, enquanto, nos outros casos, a redacção parece não ter escolhido uma parte fixa do jornal, sendo o critério de colocação, aleatório.

Tabela 7: Tipos de artigos comparados com as fontes utilizadas (2008-2009)

Tipo de artigo		Fonte usada
Notícia	16	Amnesty International (2); Procuradoria da República; Ministra da Justiça; Porta-voz do Conselho dos Ministros (3); Liga dos Direitos Humanos (2); Ministério do Interior; PRM Maputo; PRM; PRM Nampula; PRM Nampula + Direcção Provincial da Saúde Nampula; União Europeia; Debate na Assembleia da República
Breve	2	Serviços da Polícia da Zâmbia; Amnesty International

Reportagem	11	Anónima; PRM Maputo; PRM Maputo + fonte anónima no seio da PRM; PRM Maputo; PIC Maputo; PRM Moçambique + testemunhos oculares + Familiares da vítima; Tribunal de Maputo + testemunhas oculares; Debate parlamentar (2); Serviço Nacional das Prisões + Ministra da Justiça
Entrevista	1	B. Levi (Ministra da Justiça)
Opinião	1	

O primeiro elemento que sobressai é a prevalência do género notícia. Entretanto, a reportagem também é fortemente usada, e as outras formas de informação muito menos.

Mas aquilo que mais interessa tem a ver com a correlação entre tipo de artigo e fonte. \As fontes maioritárias são aquelas de tipo institucional. No caso das notícias, elas não são usadas, senão em apenas 4 artigos dum total de 16. No caso da reportagem esta tendência continua, mas com uma característica bastante inovadora, típica desse género de informação: o uso de fontes 'alternativas'. Isso acontece em quatro (4) circunstâncias, com fontes explicitamente anónimas em dois casos (num indica-se a proveniência, a própria PRM), enquanto nos outros o jornalista declara ter-se dirigido ao local do acontecimento e, daí, ter procurado versões aptas a comparar, desmentindo ou comprovando, a 'oficial', graças a conversas com testemunhas oculares ou familiares do malogrado.

A análise qualitativa

A função dos títulos

'O País', diferentemente daquilo que vimos pelo 'Notícias', usa os títulos de maneira bastante chamativa, embora isso aconteça sobretudo aquando da publicação dos relatórios sobre os direitos humanos por parte de ONG's, nacionais e internacionais.

Vamos começar a análise pelas três categorias onde maior é a frequência dos artigos: isto é, os casos de execuções sumárias e de outras violações fora da cadeia, as violações no interior do âmbito prisional, finalmente as notícias inerentes ao mundo político.

Os títulos nas violações dos direitos humanos fora das cadeias: O caso de Justino Tembe pode ser considerado como altamente significativo da postura do jornal com relação ao tratamento dos títulos.

O caso, como já recordado, cobre 4 edições. Todos os quatro artigos têm a mesma estrutura: estão colocados na p. 8, na rubrica 'Sociedade', mas sobretudo sempre vem um antetítulo posto no interior duma coluna horizontal cinzenta, e um lead bastante longo, que visa explicar melhor o sentido do título. Eis a sequência dos títulos:

- 31/10/2008: 'Jovem baleado por "engano" é mantido algemado no hospital'
- 03/11/2008: 'Polícia "distancia-se" do caso do baleamento de suposto inocente'
- 05/11/2008: 'Polícia diz que o jovem é criminoso'
- 13/11/2008: 'Tribunal diz que jovem não é criminoso'

A sequência demonstra que:

1. Os títulos, considerados em si, são bastante 'neutros', limitando-se a reportar a notícia. Entretanto, há alguns indicadores linguísticos que saem dessa suposta 'neutralidade': por exemplo, o uso das aspas nos primeiros dois, o uso (bastante evidente) da construção frásica e lexical nos últimos dois. Aqui, aquilo que muda é o sujeito, em que parece que o Tribunal responde directamente à Polícia, e a introdução da negação;

2. Com base nisso, a sequência revela uma estrutura tipo a b b a: ou seja, o primeiro artigo mostra o 'caso', o segundo e terceiro deixam espaço às palavras da PRM, o último fecha, com uma afirmação peremptória, desmentindo totalmente a interpretação dada pela Polícia.

Se formos a ver os antetítulos, eles devem ser relacionados com os respectivos títulos, mas também sob forma de sequência. Eis os antetítulos:

- 31/10/2008: Antetítulo: 'PIC não quer pronunciar-se sobre o assunto' – Título: 'Jovem baleado por "engano" é mantido algemado no hospital'
- 03/11/2008: Antetítulo: 'PIC da cidade de Maputo promete esclarecimento hoje' – Título: 'Polícia "distancia-se" do caso do baleamento de suposto inocente'
- 05/11/2008: Antetítulo: 'Família do baleado está indignada' – Título: 'Polícia diz que o jovem é criminoso'
- 13/11/2008: Antetítulo: '19 dias depois de ter sido mantido como criminoso' – Título: 'Tribunal diz que jovem não é criminoso'

Sempre existe um contraditório entre antetítulo e título. No primeiro, a PIC continua a manter algemado o jovem baleado, mas, ao mesmo tempo, quer permanecer em silêncio sobre o caso, o que parece pouco coerente. No segundo, o título transmite a ideia de que a polícia continua a pensar que o jovem é culpado (usa-se inclusive a ambígua expressão de 'suposto inocente', quando todas as pessoas, antes de serem julgadas, o são), mas o antetítulo afirma que a posição oficial das forças policiais ainda não foi tomada. No terceiro o contraditório é entre posição da família e da polícia, enquanto, no quarto, pretende-se destacar que, apesar de ter sido julgado inocente, o jovem baleado foi mantido preso como criminoso durante 19 dias, graças à atitude da polícia. A análise da sequência dos antetítulos fornece um quadro cujo foco, nos primeiros dois, está centrado sobre a polícia e as suas reticências e incertezas, no terceiro retrata-se a reacção indignada da família contra a mesma polícia, e finalmente no quarto realça-se a figura do jovem, que, agora, já é representado como vítima duma patente injustiça.

Os títulos, portanto, embora apresentados de forma geralmente neutra e pouco chamativa, introduzem eficazmente aos conteúdos dos artigos, consoante uma sequência lógica bem precisa: trata-se de reportagens 'seriadas', em que o protagonista negativo é a PIC da cidade de Maputo. Este jogo complexo permite 'abrir' espaço para uma leitura mais apurada e fina das reportagens de 'O País'.

Os títulos nas violações dos direitos humanos nas cadeias

Será que os títulos têm a mesma estrutura e a mesma função relativamente à categoria das violações no interior das cadeias? Mais uma vez, achamos suficiente considerar um exemplo 'seriado' que 'O País' tem acompanhado de forma especial. Trata-se do caso das mortes na cadeia de Mogincual.

A 'série' é constituída por vários artigos. Todavia os principais são os inerentes ao desfecho do caso judicial (sem contar, portanto, com os debates político-institucionais que se seguiram), e são quatro. Eis a lista dos títulos, com as relativas datas:

- 18/03/2009: '12 detidos morrem em circunstâncias estranhas na cadeia de Mogincual'
- 18/03/2009: '12 detidos morrem na cadeia de Mogincual'
- 19/03/2009: 'Detidos de Mogincual morreram de asfixia e sufocamento'
- 19/03/2009: 'Os 12 detidos da cadeia de Mogincual morreram de asfixia'.

A modalidade de titulação é diferente se comparada com a categoria anterior. De facto, a série dos quatro artigos ocupa apenas dois dias, antes de se chegar ao desfecho do caso. O facto merece um destaque especial, uma vez que o jornal decide fazer a abertura, por dois dias seguidos, exactamente com esta notícia. Portanto não tem nem antetítulo nem lead, que dificilmente constam nas páginas de abertura dos jornais. O título é praticamente repetido na página 2 do jornal, onde temos algum desenvolvimento da notícia. A técnica usada é em parte diferente daquela que vimos na categoria anterior: aqui, o facto de a notícia constituir a manchete do jornal representa, por si, um elemento de destaque, que torna desnecessário o uso dos demais instrumentos jornalísticos destinados a realçar mais a informação dada. De tal maneira que, o único caso em que, provavelmente, a redacção faz o uso de palavras que visam atrair a atenção do leitor dá-se no título de abertura da série, com o adjectivo 'estranhas', que visa suscitar uma certa curiosidade no leitor.

Os títulos nos assuntos políticos relacionados com os Direitos Humanos

Nesta categoria a redacção faz escolhas diferenciadas, pois ela abrange vários assuntos e, sobretudo, diversos géneros jornalísticos, da breve à notícia mais longa, da reportagem à entrevista. Principalmente nos primeiros dois casos os artigos não merecem destaque especial no interior do jornal, razão pela qual os próprios títulos apresentam-se bastante neutros. Por exemplo, na edição do dia 5 de Março de 2009, informa-se: 'Criada entidade para protecção e defesa dos direitos da criança' ou (edição do dia 29 de Outubro de 2008): 'Comissão Nacional dos Direitos Humanos na forja'. Vice-versa, quando a matéria tratada aborda questões que têm um impacto político relevante, a própria construção do título muda, tornando-se mais complexa. Eis dois exemplos:

- 02/03/2009: Antetítulo: 'Reacção ao relatório sobre os direitos humanos em Moçambique'. Título: 'Benvinda Levi reconhece execuções sumárias mas refuta interferência da Frelimo na justiça'
- 30/03/2009: Antetítulo: 'Caso Mogincual'. Título: 'Frelimo responsabiliza Renamo pelos 12 mortos'. Lead: 'A bancada da oposição votou a demissão imediata de José Pacheco do cargo de ministro do Interior'.

Trata-se de dois artigos que ocupam inteiramente a p. 6, destinada à 'Política', portanto de grande impacto. No primeiro caso (uma entrevista à Ministra da Justiça de Moçambique) o antetítulo informa que se trata duma reacção da titular da pasta ao relatório dos Direitos Humanos publicado pelo Departamento de Estado americano. O título é construído mediante duas frases. A primeira e principal realça o facto de a Ministra competente reconhecer a prática de execuções sumárias no país; entretanto, perante a acusação de que estas sejam encomendadas pelo partido de maioria, ela desmente categoricamente: daqui o uso do adversativo ('mas'), com a função de introduzir a segunda frase, que, aos olhos da Ministra, deveria atenuar a gravidade da situação descrita na primeira.

O segundo artigo faz parte da 'série' sobre o caso-Mogincual, embora, aqui, já tenha havido o desfecho jurídico, por isso o jornal concentra-se, agora, no debate político na Assembleia da República. Neste caso, o antetítulo apenas desempenha uma tarefa de 'contextualização', expressa de forma extremamente sintética, pois o caso foi amplamente tratado pelo jornal e não precisa de mais detalhes. O título é construído em volta dum paradoxo: ou seja, que as vítimas (todas pertencentes ao partido Renamo) são da responsabilidade da própria Renamo. O lead entra em contradição com o título: neste caso, o foco transfere-se para a reacção da Renamo, que exige as demissões do titular da pasta do Interior. Desta forma, o jornal articula correctamente a síntese do debate parlamentar, que deu lugar a uma troca de acusações mútuas, sem vislumbrar nenhum acordo possível.

Os títulos nas outras duas categorias

As duas categorias remanescentes não podem ser uniformizadas, uma vez que diferem muito uma da outra. A primeira diz respeito a como o jornal reporta ou comenta, mediante os seus colunistas, relatórios relativos aos direitos humanos, elaborados por entidades tais como *Amnesty International* ou a Liga Moçambicana dos Direitos Humanos, entre outras. A segunda tem a ver com notícias de cariz internacional, nalguns casos também usando como fonte relatórios de organizações internacionais.

No primeiro caso (comentários a relatórios) temos apenas quatro artigos, facto que nos permite considerar a população total. Eis a lista completa, com (quando constarem) os relativos antetítulos e leads:

- 09/10/2008: Antetítulo: 'Reintegração social de reclusos está em debate em Maputo'. Título: 'Vamos salvar os reclusos?'. Lead: 'ONG e "Justiça" querem melhorar a situação dos reclusos no país'.
- 04/03/2009: Paul Fauvet, 'Mais um relatório sofrível sobre os direitos humanos'.
- 02/05/2009: Antetítulo: 'Amnistia Internacional acusa PRM'. Título: 'Licença para matar!'
- 22/05/2009: Antetítulo: 'Segundo dados divulgados no 3° Conselho Coordenador do SNP'. Título: 'Cadeias nacionais recebem 300 reclusos por dia e libertam apenas 200'.

Em todos estes casos, a postura da redacção, com a excepção do artigo da autoria de Paul Fauvet – que 'O País' reproduz exactamente como tinha feito o 'Notícias' –, é de construir os títulos de forma chamativa. Isto é feito mediante várias técnicas: o vasto uso de pontos de interrogação e exclamação; o uso de adjectivos/advérbios, ausentes nos títulos dos artigos inerentes aos casos específicos e ainda a espera do desfecho. O antetítulo é geralmente usado para informar sobre a fonte da notícia lançada no título, sublinhando que se trata de afirmações atribuíveis à entidade fazedora do relatório mencionado. O lead está presente apenas num caso.

Como Jeremias Langa bem esclareceu na entrevista feita em Maputo, esta diversidade na postura do jornal deve-se à própria natureza da matéria reportada. Nestes casos é possível adoptar uma abordagem mais franca e explícita. Não está em causa, aqui, o apuramento dos factos, ao enfatizar aquilo que fontes julgadas como sendo fidedignas apontam no relatório. Sendo assim, elas confirmam a tese consoante a qual a Polícia é quem deve ser considerada como a primeira violadora dos direitos humanos no país, desmentindo a ideia, propalada pelo 'Notícias', desta ser uma instituição sã.

As fontes

O objectivo deste ponto é tentar perceber como é que as fontes utilizadas pelo jornal foram tratadas e questionadas, de acordo com os vários casos abordados. Para fazer isso já esboçámos uma subdivisão das fontes (tabela 5), que iremos retomar agora para levar a cabo uma pesquisa mais qualitativa. Neste sentido, as duas categorias a serem analisadas serão as notícias e as reportagens.

Notícias: Nos artigos analisados, o jornal 'O País tem adoptado critérios diferentes no que toca à abordagem feita sobre os direitos humanos, dependendo do tipo de fonte: se esta for 'institucional' ou proveniente da sociedade civil (principalmente ONGs). Da primeira categoria pretendemos destacar dois casos:

1. Caso Mongincual: a morte de 12 detidos na cadeia de Mongincual foi anunciada pelo Ministério do Interior. 'O País' faz a abertura da sua edição do dia 18 de Março de 2009 com esta notícia. No início do artigo, cita-se a fonte de forma explícita, e a modalidade que ela usou para informar do acontecimento, isto é um comunicado, reportado praticamente na íntegra, sem muitos mais comentários, se não o facto de a redacção ter enviado uma equipa ao terreno, que assistiu à chegada dos corpos à casa mortuária do Hospital Provincial de Nampula. O próprio título visa descrever exactamente a situação representada pelo comunicado: '12 detidos morrem em circunstâncias estranhas na cadeia de Mogincual'. Aqui, o jornal limita-se a relatar aquilo que a fonte entendeu comunicar. Nesses casos é a fonte que determina o conteúdo daquilo que o jornal poderá escrever, deixando pouco espaço para os demais comentários. Sobre o estilo e o tom do comunicado, é possível observar: a. Primeiro, dá-se a notícia do acontecimento (mortes na cadeia); b. Segundo, adianta-se uma (falta de) explicação, realçando que o facto ocorreu 'em circunstâncias ainda por esclarecer'; c. Terceiro, o Ministério compromete-se com a opinião pública em levar a cabo apuramentos mais afincados para determinar a origem dessas mortes; d. Ciente da gravidade daquilo que tem acontecido, a fonte 'lamenta profundamente', assumindo a responsabilidade de esclarecer os factos. Este estilo telegráfico parece ter, basicamente, uma função: fazer com que as informações sobre os factos se limitem à versão oficial.

2. Conferência de imprensa semanal da PRM de Maputo: na edição do dia 27 de Maio de 2009, o jornalista Benedito Luís escolheu um título bastante significativo entre os assuntos relatados nesta conferência. Os factos referidos pela PRM tinham sido, desta vez, a violação duma adolescente por agentes da Polícia, o abuso dum menor por um cidadão de 25 anos, a morte de 29 pessoas em acidentes de viação, a captura de 5 funcionários da ARA-SUL por roubo de computadores nessa empresa pública. Desses factos todos, o primeiro é que foi escolhido para fazer o título e para abrir o artigo; a ele é dedicado maior espaço comparado com os outros. Neste caso também é bastante patente a postura

da fonte (a PRM), reticente quanto aos pormenores. De facto, o porta-voz do Comando geral da Polícia, Pedro Cossa, depois de prestar a informação, 'não avançou os pormenores sobre o assunto', assumindo uma postura defensiva e extremamente prudente, como costuma acontecer nestes casos 'quentes' que envolvem agentes da PRM ou outros funcionários do Estado.

Da segunda categoria (fontes: ONGs) vamos destacar um caso, cuja fonte é a Amnesty International.

1. O artigo reporta um assunto altamente problemático, ou seja, 'Licença para matar: Responsabilidade da Polícia em Moçambique', relatório duma ONG sobre as execuções sumárias perpetradas pela PRM. Daí, a opção por um título bombástico, 'Licença para matar!', com o antetítulo: 'Amnistia Internacional acusa PRM', que recupera o título do próprio relatório, acrescentando um ponto de exclamação final, com um evidente efeito de choque. Neste caso a fonte é muito aberta e frontal contra os crimes perpetrados pela polícia, disponibilizando toda a informação a respeito do assunto abordado. Pelo contrário, perante essas denúncias, a PRM reage de forma 'indiferente'. Contactado pelo jornal, o porta-voz Pedro Cossa, primeiro, 'não quis comentar o conteúdo do relatório alegando não ter conhecimento do mesmo'; numa segunda fase, 'perante a insistência do jornalista, confessou-se "céptico" quanto à "credibilidade do documento", alegando justamente um problema de fontes. Neste caso, a Polícia procura desacreditar qualquer outra fonte alternativa às oficiais, caindo, todavia, em patente contradição.

Reportagens

A tendência à reticência por parte da instituição pública torna-se mais clara, como acabámos de ver, quando a fonte oficial é obrigada a confrontar-se com fontes 'alternativas'. Entretanto, quando é o meio de comunicação social a ir ao terreno para acatar informações suplementares além daquelas fornecidas pelas instituições, a postura muda completamente, radicalizando-se em termos de falta de disponibilidade em dar mais pormenores sobre o assunto em questão. Eis o caso exemplificativo aqui apresentado:

Caso Justino Tembe: trata-se do jovem baleado por engano pela Polícia de Investigação Criminal (PIC), no bairro de Tsalala (Matola), a 24 de Outubro de 2008. 'O País', desde o primeiro artigo, faz a cobertura mediante a reportagem, com uso diferenciado das fontes, recorrendo basicamente a testemunhas oculares e, geralmente, anónimas. Em contrapartida, reporta também a postura da PIC. No primeiro artigo (31/10/2008) o jornalista autor do serviço, Ricardo Machava, dirige-se à PIC da cidade de Maputo, 'mas ficamos a saber que o caso compete à sua congénere da Matola'. Na Matola, 'o respectivo director não quis prestar quaisquer comentários', remetendo ao porta-voz do comando provincial da PRM em Maputo que, todavia, naquela altura, se ausente. Portanto, ao longo da primeira reportagem, não houve nenhuma declaração por parte da polícia. A primeira declaração oficial vem de Joaquim Selemane, porta-voz do Comando Provincial da PRM de Maputo. O porta-voz nega ter conhecimento 'de qualquer missão de agentes da Polícia de Investigação Criminal no bairro da Tsalala, na Matola', no dia do ferimento do jovem Tembe. Ao mesmo tempo, porém, reconhece 'a possibilidade de ter havido um trabalho dos agentes da polícia no bairro da Tsalala, mas sem se comunicar ao Comando Provincial da PRM'. Em suma, alegando uma questão de competência territorial, mais uma vez o porta-voz não traz nenhuma informação que possa comprovar ou desmentir de forma cabal a versão dada pelas testemunhas oculares. Da mesma forma, interpelada a PIC da cidade de Maputo, o chefe do Departamento de Instrução 'disse que ainda não recebeu o relatório', mostrando-se, mais uma vez, reticente. Entretanto, uma fonte de diferente origem, ou seja, o livro de registos de entrada de doentes do Hospital Central de Maputo, consultado pelo autor do artigo, confirma que Justino Tembe deu entrada naquela estrutura exactamente no dia 24 de Outubro de 2008, pelas 13.00 horas, por causa de tiros recebidos no bairro de Tsalala. Depois de ter feito os apuramentos necessários, forçando assim a Polícia a quebrar o 'muro do silêncio', a versão dada pela fonte oficial desmente as evidências dos factos até aquela altura apurados. O primeiro, que o jovem 'é criminoso', elucida Jacinto Cuna, porta-voz do Comando da PRM. O segundo, que este dispunha de uma arma, que foi por ele atirada no momento da sua busca, algures da casa onde foi capturado. Infelizmente (no artigo usa-se a expressão 'facto curioso') a tal arma nunca foi encontrada. Como justificação disso, Jacinto Cuna alega: 'não é anormal num trabalho operativo da polícia o bandido atirar a arma e os agentes não a acharem'. A outra questão que ridiculariza a fonte oficial é que o jovem foi baleado no abdómen, enquanto a polícia defende que ele estava fugindo, portanto devia ter sido apanhado por detrás, coisa que não aconteceu. Finalmente, o jovem Tembe é suspeito de ser comparsa de três delinquentes, facto que explica a razão de continuar a receber tratamento no hospital, algemado. Analisando a actuação da polícia neste caso emblemático, nas suas várias ramificações, podemos concluir como se segue:

a. ela é normalmente reticente, não querendo prestar qualquer declaração aos órgãos de comunicação social;

b. esta postura faz com que se adie o seu posicionamento oficial perante casos extremamente sensíveis, despertando sérias dúvidas no leitor;

c. quando ela decide pronunciar-se sobre tais casos, isso acontece de forma a proteger a sua imagem e os seus membros, mesmo entrando numa patente contradição com factos por outros apurados e provavelmente verídicos;

d. isso ocorre até às suas extremas consequências, isto é, até o castelo de areia cair de forma estrondosa perante as provas que, geralmente, outras instituições do Estado trazem à tona de forma incontornável, atingindo um resultado oposto àquele desejado.

A Polícia fica portanto descredibilizada, primeiro como fonte atendível, segundo em termos de capacidade 'técnica' de levar a cabo o seu próprio trabalho, finalmente deixando passar no cidadão a ideia da sua impunidade, que desemboca na convicção de não ter que 'prestar contas' a ninguém.

O posicionamento do jornal nas principais questões inerentes aos direitos humanos

O ponto de vista do jornal sobre o debate político em volta dos direitos humanos

O ponto de vista de 'O País' quanto ao debate político sobre os direitos humanos em Moçambique pode ser representado mediante dois artigos, a saber:

a. a notícia relativa ao debate no Parlamento sobre as mortes na cadeia de Mogincual, na edição do dia 27 de Março de 2009;
b. a reportagem inerente ao debate parlamentar em volta das mortes na cadeia de Mogincual.

No primeiro caso, o artigo visa destacar as diferentes posições dos actores políticos envolvidos no debate parlamentar. O fulcro da notícia tem a ver com o cepticismo geral sobre as mortes dos 12 detidos na cadeia de Mogincual, tanto que se realça que o então Ministro do Interior, Pacheco, 'dissipe o cepticismo (...) em relação às reais causas da morte daqueles indivíduos'. Neste caso o jornal – assumindo as preocupações do maior partido de oposição, a Renamo – faz-se porta-voz das inquietações de toda a sociedade moçambicana, que se interroga sobre esse facto atroz. Mais uma vez, 'O País' tenta, desta forma, trazer à tona a verdade, colocando dúvidas sobre a versão oficial.

No segundo caso, o ponto de vista da redacção emerge de forma mais aberta. O artigo representa uma situação em que as duas bancadas parlamentares na altura presentes na Assembleia da República, a Frelimo e a Renamo, não conseguem satisfazer os anseios dos moçambicanos que pautam pela verdade e estão pouco interessados em astúcias políticas. De facto, o artigo apresenta uma série bastante longa e estéril de acusações recíprocas entre os dois partidos, sem que se chegue a uma conclusão esclarecedora daquilo que realmente aconteceu. O comentário do jornalista, desta vez, torna-se explícito: 'O debate do "caso Mongincual" – ele frisa – foi pouco frutífero, tendo o Parlamento esgotado tempo com troca de discursos pejorativos e ataques pessoais entre os deputados das duas bancadas'.

O ponto de vista do jornal na violação dos direitos humanos nas cadeias

Uma reportagem será suficiente para destacar o ponto de vista do jornal sobre os assuntos relativos à violação dos direitos humanos nas cadeias.

A reportagem do dia 18 de Março de 2009, que abre a série dos serviços relativos à tragédia de Mogincual. Depois duma primeira parte em que o jornalista se limita a citar os detalhes do acontecimento, provenientes da fonte representante do Ministério do Interior, realça-se com ênfase a impossibilidade de apurar as reais causas daquelas mortes, avançando a hipótese de asfixia. O artigo termina sustentando que uma tal ilação mediante uma comparação com um episódio parecido, ocorrido em 2001 em Montepuez, onde 119 pessoas morreram por asfixia nas celas daquela cidade. De forma francamente desnecessária (pelo menos aparentemente) o artigo fecha com os pormenores daquelas detenções, devidas a confrontos políticos entre simpatizantes da Frelimo e da Renamo. Mais uma vez indirectamente, essa modalidade de pôr as coisas deixa vislumbrar, como mesmo no caso Mogincual, que tudo se deveu às divergências políticas entre os dois principais partidos do país que, ao invés de levar a um debate tranquilo, traz como consequência a morte de indivíduos que ainda nem tinham sido processados.

O ponto de vista do jornal na violação dos direitos humanos fora das cadeias

Nesta categoria vamos analisar apenas o caso do Justino Tembe, o jovem inocente baleado pela polícia no bairro de Tsalala, na cidade da Matola. Existem duas categorias de palavras-chave que indicam a atitude do jornal: a primeira, que diz respeito ao conteúdo do acontecimento; a segunda, que realça o compromisso do mesmo quanto ao caso em questão, como se se tratasse duma 'meta-narração'. O primeiro artigo da série de quatro que aparece (do dia 31 de Outubro de 2008) usa duas modalidades para contradizer a versão oficial e bastante confusa da polícia: por um lado, uma vasta escolha de conjunções adversativas, tais como as duas destacadas em maiúsculo: 'o jovem já estava parado no interior da mesma obra, MAS o agente alvejou-o a tiro (...). ENTRETANTO, não se encontrou nenhuma pistola'. Por outro, de uma forma mais aberta, o uso de adjectivos que visam tornar claro o fracasso investigativo da Polícia, em detrimento de evidências banais: 'Apesar de, no momento ter, supostamente, FICADO EVIDENTE que não era a pessoa que estava a ser procurada...'. No artigo do dia 5 de Novembro de 2008, ainda sobre a arma não achada, o jornal escreve: 'Entretanto, FACTO CURIOSO é que os mesmos agentes não localizaram tal arma'. E, mais adiante: 'Entretanto, O QUE NÃO SE EXPLICA...'. A outra modalidade, a 'meta-narrativa', diz respeito à maneira como o jornal vê o seu próprio trabalho, acompanhando as reportagens com expressões tais como 'acompanhando MINUCIOSAMENTE o desenrolar deste caso'; 'INCANSAVELMENTE, a nossa equipa consultou o livro de registos...', etc. Quais as conclusões que podem ser tiradas dessa análise? Acima de tudo, que é preciso ler nas entrelinhas para percebermos o ponto de vista do jornal, identificando as principais palavras-chave. Finalmente, as expressões 'meta-narrativas' não dizem respeito apenas à minuciosidade e à seriedade do jornal na cobertura do evento, mas sim à dificuldade no acesso às informações oficiais e verídicas, que tornam particularmente complexo e árduo o apurar dos factos. Por isso é que terá sido necessário um exercício e um empenho suplementares, que os jornalistas do 'O País' pretendem testemunhar de forma directa.

Conclusões

A contribuição do jornal 'O País' no que respeita aos direitos humanos tem sido relevante, embora bastante ocasional e escassamente pró-activa.

Isto não significa que o jornalismo deste diário não possa ser definido de 'investigativo: é-o, mas na medida em que – como realçou Jeremias Langa na entrevista feita em Maputo – 'O País' não tem uma linha editorial específica para os direitos humanos. Entretanto, 'O País' faz a relativa cobertura, sobretudo mediante reportagens e procurando fontes próprias inerentes a acontecimentos que o 'Notícias' geralmente ignora (caso Justino Tembe).

Grande relevância tem o uso das fontes não institucionais ou anónimas, que o jornal acabou considerando de referência e mais credíveis do que as oficiais.

O posicionamento do jornal diferencia-se, de acordo com o tipo de matéria tratada: quando cobre casos, o ponto de vista do jornalista quase nunca emerge de forma aberta, mas sim através dum complexo jogo de encaixe entre as várias fontes, confrontando-as e chegando a conclusões lógicas mas ainda bastante 'implícitas'. Como dizer, as evidências falam por si. No caso da cobertura de relatórios apresentados por parte de ONGs, nacionais e internacionais, o posicionamento torna-se mais explícito e a linguagem mais agressiva.

Em termos de conteúdos, 'O País', ao tratar dos direitos humanos, entra em questões particularmente delicadas e ao mesmo tempo actuais, descrevendo um panorama bastante compósito no que diz respeito aos actores sociais e institucionais abordados:

1. O papel da Polícia: este diário transmite a ideia de que a corporação esteja 'traindo' a sua missão. Tenta fazer isso mediante provas incontornáveis, desmentindo e ridicularizando várias das versões 'oficiais' e, por fim, a própria imagem da Polícia: seja na competência técnica como na arrogância, que leva a uma suposta impunidade e a uma postura arrogante ou reticente para com a comunicação social.

2. O papel do mundo político moçambicano: o jornal expressa frequentemente uma certa decepção, pois o mundo político local não consegue enfrentar de forma eficaz os casos mais gritantes de violação dos direitos humanos.

3. O papel das ONGs: Como já referido, algumas delas (nomeadamente a LDH e Amnesty International) tornaram-se fontes de referência para 'O País'. Isso comprova que este jornal as considera como sendo bastante credíveis, atribuindo-lhes o papel de pilares das mais elementares bases da convivência humana. Tal função decisiva é todavia também reconhecida a alguns órgãos do Estado, acima de tudo a Procuradoria-Geral.

Emerge, portanto, uma realidade ao mesmo tempo compósita mas clara, cuja representação não é – banalmente – a simples subdivisão entre 'Estado – mau'/'Sociedade civil – boa', mas sim uma articulação complexa, que a linha editorial do jornal procura retratar mediante provas irrefutáveis, as quais traçam o papel que cada actor político e social desempenha na delicada questão do respeito e/ou violação dos direitos humanos.

Reflexões conclusivas: uma tentativa de comparação entre 'Notícias' e 'O País' na cobertura de assuntos relacionados com a violação dos Direitos humanos

Os jornais aqui analisados têm plena consciência de estarem a disputar um jogo por detrás do qual podemos entrever a tentativa de o Governo manter uma certa autonomia, que pode ser lida como vontade de não passar por nenhuma forma de fiscalização (interna e externamente), desaguando até em arbítrio (nos casos mais extremos), e de uma parte da sociedade civil e dos doadores ocidentais em quererem justamente uma tal obra de controlo, sendo a oposição política incapaz de fazê-lo. O resultado nem sempre é linear, como vimos quer no caso de 'O País', quer, sobretudo, no do 'Notícias'.

Duma forma geral, é possível tirar as seguintes conclusões:

1. O levantamento quantitativo demonstra que, ao longo do biénio 1 de 2008-2009, os dois jornais publicaram... um número de artigos praticamente idênticsos sobre o tema em questão, pouco mais que trinta cada. Não muito, se formos a ver a importância e o impacto que essas contínuas violações têm na vida social e civil de Moçambique. O grau de concentração cronológica dos artigos publicados é muito elevado nos dois casos. Isso demonstra que ainda não existe, na imprensa moçambicana, independente ou (semi) pública, a ideia de procurar a notícia, mas apenas de esperar que o evento bata às portas da redacção. Em suma, a atitude parece bastante passiva e escassamente pró-activa.

2. Entretanto, 'O País' usa mais a reportagem, enquanto o 'Notícias' se limita, basicamente, a fornecer aos seus leitores o informe do acontecimento, sem demais aprofundamentos e questionamentos. Além disso, 'O País' sempre dá seguimento à cobertura de uma notícia, ao passo que o 'Notícias' faz isso em raríssimas circunstâncias (de facto, nos dois anos em análise, apenas no caso-Mogincual).

3. Para manter este posicionamento político, o 'Notícias' faz um uso de fontes assaz diferentes daquilo que caracteriza 'O País': com efeito, o primeiro confia quase que cegamente nas oficiais, o segundo questiona-as constantemente, em muitos casos descobrindo graves falhas e lacunas nas versões por elas dadas. Mesmo não tendo uma postura pró-activa à procura da notícia, 'O País' consegue portanto esgotar tudo aquilo que está ao seu alcance para o apuramento da verdade dos factos. Ao fazer isso, às vezes ridiculariza as versões fornecidas sobretudo pela Polícia moçambicana, postura que o 'Notícias' sempre tenta de evitar, preferindo, em algumas circunstâncias, a firme condenação à ironia corrosiva.

4. O posicionamento 'político' dos dois jornais se expressa mediante opções bem claras: acima de tudo, por meio dos títulos. O 'Notícias' costuma enaltecer o papel dos agentes da lei e ordem, mesmo quanto eles protagonizam acções desnecessariamente violentas (tais como o abate de supostos criminosos ou, outras vezes, pessoas inocentes), enquanto 'O País' tende a realçar a perda de vidas humanas que tal postura comporta, julgando de sistemático o uso da violência por parte da polícia. Isto constitui um aspecto qualitativamente central: do lado do 'Notícias', os 'abates' não constituem violação dos direitos humanos, diferentemente daquilo que acontece com 'O País'. Em segundo lugar, olhando para a escolha dos assuntos abordados: por exemplo, o caso de Justino Tembe foi muito bem coberto por 'O País', mas nenhum artigo é dedicado a este assunto por parte do 'Notícias'. Terceiro: há assuntos 'políticos' abordados pelos dois jornais, por exemplo a instituição da Comissão Nacional dos Direitos Humanos ou a entrevista da Ministra da Justiça, Benvinda Levi, em resposta ao relatório do Departamento de Estado americano sobre os Direitos humanos em Moçambique. Só que o tratamento diverge completamente, realçando elementos diferentes, de acordo com a linha editorial crítica, ou não, para com as instituições.

5. Finalmente, 'O País', com todos os seus jornalistas, expressa de forma bastante aberta embora quase nunca bombástica, as suas opiniões, críticas, inquietações sobre os assuntos abordados; o 'Notícias' parece não ter uma margem de manobra tão vasta, de maneira que a saída é confiar nos colunistas e nas cartas dos leitores, graças aos quais se abre uma certa margem de crítica.

Referências

Becker, H., 1967, 'Whose side are we on?', *Social Problems*, 14 (3), pp. 234-247.

Greer, C., & McLaughlin, E., 2010, *Prevemos um motim? O policiamento da ordem pública, os novos ambientes mediáticos e a emergência do cidadão-jornalista*, in Machado, H. & Santos, F., Orgs., *Justiça, ambientes mediáticos e ordem social*, Ribeirão: Húmus, pp. 105-133.

Marshall, T., 1964, *Citizenship and Social Class*, Chicago: The University of Chicago Press.

Namburete, E., 2003, 'A comunicação social em Moçambique: da independência à liberdade', *Anuário Internacional de Comunicação Lusófona*, pp. 25-38.

Rocha, I., 2000, *A Imprensa de Moçambique*, Lisboa: Ed., Livros do Brasil, pp. 208-209.

Notícias, 2009, 'Entrevista ao Prof. Elísio Macamo, Discussão abstracta sobre os direitos humanos', *Notícias*, 14/04/2009.

Saúte, N., 1996, 'Arremedo do regime. Breve análise comparativa de títulos de primeira página do Notícias', in Ribeiro, F., e Sopa, A.,Orgs., (1996), *140 anos de imprensa em Moçambique*, Maputo: Associacao Mocambicana de Lingua Portuguesa, pp. 153-169.

Wolf, M., 1986, *Teorias da comunicação*, Lisboa: Presença.

7

Análise da Cobertura dos Mídia sobre Questões dos Direitos Humanos: O Caso da Guiné-Bissau

Miguel de Barros

Introdução

A presente comunicação visa compreender e explicar as dinâmicas dos jornais na abordagem dos direitos humanos na Guiné-Bissau. O presente trabalho insere-se no âmbito de um amplo estudo sobre Mídia e os Direitos Humanos no espaço lusófono, financiado pelo CODESRIA tendo como objectivo a produção de uma análise comparada entre a imprensa de (Angola, Cabo Verde, Guine-Bissau e Moçambique), numa avaliação de dois ou três jornais dos respectivos países, em questões relacionadas à cobertura dos Direitos Humanos.

Trata-se, no entanto, da elaboração de um quadro comparativo que permite avaliar o desempenho da imprensa escrita desses países e a sua eficácia na cobertura, prevenção e tratamento de matérias muito sensíveis como são os direitos Humanos. Nesta comunicação, tomam-se como referência dois períodos destintos: – Liberalização Política (1991): implicou a liberalização do sector da comunicação social e o surgimento do investimento privado; marcado pelo grande dinamismo das organizações da sociedade civil, em particular, da Liga Guineense dos Direitos Humanos; – Fim do conflito político-militar (1999) até actualidade: – marcado pelas "relações complicadas entre os jornalistas e o poder guineense" (LGDH 2001) e "as pressões perpetradas por agentes de segurança contra dirigentes políticos, defensores dos direitos humanos e jornalistas" (PNUD 2004).

Do ponto de vista metodológico, a recolha de informação sobre a cobertura de Direitos Humanos baseou-se na escolha três jornais nacionais, sendo um público"Nô Pintcha[1]" e dois privados os "Diário de Bissau" e "Gazeta de Notícias" (ver Tabela 1). A escolha dos jornais prende-se com o facto do primeiro ser o único jornal público a nível nacional, de manter uma regularidade de tiragem e ter acumulado memória histórica, tendo sido igualmente a escola de jornalistas da imprensa escrita guineense. Relativamente aos dois jornais privados, a sua escolha deve-se a três principais factores: o primeiro está relacionado continuidade da tiragem dos título num contexto efémero para sobrevivência de títulos (quer pela sua vulnerabilidade financeira como pela pressão política) e por apresentarem uma linha editorial de denúncia desde a sua criação, resistido as crises no país e as mais variadas transformações da imprensa escrita guinense.

Tabela 1: Apresentação dos Jornais seleccionados

Título	Criação	Estatuto	Sede	Periodicidade	Tiragem[2]	Preço	Editor
Nô PIntcha	1975	Público	Bissau	Semanário	1000	500 xof	Simão Abina[3]
Diario de Bissau	1996	Privado	Bissau	Semanário	1000	500 xof	João de Barros[4]
Gazeta de Notícias	1997	Privado	Bissau	Semanário	1000	500 xof	Humberto Monteiro[5]

O conjunto dos três títulos selccionados asseguram a maior diversidade analítica de informação, quer das diferentes regiões do país, fontes e formas, por um lado, e por outro, o confronto das perspectivas institucionais oficiais (no caso do público) e a articulação do jornalismo que privelegia a análise social baseado no quotidiano (privados). Porém, embora todos os três têm dado espaço as opiniões independentes de várias ordens conseguindo reunir uma diversidade de actores nacionais e estrangeiros (políticos e investigadores), a sua credibilidade junto do público-leitor é relativamente diferanciada[6].

Em termos complementares, o trabalho de campo envolveu entrevistas às seguintes entidades/pessoas: jornalistas, directores de jornais, representantes de organizações que lidam com os direitos humanos, representantes do mundo jurídico e das forças policiais.

A Transição Democrática na Guiné-Bissau: a liberdade de impresa num contexto do pluralismo de informação mitigado

A democracia pressupõe uma comunicação livre que permite processos participativos de diálogo e debate. Os *Mídia* e os profissionais do jornalismo desempenham por isso um papel fundamental no combate à discriminação e à desigualdade e a sua contribuição pode ser extremamente positiva ao promoverem no seio das sociedades a compreensão mútua entre diferentes grupos étnicos, culturais e religiosos (ACEP 2010:11).

O direito à liberdade de expressão e de informação está intrinsecamente ligado ao direito dos cidadãos serem esclarecidos sobre todos os assuntos do interesse público, de modo a poderem tomar decisões informadas e assim exercerem o seu direito de cidadania. Por sua vez, a possibilidade de expressar livremente ideias e opiniões incrementa o diálogo público e estimula o desenvolvimento dos processos democráticos e da cidadania participativa numa sociedade (ACEP 2010:12).

Na Guiné-Bissau, as transformações institucionais introduzidas em Maio de 1991 pela Assembleia Nacional Popular com a adopção do regime democrático (multipartidarismo, liberdade de associação e de expressão), deu início a um processo de criação de condições para uma intervenção política cada vez mais acentuada de outros sujeitos sociais (CARDOSO 1996:138).

Forest (1992:53) constata que as organizações de massas criadas pelo partido libertador com objectivo de mobilizar a população para o desenvolvimento nacional, aparentemente, serviam para aplicar uma estratégia governamental exclusivista e antidemocrática em relação à sociedade. Esta tese é reforçada por Mendy (1996:28) que demonstra a existência de esforços concertados do partido-estado em controlar a juventude[7], os trabalhadores[8] e as mulheres[9], e ainda, o monopólio dos meios de comunicação social[10], tentando impor a lógica monopolizada e unanimista em nome da unidade nacional (e entre a Guiné-Bissau e Cabo-Verde) e a segurança nacional, respectivamente.

Entretanto, a adesão do país ao multipartidarismo, fruto de pressões externas e internas num contexto da falência do Estado suportado pelas políticas de Ajustamento Estrutural, teve como consequências imediatas a afirmação e o reconhecimento de outros actores sociais colectivos (para além dos partidos políticos) enquanto agentes que participam nas decisões, lutam pela diminuição das desigualdades sociais, políticas e económicas.

Nesta base, considera-se que a acção de alguns sectores da Sociedade Civil (Igreja, Sindicatos, Organizações Não-Governamentais, Órgãos de Comunicação Social, Associações Profissionais e de Base Comunitária) contribuíram de forma decisiva quer para o ensaio à democracia como na promoção do desenvolvimento, no combate às desigualdades social e melhoria das condições de vida das populações.

Analisando especificamente o papel dos *Mídia* volvidos vinte anos da vigência democrática com muitas vicissitudes, pode-se encontrar dinâmicas de maior e menor intensidade consoante a conjuntura dos contextos (internos e externos) nos quais se inscrevem. Segundo o politólogo Koudawo (2000), os órgãos da comunicação social evoluíram para um pluralismo maior, sobretudo no fim da primeira metade dos anos noventa. Os primeiros a quebrarem o monopólio do Estado foi a imprensa escrita[11], com o surgimento do jornal Expresso Bissau (semanário privado criado em 1992), seguido depois das rádios privadas Rádio Pindjiguiti e Bombolom, ambas em 1995, respectivamente, fruto de iniciativa de jornalistas afectos à Radiodifusão Nacional.

No caso específico da imprensa escrita, entre 1991 a 2011, dos cerca de uma vintena de jornais privados criados, somente encontram activos quatro semnários (uma pública e três privados)[12]. Embora entenda-se que a diversidade dos títulos possa correponder uma real tentativa de efectivar o pluralismo de informação ao nível da imprensa escrita, ela revelou-se na verdade inconsequente, na medida que alguns títulos nem conseguem aguentar seis meses de permanente publicação, não existindo nenhum jornal diário (para não falar já da irregularidade nas tiragens) e nem a cores, fraca capacidade para efectivar jornalistas com carteira e muito menos a garantia de uma informação diversificada (sendo a reportagem o género mais sacrificado e a quase nulo o jornalismo investigativo).

A esses aspectos, junta-se as dificuldades da ordem financeira associada a alguma asfixia da máquina dos sucesívos governos, na medida que os jornais não beneficiam de financiamentos[13], contribuindo para que os *Mídia* sejam algo dependentes (vivendo quase que apenas dos serviços de publicidades e anúncios) num contexto de baixa capacidade de aquisição de jornais e onde o único e principal mercado é a capital. O impacto desta situação para além de ter tornando muitos títulos com menos audiências, irregulares e até efémeros devido ao contexto económico pouco favorável, acabou por em causa a liberdade dos *Mídia* na sua globalidade e sobretudo dos jornalistas e dos profissionais.

Segundo o Koudawo, (2000:98-99 e 109), se na fase inicial as iniciativas dos *Mídia* privados tiveram que enfrentar a multiplicação de medidas restritivas no quadro das licenças que eram apenas provisórias devido à falta de legislação específica que regulasse claramente o sector[14], já o fim do conflito político-militar de 1998-99 teve efeitos catastróficos ao nível dos órgãos de comunicação social. Koudawo sustenta ainda que nessa fase, o princípio da liberdade de imprensa outrora em franca projecção foi seriamente enfraquecida por falta de um ambiente político institucional, económico e social favorável ao seu exercício efectivo[15].

Os períodos de transição pós-conflito touxe a falta de confiança generalizada nos políticos e partidos[16]. As tensões políticas e sociais, desde esse período, aumentaram e intensificaram-se até a actualidade, contribuindo para um crescente clima de insegurança e incerteza face à ameaça de novas derrapagens de consequências imprevisíveis[17]. Independentemente dessas vissicitudes, os *Mídia* constituem um veículo de maior diversidade de opiniões e o seu papel é insubstituível (sobretudo as rádios de carácter comunitária e local)[18], no que diz respeito ao aprofundamento da democracia e o desenvolvimento do espírito de participação na vida pública por parte do cidadão.

A situação dos Direitos Humanos e o aceso à Justiça na Guiné-Bissau

Uma questão fundamental prende-se com a própria problemática da natureza dos direitos humanos, não apenas concernente as práticas de direitos humanos, mas, sobretudo, aos mecanismos de acesso à justiça. Deste modo, a questão fundamental coloca-se na dimensãos de acesso aos recursos informacionais e educacionais que favorecem ao cidadão activar todos os dispositivos que potenciam a sua capacidade de acção quer em termos preventivos como também os correctivos, quando os seus direitos estão em causa.

Não obstante aos constrangimentos já referidos, denota-se que do ponto de vista analítico o discurso sobre os direitos humanos tem sido apresentado em redor de armadilhas que segundo Zeleza (2008), estas tendem a ser idealista na medida em que os direitos humanos são reduzidos as ideias abstractas da história social, de modo que eles são vistos como o resultado de conceitos e não de conflitos. Ainda, sustenta que o caracter legalista dos discursos, principalmente na origem e localizada nos tribunais e não na cultura, não nos procedimentos práticos, não na retórica da realidade, de códigos e não de contingência são resltados de um etnocentrismo que contribui para a polarização e primazia dos direitos civis e políticos em detrimento dos direitos económicos e sociais e vice-versa.

Segundo Boaventura de Sousa Santos (2001), existe uma tensão entre o Estado-nação e a globalização que repousa, por um lado, tanto nas violações dos Direitos Humanos quanto nas lutas em defesa deles, e que continua a ter uma dimensão nacional. Por outro, em aspectos cruciais, as atitudes perante os Direitos Humanos assentam em pressupostos culturais específicos, pois a política dos direitos humanos continua sendo basicamente de ordem cultural.

Daí que ao olharmos para a evolução da situação dos direitos humanos na Guiné-Bissau, com uma situação volátil, um longo historial de golpes e rebeliões militares – tendência para a continuidade de métodos de eliminação, rivalidades e esquemas de vingança, abuso de poder favorecidos pelo não devido funcionamento da justiça formal e pela inexistência de qualquer tipo de punição dos culpados, muitas vezes desconhecidos formalmente mas quase sempre do conhecimento público (CES 2008:130) – concorrerm para o reforço da primazia dos direitos políticos na abordagem dos direitos humanos[19].

No campo da violação dos direitos humanos, ao longo dos anos, as forças armadas têm assumido maior protagonismo cometido violações dos direitos humanos com total impunidade. Estas incluem nomeadamente: mortes, tortura e maus-tratos, supressão da liberdade de expressão, e detenção arbitrária e humilhações públicas a civis. De acordo com a Amnistia Internacional (2010:6-8) a fragilidade do sistema judicial e de outras instituições do Estado, assim como a ausência de investigações e condenações relativamente às violações dos direitos humanos cometidas por soldados, têm perpetuado a impunidade de que as forças armadas gozam.

No concernente ao acesso à justiça, segundo Stapleton (2009:19-20) o enquadramento continental ao nível jurídico evoluiu positivamente nos últimos dez anos, se tomarmos em consideração a acção da Comissão Africana dos Direitos Humanos e dos Povos aprovou resoluções para promover um considerável número de princípios e orientações detalhadas sobre a administração da justiça no continente[20]. Este autor considera ainda de notável é como é que se conseguem colocar os padrões internacionais no contexto contemporâneo Africano, como por exemplo, princípios e orientações sobre o direito a um julgamento justo e Assistência Jurídica em África (2001), que inclui:

> igualdade de acesso de mulheres e homens aos órgãos judiciais e à igualdade perante a lei, em qualquer processo judicial; – tempo adequado para preparar o caso e para questionar ou responder aos argumentos, ou provas do opositor; 0direito de consultar e de fazer-se representar por um representante legal ou por outra pessoa qualificada, escolhida por si em todas as fases do processo; – direito a uma determinação dos seus direitos e obrigações, sem demora injustificada.

Agora, a realidade jurídica e o acesso à justiça na Guiné-Bissau confronta-se com peculiaridades e paradoxos que contribuem para que o funcionamento do sector da justiça seja considerado com um dos grandes obstáculos a paz. Em termos ilustrativos, há dois sistemas jurídicos que operam em paralelo: – a lei estadual (lei formal e positiva no contexto do quadro legislativo); – e uma lei não estadual (o Direito Costumeiro ou Direito Consuetudinário).

Os tribunais funcionam com dificuldades enormes, o Supremo Tribunal de Justiça é responsável pela administração de todos os tribunais do país e seu orçamento em 2009/10 é de CFA482.438.168 (pouco menos que de 1 milhão de Euros), com apenas 14 juízes na capital (STAPLETON 2009: 8-9). Entretanto, o maior problema coloca-se ao nível do funcionamento de polícias[21].

A Polícia de Ordem Pública (POP) é aquela que é vista pelos tribunais como sendo o maior impedimento no processo de justiça e como uma autoridade responsável apenas perante si próprios (STAPLETON 2009:12-13), na medida que actuam com uma auto-representação do seu papel enquanto agentes de resolução de muitos casos que podiam que necessáriamente deveriam ser encaminhados ao Ministério Público, como por exemplo a detanção prolongada[22] e muita das vezes impede as pessoas de recorrerem aos Tribunais, intimidam as pessoas para que aceitem acordos em forma de mediação, nas aldeias chega a aplicar multas às pessoas[23]. Uma outra situação preocupante, é o facto de não existir precisos da quantidade de pessoas detidas desde o fim do conflito políticomilitar de 1998/99.

O processo de acesso a assistência jurídica é descrito como excessivamente burocrático, algo quase que inacessível e desigual. Para que um cidadão comum tenha possibilidade de apoio a um advogado, primeiro, há uma avaliação através dos bens do candidato o qual deve fazer um atestado de pobreza para o Ministério das Finança, depois tem que fazer um novo atestado de pobreza para a câmara (estrutura descontrada da administração local). Como não há critérios e nem existe uma linha definida para o limiar de "pobreza", não é claro (pelo menos para as organizações da sociedade civil) de como a decisão é tomada.

De acordo com um estudo sobre acesso à justiça realizado no quadro do Programa de Fortalecimento do Estado de Direito e Segurança (FORTES) e do programa MDG-F, implementado pelo PNUD em parceria com o Estado da Guiné-Bissau/ Ministério da Justiça, realça o facto da principal constatação de que o panorama actual do estado do acesso à justiça nas zonas estudadas (interior do país) está longe de se poder considerar satisfatório e de garantir o acesso à justiça da população, em especial, dos grupos vulneráveis, *maxime* mulheres e crianças. (GUERREIRO 2011:8-9).

No entanto, tem havido alguma iniciativa por parte da sociedade civil organizada em tentar fornecer apoio jurídico, sobretudo às vítimas de violação dos direitos humanos. Mas estas organizações sentem-se constrangidas devido ao fraco volume finaceiro (irregular) destino a essas acções e que permita prestar uma melhor assistência. Uma das ONGs mais relevantes nesse processo é a Liga Guineense dos Direitos Humanos – LGDH, fundada em 1995, que anualmente publica um relatório sobre o estado dos direitos humanos e que tornou-se referência incontornável para qualquer questão relacionada com este assunto. A LGDH é detentora de um programa radiofónico que presta assistência jurídica à comunidade, reproduzido pelas rádios comunitárias.

É importante ressaltar que os serviços prestados pelas ONGs na área de protecção dos direitos humanos e acesso à justiça concentram-se basicamente nas vertentes de sensibilização, informação e orientação, sobretudo em relação à protecção dos direitos das mulheres e crianças. Podemos destacar que a LGDH, a Associação dos Amigos da Criança – AMIC, o Instituto da Mulher e Criança (revestindo a natureza de instituto público sob a tutela do Ministério da Mulher, Família, Coesão Social e Luta contra a Pobreza) disponibilizam ajuda qualificada para orientar as pessoas sobre os seus direitos e mecanismos e para terem acesso ao Patrocínio Judiciário, na vertente da nomeação de um advogado oficioso.

Apesar de não terem como vocação a facilitação do acesso à justiça, essas organizações têm desempenhado um papel importante na denúncia de situações de arbitrariedades e de negação de justiça bem como no patrocínio de alguns processos judiciais a favor de pessoas vítimas de injustiças, sobretudo na protecção dos direitos das mulheres e crianças (GUERREIRO 2011:33). Recentemente, foi criado o Gabinete de Estudos, Informação e Orientação Jurídica – GEIOJ, constituído maioritariamente por juristas, que instituiu uma clínica legal nas instalações da Faculdade de Direito de Bissau (desde o início de 2010), onde recebe gratuitamente a população para fornecer informação jurídica e tem um programa de rádio semanal de divulgação dos direitos humanos e legislação relevante (GUERREIRO 2011:34).

Uma das inovações nesse campo nos últimos cinco anos, foi a acção do sector sindical no que concerne à protecção dos direitos dos trabalhadores, muito em particular das mulheres. A Comissão Nacional de Mulheres Trabalhadoras – CNMT, tem-se revelado um actor decisivo na matéria de influência de um quadro legislativo favorável e no acesso a justiça através do seu gabinete de apoio jurídico, que trabalha com base na selecção dos processos (violação dos direitos laborais) mais urgentes e das pessoas mais carenciadas e disponibiliza efectivamente um advogado para representar a vítima, sendo que o gabinete arca com todas as custas do processo. Salienta-se que até presente todos os casos defendidos tiveram parecer favorável para as vítimas.

Os *Mídia* e os Direitos Humanos na Guiné-Bissau: uma análise da cobertura jornais "Nô Pintcha", "Diário de Bissau" e "Gazeta de Notícias"

A questão como "dar a voz" e de como assegurar que os grupos mais desfavorecidos e minorias tenham acesso aos meios de comunicação, garantindo a sua visibilidade mediática, desencadeou diversas iniciativas que visam promover o acesso a informação e encorajar práticas editoriais e uma cobertura jornalística profissional de grande qualidade sobre a diversidade cultural e a luta contra a discriminação (ACEP 2010:11).

Com a proclamação da independência, o PAIGC enquanto partido-estado deu privilégio ao aquilo que foi designado pelo fundador da nacionalidade guineense, Amílcar Cabral, como "a formação do homem novo" através da educação, privilegiando as matérias ligadas à formação militante – processo iniciado mesmo antes da indpendência nas zonas libertadas. Esse homem novo enquanto conceito, foi projectado como alguém que estaria ao serviço da comunidade, do partido e do Estado, mas paradoxalmente, foi usado para refor-se na prática o caracter contralador do Estado e a legitimação da repressão (violência do Estado) sobre os indivíduos negando aos cidadãos os seus direitos.

Assim, aos *Mídia* foram inculcados não só esses valores mas também o espírito de medo. As diversas violações de direitos humanos (fuzilamentos, prisões arbitrárias, torturas, perseguições...) sempre foram apresentados pelos jornais como actos legítimos do Estado na defesa contra os ditos "inimigos do povo". Ou seja, do pós-independência à liberalização política, o espaço dedicado aos Direitos Humanos nos jornais foi quase que completamente nulo.

À semelhança dos Países Africanos da Língua Oficial Portuguesa (PALOP), a questão dos Direitos Humanos são muito recentes na imprensa guineense e começam então a aparecer nos jornais sob forma de reclamação do direito à informação, liberdade de imprensa e de expressão (devido a perseguição e ameaça aos jornalistas), consequência das denúncias dos abusos que eram perpetrados pelos agentes detentores do poder político. No entanto, foi nas vésperas das primeiras eleições legislativas e presidenciais (1992/93) que se verificou a maior cobertura mediática relativamente às questões dos Direitos Humanos com o caso Uducalon Sampa[24] – figura carismática e politicamente influente de uma das linhagens do regulado da etnia Mancanha (animista) – foi denunciado pela LGDH de prticar actos de escravatura e consequentemente conduzido à barra da justiça, com desfecho favorável para esta instituição.

Este facto não só contribuiu para impôr uma imagem de respeito à acção da LGDH, como também o seu impacto deu confiança aos cidadãos comuns, no sentido de que começou-se a acreditar que existiam possibilidades da justiça ser realizada na perspectiva de salvaguarda dos direitos do cidadão comum, estando ao alcance dos mais desfavorecidos. Em 1996, esta ideia veio a ser reforçada quando a LGDH denunciou um acordo entre o governo guineense e espanhol como acto de violação dos Direitos Humanos, ao aceitar a deportação de um contingente de quarenta (40) emigrantes clandestinos da costa ocidental africana para Guiné-Bissau a troca de uma compensação financeira[25]. Outros assuntos que ainda mereceram atenção dos jornais foram aspectos ligados à mutilação genital feminino, casamento forçado, detenções arbitrárias, agressões policiais e condições das prisões.

Todavia, convém reforçar que, a problemática do papel dos Mídia como impulsionadores de uma maior participação cívica e na sua qualidade de "construtores" de uma cidadania informada perpassa igualmente todo o trabalho de campanha contra a discriminação[26] através de dois objectivos interligados: - encorajar os *Mídia* a informar os públicos sobre a discriminação e sobre mecanismos existentes contra a discriminação (ACEP: 2011: 12). Essa foi essencialmente a acção das organizações cívicas, mas no caso guineense, privilegiando a rádio como espaço de promoção de programas, tendo em conta o alto índice de analfabetismo (56% da população adulta[27]) e a baixa capacidade de compra.

Daí que das abordagens que os jornais analisados apresentam, particularmente no que concerne aos direitos humanos, deparamos com uma diferenciação fundamental: por um lado, o jornal público constituiu-se um espaço menos plural, transformando-se na voz de quem o controla (o governo), facto que leva a que fica a ideia de ser o defensor do Estado e os seus agentes na medida do possível, e por outro lado, os privados, que embora ainda é parco no que diz respeito ao jornalismo investigativo, mas procura o apuramento dos factos com base no contraditório, usando fontes diversificadas, desempenham em pleno a função de "watch-dog" do Estado, sem que isso implique alguma simpatia para com o maior partido de oposição (WOLF, 1999). Este cenário é algo partilhado entre os PALOPs, vivendo num ambiente de constante jogo de posicionamento compactando o verdadeiro palco em que se disputa o jogo em volta dos Direitos humanos: um palco acima de tudo político.

Atendendo ao facto dos jornais terem fraca capacidade e possibilidades de arquivo das edições publicadas, optou-se por uma selecção das informações nas primeiras e últimas semanas de cada mês. Os dados aqui apresentados referem-se ao quadriénio (2008-2011) e para colmatar as limitações do conjunto de materiais recolhidos, decidiu-se analisar a pente fino todas as edições do acervo pesquisado.

Ao iniciar a análise qualitativa, a primeira variável a considerar é o espaço ocupado pelos artigos no seio do jornal, consoante algumas categorias temáticas previamente definidas. Das recolhas feitas, os jornais nacionais demonstram um pouco interesse para com a temática dos direitos humanos em relação às frequências dos casos públicos. Entre 2008-2011 o "Nô Pintcha" só abordou esse assunto durante 20 vezes enquanto que os jornais "Diário de Bissau" e "Gazeta e Notícias" juntos ficam por 25 vezes (*ver as tabelas* 2 e 3):

Tabela 2: Espaço de acordo com os temas abordados no Jornal "Nô Pintcha"

Anos 2008/2011	Nr. artigos	Nr. Palavras*	Página	Foto	Data
Síntese/ comentários de relatórios	• • • • • • (6)	1 8 10 4 3 1	4 5 4 20 6 4	• • (2)	15/10/2009 17/12/2009 06/05/2010 06/05/2010 19/08/2010 09/09/2010
Casos de execuções sumárias, baleamentos, detenções arbitrárias e outras violações com os relativos seguimentos processuais	• • • • • • • • • • (10)	1 1 1 2 0 1 0 1	1 2 1 3 2 1 2 3	• • • (3)	12/03/2009 12/03/2009 19/03/2009 26/03/2009 02/04/2009 11/06/2009 18/06/2009 25/06/2009 02/07/2009 08/07/2010
Violação dos DH nas cadeias (mortes, espancamentos, torturas, etc.)	• • (2)	2 10 0	18 10 20	• • (2)	02/04/2009 17/12/2009
Assuntos políticos relacionados com os DH (debates parlamentares, aprovação/ modificação de leis, etc.)	• (1)	14	20	0	08/07/2010
DH internacionais	• (1)	2	20	• (1)	09/09/2010
Total	**20**	**44**		**8**	

Interpretando a tabela a cima, constata-se que na maioria dos casos publicados trata-se de artigos que dizem respeito a violações associadas a execuções e detenções arbitrárias, (10). Embora ocupando as primeiras páginas, raras vezes esses assuntos foram tratados como casos de violação dos direitos humanos, mas sim como actos político merecendo uma cobertura continuada ao longo das semanas. Só quando são publicados relatórios é que a palavra "direitos humanos" ganha evidência (chegando a ser repetido 8 vezes num só artigo), com textos não longos, o que reforça a matriz institucional do Jornal "Nô Pintcha". O uso das fotos é bastante limitado e na maior parte das vezes não exercem a função complementar aos conteúdos dos respectivos textos.

Tabela 3: Espaço de acordo com os temas abordados no Jornal "Diário de Bissau" e "Gazeta de Notícia"

Anos 2008/2011	Nr. artigos	Nr. Palavras*	Página	Foto	Data
Síntese/comentários de relatórios	••• (3)	1 0 0	4 12 12	• (1)	06/04/2009 14/07/2010 03/03/2011
Casos de execuções sumárias, baleamentos, detenções arbitrárias e outras violações com os relativos seguimentos processuais	••••••• ••••••• •••••• (19)	0001200 0001213 12200	1 1 1 1 2 1 2 1 12 1	••••• ••••• (10)	12/03/2009 12/03/2009 19/03/2009 26/03/2009 02/04/2009 06/04/2009 09/04/2009 16/04/2009 23/04/2009 11/06/2009 18/06/2009 25/06/2009 02/07/2009 21/10/2009 22/04/2010 16/07/2010 17/12/2010
Violação dos DH nas cadeias (mortes, espancamentos, torturas, etc.)	••••(4)	0 0 2 2	1 1 1 1 2 1 2 12	•••• •••• • (9)	09/04/2009 16/04/2009 23/04/2009 30/04/2009

Assuntos políticos relacionados com os DH (debates parlamentares, aprovação/ modificação de leis, etc.)	0	0		0	0	0
DH internacionais	0	0		0	0	0
Total	**25**	**19**			**20**	

Interpretando a acção dos dois jornais privados de acordo com os resultados da tabela 3, constatou-se que existe uma abordagem independente, com alto índice de uso fotografias (20) que funcionam como informação complementar (as vezes chocantes), mas mantendo igualmente a primazia das notícias de índole político (19) denunciado sobretudo casos de violação graves perpetrados por militares e políticos (aqui pode-se constar que durante dois meses houve uma acção intensa na cobertura dos casos de mortes de figuras políticas e militar – presidente da republica, chefe do estado maior das forças armadas, deputados e políticos). No entanto, a novidade aqui é que há uma atenção em denunciar as violações dos DH nas prisões e as condições de detenção dos reclusos. Um outro aspecto aqui evidenciado, é pouco interesse desses jornais em relação ao debate político em curso nãos órgãos de soberania (i.e. parlamento) e as notícias sobre os direitos humanos no plano internacional.

A primazia sobre a denúncia de "casos" – jornalismo explosivo e com manchetes chamativos pode ser elemento-chave da postura de agressividade jornalística – transmitindo aos leitores a ideia de "frescura" e engajamento em descobrir as verdades ocultadas pelo Estado e que lesam os direitos civis fundamentais.

A pesquisa considerou ainda mais dois elementos do ponto de vista quantitativo: – o número de vezes que a palavra "direitos humanos" foi utilizado nos artigos e qual o destaque foi dado a notícia pelo jornal no que concerne as páginas em que foram apresentadas. Se no que se refere ao número de vezes que a palavra "direitos humanos" foi utilizada o Jornal "Nô Pintcha" apresenta mais dados em comparação com os dois jornais privados (44 contra 19, embora mais de metade provém de relatórios e fontes oficiais e não produção do próprio jornal), mas os jornais "Diario de Bissau" e "Gazeta de Notícias" são os que dão essas notícias com mais destaque, sendo que por doze (12) vezes foram título de primeira página, contra três (3) do jornal público.

Dos casos destacados, foi notária as diferentes formas em como as linhas editoriais de cada um dos jornais se orientam: para o jornal "Nô Pintcha tem optado por duas colunas (*Política* – espancamento do Fadul e/ou *Sociedade* – prisão e espancamento do advogado Pedro Infanda; e todas as vezes a que apresenta a posição ou relatório da LGDH), assumindo deste modo uma posição de netralidade; já o jornal "Gazeta de Notícias", segue a lógica do "Nô Pintcha quanto as colunas dedicadas às posições da LGDH, mas assume claramente o investimento em noticiar os "casos" intitulando as colunas de *Actualidade*, assumindo uma postura de jornalismo de revelação; quanto ao "Diário de Bissau", sempre que as notícias de violação dos direitos humanos tenham implicado um detentor de cargo público, político e/ou militar, chama a coluna de *Nacional* (Espancamento do Fadul; Prisão e espancamento do advogado Pedro Infanda; Espancamento dos agentes de polícia de trânsito pelos militares), aqui pode-se considerar claramente que a opção do jornal é de fiscalizar a acção do governo e dos detentores dos cargos públicos na forma como usam os seus poderes.

No que se refere a análise dos "casos"/"não-casos", fez-se recurso ao grau de "condensação", permitindo-nos distinguir o tipo de abordagem do jornal consoante os diferentes argumentos tocados:

Tabela 4: Grau de "condensação" temporal dos artigos do "Nô Pintcha" com base no seu conteúdo

	Caso	Não-caso
Lapso temporal de cobertura	Espancamento do Fadul (4) 12/03/2009 19/03/2009 26/03/2009 02/04/2009	Todos os outros 12/03/2009 – 22/04/2010
	Prisão e espancamento do advogado Pedro Infanda (3) 12/03/2009 19/03/2009 26/03/2009	
	Espancamento dos agentes de polícia de trânsito pelos militares (1) 08/07/2010	

Da análise, denota-se um interesse de baixa intensidade do jornal para com os direitos humanos, demonstrado pelo grau de concentração dos artigos que tratam do assunto em questão. No entanto a cobertura dos 3 casos, foram baseados sobretudo na sua dimensão política que propriamente relacionadas com os direitos humanos. O único seguimento que de facto o jornal faz com argumentos ligados a violação dos direitos humanos é o espancamento do ex-primeiro ministro Francisco Fadul, embora no mínimo. Nos restantes casos restante parte dos casos só foram recuperados nas informações ligadas à retrospectiva dos principais acontecimentos que marcaram o ano. Deste modo, o leitor perde possibilidades de aprofundamento dos casos.

Tabela 5: Grau de "condensação" temporal dos artigos nos jornais "Diario de Bissau" e "Gazeta de Notícias" com base no seu conteúdo

	Caso	Não-caso
Lapso temporal de cobertura	Espancamento do Fadul (6) 16/04/2009 23/04/2009 11/06/2009 18/06/2009 25/06/2009 02/07/2009	Todos os outros 02/05/2008 – 29/05/2009
	Prisão e espancamento do advogado Pedro Infanda (4) 16/04/2009 23/04/2009 11/06/2009 18/06/2009	
	Espancamento dos agentes de polícia de trânsito pelos militares (1) 16/07/2010	
	Meninas fogem do casamento forçado (1) 1/8/2008	

Da análise das tabelas 4 e 5, embora se continue a acentuar a primazia dada aos casos políticos, denota-se um aumento de interesse e de intensidade dos dois jornais para com os direitos humanos. Isto é demonstrado pelo grau de concentração dos artigos que tratam do assunto em questão. Os três casos publicados pelo jornal público, também teve destaque mais um caso da violação dos direitos domésticos que ficou pela uma única notícia da denúncia (das meninas que tinham sido forçadas ao casamento). No compto geral, estes jornais mostram-se interessados sobretudo na cobertura de "casos" (políticos), enquanto que as outras situações (não políticas) merecem uma atenção muito mais limitada e não continuada.

De seguida são analisadas as modalidades de cobertura face às fontes utilizadas através das tabelas 6 e 7. Este exercício permite mostrar claramente qual seja a modalidade de cobertura de assuntos relacionados com direitos humanos. Na tabela 5, evidencia-se o facto do Jornal "Nô Pintcha" as fontes oficiais para quase todas as modalidades de cobertura enquanto que os jornais "Diário de Bissau" e "Gazeta de Notícias" valorizam muito as fontes diversificas a procura do contraditório e (as vezes citam fontes algo duvidosas – anónima). Numa segunda leitura, denota-se a fraqueza dos jornais nacionais no que concerne a feitura de reportagens, facto que pode evidenciar fraco nível de investimento destes nos aspectos ligados aos DH, levando deste modo com que a dificuldade do leitor comparar a versão oficial com outras possíveis seja as vezes um beco sem saída e concomitantemente levando ao aumentando o nível da especulação[28].

Tabela 6: Tipos de artigos comparados com as fontes utilizadas no Jornal "Nô Pintcha" (2008-2011)

Tipo de artigo		Fonte usada
Notícia	10	Ministério da Justiça (2), Ministério do Interior, Conselho Nacional dos Direitos Humanos, Ministério da Defesa (2), Porta-voz do Conselho dos Ministros, Amnistia Internacional (2); Uniogbis (2); Liga dos Direitos Humanos (3); Secretário de Estado da Ordem Pública; Human Rights Watch; Director-geral do Hospital Simão Mendes
Breve	4	Assembleia Nacional Popular; Internacional Crises Group; Directora-geral da Polícia Judiciária; Director-geral da polícia de Ordem Pública
Reportagem	0	
Entrevista	2	Procurador Geral da República; Ministro da Justiça
Opinião	1	Director-geral da Administração da Justiça do Ministério da Justiça
Inquérito	3	Cidadão comum

Tabela 7: Tipos de artigos comparados com as fontes utilizadas nos Jornais "Diario de Bissau" e "Gazeta de Notícias" (2008-2011)

Tipo de artigo		Fonte usada
Notícia	14	LGDH (4); Estado Maior Genreal das Forças Armadas (2); Ministério da Justiça (2), Ministério do Interior (2), Procuradoria Geral da República; Internacional Crises Group, Amnistia Internacional (2); Uniogbis; Presidência do Conselho de Ministros; PADEC; Partido da Renovação Social; Movimento da Sociedade Civil; ONU (2); Serviços dos Cuidados Intensivos do HNSM; Igreja Evangélica

Breve	3	Internacional Crises Group; Polícia de Transito; Directora-geral da Polícia Judiciária; Director-geral da polícia de Ordem Pública; Igreja Católica;
Reportagem	1	Anónima + fonte anónima no seio do Ministério Público; testemunhas oculares + Familiares da vítima; Presidente da LGDH
Entrevista	5	Embaixador de Portugal; Representante Espacial do Secretário Geral da ONU; Presidente da LGDH; Presidente da Associação dos Amigos da Criança; Cientista Social Renné Pélissier
Opinião	2	Jiame Tcherno Djaló (Colunista); Rui Jorge Semedo (Colunista)
Inquérito	0	

Contudo, a análise quantitativa revelou as seguintes características de cobertura dos jornais nacionais no que toca aos direitos humanos: – concentração em episódios específicos, preferindo interpretar as questões ligadas aos direitos humanos consoante uma perspectiva mais política; – o acompanhamento dos casos é quase que ausente, com a excepção do espancamento do ex-primeiro-ministro Francisco Fadul, em parte, outras duas circunstâncias (prisão e espancamento do advogado Pedro Infanda e espancamento dos elementos da polícia trânsito pelos militares em plena via pública); – os direitos humanos conseguem ter grande destaque sobretudo nos jornais privados; – a questão das fontes confirmou de facto que o jornal público é a "voz dos sucessivos governos" e os privados constituem a "oposição ao governo" (*ver anexos 1 e 2 na página 149*). Isto leva-nos a constatar de que nos dois campos, é quase que ausente um postulado à defesa do cidadão (vítimas em particular), ou seja, "voz do povo", constituindo deste modo, a principal missão dos jornais projectar a sua comercialização.

No campo da (des)construção da opinião pública, para além dos jornais serem semanários – algo que não concorra para o favorecimento de informação actual – ainda são irregulares nas suas tiragens (com excepção do jornal estatal que goza com o financiamento do governo). No entanto, há um vazio no que se diz respeito ao jornalismo investigativo, as informações são pouco diversificadas e pouco espaço para confrontar pontos, ao contrário de noticias institucionais.

Este comportamento é explicado pela premeabilidade financeira dos jornais e deste modo têm que recorrer as notícias mais vendáveis (e em alguns casos sensacionalistas, sobretudo nas privadas), respondendo concomitantemente a um público reduzido com capacidade de aquisição (práticamente o mercado dos jornais é só na capital), mas que continua mais atraído pelas novidades sensacionais do que pela informação útil, tentando influenciar a percepção dos leitores acerca dos casos retratados sobre os DH. Ou seja, ela não é tomada na perspectiva de informação sobre a violação dos direitos, quer do direito a informação, como a vítima ainda acaba porver o seu direto a anonimato violado devido a exposição fotográfica que é alvo, fruto do sensacionalismo midiático.

De acordo com as "teorias da comunicação" de Wolf (1999) a decisão sobre aquilo que é, ou deve ser, notícia não depende apenas do jornalista, ou da decisão individual, mas sim de um conjunto de regras estabelecidas pela hierarquia do respectivo orgão de comunicação social. A selecção de informação a transmitir deverá, por isso, obedecer a uma série de criterios que variam de acordo com os diferentes autores. Sendo assim, no que respeita aos criterios de noticiabilidade podem ser enumerados varios: novidade, proximidade geográfica, o impacto, o nivel de controversia, a catastofre, a raridade, o interesse nacional, entre outros.

Conclusão

Nos PALOPs, constata-se que o interesse da imprensa para com as questões dos Direitos Humanos, é o resultado de uma mudança cultural no que toca à sensibilidade da sociedade civil para com a postura que o Estado tem e que deveria ter com todos os seus cidadãos. Neste caso a teoria da "Agenda-setting" funciona ao contrário: a sugestão dos temas a serem abordados provém dos actores sociais "externos" à média, tais como as organizações da sociedade civil, os Estados ocidentais doadores e garantes da paz, algumas grandes ONGs estrangeiras. Os jornais inserem-se num debate que já está sendo levado a cabo, absorvendo as indicações provenientes da sociedade, sem terem todavia um papel de promotor dos novos assuntos.

No caso guineense, a acção dos Mídia, foram determinantes no eco às campanhas de denúncias da violação dos direitos humanos levadas a cabo sobretudo pela LGDH nos primeiros dez (10) anos da vigência democrática e simultaneamente contibuiu para afirmação da liberdade de imprensa, pois o vigor dos jornalistas que proviam de uma cultura autoritária fez-se notável quando passaram a exercer um tipo de jornalismo de pressão política e social, contando com a possibilidade de defesa da LGDH.

Entretanto, segundo Amartya Sen (2005), uma pluralidade semelhante de base informacional tem de ser invocado em lidar com a multiplicidade de considerações que fundamentam uma teoria dos direitos humanos. As capacidades e o aspecto ligado à oportunidade de liberdade, por mais importante eles são, têm que ser complementadas por considerações de processos justos. Deste modo, a efectividade da liberdade de imprensa ficou enfraquecida pela falta de um ambiente institucional, económico e social favorável ao seu rigoroso exercício na Guiné-Bissau.

De uma forma global, o trabalho aqui apresentado, demonstra duas dinâmicas diferentes entre a primeira década e a segunda década da vigência democrática no tocante à cobertura que jornais os têm feito sobre os direitos humanos:

> se no primeiro momento eles vêm por arrasto das acções protagonizadas através das iniciativas da sociedade civil especializada, já no segundo momento, assumem uma agenda mais actuante na matéria de denúncia. Apurou-se que nessa fase actuante, o que está em causa não é a notícia, mas o seu uso abusivo ou a sua falta de enquadramento (assassinatos de figuras públicas), deixando o público sem capacidade de perceber o que é que haverá para além da notícia (vide a cobertura aos casos políticos).

Em termos do levantamento quantitativo efectuado há um aspecto que ressalta
com muita clareza dos três jornais analisados:

> o baixo número de artigos e de reportagens publicados relativamente as questões
> dos direitos humanos nos três jornais analisados, revela-se desproporcional se formos
> ver a importância e o impacto que essas contínuas violações têm na vida social e civil
> guineense, como a sucessão de casos públicos de violação dos direitos humanos. Este
> facto revela que independentemente da inércia dos jornais estarem limitados em
> termos de recursos financeiros para procurar as notícias, têm sido completamente
> ultrapassados pelas rádios e apresentam uma cultura bastante passiva, ficando à
> espera que as notícias chegam a eles, como se pode constatar com o maior número
> deste género de informação – notícia (a maior parte das fontes são oficiais ou dos
> seus actores (ver anexos 3, 4, 5 e 6 na página 149). Curiosamente a proactividade
> na procura de informação e produção de outros géneros como artigos de opinião ou
> crónicas aprecem maioritariamente quando se trata de casos políticos.

Assim, o resultado paradigmático das notícias veiculadas pelos jornais, quer do público
como dos privados, é o seu caracter institucional encomendada por actores estatais, não
estatais e internacionais. Ora, se esta estratégia na perspectiva dos editores dos jornais
visa duplamentemente angariar fundos e prestar serviço público sem grandes riscos, ela
revela-se algo escorregadio na medida em que não só retira aos jornais o protagonismo
da notícia, como também perdem espaço para fazer valer a sua visão e agenda.

Esta situação leva aquilo que no campo da sociologia de comunicação e (des)
construção da opinião pública é apresentado como algo paradoxal:

> enquanto mais notícias (denúncias) haver, mais financiamentos são gerados para o
> apoio à prevenção e combate à violação dos direitos humanos, a população beneficia
> de maior fluxo de informação e como efeito gera maior despertar da consciência
> e consequentemente as ogarnizações cívicas adoptam abordagem e intervenção
> mais proactiva dispondo maior suporte de acompanhamento as vítimas, mas
> a verdade dos factos é que a frequência e brutalidade dos casos da violação dos
> direitos humanos não só aumentou como também os sentimentos de impunidade
> aumentaram na Guiné-Bissau[29].

Um outro elemento em comum entre os três jornais e algo crítico, tem a ver com
dois aspectos fundamentais: o uso da imagem e o seguimento do assunto após a sua
publicação. Relativamente ao uso de imagem, constatou-se pouca preocupação da
parte dos jornais relativamente a protecção (da imagem) das vítimas. Esta atitude
vem reforçar a tese defendida por Kasoma (1994), que afirma haver um choque
entre o engajamento com a causa e o comportamento deontológico correcto
do ponto de vista profissional, que fica sucumbido as lógicas de "venda" do seu
produto, isto é a notícia. Já no que se refere ao segundo aspecto, as notícias não
têm tido um acompanhamento contínuo depois da primeira publicação e nem
tem havido a iniciativa de voltar ao acontencimento passado algum tempo. Esta
situação é justificada pelos jornalistas com a falta de espaço devido a periodicidade

(semanal) e como também as limitações de ordem financeira para dedicarem a um tema em específico, pois há poucos recursos humanos.

Em termos específicos foram constatadas que algumas dinâmicas de cobertura apresentam características diferenciadoras do pluralismo de informação entre o jornal público "Nô Pintcha" e os jornais privados "Diário de Bissau" e "Gazeta de Notícias", como também entre os dois privados aqui analisados. No que se refere ao jornal "Nô Pintcha", é menos diversificado nos géneros que apresenta comparativamente com os privados, sendo ainda estes últimos que apresentam maior abertura ao contraditório (*ver anexos 7, 8, 9 e 10 na página 150*).

Denota-se que o jornal "Diario de Bissau" expressa de forma bastante aberta, as vezes bombástica e com menos recursos aos fazedores de opinião, assumindo o editor todas as consequências de eventuais retaliações, enquanto que o "Gazeta de Notícias" não só faz recursos aos articulistas como também recorre às denúncias das vítimas, sem se distanciar muito da história contada pela vítima[30] e muita das vezes com imagens chocantes (*ver anexos 11 e 12 na página 151*). Por seu turno, parece que o "Nô Pintcha" embora tenha conseguido abrir espaço cada vez mais para presença para publicação de artigos de opinião, os articulistas têm explorado muito pouco a temática dos direitos humanos e a linha editorial do jornal continua ainda uma margem de manobra limitada.

Para concluir, chama-se atenção à importância dada em relação à difusão de informação pelos jornais, que apresenta uma grande debilidade resultante da falta de acompanhamento das noticias depois da primeira divulgação[31]. Este facto demonstra que o aspecto ds vigilância sobre as práticas de violação dos direitos, denunciando quer os desvios às promessas feitas pelos actores, quer em relação a evolução de casos publicados, práticamente não se verifica. Ora se a acção dos Mídia na cobertura dessas questões tem acontecido pelo arrasto (baseado nas informações das organizações vocacionadas para defesa do cidadão), este facto demonstra igualmente uma certa incapacidade dessas organizações quer em restituir à sociedade os resultados da sua acção, como também no acompanhamento às vítimas no processo de reinserção social.

Notas

1. Em Crioulo da Guiné-Bissau significa Empurrar, ous seja equivalente ao *Avante,* In MONTENEGRO, T. (2007), *Kriol Tem: Termos e Expressões*, KUSIMON, 3ª Ed, Bissau, p. 43.
2. Antes do conflito político-militar de 1998/99 todos esses jornais tinham a capacidade de 2000 tiragens.
3. Jornalista, nomeado pelo governo, sob proposta do titular da Comunicação Social.
4. Ex-ministro da Comunicação Social e detentor de mais dois títulos: *Expresso Bissau* e *Correio de Bissau.*
5. Jornalista, actualmente exerce as funções de director-geral da comunicação social.
6. Aqui gostaria de chamar atenção a três títulos privados com menos de dez anos de existência que não foram seleccionados e que apresentam características peculiares: – o

jornal *Kansaré*, inactivo de momento devido a pressões políticas e fraca capacidade de se aguentar financeiramente, é o que apresenta maior oferta analítica e um conteúdo mais elaborado com artigos de fundo devido ao facto do seu director ser um académico e investigador (dispondo de uma bolsa de colaboradores), recorrendo ainda a reedição de notícias publicadas sobre a situação política no país em jornais estrangeiros; – o jornal *Última Hora*, é o título que mais vende por edição desde a sua criação embora a sua tiragem é metade dos outros (500 exemplares), pensa-se que este sucesso comercial deve-se ao facto de apresentar uma linha de crítica à governação, em particular no que diz respeito a conjuntura político-militar desde as eleições legislativas de 2008 e colado pela crítica a uma das facções de ex-,militantes do PAIGC (actualmente no poder) que depois criaram o PRID (na oposição). Por fim, o jornal *Banobero*, primeiro jornal privado guineense criado em 1994 nas vésperas da primeira eleições multipartidárias no país. Devido a sucessivas interrupções e irregularidades na sua tiragem, mesmo antes do conflito político-militar de 1998/99, não foi igualmente seleccionado para as análises não só devido aos factos acima mencionados, mas também pelo facto do acesso ao seu arquivo for muito limitado e descontínuo.

7.   JAAC – Juventude Africana Amílcar Cabral e Pioneiros (Flores de Setembro e Abel Djassi).

8.   UNTG – União Nacional dos Trabalhadores da Guiné.

9.   União Democrática das Mulheres.

10. Para Nyamnojoh (2005:53), os governos africanos, em grande medida, resistiram as iniciativas privadas no sector da radiodifusão desde a independência, e só foi possível uma abertura após os clamores pró-democracia da década de 1990, mesmo contemplando o enfraquecimento do monopólio estatal, mas, ainda assim, permaneceu à lógica de herança colonial (Nyamnojoh, 2005:53).

11. Os primeiros *Mídia* nacionais apareceram durante o período da luta de libertação nacional com a criação em 1960 do jornal *Libertação* e da Rádio com o mesmo nome que iniciou a sua emissão em 1967. Com o reconhecimento da independência pela antiga potência em 1974, a Rádio Libertação transformou-se em Rádiodifusão Nacional (RDN) enquanto que no domínio da imprensa escrita, foi criado em 1975, o primeiro jornal verdadeiramente nacional, o Nô Pintcha, que iniciou as actividades como um trissemanário (Koudawo, 2000, 97).

12. Toma-se como referência os títulos publicados com regularidade, ou seja sem interrupção, desde início de 2011 até a data da produção do presente texto

13. Só o jornal estatal *Nô Pintcha* goza desse privilégio e é o único jornal com uma verdadeira edição online.

14. Salienta-se que o novo regime jurídico que vai reger os *Mídia* foi discutido e aprovado pelo parlamento no decurso deste ano, mas ainda não promulgado pelo presidente da república.

15. Os que mais sofreram foram as rádios privadas: as instalações da Pindjiguiti foi completamente saqueada, a Mavegro perdeu parte do seu equipamento e a Bombolom foi ocupada logo no primeiro dia do deflagrar do conflito, transformando-se na Rádio Voz da Junta Militar. Quanto as rádios comunitárias foram simplesmente silenciadas, visto que a maioria era gerida por ONGs. No pós-conflito, muitos jornalistas foram perseguidos, presos e espancados, jornais ameaçados de serem retirados os alvarás e invasão de espaços de algumas rádios.

16. A desenfreada luta pelo acesso e conservação do poder, numa perspectiva da *"visão patrimonial do Estado"*, a combinação de recursos limitados aliada à disputa pela sua posse têm sido, desde sempre, factores de instabilidade e de luta política na Guiné, visto que as posições administrativas, são encaradas não com sentido de serviço a comunidade, mas na antecipação dos privilégios que o exercício da função garante (Nóbrega, 2003).

17. Desde a implementação do multipartidarismo, nenhum governo ou presidente conseguiram cumprir o mandato devido a golpes de Estado, assassinatos de políticos e militares em pelo exercício das suas funções (incluindo o Presidente da República em 2008 e dois chefes de Estado-Maior General das Forças Armadas em 2005 e 2008, respectivamente, sem esquecer do líder da Junta Militar, morto em 2002). Estas mortes e a ineficiência do sistema judicial em julgar os responsáveis têm conduzido a um radicalismo na intervenção de vários actores devido a impunidade num país onde os militares ainda não dão mostras da submissão ao poder político (civil) e com tendências de divisão étnica.

18. Ao contrario dessas evoluções, a televisão não registou nenhuma evolução significativa para o pluralismo desde a liberalização politica até actualidade, continuando a funcionar a única televisão estatal, num regime irregular e quase que animador, mudando de direcção consoante a orientação e interesse dos sucessivos governos.

19. Em Março de 2009, elementos das forças armadas detiveram e torturaram um conhecido advogado especializado em direitos humanos devido às afirmações por este proferidas acerca do novo Chefe de Estado-Maior das Forças Armadas. Alguns dias depois, Francisco Fadul, ex-Primeiro-Ministro, foi alvo de um violento ataque na sua própria residência em resultado das suas opiniões controversas acerca dos assassinatos.38 Subsequentemente, um grupo de homens armados perseguiu o presidente da Liga Guineense dos Direitos Humanos por causa de um comunicado à imprensa em que este condenava os ataques aos civis e políticos. Em de Junho de 2009, candidato à presidência e ex-Ministro da Administração Territorial, foi assassinado a tiro na sua residência. Algumas horas mais tarde, ex-Ministro da Defesa, foi também assassinado a tiro juntamente com o seu motorista e o seu guarda-costas quando se dirigia de carro. Nesse mesmo dia, o ex-Primeiro Ministro Faustino Imbali terá sido espancado e detido por soldados pelo seu envolvimento na alegada tentativa de golpe de estado. Vários outros altos dirigentes políticos e oficiais de alta tiveram que fugir do país e procurarem asilo no exterior por receio à sua segurança, sob pretexto de estarem envolvidos na preparação de golpes de estado (ICG, 2009: 37-42).

20. Eles incluem: Declaração de Kampala sobre as Condições das Prisões em África e Plano de Acção (1996); Declaração de Kadoma sobre Prestação de Serviços à Comunidade em África e Plano de Acção (1997); Declaração e Recomendações de Dacar (1999); Princípios e Orientações sobre o Direito a um julgamento justo e Assistência Jurídica em África (2001); Declaração de Ouagadougou. Acelerar a Reforma Prisional e Criminal em África e Plano de Acção (2002); Declaração de Lilongwe sobre o Acesso ao Assistência Jurídica no Sistema de Justiça Criminal em África e Plano de Acção (2004).

21. Há nove departamentos policiais que estão actualmente a ser reestruturados no âmbito da estratégia nacional de defesa e segurança e reduzidos a quatro: a Polícia Judiciária (PJ), que conduz as investigações criminais graves e que inclui uma secção internacional (Interpol), sob o Ministério da Justiça (MJ); a Policia da Ordem Publica, (POP), que é o responsável pelo departamento da polícia de trânsito e ordem pública, sob o Ministério do Interior (MINT); a Guarda Nacional Guineense, (GNG), que inclui outros departamentos de polícia (como a imigração e o controlo da fronteira) e que conta com o maior número e agentes (1700 polícias); e Serviço de Informações do Estado, no âmbito do MINT.

Esta estrutura policial em que a polícia responde a quatro diferentes cabeças em vez de uma, é visto por alguns sectores, como um problema e por outros como um passo na direcção certa, mas a verdade é que muito trabalho está a ser dirigido por uma variedade de doadores na área da formação, coordenação e administração – Conselho Europeu, agências da ONU, Cooperação brasileira e portuguesa, Comissão Europeia (Stapleton, 2009:13-14).

22. Para além da PJ (Polícia Judiciária) também a Polícia de Ordem Pública (POP), mantêm centros de detenção em Bissau (*Primeira e Segunda Esquadras*). Esquadras de Polícia por todo o país têm locais de detenção onde indivíduos condenados e presos temporários são mantidos em calabouços. Os militares mantêm também os seus próprios centros de detenção. Cada entidade gere as suas próprias instalações. Prevê-se que logo que uma autoridade prisional central esteja estabelecida, esta situação seja regularizada (StapletoN, 2009:15).

23. Entenda-se que esta situação é um pouco favorecida pelo facto das organizações vocacionadas para a protecção dos direitos e acesso à justiça, serem poucas e se concentram na capital Bissau (Guerreiro, 2011:33), facto que pode inibir algumas denúncias e protecção dos direitos.

24. Curandeiro tradicional e gestor de *baloba* (santuário), desenvolveu um sistema de internamento associado uso de plantas medicinais e rituais de exorcismo (entendido como acção de feitiço), pedia em contra-partida bens (imóveis, vacas, terras, quintas produtivas) e na impossibilidade de pagamento aprisionava os seus pacientes ora para trabalho nas suas propriedades, e no caso de serem mulheres casa-se com elas. A LGDH intentou um processo-crime contra esta figura depois de denúncias recebidas, o caso foi julgado e condenado.

25. Maior parte desse contingente ainda foi preso, tortura nas prisões e sem receber nenhuma indeminização. Foram desencadeadas manifestações de protesto e solidariedade a favor desses emigrantes, sendo que alguns acabaram por abandonar a Guiné-Bissau clandestinamente.

26. No caso guineense, as crianças, as mulheres e os deficientes estão na primeira ordem de atenção.

27. Fonte: INE (2010), Indicadores Múltiplos 4º Inquérito por amostragem aos Indicadores Múltiplos, MEPIR, Bissau.

28. Popularmente designado na Guiné-Bissau como jornal da *Tabanka* (termo usado em crioulo para designar Aldeia).

29. Uma das justificações mais fortes apresentadas deste retrocesso, tem haver com o maior protagonismo dos militares na vida pública e política nacional.

30. Este posicionamento do lado das vítimas, acontece sobretudo em casos de agressão policial e militar e ou quando estão envolvidas figuras políticas (principalmente do governo e do parlamento), ficando quase que marginalizado as violações domésticas.

31. A título de exemplo, o caso dos 40 emigramtes deportados de Espanha que nunca mais teve nenhum seguimento e desapareceu quase que definitivamente dos jornais, mas o mais agravante tem haver com os a divulgação das violações dos direitos domésticos.

Referências

Amnistia Internacional, (2010), *Guiné-Bissau: Apresentação da Amnistia Internacional para a Revisão Periódica Universal (Upr) da Onu*, In Informe 2010 – Amnistia Internacional-O Estado dos Direitos Humanos no Mundo, 8ª Sessão do Grupo de Trabalho UPR do Conselho dos Direitos Humanos.

Arato, A. & Cohen, J. (1994), Sociedade Civil e Teoria Social, In Avritzer, L. (Coord.), *Sociedade Civil e Democratização*, Del Rey, Belo Horizonte, p.147-182.

Avritzer, L. & Santos, B. (2005), Introdução. Para ampliar o Cânone Democrático, In Santos, B. (Org.), *Democratizar a Democracia: os caminhos para a democracia participativa*, Civilização Brasileira, Rio de Janeiro, p. 39-82.

Bobbio, N. (1992), *A Era dos Direitos,* Rio de Janeiro, Campus.

Bussotti, L. E Ngoenha, S. (Org.) (2008), *La Guinea-Bissau contemporanea/A Guiné-Bissau contemporânea,* L'Harmattan Italia, Torino.

Cabral, A. (1974), *Guiné–Bissau, nação africana forjada na luta,* Afrontamento, Porto.

Cardoso, C. (2007), *Da abertura à apertura: os desafios da transição política na Guiné-Bissau,* CODESRIA, Senegal.

Cardoso, C. (1996), *A Classe Política E Transição Democrática Na Guiné-Bissau,* In Koudawo, F. & Mendy, P. (Coord), *Pluralismo Político na Guiné-Bissau*, INEP, Bissau, p. 137-164.

Cardoso, C. (1995), A transição política na Guiné-Bissau: um parto difícil, In *Lusotopie. Transitions libérales en Afrique Lusophone*, Karthala, Paris.

Cardoso, C., Augel, J. (Coord.) (1993), *Guiné-Bissau 20 anos de independência: desenvolvimento e democracia. Balanços e perspectivas*, Inep, Bissau.

Castells, M. (2002), *A Era da Informação: Economia, Sociedade e Cultura*, Fundação Gulbenkian Lisboa.

CES (2008), *A Cooperação Portuguesa e o Reforço da Segurança Humana em Estados Institucionalmente Frágeis*, Nep/Ces – Núcleo de Estudos para a Paz do Centro de Estudos Sociais, Coimbra.

Cohen, J. & Arato, A. (2000), *Sociedad Civul y Teoría Política*, Fondo de Cultura Económica, Mexico.

Esteves, J. (Org.) (2002), *Comunicação e Sociedade*, Livros Horizonte, Lisboa.

Forest, J. (1992), Guinea-Bissau: Power, Conflict na Renewal in a West African Nation, Westview Press, Boulder.

Galli, R. (1989), Estado e Sociedade na Guiné-Bissau, In *Soronda: Revista de Estudos Guineenses,* Nº 8, Inep, Bissau, p. 87-10.

Guerreiro, S. (coord.) (2011), *Estudo sobre o Acesso à Justiça na Guiné-Bissau: Regiões de Cacheu e Oio e Sector Autónomo de Bissau*, Pnud/Min Justiça, Bissau.

ICG (2009), *Guiné-Bissau Para Lá da Lei das Armas*, Policy Briefing, Africa Briefing Nº 61 Dakar/Bruxelas.

ICG (2008), Guinea-Bissau: In Need of a State, Africa Report, Nº 142, Dakar.

Jensen, K. B., (Ed.) (2002*) A Handbook of Media and Communication Research. Qualitative and Quantitative Methodologies*, Sage, London.

Kasoma, F. (2001), *L'équation éthique,* em Institut Panos Afrique de l'Ouest, *Médias et conflits em Afrique* (org.: M.B. Arrous), Karthala, Paris, pp. 173-193.

Kasoma, F. (org.) (1994), *Journalism Ethic in Africa*, African Council for Communication Education, Nairobi.

Koudawo, F. (2001), *Cabo-Verde e Guiné-Bissau: da democracia revolucionária a democracia liberal*, Colecção Kacu Martel, Vol. 14, Inep, Bissau.

Koudawo, F. (2000), Os Media na Guiné-Bissau, In Nick, S. (Cord.) *Pluralismos de Informação nos Palop*, Institut Panos, Principia, Cascais, p. 97-126.

Koudawo, F. (1996), A Sociedade Civil e Transição Pluralista na Guiné-Bissau, In Koudawo, F. & Mendy, P. (Coord), *Pluralismo Político na Guiné-Bissau*, Inep, Bissau, p. 67-120.

Lgdh (2010), *Relatório sobre a situação dos Direitos Humanos na Guiné-Bissau 2008/2009: a força sem discernimento colapsa so o seu próprio peso*, Bissau.

Lgdh (2008), *Relatório sobre a situação dos Direitos Humanos na Guiné-Bissau 2007: quando a ordem é injustiça, a desordem é já, um princípio da justiça*, Bissau.

Lgdh (2007), *Relatório* sobre a situação dos Direitos Humanos na Guiné-Bissau 2006: a força sem discernimento colapsa so o seu próprio peso, Bissau.

Lgdh, C. (1987), *A Transição Histórica na Guiné-Bissau: do Movimento de Libertação Nacional ao Estado*, Colecção "Kacu Martel", Inep, Bissau.

Matos, M. (2010), Estudo sobre as Ncessidades do Sistema Prisional na Guiné-Bissau, Unodc, Bureau Régional pour l`Afrique du l`Ouest et du Centrale, Bissau.

Mattelart, A. (1996), *Teorias da Comunicação uma introdução*, Campo da Comunicação, Lisboa.

Moraes, A. (2007), *Direitos Humanos Fundamentais,* Editora Atlas, São Paulo.

Medina, I. (2008), *Relatório Final – Estudo Diagnóstico do Sector da Justiça na Guiné-Bissau*, Bissau.

Mendy, P. (1996), Emergência do Pluralismo Político na Guiné-Bissau, In Koudawo, F. & Mendy, P. (Coord), *Pluralismo Político na Guiné-Bissau*, Inep, Bissau, p. 13-65.

Nick, S. (2000), *Pluralismo de Informação nos PALOP*, Instituto Panos, Principia, Estoril.

Nyamnojoh, F. (2005), *Africa's Media – Democracy & the politics of belonging*, Zed Books & Pretória, Unisa press, Londres.

Oliveira, A. (Coord) (2010), *Media, Cidadania e Desenvolvimento – Triângulos Imperfeitos*, Acep, Lisboa.

Rudebeck, L. (2004). Democratization and 'Civil society' in a West African Village, Uppsala: Collegium for Development Studies, University of Uppsala.

Rudebeck, L. (2001), *Colapso e reconstrução política na Guiné–Bissau 1998–2000, Um estudo de democratização difícil*, Nordiska Afrikainstitutet, University Uppsala.

Sangreman *et Al* (2006), *A Evolução Política Recente na Guiné-Bissau: as eleições, os conflitos, o desenvolvimento e a sociedade civil*, CEsA-Iseg, Lisboa.

Santos, B. (2001), Para uma concepção multicultural dos Direitos Humanos, In *Contexto Internacional*, vol 23, nº1, Rio de Janeiro, p. 7-34.

Sen, A (2005), *Human Rights and* Capabilities, Journal of Human Development, Vol. 6, Nº. 2, Routledge.

Stapleton, A (2009) Projust- Relatório de formulação, Paosed, Bissau.

Teixiera, R. (2010), *Sociedade Civil e Democratização na Guiné-Bissau 1994-2006*, Ufpe, Recife.

Wolf, M. (1999), *Teorias da Comunicação*, Editorial Presença, Lisboa.

Wolton, D. (1999), *Pensar a Comunicação*, Difel, Lisboa.

Zeleza, P. (2008), "The Conundrum of Development and Human Rights in Africa", In Akokpari, J. & Zimblerr, D. (Coord), *Africa's Human Rights Architecture*, Centre for Conflict Resolution, Cape Town.

Zeleza, P. & Mcconnaughay, P. (2004), *Human rights, the rule of law, and development in Africa*, University of Pennsylvania Press, Philadelphia, P 24-43.

ANEXOS

Imagem 1 e 2: Aspecto comparativo do tratamento da mesma notícia entre jornal público e privado

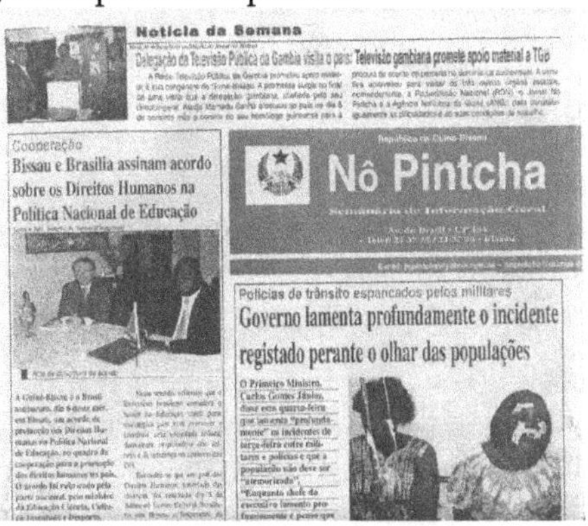

Notícia da Semana

Delegação da Televisão Pública da Gâmbia visita o país: Televisão gambiana promete apoio material à TGB

Cooperação

Bissau e Brasília assinam acordo sobre os Direitos Humanos na Política Nacional de Educação

Nô Pintcha

Polícias de trânsito espancados pelos militares

Governo lamenta profundamente o incidente registado perante o olhar das populações

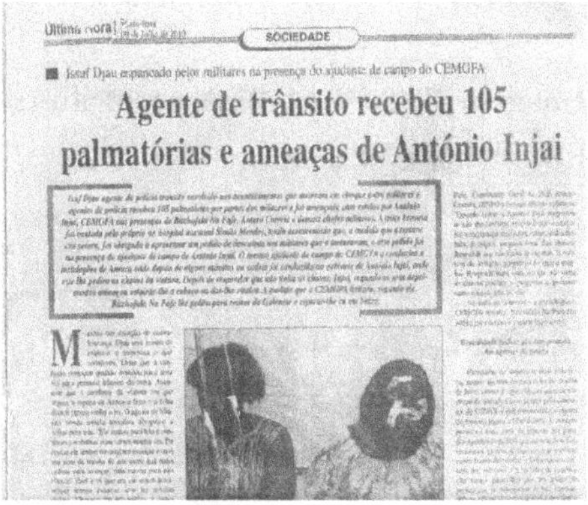

SOCIEDADE

Issaf Djau espancado pelos militares na presença do ajudante de campo do CEMGFA

Agente de trânsito recebeu 105 palmatórias e ameaças de António Injai

Imagem 3, 4, 5 e 6: Aspecto ilustrativo do carácter das notícias do jornal público (privilégio de fontes institucionalizadas)

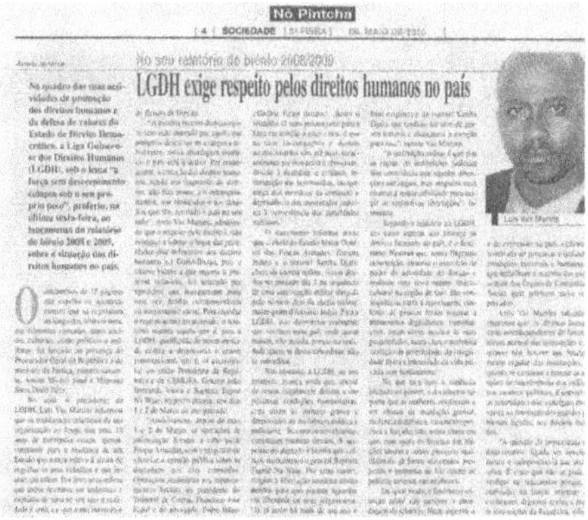

Nô Pintcha

SOCIEDADE

No seu relatório do biénio 2008/2009

LGDH exige respeito pelos direitos humanos no país

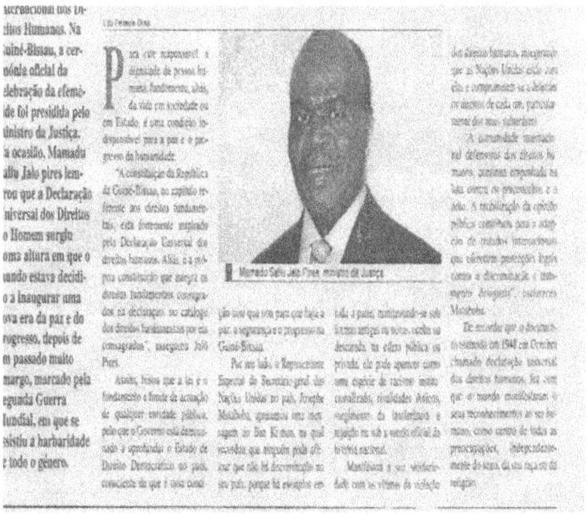

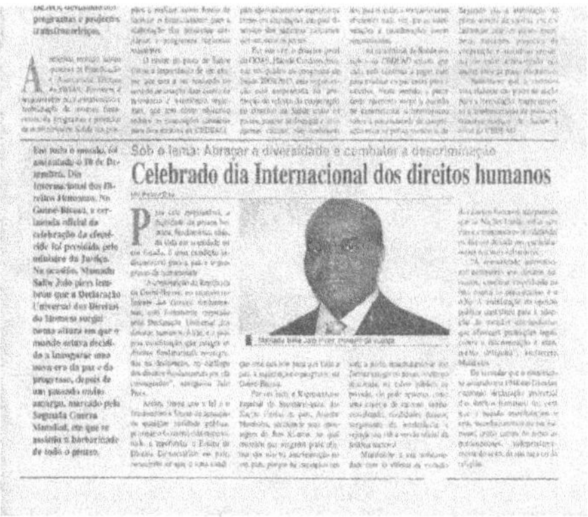

Sob o lema: Abraçar a diversidade e combater a descriminação

Celebrado dia Internacional dos direitos humanos

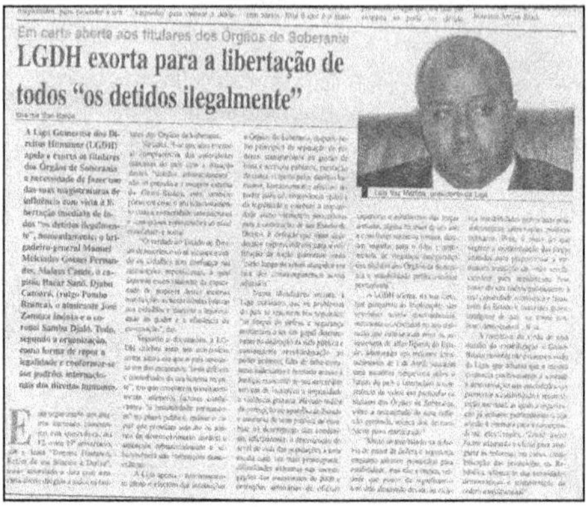

Em carta aberta aos titulares dos Órgãos de Soberania

LGDH exorta para a libertação de todos "os detidos ilegalmente"

Imagem 7, 8, 9 e 10: Aspecto ilustrativo do carácter das notícias dos jornais privados (privilégio de diferentes géneros e com contraditório)

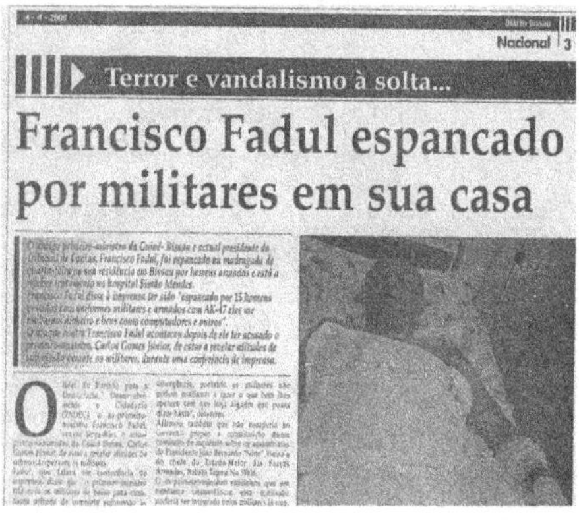

Nacional 3

Terror e vandalismo à solta...

Francisco Fadul espancado por militares em sua casa

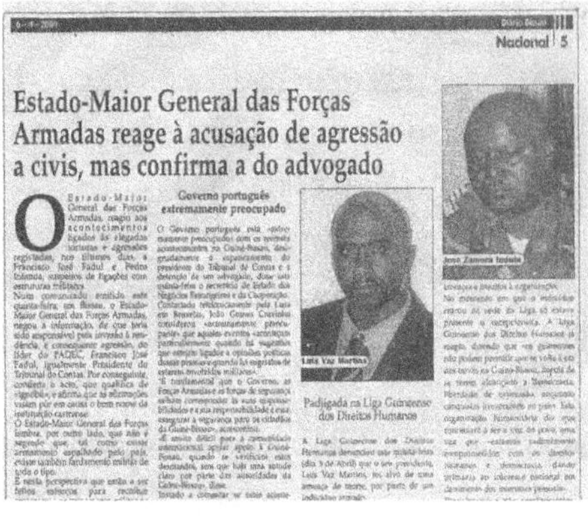

Nacional 5

Estado-Maior General das Forças Armadas reage à acusação de agressão a civis, mas confirma a do advogado

Governo português extremamente preocupado

Padjigada na Liga Guineense dos Direitos Humanos

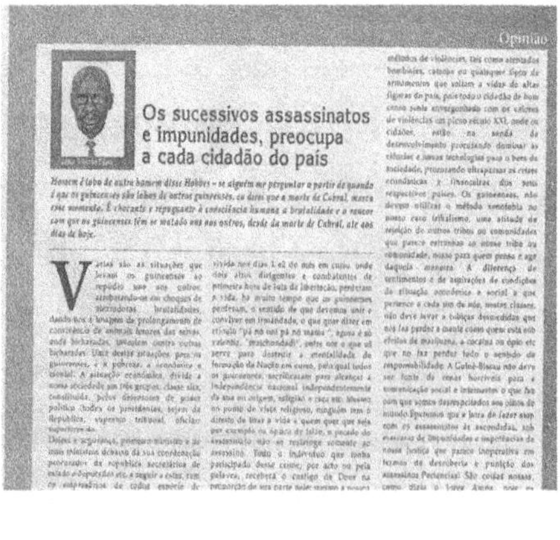

Opinião

Os sucessivos assassinatos e impunidades, preocupa a cada cidadão do país

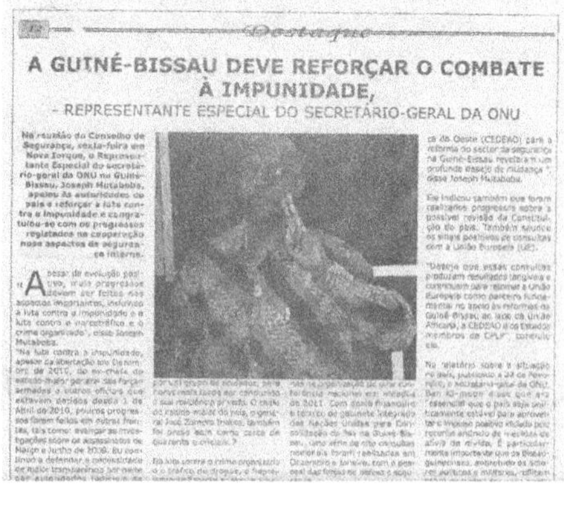

Destaque

A GUINÉ-BISSAU DEVE REFORÇAR O COMBATE À IMPUNIDADE,

- REPRESENTANTE ESPECIAL DO SECRETÁRIO-GERAL DA ONU

Imagem 11 e 12: Aspecto ilustrativo de uma notícia no "Jornal Gazeta de Notícias", no qual à vítima foi disponibilizada espaço para denunciar a violação como meio conseguir levar o caso à justiça

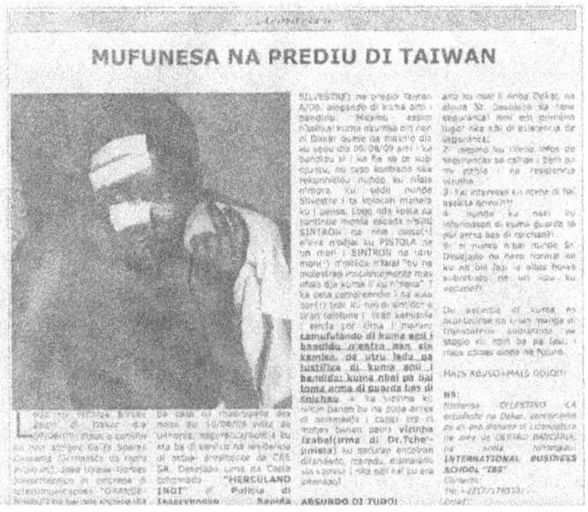

MUFUNESA NA PREDIU DI TAIWAN

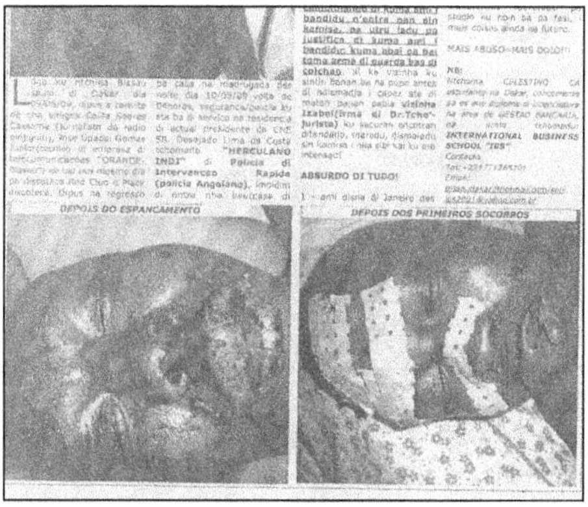

DEPOIS DO ESPANCAMENTO

DEPOIS DOS PRIMEIROS SOCORROS

Uma Análise da Cobertura dos Mídia Sobre Questões de Direitos Humanos em Cabo Verde (2008-2009) a Partir dos Jornais *'a Semana'*, *'Expresso das Ilhas'* e *'a Nação'*

Redy Wilson Lima

Introdução

Este artigo é uma primeira abordagem de análise da forma como os três jornais privados cabo-verdianos, 'A Semana', 'Expresso das Ilhas' e 'A Nação', têm tratado as questões dos direitos humanos em Cabo Verde, no biénio 2008-2009, com maior incidência na cobertura feita da actuação da polícia e da guerra dos gangues, identificando o contexto temporal em que as notícias referentes ao tema em estudo são mais frequentes, e buscando a partir delas identificar a linha editorial dos jornais.

O biénio 2008-2009 destaca-se pela extinção do jornal público 'Horizonte' e o aparecimento de um novo jornal privado, o 'A Nação'. É de salientar que na última década, os cabo-verdianos, sobretudo os praienses, depararam-se com índices de violência urbana tidos como elevados, em parte por culpa de uma nova figura social – os *thugs*[1]. Como resposta a essa situação, o Governo de Cabo Verde, através do Ministério da Administração Interna, declarou tolerância zero ao crime em 2005, principalmente ao crime associado a agrupamentos juvenis, reestruturando a polícia, colocando polícias militares patrulhando as ruas em parceria com a polícia civil, enfim, transformando o fenómeno *thug* num problema social.

Após o arquivamento do motim da Cadeia Central da Praia nos jornais, em Dezembro de 2006, notícias de confrontos entre grupos de gangues rivais e entre estes e a polícia começam a ser destacadas com maior intensidade. A forma repressiva como o Governo encarou o problema fez com que alguns direitos fundamentais dos indivíduos conquistados inicialmente com a independência nacional (1975) e, posteriormente, com a abertura democrática (1991) fossem violados pelo Estado. Relatos de violação dos direitos humanos por parte da polícia começaram a emergir na imprensa – televisão[2] e jornais, tendo também surgido algumas vozes indignadas com a violência desses jovens, considerando-os como os maiores violadores de direitos humanos do cidadão comum, devido à insegurança que impede as pessoas de sair à rua, nomeadamente à noite, com receio de serem assaltadas ou atingidas por 'balas perdidas', como consequência dos constantes tiroteios entre estes jovens ou entre eles e a polícia. Durante o período situado entre 2005 e 2009, segundo Peça (2012), os jornais privilegiam uma visão moralista e criminalizadora, criando espaço de opinião para a defesa de políticas mais repressivas que apaziguam a vivência diária dos cidadãos e a imagem do país no exterior.

É, igualmente, nessa altura que se começa a discutir o papel da polícia na promoção dos direitos humanos, uma vez que as forças policiais (incluindo a polícia militar), juntamente com a PNADHC[3], associações e ONG's, têm primordial importância na promoção e garantia dos direitos humanos. Em relação à polícia, a Declaração Universal dos Direitos do Homem é clara nos artigos sobre a liberdade, a vida e a segurança pessoal; a integridade física das pessoas, os maus-tratos e a tortura; o não ser preso ou detido arbitrariamente; a presunção da inocência; e a protecção da lei.

Desta feita, Cerqueira (2002) chama a atenção à polícia no seu compromisso com as regras estabelecidas na Declaração Universal dos Direitos do Homem na tarefa de controlo da criminalidade e manutenção da ordem. Este autor entende que as regras internacionais da ONU, para a administração da justiça e da polícia são suficientes para subsidiar qualquer programa de acção para a área da segurança pública. Contudo, devido aos defeitos práticos do sistema penal, ou seja, 'leis que não tutelam adequada e suficientemente os direitos humanos e leis que têm um conteúdo repressivo desnecessário para tal tutela' (Zaffaroni, apud Cerqueira 2002: 755), faz com que tais regras sejam ineficazes em algumas circunstâncias ou contextos. Na prática, a violência, a sectorização, a burocratização e a corrupção são apontados como sendo os principais defeitos práticos do sistema penal.

É de salientar o facto de que esses defeitos acabam por ser disfarçados por grupos sociais a partir da construção de ideologias de justificação das violações. É, por exemplo, comum ouvir-se o discurso de incompatibilidade dos direitos humanos com a actividade de controlo do crime, de que os direitos humanos protegem o criminoso e não se preocupam com as vítimas.

Obviamente, a polícia para o melhor cumprimento dos seus deveres, necessita de poderes especiais, que além de serem limitados devem ser orientados pelo interesse público e não o contrário. Evidentemente se deve salientar que esses poderes só podem ser utilizados no cumprimento das acções policiais e torna-se imperativo combater algumas ideias-força vigentes na cultura policial ou mesmo no imaginário popular de que o poder policial deverá ser ilimitado, porque os fins justificam os meios, sendo que a crueldade dos criminosos justifica qualquer acção violenta policial, bem como a tese de incompatibilidade dos direitos humanos com a repressão do crime nos países menos desenvolvidos (Cerqueira 2002).

Cabo Verde e a questão dos Direitos Humanos

Andrei Koerner (2003) a partir de uma abordagem construtivista critica a visão dominante dos direitos humanos que no seu entender continuam a ser tratados pelos estudos jurídicos e políticos a partir de uma analogia com os direitos fundamentais da constituição, não obstante as mudanças em termos da sua estrutura conceptual e da ampliação do papel das instituições internacionais nos anos de 1990, época em que entra em vigor uma nova Constituição da República em muitos países africanos saídos do regime de partido único, dando início, nesses mesmos países, às chamadas segundas repúblicas.

A conjuntura mundial nos anos de 1990 era propícia à adopção de esquemas mais cooperativos e institucionalizados nas relações internacionais, uma vez que a ONU e outras instituições internacionais ampliaram o papel de instâncias multilaterais e de instituições supranacionais. Sendo assim, os Estados, sobretudo os Estados periféricos e semiperiféricos como são considerados os Estados africanos, aliam-se voluntariamente a esquemas de integração, em que a ONU se consolida como actor principal na construção de agendas para o tratamento de questões globais em foros multilaterais, cujo objectivo principal, no pensar de Koerner (2003), seria a adopção de princípios e planos de acção que levariam a soluções para essas questões.

Num cenário de internacionalização da economia face à diluição das fronteiras nacionais, o desenvolvimento, a democracia e os direitos humanos tornaram-se ideias políticas hegemónicas no mundo globalizado, sendo que, na perspectiva de Donnelly (2002), os países contemporâneos encontram-se tipicamente forçados a adoptá-las, sob pena de perderem legitimidade política e, por conseguinte, sofrerem questionamentos de instâncias internacionais.

Passou a vigorar a ideia de que a legitimidade de um governo é baseada na extensão do respeito e defesa dos direitos humanos dos seus cidadãos e essa ideia ganhou um forte apoio no documento de recomendações elaborado na Conferência de Viena da Áustria de 1993, sobre os direitos humanos, na medida em que, levou os países participantes a criarem instituições nacionais de promoção e protecção dos direitos humanos e à elaboração de planos nacionais de acção.

Em Cabo Verde, desde 1975, ano em que o país se torna independente, tentou-se trabalhar no sentido de criar condições para uma existência e convivência digna para todos os cabo-verdianos. Após a democratização do país em 1991 através da realização do primeiro sufrágio universal, é elaborada em 1992 a Constituição da República tendo em conta os direitos, liberdades e garantias aos cidadãos e a concepção da dignidade da pessoa humana como valor absoluto.

Desta feita, Cabo Verde, como um dos participantes à Conferência Mundial dos Direitos Humanos, realizada em 1993, na capital austríaca, recebeu juntamente com os outros países presentes a recomendação para criar uma instituição nacional de promoção e protecção dos direitos humanos e a elaboração de planos nacionais de acção. Com o intuito de cumprir com os objectivos do documento, o então Governo de Cabo Verde, solicitou o apoio do ACNUDH[4] e do PNUD[5] para a avaliação da situação dos direitos humanos nas ilhas. Na sequência da missão conjunta ao arquipélago, por parte do ACNUDH e do PNUD em 1999, através do decreto-legislativo nº 19/2001 criou-se o CNDH[6], entidade responsável para coordenar o processo de elaboração do PNADHC.

É de salientar que a referida missão concluiu que em relação ao direito à vida e à integridade pessoal, não havia informações sobre assassinatos e desaparecimentos por motivos políticos, sobre mortes resultantes do uso de força pela polícia ou forças armadas ou sobre prática de torturas, se bem que o relatório reconheça o uso abusivo da força pela polícia contra pessoas detidas. Sendo assim, em Outubro de 2004, através do decreto-lei nº 38/4, foi criado a CNDHC[7], em substituição do antigo CNDH. A referida Comissão entra em funções em Fevereiro de 2005 depois de aprovada em Conselho de Ministros em Julho de 2003, com a tarefa de estimular acções previstas no PNADHC, e também de as divulgar por todos os serviços públicos e pela sociedade civil.

O PNADHC foi criado, portanto, com o objectivo de identificar as principais situações de violação ou constrangimentos à realização dos direitos humanos e à concretização de uma cidadania activa e ciente dos seus direitos, deveres e obrigações, visando, também, eleger prioridades e apresentar propostas concretas de carácter administrativo, legislativo e institucional para promover, proteger e aumentar o grau do respeito pelos direitos humanos nas ilhas e favorecer a educação para a cidadania. Coube portanto, aos poderes políticos em parceria com a sociedade civil e ao sector privado, o compromisso de o materializar num período de cinco anos (2004-2009).

A partir de uma análise diacrónica pode-se afirmar que a primeira vitória no que toca à questão dos direitos humanos em Cabo Verde prendeu-se com o conseguido direito de autodeterminação do seu destino com a independência do país. Contudo, a conquista da independência em 1975 não favoreceu a instalação de um Estado de Direito Democrático, visto que se optou por um regime político de partido único. No entender de Évora (2004), o Estado cabo-verdiano nasce já com características autoritárias, visto que Portugal, antiga potência colonizadora, entregou a soberania cabo-verdiana a um único partido – o PAIGC[8]. Segundo a autora, este facto fica explícito num comunicado publicado pelo Conselho Superior da Luta do PAIGC, no Boletim Oficial nº1 de 5 de Julho de 1975, em que 'o partido deixa claro que a independência só foi possível devido à luta por ele desencadeada e, por isso, se autoproclama o guia do povo cabo-verdiano e a força dirigente da sociedade' (Évora 2004: 69). Contudo, este facto não impediu que importantes passos fossem dados no que toca aos direitos fundamentais do cidadão, direitos sociais, visto que importantes investimentos foram efectuados em sectores cruciais como a saúde, educação e luta para a redução da pobreza.

Apesar dos indicadores favoráveis em determinados sectores, o Presidente da AZM[9] considera que, na época do partido único, os direitos de expressão e de liberdade eram constantemente violados, na medida em que se estava diante um partido-Estado centralizador e controlador.

Com a abertura democrática na década de 1990 e a revogação do artigo 4º da Constituição de 1980 que consolidava o PAICV como força dirigente da sociedade e do Estado, novas formas político-sociais surgiram no xadrez cabo-verdiano e a liberdade de expressão entra no vocabulário social cabo-verdiano.

A posição da AZM é de que os direitos sociais que foram ganhando protagonismo nos anos de 1980, com a democratização do país, apesar da retórica, sofrem um ligeiro retrocesso fruto da liberalização económica, na medida em que o mercado começa a regulamentar a vida social relegando uma camada da população para a condição de marginal, abrindo um enorme fosso social capaz de gerar alguma tensão. Essa associação considera o Estado cabo-verdiano como o principal agente das violações dos direitos humanos em Cabo Verde através do seu aparelho repressivo, mais concretamente a acção policial nas ruas e nas prisões, a morosidade dos tribunais e o julgamento desigual do mesmo, bem como o acesso a alguns serviços na administração pública, como por exemplo na área de saúde. A violência contra as mulheres é no entender da AZM outra situação de flagrante violação dos direitos humanos em Cabo Verde, particularmente, no espaço privado.

Quanto aos picos da violação dos direitos humanos no país, a AZM é de opinião que o motim ocorrido na Cadeia Central da Praia, em São Martinho, em 2005, pode ser considerado como o caso mais negro e foi resultado da degradação da relação entre a instituição prisional e a população carcerária, sem falar da sobrelotação da mesma, violência física e psicológica contra os presos, entre outras situações anómalas.

O tratamento dado a alguns imigrantes clandestinos da costa africana que de quando em vez aportam a Cabo Verde pode ser considerado também como um dos casos de violações dos direitos humanos. Em relação às queixas, a violência policial, a violência doméstica e a discriminação no serviço público são os casos que mais chegam à referida associação. A nível da protecção da imagem, considera-se que a divulgação de fotografias na internet de prováveis membros de gangues é também um atentado contra o direito da pessoa humana, capaz de promover linchamentos públicos.

Por outro lado, a CNDHC tem uma visão bastante positiva da evolução dos direitos humanos em Cabo Verde, pondo ênfase na pobreza e na desigualdade social como os maiores constrangimentos na luta pela inclusão e respeito dos direitos humanos nas ilhas, se bem que, a actual presidente da Comissão realce que políticas sociais estão sendo efectuadas para que se ultrapassem esses obstáculos. Salienta ela também, o esforço feito pelo Governo em parceria com as ONG's na inclusão das crianças com deficiência, particularmente, as crianças com paralisia cerebral, apesar de considerar a violência contra as crianças, mais concretamente, o abuso sexual, os maus-tratos e não registo de crianças, como um dos maiores desafios e a maior preocupação da comissão neste momento.

Tal como a AZM, a CNDHC aponta a justiça como um entrave à luta contra a violação dos direitos humanos, assim como a violência doméstica e as agressões policiais, embora veja melhorias nesse último aspecto resultante das formações oferecidas pela comissão à corporação policial.

O relatório do Departamento de Estado dos Estados Unidos de América, de 2008 e 2009, apesar de considerar que Cabo Verde, no cômputo geral respeita os direitos humanos, corrobora com a AZM e a CNDHC no que toca a problemas existentes em algumas áreas, tais como o abuso policial nas esquadras, a impunidade policial, as péssimas condições prisionais, detenções preventivas prolongadas, atrasos excessivos nos julgamentos, violência e discriminação contra as mulheres, abuso de crianças e alguns casos de trabalho infantil. No que toca à tortura, tratamentos cruéis, desumanos e degradantes, embora a Constituição proíba tais práticas, o documento aponta que em alguns casos, a polícia agride pessoas sob custódia. Em relação aos centros de detenção, aponta para as precárias condições ali existentes, a sobrelotação das mesmas e indica o facto de que em alguns casos os presos juvenis dividem espaços com os adultos. O relatório considera ainda o sistema judicial cabo-verdiano ineficiente e com falta de pessoal, acontecendo situações em que devido à sobrecarga do mesmo, muitos casos são arquivados porque as acusações foram retiradas.

A Imprensa escrita cabo-verdiana na pós-abertura democrática e os direitos humanos

Com o nascimento do jornal 'A Semana', sem esquecer o contributo do jornal 'Terra Nova', as questões relativas aos direitos humanos começam a aparecer nos jornais. Para além das denúncias às violações da liberdade de imprensa e de expressão e à perseguição política aos jornalistas, notícias que marcaram os jornais no período de 1991 a 1998 (Ferreira 2004), resultantes das relações de tensão existentes entre o Governo e a classe jornalística, as violações contra mulheres e crianças, mais as agressões policiais começaram a ser abordadas pela imprensa escrita.

O director editorial do 'Expresso das Ilhas' explica o porquê de se falar abertamente dos direitos humanos com a mudança política:

Vivíamos num estado totalitário que não combinava com os direitos humanos. O próprio PAIGC tinha a sua ideia própria do que eram direitos humanos, que não conjugava com essa tradição que vinha da França e outros países anglo-saxónicos, portanto, a partir de 1991 começa-se a falar dos direitos humanos em Cabo Verde (Director de edição do Expresso das Ilhas, 10/06/2012).

Desta feita, pensamos não haver dúvidas de que a abertura democrática possibilitou o agendamento desta questão pela imprensa escrita, sensibilizando a sociedade a esse respeito, na medida em que o jornalismo exerce um forte poder sobre a opinião pública, determinando os temas sobre os quais se falará e discutirá.

Para De Brum, Maxwell McCombs e Donald Shaw, pioneiros na apresentação da hipótese do agendamento (De Brum 2003), a comunicação social tem a capacidade de influenciar a projecção dos acontecimentos na opinião pública, oferecendo um pseudo-ambiente fabricado. Ela é apresentada como agente transformador da realidade social, na justa medida em que induz o público receptor sobre o que deve ser informado.

O processo de agendamento, segundo De Brum (2003), pode ser descrito como um processo de interacção entre a agenda da imprensa e a agenda pública. Segundo esta autora, a influência da agenda pública sobre a agenda da imprensa é um processo gradual através do qual, a longo prazo, se criam critérios de noticiabilidade, enquanto a influência da agenda da imprensa sobre a agenda pública é directa e imediata, principalmente quando envolve questões nas quais o público não tem uma experiência directa. A problemática do efeito do agendamento é nesse ponto de vista diferente, de acordo com a natureza da questão.

Assim sendo, a imposição do agendamento forma-se através de duas vias: por um lado, o tema proposto pelos mass media, conhecido como ordem do dia, ou seja, os assuntos propostos pela imprensa e que se tornarão objecto de conversas das pessoas, da agenda pública e, do outro, a hierarquização temática, isto é, os temas em realce na agenda da imprensa e que estarão também em realce na agenda pública, assim como, os temas sem grande relevância terão a mesma correspondência junto ao público.

Convém também realçar que no processo de agendamento, a agenda da imprensa tem maior efeito nas pessoas que participam de conversas sobre questões levantadas pela imprensa do que nas pessoas que não participam nesse tipo de conversas. Para as pessoas que dependem da necessidade de orientação, a imprensa contribui muito para além do processo de reforçar opiniões existentes, podendo igualmente orientar a atenção para questões específicas. Outro aspecto que se deve ter em consideração nos estudos sobre o agendamento é que o efeito da agenda da imprensa varia segundo a natureza do assunto, distinguindo-se entre questões envolventes e questões não envolventes, isto é, entre assuntos que são próximos às pessoas e assuntos em que estas não têm experiência directa.

Descrição quantitativa e qualitativa da cobertura dos direitos humanos nos jornais 'A Semana', 'Expresso das Ilhas' e 'A Nação': biénio 2008-2009

Para a operacionalização da pesquisa, fez-se uma recolha quantitativa, cujo objectivo visava o levantamento dos artigos publicados relativos à questão dos direitos humanos, a forma como é apresentada num primeiro momento, e, posteriormente, uma análise mais qualitativa dos produtos jornalísticos a nível de conteúdo e a forma como são apresentadas (notícia, reportagem, entrevista, artigos de opinião), bem como a análise dos títulos, corpo do texto e a existência ou não de fotografias e o tipo de fotografias expostas.

Na tabela que se segue (tabela 1), é possível ler os assuntos abordados no 'A Semana' durante o biénio 2008-2009:

Tabela 1: Assuntos abordados no biénio 2008-2009 – 'A Semana'

Violação dos DH pela polícia e/ou militares (agressões, mortes, abuso de autoridade)	23
Violência de gangues (agressões, tiroteios, assaltos, mortes e feridos)	11
Violação dos DH nas cadeias	6
Total	**40**

Quantitativamente, o jornal 'A Semana' publicou, no biénio 2008-2009, 40 artigos sobre violação dos direitos humanos e, destes, quase metade pode ser classificada como pertencente ao tipo de violação aqui indicada, ou seja quando é o próprio Estado a protagonizá-la, em todo o caso, privilegiando o género da notícia. Os artigos referentes aos direitos humanos são escritos de forma curta e colocados nas últimas páginas do jornal. No período quantificado, constata-se que dos quarenta artigos relacionados com questões dos direitos humanos, apenas dez aparecem em destaque na primeira página. As notícias relacionadas com a violência dos gangues (três vezes), violência policial (três vezes), situação na prisão (três vezes) e um caso de impunidade judicial, são as que ganharam destaque na primeira página.

Nota-se que as notícias raramente são acompanhadas de fotos. Nas 40 notícias relacionadas com as questões de direitos humanos, em apenas cinco vezes aparecem fotos. No caso do jornal 'A Semana', elas são utilizadas por duas vezes para expor as provas factuais da denúncia, no acontecimento do indivíduo que acusa a justiça de não agir com idoneidade no caso do assassinato do filho e numa outra situação de indivíduos que aparecem a acusar a polícia de agressão física. Ou outros três casos prendem-se com fotos de vítimas mortais e dos gangues.

Em relação às fontes utilizadas pelo 'A Semana' na cobertura de assuntos relacionados com os direitos humanos, muitas notícias são construídas a partir de denúncias das vítimas. Dos quarenta artigos do tipo notícia, dezassete são feitos a partir da denúncia pública pelas próprias vítimas e os restantes a partir de fontes institucionais.

O grau de concentração descontínuo dos artigos que tratam a questão dos direitos humanos no 'A Semana' mostra o fraco interesse do jornal pelo assunto em questão. Durante o biénio 2008/2009, apenas um caso relativo à violação dos direitos humanos por parte das forças policiais mereceu seguimento. O caso deu-se em Março de 2008 quando um jovem, alegado membro de um grupo delinquente foi abatido pela polícia, pelas costas. Após a prisão do atirador, a classe policial insurge-se contra a transferência do alegado homicida para a Cadeia Central da Praia e, na sequência, dá-se uma sublevação policial contra a prisão do autor do disparo que matou o jovem, nesse estabelecimento prisional. O sucedido foi destacado com alguma profundidade no momento da ocorrência (valendo duas páginas iniciais do jornal), mas o seguimento dado depois foi em forma de artigos de opinião de articulistas que mostraram a sua indignação em relação à atitude policial.

No 'A Semana', a violência contra crianças (maus-tratos e crimes sexuais), perpetrada pelas forças policiais, e contra as mulheres, tem maior destaque. Os títulos não são bombásticos, mas são apelativos pela forma como são apresentados. Seguem-se algumas ilustrações dessas situações acabadas de mencionar:

1. 01/2008 – Nº 832: 'Peixeira Ramos acusa PJ de agredir a filha com bofetada' – *Lead*: 'Maria Ramos Fortes, a peixeira que virou milionária ao ganhar o primeiro prémio no totoloto nacional, acusa a polícia judiciária de São Vicente de ter esbofeteado a sua filha de 16 anos, sem razão.'

2. 01/2008 – Nº 832: 'cidadão indignado pede justiça contra alegado abuso de agente policial' – *Lead*: 'na manhã do dia 25 de Dezembro, por volta das 5 horas de madrugada, eu na minha casa, com a família, viria a receber uma prenda de natal, oferecida por dois agentes policiais de São Domingos, popularmente conhecidos por Tchide e Rito, ao me deparar com o meu filho machucado, ele que escolheu o seu berço para, entre amigos e familiares, gozar as suas merecidas férias, após cerca de dois anos ausente no Brasil, onde prossegue, os seus estudos superiores.'

3. 03/2008 – Nº 840: 'jovem morto por agente do piquete: 'sublevação' policial' – *Lead*: 'a morte do jovem Carlos Semedo, 20 anos, executado na noite de sábado para domingo, 09, pelo agente do piquete da PN Luís dos Reis, acabou por colocar o sistema de segurança pública e judicial em xeque. E, com isso, o Estado de Direito instituído em Cabo Verde, segundo o qual todas as forças da ordem, inclusive as policiais, estão sujeitas às decisões dos tribunais.'

4. 03/2008 – Nº 840: 'onde estava o preso?' – *Lead*: 'Luís dos Reis, Titi, agente da PN acusado de ter morto o jovem Carlos Semedo, foi retirado das instalações do palácio da justiça na noite de quarta-feira e encaminhado para a cadeia de S. Martinho, sem que os seus colegas nem os jornalistas estrategicamente colocados dessem por isso.'

5. 03/2008 – Nº 840: 'cadeia para polícias' – *Lead*: 'a inexistência de uma cadeia própria para agentes da autoridade, em especial da polícia, veio mostrar as

fragilidades do país em termos de segurança, chamando de imediato a atenção tanto das autoridades como da sociedade no geral. Embora seja norma internacional, estando o caso contemplado no estatuto da polícia cabo-verdiana, não existe cadeia para pessoal militar e paramilitar em Cabo Verde.'

6. 03/2008 – Nº 841: 'os polícias e a insólita e inusitada situação protagonizada' – *Lead*: '...a nossa televisão exibia imagens até aqui sequer imagináveis, dando conta de uma concentração de polícias, à frente do tribunal da Praia, mas que, na nossa primeira interpretação, atribuímo-la a algum desacato à ordem pública, pois, viam-se civis e polícias fardados à mistura, atribuições próprias de agentes fardados e portanto armas de fogo.'

7. 03/2008 – Nº 842: 'polícias no tribunal da Praia à procura do sentido das coisas!' – *Lead*: '...com efeito, o que aconteceu é extremamente grave, com a concentração de cerca de duas dezenas de agentes do serviço de piquete à porta do tribunal da Praia, numa atitude de solidariedade para com um colega preso que consideravam ameaçado de ser colocado numa prisão comum sem dispor da devida garantia de segurança pela sua vida, isto é, sem que estivessem asseguradas as garantias que lhe são conferidas por lei e pelo seu estatuto profissional.'

8. 06/2008 – Nº 855: 'assaltante atinge policial na nádega' – Subtítulo: 'polícia acerta fugitivo na bacia' – *Lead*: 'a polícia nacional ainda não encontrou a arma usada por um assaltante num atentado contra um agente da corporação nas festas de Sanjon, na Ribeira de Julião.'

9. 02/2009 – Nº 880: 'relatório dos EUA critica situação de menores nas prisões cabo-verdianas' – *Lead*: 'o relatório anual do departamento de estado norte-americano divulgado nesta quarta-feira regista casos de abuso policial sobre detidos em Cabo Verde, assim como as más condições prisionais.'

10. 04/2009 – Nº 886: 'agente condenada por tortura' – *Lead*: 'num caso inédito, uma agente da polícia nacional foi condenada, esta semana, pelo tribunal do sal por torturas cometidas contra um cidadão, em 2007.'

11. 04/2009 – Nº 886: 'imigrante de Serra Leoa acusa PJ de maus tratos' – *Lead*: 'um jovem serra-leonês, de 24 anos de idade, acusa a polícia judiciária de maus-tratos e de lhe retirar 900 dólares e 50 euros, que tinha na sua posse e que lhe fazem muita falta. Na PJ ainda não existe qualquer queixa feita pelo imigrante.'

12. 06/2009 – Nº 898: 'agente da PN do Tarrafal acusado de abuso de poder' – *Lead*: 'um agente da polícia colocado na esquadra do Tarrafal de São Nicolau está a ser acusado por populares de abuso de poder quando numa rixa – em que ele era parte integrante – não só agrediu com socos e pontapés um jovem como acabou por o atingir com um tiro à queima-roupa na região lombar.'

13. 11/2009 – Nº 908: 'caso casa lata' – Subtítulo: 'agente da PN suspenso' – *Lead*: 'O agente suspeito de atingir mortalmente o jovem José Luís, o "Té" na localidade de Casa Lata, foi suspenso das suas actividades profissionais enquanto aguarda o resultado de um inquérito instaurado pela polícia nacional.'

14. 12/2009 – Nº 914: 'nigeriano abatido pela polícia foi encontrado com cocaína' – *Lead*: 'um imigrante nigeriano, de nome Maika, referenciado pela polícia cabo-verdiana como narcotraficante, foi morto na passada segunda-feira durante uma troca de tiros com agentes da BAC... no entanto, amigos e compatriotas de Maika apelidam de falsa a versão da PN. (...) Conta que a polícia que a polícia acabou por embirrar com o Maika, que tentou fugir. E na sua perseguição que acabou por haver – diz reconhecer as razões que levaram o seu compatriota a fugir – Maika foi abatido com um tiro pelas costas.'

Em relação às questões referentes à violência e repressão policial, olhando para os títulos repara-se que nos casos de denúncias de abuso de autoridade policial, o jornal tende a posicionar-se a favor das supostas vítimas. No primeiro caso, o título é banal. Uma mãe que acusa um agente policial de ter agredido a filha. Contudo, no lead é realçado o facto de quem acusa, ser a vencedora do totoloto nacional, legitimando a acusadora. Aliás, este posicionamento do jornal em legitimar as vítimas, ressaltando a sua boa integração e, portanto, culpabilizar a polícia pelo acontecido é também reparado no caso do jovem em relação ao qual o pai se mostra indignado com a justiça pelo tratamento dado depois do filho ter sido supostamente agredido por dois polícias em São Domingos. Ressalta-se ainda nesta notícia que o filho é um estudante universitário no Brasil em férias em Cabo Verde, por conseguinte, um 'bom cidadão'.

Nos pontos 8, 10 e 13 as notícias reforçam ainda mais o posicionamento editorial a favor das vítimas. Repare-se o jogo do título/subtítulo na notícia 8. O título refere que o assaltante atinge o polícia nas nádegas e logo a seguir no subtítulo diz que o polícia também atingiu o assaltante, neste caso o fugitivo, na bacia. O leitor poderá pensar que o acto da polícia foi em legítima defesa e para evitar a fuga do meliante. No entanto, no *lead* ressalta-se o facto da suposta arma que o assaltante usou para atingir o polícia não ter sido encontrada, colocando o leitor em dúvida.

A edição do jornal número 880, de Fevereiro de 2009, noticia o relatório do Departamento do Estado Norte-Americano, e a acusação da prisão de menores, algo recorrente na cidade da Praia, sobretudo em épocas festivas, em que as denominadas crianças em conflito com a lei são enclausuradas nas esquadras, protegendo assim as populações de possíveis furtos.

A edição do jornal número 886, de Março de 2009, dá a notícia de uma agente policial condenada não por agressão, mas sim por tortura e destaca o facto do caso ser inédito, querendo com isso passar ao leitor a ideia de existir uma certa impunidade policial no país. Entretanto, em nenhum momento é apresentado o acórdão do tribunal.

As notícias 10 e 13 apresentadas dão conta de agressões de agentes policiais a cidadãos estrangeiros, sendo que na notícia 13 o imigrante é morto pela polícia. Na primeira notícia, ela é feita a partir de uma denúncia, onde um imigrante da Serra Leoa acusa agentes da polícia judiciária de agressão e roubo. O facto de o cidadão não ter apresentado queixa à Polícia Judiciária pode ter duas leituras possíveis: por um lado, a falta de confiança na instituição policial e por outro, a representação que os cidadãos têm da imprensa como sendo um tribunal eficaz, no qual basta lá aparecer denunciando os casos de agressão o problema fica resolvido. Aliás, esta mentalidade tem sido combatida pela CNDHC, principalmente, nos casos da violência doméstica.

O título da notícia de 13 mostra que o nigeriano morto pela polícia pode ser um traficante, uma vez que, foi encontrado com cocaína. Porém o termo 'abatido pela polícia' pode levar a outras interpretações, ainda mais quando no *lead*, baseado em testemunhas oculares, se salienta o facto da versão policial ser falsa e do malogrado ter sido abatido pelas costas ao fugir da polícia, isto depois do agente policial ter 'embirrado' com ele.

Convém salientar que de acordo com o I Relatório Nacional de Direitos Humanos – 2004/2010, apresentado em 2011, a comunidade nigeriana radicada no país é aquela que mais se queixa de ser perseguida por autoridades policiais e judiciais, por possuir o estigma de criminoso e de ser a maior responsável pelo narcotráfico no país.

As notícias na edição número 840, de Março de 2008, referidas nas duas edições posteriores em formato de artigos de opinião, são mais uma prova da linha editorial seguida pelo jornal em relação à instituição policial. Inicialmente é noticiado que um jovem foi morto pela polícia e é interessante o facto de se utilizar o termo 'jovem' e não delinquente. No mesmo título salienta-se a sublevação policial, tirando o foco do acto em si e colocando-o na atitude policial pós disparo, uma vez que, o polícia em questão é preso e corre o risco de ser colocado preventivamente na Cadeia Central da Praia. A solidariedade policial com o colega é tratada depois como uma afronta ao sistema de direito democrático e os polícias tratados como desrespeitadores da ordem do tribunal. Nessa mesma edição, com o título 'cadeia para polícias', introduzem-se elementos para a discussão pública sobre a necessidade de se ter no país uma prisão para polícias e militares, visto o crescente aumento da violência e tiroteios entre os polícias e as gangues juvenis, mas ela não é posteriormente alimentada noutras edições, com excepção de dois artigos de opinião nas duas edições seguintes, acabando por ser esquecida.

A tabela 2, a seguir, resume os casos abordados no biénio 2008-2009 no 'Expresso das Ilhas'.

Tabela 2: Assuntos abordados no biénio 2008-2009 – 'Expresso das Ilhas'

Violação dos DH pela polícia e/ou militares (agressões, mortes, abuso de autoridade)	25
Violência de gangues (agressões, tiroteios, Assaltos, mortes e feridos)	18
Violação dos DH nas cadeias	2
Comemoração do dia internacional dos DH	1
Total	46

No 'Expresso das Ilhas' foram publicados, no biénio 2008-2009, quarenta e seis artigos sobre os direitos humanos, dos quais também cerca da metade, relacionados com violações protagonizadas directamente pelas forças policiais. Tal e qual como acontece com o 'A Semana', o 'Expresso das Ilhas' não cobre a totalidade do país e, por isso, as notícias relacionadas com o assunto em questão situam-se mais na ilha de Santiago.

A violência policial, com vinte e cinco artigos, é o assunto privilegiado do jornal e as brigas entre os gangues rivais recebem também muito destaque.

No que toca à localização dos artigos no interior do jornal e o número de páginas dedicado a esta questão, é de referir que na sua maioria estes se encontram nas páginas finais, na secção 'Sociedade' e nunca chegam a ocupar uma página inteira do jornal. As questões políticas, com muito destaque neste jornal, ocupam sempre as primeiras páginas. As questões sobre os direitos humanos ocupam a primeira página por vinte e quatro vezes, se bem que, ocupando um espaço muito pequeno, sem grande destaque, a não ser quando tem a ver com as questões de tiroteios diurnos na via pública ou mortes relacionadas com as brigas entre gangues juvenis.

Diferentemente do 'A Semana', no 'Expresso das Ilhas', nos casos relacionados com a violência policial e tiroteios entre gangues juvenis, normalmente, são expostas fotos das vítimas, principalmente, em casos de denúncias de agressões policiais.

Referências directas a direitos humanos aparecem apenas em Dezembro de 2008 (o dia 10 de Dezembro é tido como o Dia Internacional dos Direitos Humanos), ocupando duas páginas, visto o jornal ter coberto duas conferências alusivas à data, organizadas pela CNDHC e pela Associação 'A Ponte'.

Tal como acontece também no 'A Semana', no 'Expresso das Ilhas', a notícia é o tipo de artigo mais utilizado e muitas delas são construídas a partir de denúncias das próprias vítimas ou de seus familiares ou então a partir de testemunhas oculares. As outras fontes são institucionais.

O grau de concentração descontínuo dos artigos que tratam a questão dos direitos humanos no 'Expresso das Ilhas' mostra o fraco interesse do jornal pelo assunto em questão. Durante os anos 2008-2009, apenas três casos mereceram algum seguimento, embora, sem uma continuidade.

O caso da manifestação policial devido à prisão na Cadeia Central da Praia de um agente policial acusado de ter morto um jovem, abre, tal como no 'A Semana', a discussão sobre a necessidade da construção de uma cadeia para policiais, face ao aumento da violência urbana e ao crescimento de casos de tiroteios entre polícias e gangues juvenis, mas rapidamente se fecha a discussão.

O caso do jovem supostamente torturado pelos militares em Santa Cruz é noticiado a partir da denúncia feita por testemunhas oculares e o acontecimento volta a aparecer no jornal cinco meses depois, quando um oficial militar é acusado de ter condenado os supostos torturadores com castigo físico no interior do quartel, visto que, o suposto torturado é um parente próximo. Na edição seguinte, o oficial defende-se da acusação através de um artigo, aproveitando o direito de resposta. É de se referir a notícia em forma de denúncia noticiada por duas semanas consecutivas, em Agosto de 2009, depois de um jovem ter procurado o jornal para acusar a polícia nacional de abuso de poder.

No 'Expresso das Ilhas', por seu turno, os artigos sobre a violência perpetuada pelas forças policiais e de gangues (agressões, tiroteios, assaltos, mortes e feridos) recebem maior destaque.

Seguem-se algumas ilustrações das situações acabadas de referir:

1. 02/2008 – Nº 321: 'jovem agredido na cela por quatro agentes da PN' – *Lead*: 'depois de preso, Nununo diz ter sido torturado na cela por quatro agentes da esquadra policial da fazenda, onde se encontrava detido. Outro colega testemunha o acto e a mãe do jovem que revela não ser esta a primeira vez que agridem seu filho, clama por justiça.'

2. 03/2008 – Nº 326: 'por causa de uma arma desaparecida jovens passam horas de tortura nas mãos de polícias' – *Lead*: 'um grupo de jovens procurou a redacção do nosso semanário para denunciar, publicamente, episódios de torturas que alegam terem sofrido nas mãos de vários agentes da piquete e brigada de investigação da polícia nacional. Isto aconteceu no passado dia 23 de Fevereiro, sábado, num dia em que vários jovens foram detidos na sequência de rusgas, efectuadas na capital.'

3. 03/2008 – Nº 327: 'no bairro de Calabaceira agente da polícia atinge jovem mortalmente' – *Lead*: 'Carlos Manuel, 20 anos, foi morto a tiro, na madrugada de domingo, e o alegado homicida é o agente de 1ª Classe da polícia nacional, Luís Monteiro dos Reis, conhecido por Titi.'

4. 03/2008 – Nº 328: 'caso manifestação da polícia' – Subtítulo: 'Titi está em segurança, em são Martinho' – *Lead*: 'o cerco feito ao tribunal da comarca da praia, no passado dia 12 de Março, durante sete horas, por elementos da polícia nacional, na maioria agentes do piquete, para impedir que um juiz mandasse para a cadeia de São Martinho um colega deles, o Luís Monteiro dos Reis (Titi), acusado de ter morto, a tiro, um jovem no bairro da Calabaceira, alegando falta de segurança, uma vez que estaria a receber ameaças de morte, deixou o país apreensivo.'

5. 04/2008 – Nº 330: 'apesar do governo ter-lhe garantido toda segurança dentro da cadeia de São Martinho' – Subtítulo: 'Titi diz que não se sente seguro' – *Lead*: 'o agente da polícia nacional, Luís dos Reis (Titi), não se sente seguro na cadeia de São Martinho, onde está detido desde o passado dia 12 de Março, decorrente da acusação que pesa sobre ele, relativamente à morte, a tiro, de um jovem, na passada noite de 8 para 9 de Março, no bairro de Calabaceira, na praia.'

6. 07/2008 – Nº 344: 'jovem denuncia "tortura" por parte dum polícia' – *Lead*: 'Germano Gonçalves, conhecido por Djimis, 26 anos de idade, mecânico de profissão, residente em Achada Santo António (Brasil) contactou este semanário para mostrar um episódio que ele entende por abuso de autoridade policial.'

7. 07/2008 – Nº 344: 'praia de areia grande foi palco de tiroteio e tortura' – *Lead*: 'no domingo passado um jovem natural do concelho de Santa Cruz foi agredido por um grupo de militares na praia de areia grande.'

8. 11/2008 – Nº 362: 'por causa de perseguições de seus superiores hierárquicos: agente abandona PN e deixa país' – *Lead*: 'por ter denunciado, num dos jornais da praça, um conjunto de situações que considera serem "inaceitáveis" dentro da polícia nacional, o ex-agente, Afonso (nome fictício), que fazia parte do corpo de piquete da cidade da praia, foi vítima de "perseguições" por parte de "alguns superiores" desta instituição.'

9. 12/2008 – Nº 367: 'brigada anticrime acusada de abuso de autoridade' – *Lead*: '…conforme conta, o advogado pediu mandato de captura e os polícias disseram que não dispunham da referida autorização. "Então o advogado contrapôs, dizendo que estavam a cometer uma ilegalidade". No entanto, os agentes responderam ao advogado que vão fazer o serviço, inclusive se fosse preciso até ele seria preso", disse o denunciante, afirmando ainda que foi o próprio Daniel Fernandes quem tinha arrombado a porta e saído com o seu filho algemado.'

10. 12/2008 – Nº 368: 'em Santa Cruz militares condenados a "banho de pelotão" – *Lead*: 'poderão não ter recebido ainda o "banho de pelotão" (trezentos açoites cada), mas o certo é que estão em ração de combate, ou seja, cada militar tem direito a apenas um litro de água para satisfazer as suas necessidades, num período de uma semana.'

11. 12/2008 – Nº 369: 'direito de resposta a propósito do artigo intitulado "militares condenados a banho de pelotão"' – *Lead*: '…face à ocorrência verificada em Santa Cruz, na noite de sexta para sábado do dia 12 do corrente mês em que estiveram envolvidos militares destacados para a protecção da praia de areia grande, o comando desta região militar, no quadro das suas competências, agiu de forma coerente, salvaguardando as normas que regem esta instituição, sem contudo, pôr em causa os direitos dos militares em questão.'

12. 01/2009 – Nº 372: 'agentes de PN acusados de abuso de autoridade' – *Lead*: 'três agentes da polícia foram acusados por um morador da zona Achadinha, de o terem agredido e invadido o seu estabelecimento comercial.'

13. 06/2009 – Nº 390: 'cidadão acusa agente da PN de abuso de autoridade' – *Lead*: 'a vítima conta que foi espancada até fracturar uma perna e um braço, por Sansan. Chico fala em abuso de autoridade, num caso que considera ser de vingança contra a sua pessoa perpetrado pelo agente em causa.'

14. 07/2009 – Nº 394: 'agente da PN acusado de atropelar criança e fugir para os EUA' - Subtítulo: 'Leida ficou paralítica mas tem chances de recuperar' – *Lead*: '…estava ao volante dessa viatura um ex-agente, identificado por Montrond, e que alegadamente não possuía carta de condução.'

15. 08/2009 – Nº 402: 'jovem acusa PN de abuso de poder – *Lead*: 'tudo começou na segunda-feira, 10 de Agosto, quando Wilson teve discussão com um jovem, filho de um agente da PN conhecido por Tchalo. O confronto terminou à pedrada, embora nenhum dos dois envolvidos tenha ficado ferido. Mais tarde, vários agentes da PN foram à casa de Wilson, incluindo Tchalo. (…) Contudo, ao chegar à Achada Santo António, Wilson foi detido e levado para interrogatório. De acordo com a queixa apresentada por Tchalo, ele seria parte de um grupo de *thugs* que teriam apedrejado a casa e o carro do agente das PN.'

16. 08/2009 – Nº 403: 'jovem sofre represália por denúncia de abuso de poder' – *Lead*: 'para a família de Wilson, a detenção só pode ser explicada como uma eventual vingança dos agentes da esquadra de Achada Santo António. Isto porque um deles, conhecido como Tchalo, foi acusado pelo jovem de 18 anos de abuso de poder, num artigo publicado pelo expresso das ilhas na última edição, de 12 de Agosto.'

De igual modo, o 'Expresso das Ilhas' posiciona-se do lado das vítimas, embora, com a particularidade de não atingir apenas os polícias mas também o Governo. No caso deste último a situação pode, eventualmente, ser explicada pela proximidade deste jornal com o partido da oposição. As notícias referentes a estes casos são muito frequentes e aparecem mais do que uma vez numa edição.

O termo utilizado para designar as vítimas é igualmente 'jovem' e não 'delinquente'. Refira-se que as duas primeiras notícias apresentadas são feitas a partir de denúncias de jovens. Com os títulos 'jovem agredido na cela por quatro agentes da PN' e 'por causa de uma arma desaparecida jovens passam horas de tortura nas mãos de polícias', tenta-se diabolizar a polícia. Repare-se que o primeiro título mostra que o jovem foi agredido dentro da cela depois de detido, portanto, sem constituir uma ameaça. O *lead* reforça esta selvajaria policial, na medida em que aponta para o facto de não ter sido um polícia a agredir mas sim quatro. O testemunho do colega presente no local e da mãe da vítima reforçam essa ideia e salientam que não é uma prática isolada. A segunda notícia vai na mesma linha, visto que, o título realça o facto de os jovens terem sido torturados durante horas, minimizando a causa da suposta agressão. No *lead* percebe-se que a prisão dos jovens é resultado de rusgas efectuadas pela polícia nacional e o artigo completo não faz nenhuma referência à suposta arma desaparecida, causa da suposta tortura.

Na notícia referente à manifestação policial depois da prisão do agente policial acusado de ter morto um polícia, o título é menos anti policial como o foi no jornal 'A Semana'. Repara-se que no título onde se noticia o acontecimento não se usam os termos 'morto' ou 'abatido' mas diz-se que o jovem foi 'atingido mortalmente'.

Não se criminaliza nem a vítima nem a instituição policial, portanto, colocando-se numa posição institucional neutra, embora, considerando a resposta policial preocupante.

Na notícia da edição número 362, de Novembro de 2008, intitulada 'por causa de perseguições de seus superiores hierárquicos: agente abandona PN e deixa país', o jornal tenta mostrar a instabilidade no seio da instituição policial e no *lead* é mais contundente salientando o facto de as perseguições resultarem de represálias pelo facto de o agente ter publicamente denunciado algumas práticas que considera inadmissíveis, apontando assim a violação do direito de expressão no interior dessa instituição.

As notícias relativas à violação de direitos humanos por parte da polícia servem também para mostrar a impunidade existente nesse seio, uma vez que, é recorrente nos *lead*s o apelo que as vítimas fazem à justiça. Na notícia da edição número 394, de Julho de 2009, é focada mais pormenorizadamente a questão da impunidade policial, dando conta de um polícia sem licença de condução que atropela no veículo policial uma criança, tendo-a deixado 'inutilizada', e depois consegue fugir para o estrangeiro sem que no entanto tenha sofrido alguma sanção pelo acidente. Estranhamente, ao caso não foi dada continuidade e, portanto, foi esquecido. Em 2011, a televisão privada 'Record Cabo Verde' voltou a denunciar o caso, pedindo apoio financeiro para a vítima se poder deslocar a Portugal para tratamento.

A questão da impunidade policial é também trazida na notícia das edições 402 e 403, de Agosto de 2009, onde um jovem acusa alguns polícias de o terem agredido fisicamente por duas vezes, sendo que a segunda vez se deveu a uma represália sofrida por ter denunciado o caso no jornal.

Existe ainda a notícia referente à agressão física, tratada como 'tortura', de um grupo de militares a um jovem em Santa Cruz. Esse caso teve algum seguimento, visto que, depois de a vítima ter denunciado a agressão dos militares contra ele no jornal, e o facto de ele ser supostamente parente próximo de um oficial militar, os presumidos agressores acabaram por vir mais tarde ao jornal denunciar a 'tortura' a que foram sujeitos no quartel a mando desse oficial, acusação refutada na edição seguinte por esse mesmo oficial.

Seguem-se outras ilustrações do tratamento dado a questões relativas a direitos humanos nos órgãos de comunicação social de que estamos a tratar:

1. 01/2008 – Nº 318: 'briga de *thugs*' – Texto: 'neste fim-de-semana, uma jovem do bairro da vila nova, Amândia Carmelita Almada, de 18 anos, foi atingida por uma bala perdida, que lhe furou as duas pernas, consequência de uma briga entre grupos de *thugs* do bairro da vila nova e Achadinha.'

2. 01/2008 – Nº 320: 'mais uma vítima do ajuste de contas entre jovens delinquentes' – Subtítulo: 'estudante ba*lead*o a caminho da escola' – Texto: 'eram sete e meia da manhã de sexta-feira passada, 18 de Janeiro, quando

Evandro Correia Monteiro, de 17 anos de idade, chegava à escola para mais um dia de aulas, quando se deparou com o tumulto nas traseiras do liceu "Pedro Gomes", na Achada santo António, onde frequenta o 9º ano.'

3. 01/2008 – Nº 320: 'vítimas, esquecidas, da delinquência juvenil' – Subtítulo: 'um ano depois do assassinato de Eliseu' – *Lead*: 'no próximo dia 26 de Janeiro, completará o primeiro aniversário da morte de Eliseu dos Anjos Gomes Semedo Pinto, que no passado sofreu um golpe mortal no pescoço, aplicado por um colega de turma.'

4. 01/2008 – Nº 320: 'por causa das constantes ataques dos delinquentes: seguradoras do "Pedro Gomes" querem trabalhar armados' – *Lead*: 'os seguranças (contínuos e porteiros) do Liceu "Pedro Gomes", que tem sido palco, constante, de cenas de violência, temem pelas suas vidas.'

5. 02/2008 – Nº 323: 'semana marcada por crimes na capital: jovem morto à bastonada no carnaval da avenida (na Praia)' – *Lead*: 'Carlos Alberto de Oliveira, conhecido por Betinho, de 15 anos de idade, que residia em Eugénio Lima, na praia, foi "violentamente" agredido, na cabeça, com um bastão de ferro, por um outro menor de idade...'

6. 02/2008 – Nº 323: 'três pessoas ficaram feridas' – Subtítulo: 'tiroteio entre polícia militar e *thugs* deixa Meio da Achada em pânico' – *Lead*: 'na semana passada, os moradores do meio da achada viveram momentos de muita aflição, tudo por causa do tiroteio que envolveu agentes da polícia militar e o suposto grupo de *thugs*, pertencentes àquele bairro.'

7. 02/2008 – Nº 323: '*thugs* de Paiol e ASA protagonizam tiroteio na Praia de São Francisco' – Subtítulo: 'três pessoas foram atingidas com armas de fogo' – *Lead*: 'no último domingo, 24, quem foi à praia de São Francisco viveu momentos de aflição, durante um passeio convívio, tudo por causa de briga envolvendo grupos de *thugs* pertencentes ao bairro de Paiol e Achada de Santo António.'

8. 03/2008 – Nº 328: 'grupos rivais de vila nova e Achadinha continuam em confrontos' – *Lead*: 'na noite de sábado, 15, um jovem de nome Ostelino José Gomes, de 26 anos, foi atingido no peito, na sequência de um desentendimento entre grupos rivais do bairro de vila nova e Achadinha.'

9. 04/2008 – Nº 330: 'familiares pedem que se reforcem as buscas' – Subtítulo: 'presumível assassino de titã encontra-se foragido' – *Lead*: 'os familiares do jovem Ostelino Gomes, morto há três semanas, na sequência de uma briga entre grupos rivais de Vila Nova e Achadinha estão descontentes com a actuação da polícia judiciária e do tribunal, já que alegam que essas instituições, mesmo com pistas aliciantes que nada têm feito para capturar o principal suspeito do crime que se dá pelo nome de Djery.'

10. 04/2008 – Nº 331: 'continuam os desmandos dos *thugs*' – Subtítulo: 'incendiaram a casa quando Zé Luís dormia' – *Lead*: 'na madrugada de

domingo, Zé Luís Vaz, 21 anos de idade, foi vítima de tentativa de homicídio por fogo posto, na sua residência, no bairro de Moinho. Segundo os vizinhos trata-se de um ajuste de contas entre grupos de *thugs*.'

11. 08/2008 – Nº 351: 'continua a delinquência na capital' – Subtítulo: 'confronto entre *thugs* deixa população em pânico' – *Lead*: 'desta feita foi em plena luz do dia. Dois grupos rivais resolveram à mão armada à frente do café 'festarola' na rua OUA, em Achada Santo António, cidade da praia. Os moradores aflitos accionaram a polícia. Mas esta não apareceu. Desiludidos, reclamam mais segurança e tomada de medidas por parte das entidades competentes.'

12. 09/2008 – Nº 356: '*thugs* assaltam agente da PN e levam chumbo' – *Lead*: 'um agente da polícia nacional baleou na madrugada de segunda-feira, 22, na praia de quebra canela, cidade da praia, um indivíduo que na companhia de mais três colegas, todos encapuzados, o tentaram assaltar.'

Em relação à violência de gangues juvenis da Praia, os títulos são mais bombásticos e nas notícias referentes a essa questão foi dada muita ênfase ao período anterior à eleição autárquica e curiosamente menos noticiadas após a vitória do MPD[10]. Existe claramente uma condensação de notícias sobre esse assunto entre os meses de Janeiro e Setembro de 2008, com maior frequência nos meses que antecederam a eleição, que aconteceu no mês de Maio. Por exemplo, o jornal 'A Semana', tido como próximo do PAICV, não deu muito destaque à questão da guerra dos gangues juvenis nesse período. É de salientar que nestes casos, as notícias não se baseiam em vítimas e, embora, não lhes seja dado um tratamento tipo reportagem, são os próprios jornalistas que vão ao terreno à busca de potencial notícia.

Os títulos tratando a violência urbana perpetuada por gangues juvenis rivais, conhecidos na cidade da Praia por *thugs*, no período referido, apresentam uma cidade desgovernada e caótica, reproduzindo o pânico social. Alguns exemplos: 01/2008: 'briga de *thugs*'; 01/2008: 'mais uma vítima do ajuste de contas entre jovens delinquentes'; 02/2008: 'semana marcada por crimes na capital: jovem morto à bastonada no carnaval da avenida (na Praia)'; 02/2008: 'três pessoas ficaram feridas'; 02/2008: '*thugs* de Paiol e ASA protagonizam tiroteio na Praia de São Francisco'; 03/2008: 'grupos rivais de vila nova e Achadinha continuam em confrontos'; 04/2008: 'continuam os desmandos dos *thugs*'.

Os *lead*s destas notícias apresentam-nos as consequências desta briga urbana e reforçam o pânico social. A primeira notícia apresentada nos dá conta de uma inocente atingida por uma bala perdida. O assunto é retomado na notícia da edição número 320, de Janeiro de 2008, onde se dá conta de um estudante inocente que é ba*lead*o a caminho da escola, devido a brigas dos *thugs*. Na edição 323, de Fevereiro de 2008, há duas notícias de pessoas feridas com balas perdidas resultado de brigas entre grupos rivais e tiroteios entre gangues juvenis e polícia militar.

É de referir que no caso do tiroteio entre os grupos de Paiol e da Achada Santo António na Praia de São Francisco, onde três pessoas foram atingidas, o jornal acusa frontalmente o candidato e então presidente da Câmara Municipal da Praia de ter financiado o passeio desses grupos e de os usar em tempo de campanha eleitoral para prestações de serviços políticos, acusações essas suportadas pelo testemunho de alguns dos denominados *thugs* e testemunhas anónimas.

Em Abril desse mesmo ano, com o título 'continuam os desmandos dos *thugs*', noticia-se a tentativa de assassinato de um jovem na sua residência por um grupo rival, salientando-se com o título a incapacidade política do Governo de travar a violência urbana. Mais tarde, na edição número 351, de Agosto e 2008, depois da vitória do candidato do MPD na eleição da Câmara Municipal da Praia, o jornal noticia um tiroteio em plena luz do dia entre grupos rivais, reforçando com o título 'continua a delinquência na capital' a incapacidade política de resolver o problema, mas o foco aqui é posto na polícia que se diz ter sido chamada para pôr cobro à situação e não apareceu, deixando a população em pânico e frustrada.

Em duas notícias, das edições número 320 e 330, de Janeiro e Abril respectivamente, é referido o descontentamento dos familiares com os tribunais em relação à forma como têm demorado em agir judicialmente nesses casos. As fontes aqui utilizadas são os familiares que procuram o jornal para denunciar a situação.

A tabela 3, que se segue, ilustra os assuntos e frequência dos temas abordados pelo 'A Nação', entre 2008 e 2009.

Tabela 3: Assuntos abordados no biénio 2008-2009 – 'A Nação'

Violação dos DH pela polícia e/ou militares (agressões, mortes, abuso de autoridade)	4
Violência de gangues (agressões, tiroteios, Assaltos, mortes e feridos)	2
Violação dos DH nas cadeias	3
Violação dos DH dos cidadãos comuns (insegurança pública)	11
Relatórios dos DH	1
Assuntos políticos relacionados com os direitos humanos	3
Total	**23**

O jornal 'A Nação' foi criado em 2007, segundo Fernandes (2012), por iniciativa de um conjunto de funcionários e ex-jornalistas do extinto jornal 'Horizonte', financiado pelo grupo privado Alfa Comunicações. Trata-se do primeiro jornal bilingue do país, editado em português e inglês, dedicado à população cabo-verdiana residente nas ilhas, mas também à diáspora cabo-verdiana.

Num estudo realizado pela *Afrosondagem,* em 2011, de acordo com Fernandes (2012), o jornal 'A Nação' aparece ocupando a segunda posição preferida pelos leitores cabo-verdianos, sendo a primeira posição ocupada pelo 'A Semana'.

Ao contrário do 'A Semana' e o 'Expresso das Ilhas', o jornal 'A Nação' associa a questão dos direitos humanos com a insegurança pública nos maiores centros urbanos do país, mais concretamente na cidade da Praia. A secção barómetro funciona como um espaço interactivo, em que a população deixa a sua opinião sobre o estado dos direitos humanos nas ilhas, o nível de insegurança no país ou actuações da polícia.

Em 2008, pela segunda vez num espaço de poucos anos, perante os números oficiais que apontavam para um crescimento da violência urbana, mais precisamente a violência de rua, o Governo coloca a polícia militar nas ruas, decisão essa muito criticada pelo MPD e pelo jornal 'Expresso das Ilhas', mas aplaudida pelo 'A Nação'. Na sequência disso, o jornal sai à rua perguntando a opinião das pessoas, como se pode ver pelos exemplos ilustrativos que se seguem:

1. 10/08 – Nº 58: 'O que acha da decisão do Governo de colocar a Polícia Militar nas ruas?' – *Lead*: Dúnia Denise Baessa, Estudante. É uma boa alternativa, porque as pessoas, presentemente, não sentem liberdade de andar, passear, divertir-se nas ruas, a qualquer hora.

2. 11/08 – Nº 64: 'Como avalia a prestação da Polícia Nacional?' – *Lead*: José Belmiro S. Tavares, Enfermeiro. Tem feito um bom trabalho, apesar de precisar mais efectivos, principalmente, no terreno.

3. 12/08 – Nº 67: 'Como está a situação dos direitos humanos em Cabo Verde?' – *Lead*: Mário Benvindo, professor. Está bem, e temos verificado que existe uma constituição da República, que defende os direitos humanos, e Cabo Verde também tem assinado algumas convenções a esse respeito.

A decisão do governo e as críticas do 'Expresso das Ilhas', alegando a inconstitucionalidade da decisão, levou o 'A Nação' a tecer duras críticas ao que o director editorial do 'Expresso das Ilhas' argumenta da seguinte forma:

> A constituição é a defensora dos direitos dos cabo-verdianos, portanto defendemos que nada poderá ser feito à custa da opressão e denunciamos tudo aquilo que ponha em causa a liberdade e o Estado do Direito. Foi essa a nossa denúncia. No nosso Estado de Direito o lugar do exército é nos quartéis. É preferível morrermos do que ferirmos a constituição [..]. Optámos por defender a constituição e o Estado do Direito e a polícia viola muito o direito das pessoas. O Expresso é muito sensível a isso. E quando colocam o exército na rua procuramos oficiais de patente que nos dizem que o exército não está preparado para estar nas ruas. Depois em Cabo Verde o exército é um serviço obrigatório. E a sua mentalidade não é para respeitar o Direito Democrático (director de edição do 'Expresso das Ilhas', 10/06/2012).

O 'A Nação', com um entendimento diferente da Constituição, põe-se ao lado das populações, promovendo em alguns casos um discurso legitimador da repressão. Os espaços destinados aos artigos de opinião são o local privilegiado para dar mote à questão da insegurança. A seguir, pode-se ver o título e o *lead* de alguns artigos de opinião publicados no 'A Nação', em que a questão da insegurança é tornada como uma ausência de direitos humanos do cidadão comum:

1. 03/08 – Nº 26: 'Pelos trilhos da violência urbana' – *Lead*: denominador comum: medo. Este é o sentimento que, cada vez mais, mergulha fundo na alma dos residentes, destas, outrora, pacatas ilhas no meio do Atlântico. Não existe um único dia em que não se esteja confrontado com episódios, em vários pontos do país, de ataques contra pessoas ou contra propriedades. A situação mais preocupante é a da cidade da Praia – a capital do país.

2. 06/08 – Nº 48: 'A nação não está bem em termos de segurança' – *Lead*: a nação não está bem em termos de segurança. Hoje a capital do país tem gangs armados que disputam território a tiro: na Praia, como no Sal ou em São Vicente, pessoas são executadas, presumivelmente, a mando de "grandes" interesses; e, tanto na via pública como no domicílio, aumentam os assaltos à mão armada.

3. 09/08 – Nº 55: 'A violência criminosa na cidade capital de Cabo Verde continua – a solução, esta, contínua virtual' – *Lead*: poupem-me as respostas e as recções da praxe por demais óbvias e não menos fastiosas. O cidadão quer segurança enquanto estiver vivo, e não quando for transformado em pasto para os vermes, os decisores actuam em conformidade com a sua própria noção de oportunidade das acções correctivas e não podia ser de outra forma.

4. 09/08 Nº 55: 'Blog, a (in)segurança e a acácia com cara de um candelabro – *Lead* (…) É a cidade toda que se tornou numa grande zona crítica. A criminalidade extravasou de certos bairros e instalou o seu *modus operandi* na cidade toda. Os ladrões e os *thugs*, havendo alguma superestrutura que lhes apoie, têm de longe mais mobilidade e são de longe mais livres do que os honestos cidadãos. Devia ser ao contrário.

    a. 09/08 Nº 55: "'*Thugs*', família e modelo de sociedade" – *Lead*: um condutor de autocarro é ba*lead*o mortalmente, por assaltantes, um guarda prisional é atingido por cinco tiros e um taxista aparece assassinado na sua viatura.

    b. 09/08 Nº 55: 'Para combater o banditismo PM regressa às ruas, o povo aplaude e o líder do MPD protesta' – *Lead*: Finalmente, para a alegria dos cabo-verdianos, em particular dos praienses, a Polícia Militar (PM) voltou a patrulhar as ruas da capital e o povo aplaude. O Governo, que foi eleito para governar, ignorou a voz daqueles que preferem a insegurança a ter militares a controlar o movimento dos insurrectos. Nos cafés, restaurantes e outros pontos de encontro a conversa entre as pessoas tem sido a volta da necessidade de se devolver aos praienses a tranquilidade e segurança de outrora.

A posição editorial do jornal em relação à questão dos direitos humanos está elucidada na edição 68, de Dezembro de 2008, e no espaço em que o jornal deixa a sua opinião e escreve-se o seguinte:

Apesar de Cabo Verde apresentar uma boa folha no Relatório dos Direitos Humanos, cá entre nós, sabemos que nos falta melhorar algumas práticas. Violência doméstica, violação de menores e discriminação aos imigrantes clandestinos são alguns aspectos de que não nos podemos orgulhar. Outrossim, basta de dar atenção aos presos, muitos dos quais traficantes, assassinos e violadores, em detrimento das suas vítimas. Que os Direitos Humanos sejam aplicados às vítimas dos algozes que andam no meio de nós ('A Nação', 24/12/2008: 37).

Síntese final

O olhar quantitativo sobre o biénio 2008/2009 em análise mostra o seguinte:

- O interesse pelos direitos humanos é fraco, privilegiando as questões políticas, e o tratamento de alguns casos específicos não tem um seguimento e é abordado de forma superficial;
- Geralmente os direitos humanos não merecem grande destaque tendo em conta a sua localização no interior dos jornais, quer em termos do tamanho dos artigos, quer o seu destaque na primeira página. Em alguns casos, as agressões de gangues juvenis aparecem nas primeiras páginas, bem como as agressões policiais, mas não lhes é dado depois um seguimento nas outras edições e, em alguns casos, indo para a página interior apontada na capa do jornal, a notícia é curta e muito superficial;
- Em relação às fontes, as notícias baseiam-se quase sempre em fontes institucionalizadas ou anónimas. Em muitos casos, os jornais funcionam como que um tribunal de acusação popular;
- Os artigos mais relevantes estão relacionados com as violações dos direitos das mulheres e crianças. As agressões policiais e os tiroteios entre gangues juvenis são, normalmente, os que ocupam as primeiras páginas, quando ocorrem;
- Os artigos do tipo notícias são mais frequentes, não se investindo muito nas reportagens;
- Referências directas aos direitos humanos são feitas apenas quando são tornados públicos os relatórios do Departamento do Estado Norte-Americano, comemorações alusivas ao dia internacional dos direitos humanos ou em entrevistas ou artigos de opinião.

O olhar qualitativo sobre o biénio 2008/2009 em análise mostra o seguinte:

- Boa parte dos artigos do tipo notícia é feita a partir de denúncias de indivíduos quando entendem que os seus direitos foram violados;
- Tendência a posicionar-se do lado das vítimas, sobretudo, em casos de agressão policial e raramente se ouve o contraditório;
- As notícias não têm um seguimento e são abordadas de forma superficial, sem se distanciar muito da história contada pela vítima. Esta situação pode ser explicada pelo facto dos jornais terem saídas semanais e não diárias, o que o impede, em certa medida, o acompanhamento dos factos;

- Procura-se não criminalizar os jovens que acusam a polícia de abuso de autoridade, tratando-os quase sempre como inocentes;
- As denúncias policiais são, muitas vezes, acompanhadas por fotografias expondo as feridas corporais resultantes da agressão. Elas são menos apresentadas no caso das agressões contra mulheres e crianças.

Notas

1. Nome como se autodenominam alguns grupos de jovens delinquentes na cidade da Praia.
2. Convém salientar que estas questões surgem com maior frequência nos telejornais das televisões públicas e privadas dado sobretudo à maior popularidade deste meio de comunicação social na sociedade cabo-verdiana.
3. Plano Nacional de Acção para os Direitos Humanos e a Cidadania em Cabo Verde.
4. Alto Comissariado das Nações Unidas para os Direitos Humanos.
5. Programa das Nações Unidas para o Desenvolvimento.
6. Comité Nacional para os Direitos Humanos.
7. Comissão Nacional dos Direitos Humanos e da Cidadania.
8. Partido Africano para a independência da Guiné e Cabo Verde.
9. Associação apara a Solidariedade e Desenvolvimento Zé Moniz.
10. Movimento Para a Democracia.

Referências

Alvazzi del Frate, A., 2007, *Estudo sobre o crime e corrupção em Cabo Verde. Resultados de um estudo descritivo*, Praia: CCCD/UNODC.

Brito-Semedo, M., 2006, *A construção da identidade nacional: análise da imprensa entre 1877 e 1975*, Praia: IBNL.

Cerqueira, C. M., 2002, 'A polícia e os direitos humanos: estratégia de acção, in Pinheiro P.S.,& Guimarães, S.P., orgs., *Direitos humanos no século XXI. Parte II.* Brasília: IPRI/FUNAG, pp. 753-779.

CNDHC (2011), *I Relatório Nacional de Direitos Humanos (2004-2010)*, Praia: CNDHC.

CNDHC, 2007, *Plano Nacional de Acção para os Direitos Humanos e a Cidadania em Cabo Verde*, Praia: CNDHC.

De Brum, J., 2003, 'A hipótese da agenda setting: estudos e perspectivas', *Razón y Palabra*, http://www.razonypalabra.org.mx/anteriores/n35/jbrum.html. 21 Setembro 2012.

Donnelly, J., 2002, 'Direitos humanos, democracia e desenvolvimento', in Pinheiro,P.S., & Guimarães, S.P., orgs., *Direitos humanos no século XXI, Parte II.* Brasília: IPRI/FUNAG, pp. 167-208.

Évora, R.,2004, *Cabo Verde: a abertura política e a transição para a democracia*, Praia: Spleen Edições.

Fernandes, I., 2012, *Representação da violência de género contra a mulher nos jornais de Cabo Verde: uma análise de conteúdo de A Semana, A Nação e Expresso das Ilhas*, Dissertação de Mestrado, Porto Alegre: UFRGS.

Ferreira, I. L., 2004, 'Mal-estar em tempo de transição: jornalistas e governantes em Cabo Verde, 1991-1998', *Lusotopie*, pp. 295-313.

Koerner, A., 2003, 'O papel dos direitos humanos na política democrática: uma análise preliminar', *Revista Brasileira de Ciências Sociais*, Vol. 18, Nº 53, pp. 143-181.

Peça, M., 2012, 'Entre o real e o percepcionado: estudo exploratório do discurso mediático sobre a violência urbana na Praia (2005 e 2009)', in Pureza, J.M.; Roque, S. & Cardoso, K., orgs., *Jovens e trajectórias de violências. Os casos de Bissau e da Praia*. Coimbra: Almedina/CES, pp. 107-145.

III

História, 'Vulnerabilidades' Político-Económicas, Justiça e Desigualdades Sociais

9

Elites em São Tomé e Príncipe:
Os Lastros da História, as Peias do Presente

Augusto Nascimento

Introdução

Numa síntese grosseira, aventar-se-á que, no continente africano, após o falhanço dos projectos ideologizados de construção de países modernos e prósperos, parece esquecido o papel das elites políticas, mormente das que guiaram as colónias à libertação, construíram os países e que, prescindindo de algum voluntarismo, num certo sentido se renderam à (maior ou menor) abertura política e à economia de mercado. Paralelamente à desvalorização do Estado, a ideia de um papel normativo da ideologia na modelação social esvaneceu-se e a própria noção de elite migrou para uma espécie de limbo, como se a actuação política nada tivesse a acrescentar ao livre curso da economia.

Em São Tomé e Príncipe, o percurso foi algo diverso, talvez também por via de um residual sentido de exigência, herdado quer do exemplo de desempenho institucional do colonialismo, quer do ideário independentista assente na promessa de uma igualdade tida como imperiosa num universo micro-insular. Durante anos, o regime de partido único tolheu qualquer discussão política, mas nem por isso, no arquipélago, o empobrecimento deixou de ser considerado inaceitável.

Mais recentemente, em resultado de um ambiente político mais aberto e da assunção de um dever de protagonismo político e social em prol da sua terra, são-tomenses vêm questionando a capacidade institucional e o saber técnico dos decisores para solucionar os problemas do país[1], responsabilizando sucessivas governações pela pobreza nas ilhas. Aliás, a cada pleito eleitoral, os candidatos a governantes apresentam-se invariavelmente com um projecto de inversão da trajectória de empobrecimento e do crescendo de dificuldades económicas e sociais da população do arquipélago.

Na verdade, os alegados défices político e técnico potenciam-se reciprocamente. Os liames das lealdades atinentes à preservação das posições políticas e sociais como que impedem a aplicação pertinaz do saber técnico e de medidas políticas cruciais para o almejado desenvolvimento. Esta conexão leva a que, na análise da capacidade das elites – suposto campo de recrutamento de governantes –, o enfoque acabe por incidir na sua actuação política e, em particular, na governação.

Entre os constrangimentos ao desenvolvimento do país, elencam-se a fragilidade da elite e a consequente ausência de visões consistentes sobre as metas do desenvolvimento. Inversamente percebe-se que os pronunciamentos dos são-tomenses diferenciados se centrem numa avaliação sumária do desempenho governativo e do Estado, do qual, malgrado a multiplicidade de actores sociais no terreno, se crê depender toda a evolução do país. Uma das razões do limitado pendor crítico dos intelectuais relativamente à acção dos governantes tem a ver com a expectativa de cooptação para cargos de responsabilidade política, onde se alcançam garantias de futuro[2]. Tal forçosamente constrange a afirmação da elite intelectual são-tomense, a bem dizer, não muito distinta do universo de recrutamento de responsáveis políticos.

Por outras palavras, em São Tomé e Príncipe, onde a micro-insularidade não deixa de incutir contornos próprios à relação dos governantes com a população[3], na ausência de exemplos de práticas políticas e sociais mobilizadoras, não se distingue a elite, idealizada à luz de um papel de liderança política, intelectual e social voltada para o futuro, do grupo de potenciais dirigentes políticos[4] preocupados com a gestão do dia-a-dia. Daí, alguns inferem a inexistência de uma elite fora da área da governação ou na 'sociedade civil', enquanto o comum das apreciações sobre o comportamento das elites e o devir da sociedade acaba por incidir nos dirigentes políticos e nas questiúnculas partidárias.

Ainda que parcialmente plasmados pela apreciação fulanizada da política, alguns comentários versam a circunstância de os dirigentes são-tomenses ignorarem a necessidade de uma reflexão prospectiva sobre, por exemplo, as possibilidades de desenvolvimento sustentável e promotor da equidade social. Para alguns, essa demissão decorrerá da falta de hábito de discussão das práticas políticas[5], aqui e além, ainda imputada ao colonialismo. Também se poderá atribuir o alheamento de uma reflexão sobre o futuro do país, marcado pelas eventuais receitas do petróleo[6], à tentativa de preservação de vantagens baseada no acesso privilegiado à informação a tal respeito[7].

Enquanto isso, os dirigentes são-tomenses perseguem um estatuto de elite, definido por uma acção política com profundidade reflexiva, marcada pela responsabilidade social e por regras éticas, imagem pela qual, independentemente das suas práticas, desejam ser olhados interna e, sobretudo, externamente[8]. Para tal, os dirigentes aderem, quando inevitável e conveniente, a itens da agenda internacional, por exemplo, os respeitantes à boa governação e ao desenvolvimento[9], sendo muitos dos lemas cívicos e dos objectivos sociais importados das agendas internacionais.

Seja como for, é no campo político que a elite são-tomense se concretiza e se afirma, embora não necessariamente em conformidade com uma noção idealista de guia da sociedade e do Estado na procura de um futuro para o país e para os seus cidadãos. Numa perspectiva mais prosaica, a elite governamental empenha-se na sua reprodução e na preservação da sua hegemonia e das distâncias sociais. Com isso vem a laborar no reforço da sua posição económica, se necessário, à custa de lutas internas, e não forçosamente em nome de ideologias. Com isso, aliena a confiança por parte de uma população cada vez mais descrente dos *políticos*.

Conquanto cumpra não reduzir a análise do percurso de São Tomé e Príncipe à mera enunciação dos males herdados do colonialismo, o desempenho das elites (ou dos dirigentes) explicar-se-á em parte pela história das ilhas. A partir do escrutínio dessa história, poderão sopesar-se as repercussões da génese e do percurso da rala elite na era colonial nos actuais mecanismos de formação e de reprodução social das elites, assim como na condução do país após a independência.

Em todo o caso, devido a rupturas recentes – mormente a da independência –, a génese histórica já não será determinante para a formação e a reprodução das elites, hoje igualmente resultantes da aceleração das mudanças sociais e das respectivas implicações na rotação dos elementos da elite em lugares de poder, na sua composição e na contumácia ou volatilidade dos seus desígnios. Ainda assim, a história – adiante sumariada – não deixa de ser um elemento a ter em conta na avaliação das estratégias de preservação do poder e de reprodução das elites.

Ensaiando abandonar uma perspectiva algo etnocêntrica, tentar-se-á pensar a validade da noção de elites para o caso de São Tomé e Príncipe. Para alguns, aplicar tal noção configurará uma má opção teórico-metodológica por implicar uma transplantação mecanicista que não atende às especificidades arquipelágicas e por, afinal de contas, presumir uma visão normativa das elites e dos processos políticos vinculada à tradição cultural europeia e não à realidade local. Porventura, a (possível) superação de um tal viés residirá em enfatizar a historicidade da génese e da reprodução das elites são-tomenses. Assim, a análise destas e da respectiva actuação política e social implica uma abordagem que as insira no contexto das lógicas da história local e da relação desta com os sucessivos mundos pelos quais o arquipélago foi sendo facetado.

Amiúde, a citada crítica à ilusória validade das noções (por exemplo, de elite) vai de par com a assunção de uma especificidade das sociedades africanas, que, desse modo, seriam ininteligíveis para o aparato analítico eurocêntrico. Mas, salvaguardadas as especificidades, no arquipélago ainda prevalecerão valores políticos e morais tributários do contacto com padrões culturais europeus ao longo de décadas de colonialismo. Tal não justificará uma abordagem normativa a partir destes valores (enganadoramente tidos por universais). Mas, na medida em que parte do juízo da *rua* sobre a actividade política se socorre desses valores, mesmo se já esbatidos e reelaborados, e dos valores eurocêntricos da liderança política, ética e intelectual reivindicada há não muito tempo pelos políticos são-tomenses, abre-se algum espaço para o recurso a um crivo normativo das actuações políticas, o qual, ajudará a descrever e a situar as relações entre a elite (ou os dirigentes) e o comum da população. Em particular, ajudará a evidenciar o fosso político e social que a homogeneidade cultural tende, até por efeito da comparação com outros países africanos, a mascarar[10].

Noutros termos, por causa da história do arquipélago, importa (também) recuperar uma visão normativa socialmente difusa com implicações nas concepções de política, de Estado e de elites. Estas concepções são tributárias de uma sociedade são-tomense até há anos relativamente europeizada, com alguma homogeneidade cultural, onde o Estado tinha funções de ordenação social e, mais, de produção de uma coesão política plasmada por valores morais tidos por universais. Tal como no período final do colonialismo, também no pós-1975 os dirigentes independentistas se afirmavam vinculados a tais valores, sem embargo das violências perpetradas até inícios da década de 1980 (lembrando-se que consideração similar se deve tecer sobre a duplicidade das práticas coloniais).

Precisamente, a mutação social pós-independência corroeu padrões de regulação social de outrora, sendo hoje manifesto o seu esboroamento. Recentemente, a perda de consenso[11] político e moral foi sendo como que compensada pela reivindicação da qualificação de elites capazes de incutir eficácia na condução do país. O enfoque nas elites prende-se com o sentimento da necessidade de uma liderança conducente à inversão da perda económica vivida no país praticamente desde a independência[12].

Na falta de estudos empíricos[13], qualquer abordagem das elites do arquipélago será muito preliminar. Nas circunstâncias actuais, não se pode ir além de um texto exploratório acerca da difusa visão prevalecente sobre as elites e, daí, acerca do modo como, por exemplo, se encaram as possibilidades de afirmação da sociedade civil, as de participação política da população e, ainda, as possibilidades do próprio país.

Será difícil evitar alguns juízos, porventura infundados e de escasso alcance interpretativo. Em todo o caso, tentar-se-á contribuir para a compreensão da diferenciação social, das elites e da mudança social em São Tomé e Príncipe no passado recente e na presente conjuntura.

Um relance histórico

Em inícios de Novecentos, as elites da terra começaram a encarar-se como são-tomenses ou, dito de outro modo, a formular e a divulgar, com recurso a modernos instrumentos de propaganda, designadamente a imprensa, enunciações sobre o seu arquipélago como criador de indivíduos com uma identidade própria.

À época, a prestação intelectual da elite são-tomense foi notável, ainda que, no imediato, politicamente inconsequente. A elite são-tomense, cultural e afectivamente ligada à metrópole, seria neutralizada pelo racismo emergente desde finais de Oitocentos. Após a queda da República (1910-1926), dadas as condições políticas crescentemente adversas criadas pela Ditadura e, depois, pelo Estado Novo (1926-1974), a elite são-tomense não logrou impedir a aplicação de medidas gravosas que, na prática, derrogavam a cidadania dos são-tomenses e acentuavam a subalternidade social talhada pela discriminação racial e pela dominação colonial. De caminho, a elite são-tomense foi reprimida e, por fim, rendeu-se ao ideário imperial triunfante na década de 30. Por essa época, alguns dos mais notáveis são-tomenses foram coagidos a abandonar o território ou expatriaram-se à procura de oportunidades inexistentes na sua terra[14]. Apesar dos esforços de ilhéus na disseminação da instrução e do orgulho no seu desempenho social, em meados do século XX, a elite são-tomense era uma sombra da que pontificara nos primeiros decénios de Novecentos.

O fim da II Guerra trouxe novas condições políticas, entre elas, o desabar da crença na perenidade da ordem colonial como estruturadora do mundo. No arquipélago, o famigerado *massacre de 1953* ou massacre de Batepá poderá ter sugerido aos notáveis são-tomenses a necessidade de uma ruptura política com os colonos. Mas, para além de um antagonismo contido, também devido à repressão policial, esses são-tomenses ilustres quedaram-se pela inacção.

Mas não só. Tal como em épocas anteriores, apesar de se arvorar em representante dos são-tomenses, a elite cultivava a distância social relativamente aos seus conterrâneos e, sobretudo, em relação aos serviçais importados para trabalhar nas roças. E parte dessa distância derivava de relações mantidas com as autoridades e mais colonos, a que, note-se, dificilmente se escapava no exíguo espaço físico e social das ilhas. Ademais, ainda na década de 50 e, sobretudo, a partir dos anos 60, o poder colonial apostou na diluição do ressentimento causado pelos eventos de 1953 e na consolidação da imagem de paz política e social. Logo, no meio insular, era difícil a demarcação clara do colonialismo, concretizado na presença de europeus com que quase forçosamente se interagia todos os dias.

Devido a apriorismos ideológicos e políticos geradores de autismo político, sustentáculo da sua feição ditatorial, o poder colonial não promoveu elites locais politicamente moderadas. Ao invés, desqualificou-as pelo silenciamento das dissensões, pela cooptação para cargos subalternos e, ainda, pela sujeição à fidelidade à situação colonial, em virtude do que os são-tomenses tinham de esconder o seu eventual apego a uma solução independentista para a sua terra. Em resultado, indirectamente, o poder colonial alimentou o radicalismo entre os jovens expatriados, também induzido pela bipolaridade política do mundo de então. Vários estudantes saídos para a metrópole enveredariam pela militância nacionalista e, nesse sentido, afirmar-se-iam como uma vanguarda contra a passividade da elite dita tradicional ou da "terra".

Alguma tibieza política condenou esta 'elite da terra', outrora prestigiada pela sua relativa fortuna, mas entrementes ultrapassada pelo arrojo dos exilados. Como dissemos, os são-tomenses ilustres que ficaram pelo arquipélago tendiam a contornar o constrangimento da subalternidade de colonizados através do convívio com os europeus. Na realidade, esses ilhéus propendiam a mascarar a discriminação racial, ensaiando torná-la invisível para os conterrâneos deles dependentes, com quem, aliás, lidavam de acordo com rígidos crivos de diferença económica e de distinção social.

Protegida na sua posição intermédia pelo imobilismo da sociedade colonial, essa elite tradicional pareceu aliciada pela política de boa vontade dos derradeiros anos do colonialismo. Com efeito, melhoraram-se as condições económicas e de vida no arquipélago. Mas, salvo diminutíssimos retoques, a estrutura de poder permaneceu intocável[15]. Já referimos, reféns de uma ditadura, os governantes portugueses não acautelaram a perpetuação dos seus interesses de uma possível óptica neocolonial e, menos ainda, prepararam elites locais para uma transição política que sempre tiveram por inconcebível, fosse por cegueira ideológica (para que laboravam considerandos de índole racista), fosse pela pressuposta inviabilidade do arquipélago como país independente. Destroçada pelas mudanças no mundo e pela suposta aquiescência ao colonialismo, a 'elite da terra', cuja recusa do colonialismo não se afigurara desassombradamente inequívoca, foi varrida pelo fervor revolucionário do pós-25 de Abril[16].

Em 1974-1975, os jovens independentistas foram tidos como salvadores, facto que teve repercussões nos contornos do poder político no novel país. Dada a rejeição ostensivamente radical do colonizador, os até então exilados pareciam cumprir um desígnio inédito – pelo menos tanto quanto alcançava a memória dos vivos – na história do arquipélago. Com efeito, a partir do lema da solidariedade racial e da irmandade africana, os militantes independentistas posicionavam-se contra a exploração do homem pelo homem. Algumas divergências surgidas entre são-tomenses desde o 25 de Abril até à independência foram como que secundarizadas pela exaltação com a independência vindoura e com a expulsão do colono.

Em 1975, seguros de possuírem uma chave de interpretação do mundo e da natureza humana – a ideologia (de inspiração) marxista –, os dirigentes, que se criam uma vanguarda com a missão de guia espiritual, não quiseram imaginar o quanto os seus conterrâneos e os ex-serviçais (os importados décadas antes para o trabalho nas roças e respectivos descendentes) se viriam a mostrar refractários às suas propostas ou quão longe iria a resistência aos seus propósitos de criação de um *homem novo*. As mutações políticas, gradualmente conotadas com o empobrecimento, revelar-se-iam avassaladoras no tocante ao quotidiano, obrigando ao abandono de certos padrões de vida do tempo colonial. Fosse como fosse, não conseguiriam reverter o apego a modos da vida da terra e, em particular, a aversão a uma visão do homem centrada no desempenho laboral. Por isso, também aos olhos dos dirigentes do novel país, os seus conterrâneos pareceram sujeitos a atavismos contrários ao almejado desenvolvimento das 'forças produtivas'. A exploração pelos colonos não só fora ignominiosa como tolhera o desenvolvimento[17]. Mas nem por causa da independência os governantes são-tomenses lograram obter um maior esforço produtivo, na sua óptica, fulcral para o crescimento económico e para a futura distribuição da riqueza.

Os arautos da libertação do país tinham sido aceites não apenas pela rejeição do colonialismo como pela proposta de eliminação das diferenças de classe e, de caminho, de distribuição da riqueza criada na terra. Em 1974, a exploração e as desigualdades do colonialismo foram representadas como tão mais iníquas quanto se baseavam na diferença racial. Já no pós-independência, as diferenças não assentes na diferença racial, sendo apresentadas como transitórias, deveriam afigurar-se toleráveis. Foi na alusão à necessária dignidade do Estado são-tomense[18] que os dirigentes fundaram a legitimidade da sua distinção social, uma justificação possível para a prossecução de fins pessoais que, à medida que cimentavam o seu poder e riqueza, lhes pareceriam a todos os títulos legítimos[19]. Ao mesmo tempo, com amargura proporcional às crescentes dificuldades de sobrevivência, os mais velhos não deixavam de apontar o passado humilde dos 'moleques' tornados dirigentes.

Em 1974, o instrumento de modelação social resumia-se ao ideário político e aos propósitos voluntaristas de emancipação e de transformação dos homens e da sociedade. O voluntarismo implicou um apertado controlo social. Afirmando-se empenhada numa acção em prol dos conterrâneos, parte dos dirigentes – ao tempo tornados uma elite – julgava-se capaz por manipular as noções europeias de progresso e de trabalho, decretando que o desenvolvimento proviria do intenso engajamento produtivo.

Nacionalizadas as roças – alegadamente para escorar desígnios igualitários pressupostamente inerentes à colectivização dos factores de produção –, a sua estrutura laboral foi parcialmente mantida. Os dirigentes acabariam, embora de outro ângulo, por cair na questão que atravessara o colonialismo moderno, a da sujeição dos africanos aos ritmos produtivos convenientes para a acumulação de capital pelos europeus.

Não só não se alcançou o desenvolvimento, como as crescentes dificuldades económicas, particularmente nos difíceis anos 80, ameaçaram a sobrevivência dos são-tomenses em termos nunca imaginados nos derradeiros anos do colonialismo e no momento da independência[20], tanto mais que várias circunstâncias pareciam abrigar o arquipélago da fome. A pequenez era um dado da equação da viabilidade do país – amparado por Angola, lembre-se –, mas a natureza era pródiga e nada parecia obstar à divisão da riqueza, antes expatriada pelos roceiros, pelo conjunto da população. Porém, a despeito de tal cenário idílico, a população viria a passar por enormes privações.

Os independentistas também tinham arvorado o lema da igualdade, mas tal não foi logrado. Devido às políticas implementadas – relacionáveis com a preservação das posições sociais e com o intento da apropriação de réditos pelo Estado – os dirigentes foram responsáveis (e responsabilizados) pela perda económica das ilhas e dos são-tomenses.

Ao cabo de anos, juntamente com o desgaste causado pela imposição de fidelidades políticas no pós-independência, a perda económica concitaria uma sorte de criticismo que, embora sem reflexos aparentemente tangíveis na evolução política, acabaria por criar um ambiente favorável à mudança de regime político[21].

Nesse tempo, prevaleceu a convicção de que a recuperação do país passava pela renovação da classe política e, correlatamente, por novas formas de participação social e política. Da mesma forma, demandava-se (e demanda-se) a emergência de novas elites qualificadas técnica, científica e politicamente para um exercício do poder atinente à coesão social e, na circunstância, à superação definitiva dos problemas económicos e sociais avolumados durante quinze anos de partido único.

Tal como no tempo colonial, sem prejuízo de novas roupagens e de alguma mobilidade social na base, a elite gerada pela independência não só cristalizou como não ultrapassou a disjunção social relativamente aos menos diferenciados.

A recriação das elites em contexto de empobrecimento e de disjunção social: do atrofiamento de potenciais elites à nomenclatura com posses

O Movimento de Libertação de São Tomé e Príncipe (doravante, MLSTP) chegou ao poder com uma visão elitista: tomava-se como um grupo de iluminados, mormente pela militância em prol da independência e da reconstrução do país. Pretendia querer metas igualitárias que, todavia, significavam um fosso entre o comum da população e os dirigentes.

Após 1975, não se enveredou pela diversificação da vida colectiva nem pela criação de elites, ainda que se tenha erigido um grupo dirigente. Ao mesmo tempo que se personalizava o poder, vituperava-se o individualismo. Apesar de aparências em contrário, quis-se a sociedade são-tomense tutelada, a mobilidade social controlada e a emergência de elites contida, o mesmo é dizer, determinada desde cima. A preservação do poder – justificada, precisamente, pela feição visionária da equidade social a prazo[22] – tornou-se o principal móbil dos dirigentes políticos, que demandavam lealdade em troca de favorecimento.

O controlo político estendeu-se a todas as áreas da vida colectiva. Depois da independência, as opções económicas, nomeadamente na agricultura, foram tomadas em função de desígnios de controlo da sociedade, tentando eliminar potenciais tensões e conflitos. O MLSTP optou por preservar a estrutura produtiva instalada e, com isso, prevenir a mobilidade social, de outro modo eventualmente suscitada pelo desempenho económico variável de acordo com motivações e capacidades individuais.

De alguma forma, esta política económica também visava o controlo do acesso ao círculo do poder ou, no fim de contas, da reprodução de um grupo restrito, supostamente distinto pela sua função de vanguarda política, conquanto essencialmente composto de indivíduos escolhidos pela sua lealdade face à liderança política personalizada. Concomitantemente à concentração de poderes na cúpula do MLSTP, afunilou-se o campo de recrutamento dos dirigentes e, naturalmente, cresceu a dissociação entre os protagonistas do poder e a sua base social de apoio.

Também por causa deste fosso crescente entre dirigentes e a população, no pós-independência ocorreram sucessivas dissidências no MLSTP, o que, sendo atribuível às vicissitudes próprias de processos de mutação política e social, deve ser tomado como indicador do peso dos constrangimentos políticos e sociais, do défice de capacidade política e técnica para a complexa condução do país e, ainda, do rompimento do consenso em torno dos desígnios do líder, Pinto da Costa. Em resultado dessas dissonâncias, militantes saíram do arquipélago ou abandonaram o MLSTP. Mais uma vez, perdiam-se elementos qualificados, não só em virtude da evolução política[23], quanto também pelas escassas oportunidades para os quadros que aspiravam a alguma ascensão social fora da política.

Dito de outra forma, na cúpula política foi-se privilegiando a prossecução de interesses pessoais, que, mais do que propósitos políticos ou metas ideológicas, guiariam os políticos já desde os tempos do exílio. A título de hipótese, aduz-se que, após 1975, os dirigentes do novel país terão reproduzido a luta pessoal pela proeminência que remontava aos tempos de exílio, do CLSTP e do MLSTP[24]. Perante a aparente resiliência de tais condutas, alguns consideram como inevitável a conflituosidade subsistente nas ilhas.

Como se referiu, a contenção política e a concentração da autoridade na cúpula do MLSTP serviram para neutralizar politicamente alguns opositores, empurrando-os, tanto pela ameaça quanto pela falta de oportunidades de sobrevivência, para o exílio. Por conseguinte, desperdiçou-se parte do saber necessário à salvaguarda das instituições e ao desenvolvimento do país. Prolongando a expulsão dos colonos, esse afastamento de pessoas qualificadas teve efeitos corrosivos que não se esgotaram no mero défice de competência técnica. Esta competência ligava-se a uma ética de procedimentos burocráticos e administrativos, transmitida à sociedade, pela qual, porventura tanto quanto pela posse de bens, a população aferia da equidade social. Ora, ao mesmo tempo que se revelava incapaz de garantir serviços e bens, firmando a convicção popular de estar ao serviço do grupo restrito da cúpula dirigente, a administração estatal, instrumentalizada pelos dirigentes do MLSTP, tornava-se sinónimo de discricionariedade, mais gravosa em tempo de carência extrema de bens essenciais como, por exemplo, leite, pão, água e electricidade.

A prazo, também por esta via se esboroou uma ética de trabalho, sedimentada pelo desempenho das instituições coloniais ao longo de decénios, e se corroeram as relações sociais[25] e a coesão política, gradualmente identificada com a estrita adesão aos desígnios revolucionários, quando, diferentemente, ela deveria ter assentado na participação nas instituições, o mesmo é dizer, na integração política da população. Obviamente, à medida que os desígnios revolucionários se tornavam uma canga, esboroava-se essa coesão política.

Concomitantemente à desregulação social, em muito devida à perda económica e à falência das instituições, incentivava-se a população a participar em rituais políticos e em assembleias esvaziadas de efectiva capacidade decisória. Apesar das proclamações ideológicas em contrário, a actividade política tornara-se um exclusivo dos dirigentes, recrutados de acordo com os preitos de lealdade e as afinidades clientelares. Um grupo restrito de novos dirigentes decidia (não raro, casuisticamente) à margem das estruturas oficiais de representação e decisão política. As lealdades pessoais tornavam-se mais importantes do que a institucionalização das relações sociais e das decisões políticas.

Ora, este proceder manteve-se como que inalterado, sobrevivendo à mudança, em 1990, do regime de partido único para a democracia representativa. Embora abrindo espaço para novas vias de acesso à proeminência económica e social (que já não apenas a partir da alocação estritamente política das oportunidades), o regime multipartidário não trouxe uma revitalização dos desempenhos de elite conducentes ao reforço da coesão política e social[26].

Como noutras transições políticas, a mudança para o multipartidarismo foi conduzida por pessoas com pouca prática de procedimentos democráticos[27]. Diga-se, tal não tem sido óbice maior a um elevado padrão de respeito pelos direitos humanos, designadamente pelos direitos políticos e civis. De igual modo, em termos formais, na cúpula do Estado têm-se observado as regras do funcionamento democrático.

Porém, sem embargo da rotação de maior número de indivíduos pelo poder, como se disse, da liberalização política não emergiu uma nova elite ou, noutros termos, esta não terá contribuído decisivamente para uma delineação de um horizonte para o país, nem alterado a sua distância face ao comum dos cidadãos.

Para além das mudanças políticas, permanece uma classe-Estado ou, consoante as apreciações da *rua, políticos* que pautam a sua conduta pela duplicidade e pelo enriquecimento. Nas ruas, a cedência a visões estereotipadas acerca da natureza humana – e, por vezes, à racialização das condutas, na esteira do sucedido no tempo colonial – leva a não esperar dos dirigentes um comportamento consentâneo com uma liderança idealizada em prol da sociedade ou tão-só de acordo com as suas promessas políticas.

Ainda que conceptual e analiticamente cumpra distinguir elite de classe-Estado, no arquipélago, a elite tende a resumir-se à nomenclatura. A elite – ou classe-Estado, porquanto o desempenho de cargos políticos é principal fonte de enriquecimento e, daí, de distinção social – tende a eleger como alvo a instrumentalização do Estado (e das ONG's) para sedimentar a sua proeminência económica[28], assente, não na criação de riqueza, mas nos ganhos decorrentes da gestão dos fluxos financeiros. Como no regime de partido único, também após a liberalização política se acentuou a diferenciação entre a classe-Estado e o grosso da população. E se, como se aduziu, a relativa homogeneidade cultural no arquipélago tende a obnubilar o desfasamento entre os discursos entre governantes e as vozes dos governados, o certo é que esse fosso crescente labora no sentido de tornar rala a coesão política e social.

Note-se que, embora em diferente escala, a elite partilha com a população a dependência do Estado. A elite (ou os sujeitos politicamente proeminentes) não se distingue da população no tocante à expectativa do papel do Estado interveniente nas várias áreas da vida social, desde a económica à cultural. Assim, os proeminentes esperam apoio económico para os seus empreendimentos, enquanto, acrescente-se, a população (des)espera por uma política de cariz assistencialista que atenda às necessidades básicas.

Diga-se, na esteira do sucedido no tempo colonial e embora com diferenças de natureza política e social, em 1975, o Estado foi alcandorado a instância fulcral do devir são-tomense[29]. Mais, o Estado tornou-se, por via do seu protagonismo económico, uma instância determinante para a sobrevivência dos indivíduos. Na realidade, e não obstante o recuo das suas funções sociais e da sua autoridade, em São Tomé e Príncipe, o Estado manteve-se como instância económica crucial, quase omnipresente no imaginário popular. Actualmente, tende a requerer-se do Estado um ambiente favorável às iniciativas económicas. Todavia, na prática, o Estado é, não um regulador, mas um decisor da atribuição de recursos e de oportunidades, inevitavelmente em favor de uns e em detrimento de outros. A crença na ideia de que um crescimento económico forçosamente se repercute num ganho, ainda que diferenciado, para toda a população, não tem curso em São Tomé e Príncipe ou é preterida pela percepção, escorada no percurso pós-independência, de que as oportunidades, escassas e, sobretudo, irrepetíveis, se destinam apenas a alguns.

Pela dependência do Estado – plataforma de fluxos de capitais e de oportunidades – e pela percepção da sua valia na organização da vida colectiva, não é expectável que o Estado se desagregue completamente (ou que seja, sequer, reelaborado de acordo com imaginados padrões de vida local que lhe confeririam uma suposta autenticidade são-tomense ou africana). Apesar de objecto de múltiplas apropriações, de investimentos e de impulsos hegemónicos de vários sujeitos com maior ou menor suporte de grupos sociais, o Estado, apesar de debilitado e ineficiente[30], permanece como referência ordenadora da sociedade para os múltiplos actores políticos e sociais, conquanto não necessariamente para indivíduos situados nas margens do escasso amparo social. Estes socorrem-se de esquemas informais de sobrevivência, enquanto vai baixando o seu nível de necessidades básicas.

Numa sociedade em profunda mutação, com desequilíbrios sociais graves, o processo de reprodução e recomposição das elites (ou, nalguma medida, dos dirigentes) não se faz sem conflitualidade, mesmo se contida nos parâmetros da adversidade democrática. Embora possa não ser pertinente para explicar a actualidade, vale a pena lembrar que, em vários períodos da história do arquipélago, se encontram episódios de manipulação das instituições para neutralizar adversários. Tal também parece suceder actualmente com a instrumentalização do Estado para aumentar vantagens e arredar adversários. A conflituosidade – parte dela descrita, na gíria política, como 'instabilidade institucional' – confirma a percepção popular de que o fito dos governantes é o bem próprio e não o bem comum. Sabemo-lo, a percepção popular é enviesada, mas, em todo o caso, levanta a questão dos fins da acção dos políticos, os quais, segundo os crivos (aparentemente simplistas) das pessoas da rua, não inspiram confiança.

Este sentimento popular, progressivamente arraigado desde a independência, começa a ter tradução em estudos e opiniões que se debruçam sobre as elites, as respectivas performances e o futuro do país. Como se disse, actualmente questiona-se a capacidade da liderança política e técnica e, daí, também a indefinição de um modelo de desenvolvimento para o arquipélago, matéria tão mais pertinente quanto vai assentando a convicção dos riscos ligados ao uso desacautelado de possíveis receitas do petróleo, que, de resto, teimam em tardar.

Em parte, tal prende-se com o amparo político e económico à formação de uma nova classe dirigente por parte do poder no pós-independência. Conformemente ao observado noutras partes de África, com a política de estatização da economia decretada pelo MLSTP, o Estado tornou-se num agente económico quase único, com o que se fomentou o crescimento da burocracia. Com isso, o MLSTP confirmou a centralidade ao Estado, tornando-o esteio de políticas sociais (mormente no domínio da educação) supostamente inculcadoras de identidade são-tomense e tendencialmente promotoras de coesão política. Porém, a opção de estatização também fez do Estado uma instância política facilitadora da acumulação económica de certos indivíduos, o mesmo é dizer, que se tornou plataforma de criação e de reprodução das elites. O grosso da actual elite (aqui sinónimo do conjunto dos indivíduos economicamente diferenciados que giram em torno do poder) constituiu-se como tal a partir do acesso às possibilidades económicas proporcionadas pela ocupação de cargos cimeiros no Estado.

Este processo foi evidenciado pela liberalização económica, iniciada ainda antes da mudança política mas muito mais arrastada no tempo. Por exemplo, o processo de distribuição de terras tornou especialmente visível a transformação da elite político-burocrática em grupo possidente, que não necessariamente empreendedor. Como era previsível, o tirocínio político não se transmudou num desempenho económico. Mais, o propalado incumprimento dos políticos qualificados de empresários legitima o incumprimento generalizado de obrigações contratuais e acentua a desregulação das relações económicas e sociais[31], iniciada, aliás, ainda durante o regime de partido único.

Visões globais e projectos políticos enformados por valores ligados a uma dada consciência social (propagandeados, por exemplo, em 1974-1975) cederam ao peso do poder económico e às relações mantidas por conta das práticas de *rent seeking,* seja a da apropriação da terra, seja a induzida pelo horizonte do petróleo.

No arquipélago, salvo raras excepções, a diferenciação económica e social não se desdobrou num desempenho de elite[32], que cumpre distinguir de actos paternalistas ou de mecenato com maior ou menor cálculo político. E, num certo sentido, uma definição da elite insular terá de ser muito abrangente e lassa[33], pouco compaginável com uma liderança política, socialmente prezada pelo compromisso na inculcação de valores e na promoção de metas cruciais, entre elas, o combate à pobreza. Justamente, o juízo popular acerca dos dirigentes é o oposto desta idealização. À elite – noção ausente da percepção popular, para a qual apenas existem os 'dirigentes' ou 'políticos', quando não os 'ladrões' e 'corruptos' – pertencem os economicamente diferenciados que orbitam na área de poder e que, por via das benesses do Estado, majoram a sua riqueza relativamente aos padrões vigentes no arquipélago.

Aparentemente, os proeminentes locais têm cada vez mais posses e, numa razão directa, alguns deles terão cada vez menos laços com a terra. Alguns não terão a riqueza no país[34] e, afora laços clientelares e familiares e certos traços culturais, cuja relevância social e política poderá tender a decrescer, já têm pouca afinidade com o grosso da população.

Dada a sua pobreza, muitos são-tomenses encontram-se arredados da cidadania, excepto no particular do direito de voto, de que parte substancial prescinde. Portanto, cava-se o fosso entre elite e a restante sociedade, acentuando-se os traços de disjunção social.

Actualmente, que elites? A demanda da representação política e de compromisso social

Alguns inferem das tarefas de reconstrução das sociedades uma visão supostamente indiscutível sobre a necessidade de elites, isto é, de um desempenho político diferenciado que, simultaneamente, fomente a integração e coesão políticas e mobilize a população para objectivos políticos e sociais consensuais. No arquipélago, sob variados matizes – seja um relatório de consultoria, seja uma opinião mais panfletária onde se recusa a realidade política actual –, textos e documentos sobre o devir do arquipélago pautam-se por um tom fortemente crítico do desempenho dos políticos, a que alguns reduzem a elite local. Nesses escritos concorrem desilusões, idealizações que não colam à realidade, rendições perante um curso da história que parece insusceptível de inflexão e, ainda, intuições relativas à eventual continuação da trajectória de perda do país, à primeira vista confirmadas pelas sucessivas desilusões com a acção de políticos eleitos, não raro, pelas suas promessas de mudança e de regeneração da vida colectiva. Embora rareiem os estudos, lavram-se tomadas de posição. Mas, por efeito da redução das várias vertentes da vida colectiva à luta político-partidária, o comum das enunciações tende a ser tomado como parte da barganha política (quando não pessoal) e como indício da vontade de chegar ao poder. Tal imputação de intenções terá um fundamento: hoje, quando não dependentes de lógicas clientelares, desarticulados ou, ainda, fora do país, os elementos qualificados e capazes de desempenhar funções diferenciadas não deixam de estar cativos da dura sobrevivência no dia-a-dia, experimentada pelo grosso da população, destino a que, obviamente, todos desejam poder fugir.

Como se chegou aqui?

Cumpre relembrar que, a pretexto da autenticidade da pertença são-tomense, se arredaram companheiros de luta política, entrementes desafectos porque inconformados com a centralização do poder. Instilaram-se o receio, a duplicidade e o calculismo, criando-se um ambiente avesso ao florescimento de elites e à sua intervenção no (reduzido) espaço público, ademais, avassalado pela hegemonia dos *slogans* políticos e ideológicos.

Nalguma medida, a fraqueza da elite reflectiu a debilidade do projecto nacional. A tendência para o enquistamento do núcleo decisório foi-se acentuando e, sem prejuízo das dificuldades da comparação, não terá sido menor depois da independência do que o fora no tempo colonial.

Relacionada com este fechamento, após 1975 perdurou uma outra similitude com o colonialismo, a saber, a do monopólio do relacionamento com o exterior, que os dirigentes guardaram para si. Afinal, esse monopólio, que tinha sido o garante da supremacia dos europeus e, em espacial, dos roceiros, continuaria a proporcionar oportunidades aos dirigentes, que se apossaram do novel Estado, instância de mediação das relações externas.

Após anos de aparente imobilismo, o quadro alterou-se radicalmente e as relações externas ganharam múltiplas dimensões. Porém, perdurou uma dinâmica de atrito entre os que ficaram e se apropriaram do poder e vários expatriados que não perdem de vista a deriva da sua terra. É do exterior, onde o acesso a cargos políticos na terra se afigura muito mais improvável, que emana parte substancial da crítica à fraca capacidade técnica e institucional da elite ou dos dirigentes.

No arquipélago, desvaloriza-se o que é dito e escrito no exterior[35]. Por exemplo, entre os inconvenientes da formação fora do país[36], aponta-se o desajustamento dos contributos do exterior para a resolução dos problemas sociais e das propostas de desenvolvimento elaboradas sem ponderação da realidade local. Independentemente da pertinência deste diagnóstico, assim abstractamente formulado, ele poderá dar azo a um fechamento de perspectivas e à prevalência de juízos arbitrários e enfeudados à lógica clientelar que parece prevalecer em São Tomé e Príncipe, onde, note-se, as elites também não cuidam de avaliar o fosso entre as suas proclamações e as reivindicações da população.

Por ora, os expatriados qualificados não têm possibilidades de um efectivo protagonismo. Desde logo, porque a diáspora não tem a profundidade histórica, a dimensão demográfica e o peso económico e social comparáveis aos de diásporas de outros países. Depois, porque não elencando a emigração como uma prioridade da política, as autoridades são-tomenses não contemplam, senão ocasionalmente e com propósitos de celebração ou de cálculo político, o papel da diáspora. De certa forma, os elementos da diáspora são tidos como indivíduos tornados diferentes. Nestas circunstâncias, o contributo da diáspora para a renovação das elites e das práticas políticas deverá permanecer mínimo.

E, não obstante este alheamento face ao contributo dos expatriados, é interessante notar como, em mais de três décadas de independência, os líderes chegaram de fora, fosse, literalmente falando, do território, fosse do sistema político e do círculo das cumplicidades políticas operantes na terra[37]. Com efeito, em sucessivas conjunturas históricas, foi como se a demanda de individualidades com contornos redentores sobrepujasse a crença nos elementos diferenciados a viver na terra. Tal indiciará o escasso reconhecimento de individualidades locais, seja pela avaliação dos seus percursos – depreciados pela própria condição em que as ilhas jazem –, seja por uma espécie de tendência de uma micro-sociedade dependente e pobre para gerar expectativas relativamente a figuras salvadoras porque supostamente não contaminadas pela perdição da terra.

Tal não significa necessariamente um prenúncio para o futuro, mas como que denota alguma incapacidade local de produção de personalidades políticas com reconhecimento e, por conseguinte, com capacidade de liderança. Num outro contexto político, essas figuras poderiam emergir de um desempenho de elite que contemplasse, por exemplo, debates aprofundados sobre as soluções para os vários problemas políticos e sociais. Numa síntese grosseira, dir-se-ia que a evolução recente parece provar a incapacidade da sociedade insular de produzir elites. E, sendo assim, de fortalecer lideranças e de propiciar consensos.

Ora, uma convicção difusa da dificuldade de forjar elementos com reconhecimento social pode aumentar a descrença, fazer germinar sentimentos anti-sistema e impelir a pulsões favoráveis a mudanças de regime político a que, quase invariavelmente, se juntam justificações alusivas à imperiosa regeneração do tecido social, mandantes incluídos.

Na realidade, diferentemente de outrora, o conformismo popular perante a canga do empobrecimento já não está sozinho no cenário político são-tomense. Devido à abertura política, ao maior relacionamento externo e às mudanças no mundo, lavra maior consciencialização dos direitos individuais e, correlatamente, das feridas sociais. No limite, a demanda para as resolver pode transmudar-se na reivindicação de um *pulso forte* que reponha a ordem e os valores. Independentemente dessa consciencialização vir, ou não, a revelar-se operante, o desempenho dos políticos – na circunstância, a elite existente – tornou-se objecto de escrutínio social[38]. O sentimento geral é o de um vazio de ideais e, consequentemente, de lideranças numa sociedade pautada por uma lógica entrópica e atomizada. Esse sentimento parece corroborado pelo facto de os indivíduos diferenciados exibirem códigos culturais, comportamentos e bens, de que parte substancial dos são-tomenses está apartada.

Num certo sentido, a proeminência e a dominação assentam hoje num consenso tácito no tocante à democracia, supostamente enraizada na idiossincrasia dos são-tomenses (como sustentam alguns ilhéus, que nem por isso abdicam de defender a adaptação local dessa democracia), na rendição à ideia de que não há sistema político melhor (até por força da conjuntura internacional) ou, ainda, na indiferença perante a política. Dir-se-á, o conformismo que se adivinha nalgumas atitudes sugere que as (potenciais) elites se mostram incapazes de idealizações políticas e sociais mobilizadoras dos são-tomenses. Logo, a espaços, estes quedam sensibilizados por um ou outro *slogan* político, mas, cada vez mais, pelo *banho,* denominação da generalizada compra do voto com a oferta de bens ou com dinheiro.

Aparentemente, a maioria dos políticos parece rendida à necessidade do *banho*[39]. O *banho* vem em crescendo, praticamente inviabilizando a afirmação de quem não passe pelas lealdades com que acede a meios financeiros para competir politicamente. Com isso se desincentiva a participação política e a emergência de elites capazes de mobilizar contributos de diversa ordem para a composição social em São Tomé e Príncipe.

No que, a meu ver, traduz alguma perplexidade, adesão a modismos e, ainda, intuição da incapacidade de determinação do futuro, a auto-representação da elite são-tomense passou do viés eurocêntrico[40] para a pretextada adesão às raízes culturais africanas. Enquanto isso, assiste-se à pulverização das arquitecturas morais e sociais de outrora e à consequente perda da tutela política e cultural sobre as "massas", mais atreitas a visões do mundo à primeira vista arredias da política, por exemplo, as religiosas.

Em jeito de síntese, tal equivale ao falhanço da promoção activa da cidadania e da participação política, metas das quais alguns dirão, com uma lucidez que se poderia chamar de resignação, não serem tarefa de um governo, nem sequer de uma geração.

Notas conclusivas

É possível que o padrão de actuação das elites seja tributário não apenas das ideologias, do pragmatismo (com maior ou menor verniz técnico e burocrata) ou, ainda, da contingência que parece guiar a política são-tomense, mas também da história. Perduram as semelhanças com o colonialismo, tempo de criação de uma nova sociedade por meio da imposição de um apertado controlo social. Não sendo uma herança incontornável, a rigidez da sociedade colonial foi mantida no pós-independência por convir aos dirigentes que, previsivelmente, justificavam (e justificam) as diferenciações sociais pelas desigualdades herdadas do colonialismo. Por quanto tempo padrões relacionáveis com a história e, concretamente, com o passado colonial prevalecerão, balizando as condutas políticas e sociais, impedindo a emergência e a recriação de elites e, eventualmente, a mobilidade social e o desenvolvimento? Parecendo evidente que o colonialismo tem responsabilidade na falta de elites, também se alvitrará que os são-tomenses – mormente os que têm responsabilidades políticas – parecem menos sensibilizados para a premência de actuações políticas que, pelo menos, confiram fiabilidade à interacção política e à acção governativa, prevenindo rupturas sociais.

A coberto da construção do socialismo, primeiro, e do combate à pobreza, depois, não se encetou uma discussão sobre as raízes e a perpetuação das diferenças económicas nem sobre as distinções sociais produzidas desde a independência. Nas ruas, tais processos são percebidos como inter-relacionados a partir da convicção de que os percursos de enriquecimento se devem ao malbaratar dos recursos, quando não à corrupção.

Enquanto isso, as elites permanecem vinculadas ao Estado sem meios próprios de distinção, sem o apoio de instituições independentes do poder político e sem ligações externas que lhe amparem um desempenho política e socialmente autónomo. Contra as peias sociais, dir-se-ia uma necessidade a afirmação das elites, traduzida na distância face aos políticos, no fortalecimento da sociedade civil e no alargamento do espaço público. Para isto, o papel das elites afigura-se crucial.

Porém, estas parecem enredadas no ambiente de pobreza das ilhas. Rareiam as tentativas de (auto-)tipificação das elites, da sua génese e da sua reprodução, bem como as reflexões sobre as consequências destes processos no devir social. Tal alheamento tem como efeito a ausência de um sentido de premência da representação política e social plural e, bem assim, das respectivas implicações na modelação da sociedade. Neste particular, até pelas dificuldades políticas, o exercício crítico é substituído pela idealização do arquipélago, conducente a modismos vertidos, por exemplo, na expressão *ilhas maravilhosas*. Incumbindo-se da elaboração de uma súmula cultural, eventual esteio de uma moral dos laços sociais e políticos, alguns intelectualmente diferenciados lembram o necessário encontro com as raízes africanas, como que pretendendo reinventar uma tradição à margem da modernidade que, para o comum dos são-tomenses, se há-de traduzir no acesso aos bens de que os considerados privilegiados não prescindem.

De alguma forma, o discurso laudatório de uma identidade própria pretende repor um espaço de autonomia e de determinação do destino, como se o girar do mundo e, diga-se, do arquipélago não fosse determinado desde fora. Repor parte da capacidade de determinação do futuro nas mãos dos são-tomenses implica, mais do que agitar lemas panfletários de matiz supostamente africano, lucidez e corajoso espírito crítico face a práticas governativas que traçam fronteiras sociais dentro do arquipélago, apartando são-tomenses entre si.

Este será o desempenho de elite de que o arquipélago carece. Vai sendo urgente reparar o fosso entre a elite e os governados empurrados para as duras circunstâncias da vida moderna sem beneficiarem dos ganhos da modernização, mas, em todo o caso, crescentemente conscientes dos seus direitos a viver como os demais homens noutras partes do mundo. De outra forma, e na falta sequer de representação política, os marginalizados deixar-se-ão tomar pelo desânimo, avultando, então, o ressentimento pela injustiça da irreparável assimetria entre eles e os *políticos,* uns e outros são-tomenses.

Notas

1. Por exemplo, Bonfim, F., (2001: 7).
2. Carvalho menciona a faculdade que o poder político tem de distribuir rendimentos e de, com recurso a critérios de inclusão/exclusão, alocar, ou não, oportunidades de promoção socio-profissional como meio da sua própria legitimação. Logo, a crítica social queda condicionada pela expectativa dessa decisão, o que justifica, por exemplo, algum oportunismo ou passividade da parte da elite intelectual, cf. 2001: 113.
3. No futuro, talvez importasse estudar a importância desta elite de dirigentes e a relação com o grosso da população, que se reveste de especificidades derivadas da micro-insularidade.
   Por exemplo, segundo alguns autores, até hoje as movimentações sociais internas contaram pouco na determinação do curso do país, um dado relevante para avaliar as modalidades de participação social e o papel das elites nas instâncias políticas e no ralo espaço público arquipelágico.
4. Mata distingue elite, capaz de pensar valores com "projecção societária", de "classe dominante", equivalente a 'classe social' (2004:90), comummente identificada com classe-Estado.
5. Veja-se Mata (2004: 89-90).
6. A existência de petróleo na Zona de Exploração Conjunta com a Nigéria e na Zona Económica Exclusiva poderá suscitar uma política de *rent seeking,* a qual, a exemplo do sucedido outrora com demais fontes de riqueza no arquipélago e noutros países, se poderá revelar avessa à mobilidade social e, em última análise, ao desenvolvimento.
7. Em disputas eleitorais não muito distantes, a questão do petróleo foi um tema tabu das campanhas, o que, por si, indicia o pouco apreço pela participação dos cidadãos na vida política.
   Já nas eleições de 2010, alguns dos virulentos lemas contra o governo em exercício diziam respeito ao alegado roubo do petróleo são-tomense que, de conúbio com Portugal e Angola, o governo então derrotado se prepararia para perpetrar; a este respeito, veja-se Nascimento (2010).
8. É difícil ser taxativo, mas talvez se possa dizer que a imagem politicamente aceitável no exterior pode funcionar como factor de restrição das condutas políticas, mormente por causa do volume não despiciendo dos financiamentos externos.
9. Alguns críticos da dependência do país de agendas externas – por vezes, de alcance inconsequente, contraditório e até contraproducente – aludem à necessidade da reelaboração local dessas agendas. Mas, frequentemente, limitam-se a essa anotação de pendor emblemático.
10. Em todo o caso, a despeito da relativa homogeneidade cultural, na *rua* vai grassando a percepção da disjunção entre governantes e governados. Assim o indica a sem-cerimónia com que nas ruas os políticos são apodados de *ladrões.*

11. De modo algum se adopta um apriorismo teórico relativo a um consenso ou a uma auto-regulação como um fim ou um factor necessariamente constitutivo das sociedades. Tão-somente se considera que, ainda na época colonial, se começara a tecer um acordo tácito em torno de condições básicas de vida, o qual, nas convulsões do advento da independência, o MLSTP não negou, antes pretextou querer aprofundar.

12. Se, nos derradeiros anos, se parece ter contido o avolumar da pobreza, a verdade é que a percepção de empobrecimento é a que prevalece, seja em resultado da trajectória desde a independência, seja por causa das crescentes assimetrias económicas.

13. Em parte, a falta de estudos empíricos sobre as elites prende-se com a escassez de produção científica no arquipélago. Realcem-se trabalhos de são-tomenses onde a questão das elites foi tocada, a saber, os de Feliciana Bonfim ou de Arlindo Carvalho. Essa falta de estudos também derivará da inexistência (adiantam alguns) ou da debilidade das elites e, por extensão, da sociedade civil, que tende a ser absorvida pela política (por exemplo, Nascimento 2007a). Na realidade, escasseiam as possibilidades de realização cultural, económica e social fora do exercício do poder e da correlata apropriação e instrumentalização do Estado. Mas a disputa e o exercício do poder, como, a outro nível, a luta pela sobrevivência, também não deixam muito espaço para outras formas de realização individual e colectiva, quiçá típicas da condição de elite.

14. Nascimento (2005).

15. Retrocedendo, relembre-se que, para combater as críticas nos *fora* internacionais, as potências coloniais puseram na ordem do dia questões como a do desenvolvimento e, por arrasto, a da valorização do trabalho africano. Após a II Guerra, o desenvolvimento emergiu no discurso oficial, qual instrumento de legitimação do poder colonial contra um ambiente internacional hostil e contra o criticismo nacionalista (por exemplo, Young 2004: 27). No arquipélago, mais do que desenvolvimento, falou-se de metas de índole social. Por exemplo, providenciou-se mais educação e saúde. Ter-se-á tentado aumentar as receitas fiscais, durante décadas limitadas pela influência dos roceiros, e, possivelmente, houve lugar à ajuda financeira da metrópole colonial. Nos derradeiros anos do colonialismo, não se descurou o equilíbrio financeiro da província, mas apostou-se na promoção do bem-estar da população através do aumento dos rendimentos disponíveis e da ampliação dos serviços sociais (numa perspectiva comparativa, e salvaguardadas as diferenças, atente-se no diagnóstico do assistencialismo no período do tardo-colonialismo em Cabo Verde, cf. Silva 2001. Ao tempo, a governação parecia pautada pela convicção da perenidade da arquitectura política colonial. Alguns ilhéus prosseguiriam estudos na metrópole, com que se iniciava, cautelosamente, a respectiva promoção social.

16. Apesar do voluntarismo transformista imperante após 1975, os laços familiares laboraram no sentido de os decisores políticos terem alguma deferência para com os sobreviventes dessas famílias, em tempos idos, ilustres. Mas o reconhecimento de uma certa distinção apenas os isentava de obrigações demandadas ao comum dos *nacionais*.

17. Previsivelmente, e à medida que avultavam as dificuldades, os dirigentes acusaram o colonialismo de ter obstado ao desenvolvimento. Não se trata de uma acusação infundada, mas merece ser avaliada. Se, com essa alegação, queriam assinalar o que a extroversão económica continha de contrário à criação de dinâmicas internas de acumulação, os dirigentes independentistas estavam certos (conquanto, então, fique

por explicar por que mantiveram a estrutura produtiva do tempo colonial). Se com essa alegação queriam justificar as dificuldades materiais – traduzidas no dia-a-dia de crescentes privações e imprevisibilidade –, então a acusação reveste-se de uma nota demagógica por elidir parte do problema.

18. Diga-se, na esteira do respeito pela autoridade legado pelo colonialismo, no pós-independência a alusão à dignidade das funções do Estado encobria estratégias de indivíduos e de grupos, cujo fito era a majoração das vantagens das funções de representação e, adicionalmente, a preservação da sua posição social diferenciada. O consenso tácito em torno das funções do Estado tornou-se indissociável da repartição, quiçá veladamente conflituosa, dos bens veiculados através do Estado.

19. Referindo-se à corrupção, Falola sustenta que ela tem raízes na era colonial. Porém, também aduz que, para a elite engajada na luta de libertação, um dos objectivos era a obtenção do poder para os seus fins pessoais. Após as independências, a cultura da patrimonialização prevaleceu sobre a da meritocracia, cf. 2003:80 e ss.

20. Em São Tomé e Príncipe, os dirigentes independentistas tinham diante de si um nível de vida aparentemente garantido (ao contrário, em Cabo Verde, a possibilidade da fome parecia de tal modo ameaçadora que, apesar da plurissecular identidade cultural, lançava dúvidas quanto às vantagens da independência). Porém, com o empobrecimento do país no pós-independência, essa garantia esvaneceu-se.

21. As razões que conduziram à mudança de regime político no arquipélago têm suscitado discussões onde interferem afectividades e auto-representações de um dado protagonismo político.

De acordo com Seibert, para a mudança política de 1990-91, o comportamento da elite dirigente foi mais importante que as pressões populares cf. 1999:7, o que equivale a dizer que a actividade política era um exclusivo de um grupo restrito.

Na circunstância, a importância da elite dirigente avultou pela ausência de movimentos de reivindicação social e não tanto por uma actuação assertiva de elementos de uma elite mobilizadora da restante população. O processo de transição para o multipartidarismo, quando não decididamente impulsionado pelas pressões internacionais e pela situação económica, foi-se desenhando nas cúpulas do poder e no círculo próximo de Pinto da Costa, tendo este tido um papel importante nessa transição política.

22. A massificação do ensino cumpriu uma função ideológica e mistificadora porquanto alimentou a ideia falsa de uma mobilidade por via da instrução escolar. Na verdade, inicialmente assistiu-se à ascensão social de parte da população escolarizada, mas, posteriormente, essa mobilidade social não se ampliou nem se repercutiu, por exemplo, na renovação da elite. Ao cabo de anos, mantém-se o fosso entre a elite e o comum dos são-tomenses.

23. Apesar de ser considerada uma ditadura fraca, os constrangimentos do regime monopartidário foram suficientes (até pelas dificuldades económicas) para provocar o abandono da terra por parte dos mais capacitados (Cahen 1991:134). Também Hodges e Newitt realçaram a expatriação de elites em resultado de dissensões políticas e da escassez de oportunidades, cf. 1988:105.

De acordo com João Bonfim, desfavorecidos e afectados economicamente, os membros da elite sofreram com o totalitarismo, a intolerância e a luta insana pelo poder (2000: 120), o que levaria alguns deles a abandonar o país.

24. Por exemplo, Seibert (1999: 406).

   Esta perspectiva foi como que adoptada por autores são-tomenses. Segundo João Bonfim, até 1975 prevaleceu a unidade em torno da libertação da pátria, a despeito de conflitos na organização que 'dirigia a luta de libertação nacional'. Porém, acrescenta, a importância desses conflitos no ante-25 de Abril ... 'é de facto tão grande que passou a marcar e muito intensamente a evolução política pós-colonial' (2000:80 e ss). Num certo sentido, é como se as elites estivessem reféns de um passado de disputa pela proeminência no pequeno meio insular, disputa que, no fundo, as divergências ideológicas e políticas não fariam senão reflectir.

   Veja-se também Branco e Varela (1998:38-39).

25. Nascimento (2004).

26. Seibert defendeu que da democracia não resultou uma política económica clara, uma administração eficaz, nem, por fim, um crescimento económico real. Em parte, tal deveu-se ao comportamento político e institucional marcado pelo clientelismo, nepotismo e pela corrupção endémica. Ainda segundo Seibert, os recursos externos foram usados para consumo particular e para divisão por clientelas, mais do que para investimento (1999: 290), um facto avesso a uma lógica de acumulação endógena.

27. Por exemplo, Seibert (1999: 291).

28. Seibert relaciona a assistência internacional e a criação de uma elite rica cf. 1999:289-290, o que ocorre paralelamente ao avolumar das assimetrias sociais.

29. Ao arrepio, portanto, do sugerido por abordagens que relativizam a centralidade dos Estados no curso da política nos países africanos, salientando, por exemplo, o fim do Estado pós-colonial, a assunção de outras formas de organização política ou, ainda, a apropriação do Estado pela sociedade.

30. Com base na observação desde os anos 80, tenho adoptado o termo deliquescente para caracterizar o Estado são-tomense, assinalando a sua perda de eficácia e de autoridade. Mas cabe igualmente ponderar a definição de Estado inviável, caracterizado pela incapacidade de gerar os seus recursos e pela dependência de empréstimos e da ajuda externa, cf. Frynas, Wood e Oliveira 2003:59.

31. Quadro semelhante no tocante aos efeitos perniciosos da indústria do petróleo foi prospectivado para o arquipélago (Frynas, Wood e Oliveira 2003). Porém, apesar de eventuais disputas em torno do petróleo, este não ganhou dimensão significativa na economia local e os seus efeitos económicos e sociais estão por comprovar.

32. Tão pouco isso parece suceder no plano estritamente económico. Conforme indicadores da representação social dos empresários, a acção destes parece menos apreciada do que a das ONG's (Carvalho 2003:216). Ainda que se trate de indicadores a interpretar com cautela, eles parecem congruentes com a impressão quer de descrédito relativamente à ausência de responsabilidade social dos proeminentes, quer com a mentalidade dependente do desempenho assistencialista.

33. Como, por exemplo, a traçada por Feliciana Bonfim, que caracteriza a elite como um conjunto de indivíduos com efectiva ou potencial capacidade económica, alheados do que se tipificaria como um protagonismo de elite.

   De alguma forma, também para Carvalho, elite condiz com o universo dos indivíduos económica e politicamente diferenciados, cf. 2001:141.

34. Ou não usam a riqueza para ampliar a riqueza local ou, forçoso é consenti-lo, a procura da riqueza rapidamente tende para a tentativa de excluir os competidores económicos.

35. Nas ilhas, algumas das tomadas de posição da diáspora são confundidas com a sobranceria de quem não está obrigado à resolução das incontáveis dificuldades do dia-a-dia no arquipélago.

36. Alguns descortinarão aqui um veio histórico, a saber, o da avocação de um determinado saber pela relação particular com a terra. Na era colonial, os colonos desconsideravam quaisquer apreciações em razão da valia do seu saber prático, forjado na lida diária com os africanos. A prática e a residência nas ilhas eram a fonte de um saber indiscutido. Mudados os referentes e os lemas, a ligação à terra ressurge como uma premissa de qualquer enunciação pertinente sobre o arquipélago. Tal pressuposto aplicou-se aos estrangeiros, mas foi igualmente usado para se depreciar o contributo dos são-tomenses entrementes emigrados.

37. A recente eleição de Pinto da Costa, que esteve à frente do país durante o regime de partido não invalida esta ideia, porque ele se manteve como que à margem das disputas políticas, reaparecendo como uma figura distante e promotora da regeneração das práticas políticas.

38. Por exemplo, por parte de alguns estudiosos – um grupo pequeno e limitado na sua acção, quer pelas lacunas institucionais no suporte à actividade científica, quer pela permanente migração para a política – e de um sector que se diz representativo da diáspora.

39. Se, em 2001, os candidatos convieram na supressão da acrimónia e dos insultos nos panfletos anónimos, já se mostram incapazes de acordar numa auto-restrição relativamente ao *banho*, o que em muito se prenderá com a falta de confiança política entre os actores e com a dependência destes relativamente a apoios externos.

40. No *Relatório do Desenvolvimento Humano* relativo a 2002 era referido que a aproximação psicológica à Europa continuava muito forte, não só em resultado de elementos da elite terem estudado em Portugal como também do retorno sazonal ao arquipélago dos emigrantes, cf. 2002: 15.

Referências

Barbosa, J., G., 2001, *Políticas públicas e estratégia de desenvolvimento para S. Tomé e Príncipe*, dissertação de mestrado, Lisboa: ISEG – UTL.

Bonfim, F. N. J., 2001, *S. Tomé e Príncipe: realidades sociais, económicas e opções de desenvolvimento para o século XXI*, dissertação de mestrado, Lisboa: UTL – ISEG.

Bonfim, J. S., 2000, *Os processos migratórios em S. Tomé e Príncipe e a corrente portuguesa*, dissertação de mestrado, Coimbra: Faculdade de Economia da Universidade de Coimbra.

Branco, R. e Varela, A., 1998, *Os caminhos da democracia*, Amadora.

Cahen, M., 1991, 'Arquipélagos da alternância: a vitória da oposição nas ilhas de Cabo Verde e de São Tomé e Príncipe', in *Revista Internacional de Estudos Africanos* nº14-15, Lisboa: IICT-CEAA, pp.113-154.

Cardoso, C., Macamo, E. e Pestana, N., 2002, 'Da possibilidade do político na África lusófona. Alguns subsídios teóricos', in *Cadernos de Estudos Africanos* nº3, Lisboa: CEA-ISCTE, pp.5-25.

Carvalho, A. A., 2001, *Os constrangimentos estruturais do processo de desenvolvimento em S. Tomé e Príncipe: Interferência mútua entre espaços político e económico*, dissertação de mestrado, Lisboa: ISCTE.

Ceita, M. N., 1998, 'Perspectivas dos estados e nações dos cinco. As questões étnicas no processo de democratização', in *Que estados? Que nações em construção nos cinco?*, Praia: Fundação Amílcar Cabral, pp. 201-207.

Chabal, P., 1993, 'O Estado pós-colonial na África de expressão portuguesa', in *Soronda. Revista de Estudos Guineenses* nº15, Bissau: INEP, pp.37-55.

Diop, M. C., e Diouf, M., 1992, 'As sucessões legais: mecanismos de transferência do poder em África', in *Ciências sociais em África*, Lisboa: Edições Cotovia. pp.129-167.

Eyzaguirre, P., 1986, *Small Farmers and Estates in Sao Tome, West Africa*, Ph. D. dissertation, Yale University.

Falola, T., 2003, *The power of african cultures*, Rochester: University of Rochester Press.

Falola, T., 2004, *Nationalism and african intellectuals*, Rochester: University of Rochester Press.

Fernandes, G., 2006, *Em busca da nação. Notas para uma reinterpretação do Cabo Verde crioulo*, Praia: Instituto da Biblioteca Nacional e do Livro.

Fernandes, M. V. A., s.d, *Os imbróglios das transições em S. Tomé e Príncipe 1974-1991*, dissertação de mestrado, Coimbra: Universidade de Coimbra .

Frynas, J. G., Wood, G. and Oliveira, R. M. S. S., 2003, 'Business and politics in São Tomé e Príncipe: from cocoa monoculture to petro-state', in *African Affairs* 102, Royal African Society, pp.51-80.

Fukuyama, F., 2006, *A construção de estados. Governação e ordem mundial no século XXI*, Lisboa: Gradiva.

Hodges, T. e Newitt, M., 1988, *São Tomé and Príncipe. From Plantation Colony to Microstate*, Londres: Westview Press.

Iliffe, J., 1999, *Os africanos. História dum continente*, Lisboa: Terramar.

Laban, M., 2002, *São Tomé e Príncipe. Encontro com escritores*, Porto: Fundação Eng. António de Almeida.

Maino, E., 1999, 'A identidade santomense em gestão: desde a heterogeneidade do estatuto de trabalhador até à homogeneidade do estatuto de cidadão', in *Africana Studia* nº2, Porto: CEAUP, pp.135-152.

Mata, I., 2004, *A Suave pátria. Reflexões político-culturais sobre a sociedade são-tomense*, Lisboa: Edições Colibri.

Nascimento, A., 2001, 'Identidades e saberes na encruzilhada do nacionalismo são-tomense'. in *Política Internacional* nº24, volume 3, Lisboa, pp.209-245.

Nascimento, A., 2004, 'Escravatura, trabalho forçado e contrato em S. Tomé e Príncipe nos séculos XIX-XX: sujeição e ética laboral', in *Africana Studia* nº7, Porto: CEAUP, pp.183-217.

Nascimento, A., 2005, *Entre o mundo e as ilhas. O associativismo são-tomense nos primeiros decénios de Novecentos*, São Tomé: UNEAS.

Nascimento, A., 2007a, *Ciências sociais em S. Tomé e Príncipe: a independência e o estado da arte*, edição digital, Porto, CEAUP, http://www.africanos.eu/ceaup/uploads.EB005/pdf

Nascimento, A., 2007b, 'Diáspora são-tomense e política na terra' in http://www2.iict. pt/?idc=1028&idi=11758, 1 de Dezembro de 2013.

Nascimento, A., 2010, 'São Tomé e Príncipe na idade adulta: a governação e o *descaso* da rua', vol.2, nº3, Brasília: IPEA, pp.45-73.

Nascimento, A., 2011, 'As demandas sociais e a construção de conhecimento entre o fervor identitário e a tutela política em São Tomé e Príncipe', *Africana Studia* nº19, Porto: CEAUP, pp.117-136.

Relatório do Desenvolvimento Humano em São Tomé e Príncipe 2002. As mudanças de 1990 a 2002 e o Desenvolvimento Humano, 2002, São Tomé: UNDP.

Sachs, J., 2005, *O fim da pobreza. Como acabar com a pobreza nos próximos 20 anos*, São Paulo: Companhia das Letras.

Seibert, G., 1991, *São Tomé and Príncipe after Independence From One-Party-State to Parliamentary Democracy*, Utrecht: University of Utrecht.

Seibert, G., 1999, *Comrades, Clients and Cousins. Colonialism, Socialism and Democratization in São Tomé and Príncipe*, Leiden: Universidade de Leiden.

Silva, A. L. C. , 2001, 'O nascimento do Leviatã crioulo. Esboços de uma sociologia política', in *Cadernos de Estudos Africanos* nº1, Lisboa: CEA – ISCTE, pp.53-68.

Young, C., 2004, 'The end of the post-colonial state in Africa? Reflections on changing Africa political dynamics', in *African Affairs*, vol.103, nº410, Londres, pp.23-49.

10

O Islão e o Processo de Literacia no Norte de Moçambique entre os Finais do Século XIX e Princípios do Século XX

Chapane Mutiua

Introdução

O presente artigo tem por objectivo estudar o contributo do ensino Islâmico para a formação de uma classe letrada e alfabetizada no norte de Moçambique, entre os finais do século XIX e princípios do século XX. O estudo baseia-se em pesquisas realizadas no Arquivo Histórico de Moçambique no âmbito do projecto sobre os Manuscritos Árabes do Norte de Moçambique, liderado pela Professora Liazzat Bonate, e mostra que a prática de alfabetização e literacia no norte de Moçambique não se circunscreve apenas ao uso do alfabeto latino, embora as estatísticas e abordagens oficiais sobre o fenómeno no país tenham tendência em excluir os utentes do alfabeto árabe que foi e continua a ser difundido através do ensino Islâmico.

Em Moçambique, tomando como ponto de referência o INE[1], define-se alfabetização como sendo o conhecimento ou domínio das habilidades de escrita e leitura em qualquer língua, o que também enquadra o uso da escrita árabe em línguas locais, como testemunhado pelos manuscritos acima referenciados. Contudo, é o alfabeto latino, que é oficialmente usado para escrever não só o português mas também várias línguas deste país. E os conceitos de alfabetização e literacia têm sido usados em referência a este alfabeto. É neste âmbito que as campanhas de alfabetização levadas a cabo logo depois da independência do país ignoraram quase por completo o alfabeto árabe e os seus utilizadores foram (re) alfabetizados ou considerados analfabetos. Porém, durante o século XIX, uma classe de intelectuais muçulmanos, que liam e escreviam as suas línguas com recurso ao alfabeto árabe, colaborou com a administração 'pré-colonial' portuguesa integrados como régulos, capitães-mores, sargentos-mores, 'línguas' do Estado ou intérpretes, elaborando relatórios, correspondências e traduzindo ofícios. Tal situação alterou-se após as 'Guerras de Ocupação Efectiva' nos princípios do século XX. No presente texto procuro descrever as circunstâncias históricas que condicionaram a expansão do ensino islâmico e desse modo do uso do alfabeto árabe na região da África Oriental e no norte de Moçambique em particular; no ponto seguinte apresento três figuras que representam a classe intelectual e alfabetizada que se formou durante o século XIX, e no fim faço uma tentativa de enquadramento do uso do alfabeto árabe nos debates sobre literacia e alfabetização em Moçambique.

Contexto histórico da expansão literária e intelectual Swahili no norte de Moçambique durante o século XIX

Durante os anos 1830, Sayyid Sa'id bin Sultan transferiu estrategicamente a sede do seu império para a Ilha de Zanzibar, e a partir dali criou um Estado centralizado dominando quase toda a África Oriental. Em consequência desta mudança, a cidade de Zanzibar e a região sob o seu domínio conheceram grande crescimento desde então, atraindo mercadores e intelectuais islâmicos, que vindos do sudoeste asiático e do Arquipélago das Comores ocuparam os principais postos da administração do Estado. No campo social, o termo *ulungwaana,* que em Kiswahili significa civilização foi alterado para *ustaarabu* – 'assimilar-se aos árabes, tornar-se um árabe, adoptar costumes dos árabes' (Eastman 1994; Declich 2001:47; Khamis 2001:18; Pouwels 1987:3).

Foi a partir dessas pessoas letradas, vindas do sudoeste Asiático e das Ilhas Ocidentais do Oceano Índico, que se começou a difundir em escala maior o alfabeto árabe. No caso do norte de Moçambique, onde os Estados da Costa (Tungi, Angoche, por exemplo) funcionavam como satélites de Zanzibar, a quem prestavam uma obediência seja como sede religiosa, cultural, económica e também política, as elites reinantes começaram a mandar os seus parentes, filhos, sobrinhos e irmãos para estudar junto dos intelectuais e *ulamas* sediados em Zanzibar ou nas Comores. Porém, em períodos anteriores ao século XIX, a influência islâmica sobre o norte de Moçambique vinha de mais longe ainda, de Mogadíscio, Quíloa e Mascate (Vilhena 1905:19).

Em 1890, estabeleceu-se em Zanzibar um Protectorado Britânico, que catapultou uma série de reformas das quais resultaram a criação de novas instituições e a crescente necessidade de mão-de-obra qualificada para suprir os novos cargos públicos. Nesta perspectiva, os britânicos recorreram à estrutura social e intelectual existente, chamando os *Ulamas* para várias funções na sua administração. Assim, os *Ulamas* antes vistos como 'académicos da corte' tornaram-se num corpo de funcionários civis, integrados no sistema de administração britânica, e conquistaram um lugar no espaço colonial como 'parceiros activos' (Bang 2001:59).

O norte de Moçambique, política e culturalmente integrado desde há várias décadas nas dinâmicas da África Oriental (incluindo as ilhas Ocidentais do Oceano

Índico), com maior enfoque para Zanzibar e Arquipélago das Comores, também beneficiou directa e indirectamente das mudanças que se foram efectuando em Zanzibar, que desde o estabelecimento da sede Omanita, funcionava como a referência política, cultural e religiosa de quase toda a região. Assim, todo o estilo de vida e as formas de ser e de estar dos árabes-Omanitas de Zanzibar são vistos como o ponto máximo da 'civilização' – *Ustaarabu* que inclui a conversão ao Islão, indumentária e arquitectura árabe-Islâmica e escrever e ler com recurso ao alfabeto árabe. É nesta fase, que o Islão e o ensino islâmico conhecem também o seu maior progresso, primeiro na corte e entre as elites políticas e económicas e mais tarde, e principalmente com a chegada das confrarias, atinge os cidadãos comuns.

Durante esta época, o uso do alfabeto árabe em quase toda a África Oriental, incluindo o norte de Moçambique, é transmitido de pai para filho (Declich 2001:55-56). Assim, o ensino Islâmico que era o fórum por excelência da transmissão deste conhecimento tornou-se um padrão de elite, do poder e da alta sociedade com capacidades para fazer viajar seus filhos para as principais *madrassas* da região, em Zanzibar, Comores e mesmo dentro do norte de Moçambique. O ensino islâmico e consequentemente o conhecimento e uso do alfabeto árabe circulou no contexto das redes políticas, económicas e fundamentalmente de parentesco, criando uma classe de intelectuais com relações e cumplicidades intrínsecas, seja a nível local seja a nível regional. É esta classe, que durante a segunda metade do século XIX, num contexto de mudanças políticas, sociais e económicas impostas pelos portugueses em Moçambique, recorre às suas habilidades intelectuais e literárias (fazer relatórios, cartas, contas registadas e até abaixo assinados) e às suas largas experiencias em matéria administrativa, reflexo das suas antigas ligações com Zanzibar e Comores, para ganhar dividendos políticos, económicos e conseguir a sobrevivência da sua classe durante quase todo o século.

Numa pesquisa realizada sob os auspícios do Arquivo Histórico de Moçambique, encontramos um enorme manancial de manuscritos em caracteres árabes. Estas cartas, quase todas datadas da segunda metade do século XIX, foram escritas pelos chefes, reis, sheikhs, dos Estados Africanos do norte de Moçambique e/ou seus escribas e dirigidas aos oficiais militares ou da administração 'pré-colonial' naquela região. Uma análise de alguns destes documentos e seus autores revela a importância do Islão e do ensino islâmico na criação de uma classe alfabetizada e letrada no norte de Moçambique, ainda no século XIX (ou mesmo antes), da qual se baseou a tradição literária Swahili moçambicana que apesar de ter atravessado períodos difíceis e de estigmatização social durante a época colonial e nos primeiros anos da independência, resistiu até aos nossos dias.

Aliás, Vasco da Gama (ainda nos finais do século XV e princípios de XVI) usou esta tradição intelectual nos seus contactos com as comunidades e as elites reinantes na costa de Moçambique, no decurso de sua 'viagem à Índia'. Desde essa altura, os portugueses socorreram-se do alfabeto árabe nas correspondências oficiais (particularmente com os chefes locais), e o Ki-swahili, a principal língua africana da

África Oriental, usada nas transacções e nas referidas correspondências conquistou o estatuto de *língua franca*. No século XIX, ainda no processo da implantação da administração colonial e no contexto das 'campanhas de ocupação' o uso do alfabeto árabe em línguas locais desenvolveu-se como principal meio de comunicação em correspondências trocadas entre os portugueses e estas elites africanas, como atestam os manuscritos árabes do acervo do Arquivo Histórico de Moçambique e outra literatura avulsa, existente ao longo da costa de norte do país. Uma análise de três figuras importantes da época, tais como, Abdulaziz Bin Sultuane Amade, Mwalya de Ancuabe e Boana Chaque Bin Abdulatifo de Quissanga, permite-nos ter uma ideia de como o Islão foi importante na criação desta classe intelectual que explorou as suas habilidades literárias para tomar partido das circunstâncias políticas e económicas que os portugueses começaram a impor durante a segunda metade do século XIX.

Abdulaziz Bin Sultuane Amade

Abdulaziz Bin Sultuane Amade foi o último Sultão de Tungi, que se situa na baía de Palma, em Cabo Delgado. Segundo Rafael da Conceição, Abdulaziz era de ascendência árabe-Swahili, particularmente de um grupo que chegou à região vindo do Zanzibar, sob a liderança do Sultão Muhammad Yussuf, o fundador da dinastia dos *'Mashirazi'* em Quiwya (Conceição 2006:70). Monteiro (1989:68) descreve Muhammad Yussuf como um homem poderoso e muito influente, com ligações políticas e de parentesco com o Imam de Mascate.

Por causa desse poder e respeito que esta dinastia sedeada em Quiwya tinha, conseguiu exercer influência sobre uma vasta área que incluía toda a região de Palma e Quionga. Apesar de existirem textos escritos sobre a fundação e sucessão desta dinastia (como nos informaram durante o trabalho de campo tanto em Quiwya assim como em Quionga), todos os estudos feitos sobre ela se basearam nas fontes orais e por isso apresentam uma disparidade quanto à sucessão e extensão da mesma. Rafael da Conceição por exemplo apresenta duas propostas, uma de sucessão de cinco *Ma-sultani,* entre eles: sultão Hassan; sultão Mohammad; sultão Andurabe; sultão Aburar e termina com sultão Amurani Aburari e a outra que segundo ele se inicia com o sultão Yussuf, seguido de seu filho Assane Yussuf, e depois Andurabe que é filho de Muhammad Yussuf.

Na recolha oral que nós efectuamos em Palma, Quiwya e Quionga, outras versões foram avançadas. Para Nzé Nassoro Momade, antigo régulo da região de Palma, um dos nomes mais sonantes daquele Sultanato foi Muhammad bin Sultuane de Quiwiya, que foi um dos primeiros *warabu* a chegar àquela região, e era avó de Abdulaziz (Abdurabi), que pertencia a uma família swahíli ou warabu que também pode significar 'árabe' (Eastman 1971:231). Segundo ele, este Abdulaziz é recente. Terá sido este o Sultão reinante de Tungi aquando da invasão portuguesa ao sultanato, que culminou com a sua fuga para a Ilha de Moçambique, marcando o fim do reinado dos warabu[2] (Eastman 1971: 228-236) que viviam na ruína que fica em frente à praia de Palma, actualmente quase que abandonada e a servir de lixeira aos pescadores e comerciantes locais. Depois que os warabu fugiram, os portugueses destruíram aquele edifício. Foi quando os portugueses conquistaram Tungi e as áreas sob a sua influência, que mais tarde passou a se chamar Palma, em memória ao seu 'conquistador', Raimundo Palma Velho (Conceição 2006; Medeiros 1997; Pélissier 1987). Nessa altura instalou-se um posto de alfândega no local, que funcionou no edifício acima mencionado, que mais tarde, foi também usado pelos portugueses como quartel, no contexto da guerra pela independência. Quanto à origem do último sultão de Tungi, Abdulaziz b. Sultuane Amade, Nassoro Momade diz não ser proveniente de Quiwiya, mas sim de Macongo que fica entre Quiwiya e Palma, ao longo da costa, o que sugere que Muhammad bin Sulutuane também seja de lá. É importante realçar que tanto Macongo, Minengene (actual Palma-Sede), como Quiwiya, faziam parte do mesmo Sultanato, o de Tungi, que tinha também influências sobre Mbwizi, Kilindi até Quionga, com a sede em Quiwiya.

Outro aspecto digno de menção é o facto do nome de Muhammad bin Sulutuane ser pouco referenciado na literatura escrita, ao contrário de Muhammad Yussuf que segundo Monteiro jaz no cemitério antigo de Quiwiya, que se localiza na zona de Maome (Monteiro 1966:55-56). De acordo com Muhammad bin Mwanha, de Quiwiya, além de Muhammad Yussuf, outro nome importante nesta dinastia e que se pode confundir com o anterior, é o do Sultão Muhammad bin Hassan, pai do Sultão, Ahmad bin Muhammad bin Hassan, que adiante mencionamos.

Enquanto a discussão sobre a sucessão, extensão e fundação da dinastia dos *Mashirazi* de Quiwiya e Mbwizi ou simplesmente Tungi continua divergente, entre as diversas fontes consultadas, há um consenso sobre o último representante daquela, validado pelas próprias fontes escritas existentes. Autores como Conceição (2006), Rzewuski (1991), Pèlissier (1987) e Hafkin (1973) convergem na figura de Abdulaziz como sendo o último Sultão de Tungi e assim sendo o primeiro Capitão Mór daquela região após a integração na administração colonial portuguesa.

Como adiante referimos, Tungi fazia parte da influência política de Zanzibar até quando da sua invasão em 1877 pelo exército português liderado por Palma Velho. Esta integração ao sistema político e económico de Zanzibar permitiu à elite de Tungi beneficiar de uma educação islâmica de alto nível (para aquela época) que era feita dentro das redes políticas, sociais e de parentesco, como Declich (2001) muito bem refere. Isto é sustentado por Nassoro Momade, de Palma, e Muhammad bun Mwanha, de Quiwiya, segundos os quais, quase todos os membros da família dos Masultuane eram letrados e alfabetizados em árabe.

Abdulaziz bun Sultuane Abdurabi (ou Amade como assina em suas cartas) não só sabia ler e escrever usando o alfabeto árabe como também granjeou grandes habilidades políticas, administrativas e diplomáticas que lhe permitiram explorar as pequenas oportunidades que ainda tinha, primeiro face à disputa entre os portugueses e o Sultanato de Zanzibar e segundo entre portugueses e ingleses. Contudo, as guerras intestinas que Abdulaziz tinha com o seu irmão foram enfraquecendo o seu poder, colocando assim em causa a sua legitimidade, o que conduziu à queda da dinastia, com a nomeação de Amade Anlaue pelos portugueses (Conceição 2006).

A queda de Abdulaziz bun Sultuane Abdurabe simboliza a tomada de Tungi pelos portugueses e a consequente destruição da dinastia dos *Mashirazi* de Quiwiya que se situa por volta de 1887 (Conceição 2006: 70-71), e é testemunhado por um conjunto de cartas feitas por Abdulaziz neste ano[3].

O documento acima referido é mais do que uma simples carta. Trata-se de um ofício que não apenas comunica a chegada de um oficial português à região mas também sugere a manutenção do funcionário substituído devido aos problemas de entendimento e atrasos no desenvolvimento económico que se vinham acentuando na região, como se pode ler no seguinte extracto da tradução portuguesa deste documento:

> Apareceu aqui outro oficial para render o Senhor Tenente Câmara, que estávamos bem relacionados com ele e sabia a nossa língua e os nossos costumes mas agora vejo que este povo não está contente com este oficial porque o rendido conhecia tudo e todos e eu vejo que ele era melhor para o lado da economia, para construir os edifícios que se pretendem e tratar bem com todos, pelo que, achei de dizer que rogamos a V. Excia como nosso Governador para nos devolver esse nosso tenente Câmara... (AHM, Fundo do Século XIX, Governo do Distrito de Cabo Delgado, Cx. 11, Maço 2- Carta do Capitão Mór de Tungi Abdulaziz bun Sulutuane Amade de 1887).

Esta citação corresponde à tradução portuguesa da carta de Abdulaziz bun Sultuane Amade, já integrado na administração portuguesa como Capitão-mor de Tungi, conforme a figura 1abaixo.

A carta de Abdulaziz revela um homem que sabe usar o alfabeto árabe para ler e escrever expressando os seus sentimentos e desejos. Um homem capaz de usar esse mesmo alfabeto para participar nas decisões políticas dominadas por um grupo de indivíduos estranhos à sua classe. Portanto, um homem não apenas alfabetizado, mas sobretudo letrado, político e com grandes habilidades diplomáticas.

Mwaliya de Montepuez e a influência de Boana Chaque de Quissanga

No acervo do Arquivo Histórico de Moçambique, que atrás mencionamos existem cerca de 22 cartas de Mwaliya, um dos mais destacados chefes, Mwenes da região dos aMetto ou Medo, no sul de Cabo Delgado. O ensino islâmico assim como o Islão no norte de Moçambique têm sido associados apenas à região costeira. Neste caso, tal como no caso da Rainha Naguema de Mussoril, dos Chefes Morla e Guarnea de Imbamela sugerem a penetração do ensino islâmico ou talvez do uso do alfabeto árabe para as chefaturas do interior. Nos casos de Morla, Guarnea e

Figura 1: Carta do Capitão Mór de Tungi Abdulaziz bun Sultuane Amade de 1887)

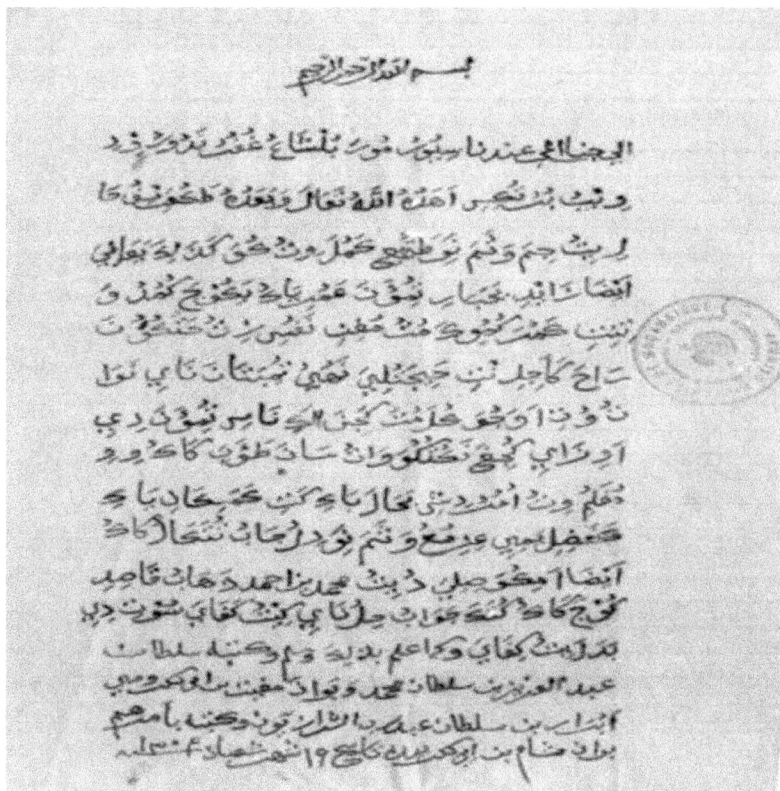

Fonte: AHM, Fundo do Governo do Distrito de Cabo Delgado, Cx. 11, Maço 2.

da Rainha Naguema não podemos afirmar que se tenham islamizado ou mesmo frequentado o ensino islâmico. Porém, Mwaliya Anankoko que viveu durante a época do último sheikh Boana Chaque Bin Abdulatifo de Quissanga, é apontado pelas fontes orais como tendo frequentado o ensino Islâmico em Quissanga, onde tinha relações amistosas com o sheikh local.

As relações entre Boana Chaque e Mwaliya estruturam-se no âmbito das redes comerciais que durante o século XIX ligavam caravanas que saíam das margens do lago Niassa até Quissanga e outros portos a norte do Rovuma (Medeiros 1988). Porém, a importância política de Boana Chaque era ainda muito grande, chegando este, mesmo a desempenhar o papel de mediador entre os portugueses e os chefes africanos da região que até então resistiam à ocupação colonial, como o caso do próprio Mwaliya (Conceição 2006:185).

O poder e a influência do Bwantschaki ou Boana Chaque deve-se fundamental-mente ao facto deste ser membro de uma respeitada dinastia Swahili fundada por Bwana Makassare, o 'juíz', que de acordo com Rafael da Conceição é descendente dos primeiros Shirazis de Quissanga. Segundo o mesmo autor, Boana Chaque é filho de Ndali Makassare, um *haji* (fez peregrinação a Meca e Medina), e fez os seus estudos corânicos em Mikindani, na Tanzânia, tornando-se por isso num grande sheikh, e personagem mais influente dos inícios do século XX na região de Quissanga (Conceição 2006:81-82).

Por seu turno, Mwaliya era o maior chefe na área dos aMetto, liderando a confederação das chefaturas que controlava as rotas das caravanas de escravos e outras mercadorias que passavam pelo Lago Niassa para os portos do litoral (Günther; Mpalume e Fernando 1996:13). O poder e prestígio conquistados explorando tais rotas de caravanas permitiram a Mwaliya sustentar uma resistência anti-portuguesa que só seria totalmente reprimida em 1910, pois, a partir de 1899, quando a Companhia de Niassa instalou o seu primeiro posto militar no território de Mwaliya, na região de Montepuez, este chefe às vezes considerado Swahili (com o título de sultão) pelos portugueses (Medeiros 1997:54[4]), fugiu para Balama onde continuou a fazer resistência em forma de guerrilha (Günther; Mpalume e Fernando 1996:13).

É importante referir que Mwaliya é o nome da dinastia Macua-Medo que reinou entre Montepuez e Balama. Mas o enfoque aqui situa-se na figura de Sultão Mwaliya Muidala ou Midala, que assina cerca de duas dezenas de documentos em manuscritos árabes e em língua swahíli. Bacar Abudo, régulo Boana Chaque, de Quissanga, salienta que os Mwaliyas tornaram-se amigos íntimos ou *naville* dos Boana Chaque desde os primeiros contactos que ali tiveram. E um destes Mwaliya, o Muidala que usou o título de Sultão, tornou-se mais familiar ainda porque estudou o Alcorão ali em Quissanga, com Buana Mussa Pira. Mussa Pira era um dos mais influentes Sheikhs de Quissanga nos finais do século XIX. Conceição (2006:185) aponta o *mwalimo* deste Mwalia como sendo Muhammad Mussa, provavelmente filho de Mussa Pira.

Este Mwaliya, o Muidala, avassalou-se aos portugueses por volta de 1878, tendo – lhe sido concedido nessa altura, pelo governador, um vencimento mensal, em compensação por ter reconhecido a autoridade portuguesa e como prémio por ter conseguido vencer os Mafitis, um grupo de guerreiros ngunis ou ngunizados que impuseram muitas derrotas aos portugueses durante a época (Medeiros 1997:69[5]). É no contexto desta vassalagem que integra Mwaliya como régulo na administração portuguesa que se desenvolveu a correspondência que acima referimos. Esta vassalagem pode ser vista como uma forma de aliviar a pressão sobre o seu território, uma vez que os portugueses até essa altura dependiam muito da boa vontade dos chefes africanos para o intercâmbio comercial entre a costa e o interior. Isto pode ser sustentado pelo facto de mais tarde, os sucessores deste Mwaliya, como o Mkay por exemplo, terem ignorado estes termos de subordinação, continuado a defender a sua soberania, e exigindo ao mesmo tempo o pagamento de um tributo pelo trânsito das caravanas pelo seu território, o que constituía a principal fonte de rendimentos da sua corte.

Por outro lado, em todo o conjunto das cartas, seja do Boana Chaque, seja do Mwaliya Midala, transparecem ideias e formas de pensar de governantes hábeis sob o ponto de vista político e diplomático que sabem explorar e tornar a sua degradante situação política em uma vantagem, e assegurar assim a sua sobrevivência. Nelas também se pode ler a noção de pertença a uma classe, a dos Sultões, de intelectuais islâmicos. Nesta óptica, Mwaliya deixa de usar o título de Mwene que é habitual em chefaturas Macuas e adopta o de sultão, pois ele é muçulmano, sabe ler e escrever com recurso ao alfabeto árabe. As imagens dos documentos inseridos nas figuras 1 e 2, são disso uma ilustração.

Na carta acima inserida, Mwaliya informa que manda o seu filho entregar uma *preta* que oferece ao governador e pede que este lhe mande espingardas, manteiga, pólvora, agulhas e outras coisas que em encontros ou correspondências anteriores fora prometido. Por outro lado, esta carta assim como todas que se encontram no acervo do AHM, confirmam, como acima referido, a existência de uma classe intelectual e letrada durante o século XIX no norte de Moçambique. Esta classe, e como demonstra o caso de Mwaliya e de muitos outros Sheikhs, sugere-nos um estágio em que o Islão se circunscrevia fundamentalmente às elites políticas que beneficiavam do ensino islâmico por via das redes sociais criadas na base de relações políticas, económicas e de parentesco.

Os Conceitos de Alfabetização e Literacia no contexto do Norte de Moçambique

As discussões em volta dos conceitos de alfabetização e literacia começaram a atrair maior atenção a partir dos anos 80, embora na década de 1970, a Organização das Nações Unidas para a Educação Ciência e a Cultura (UNESCO) tivesse já avançado de forma considerável estes debates, propondo a discussão do conceito de 'literacia funcional' (Soares 2004:6).

Provavelmente, a proposta da UNESCO tenha sido o ponto de partida para os problemas que se levantariam nos 'Países Desenvolvidos' e mais tarde nos do 'Terceiro Mundo'. É que embora se tenha procurado definir a literacia como 'prática social da leitura e da escrita mais avançadas e mais complexas do que a simples habilidade de escrever' (Soares 2004:6), em muitos casos, manteve-se o reconhecimento de apenas alguns alfabetos considerados de referência nos diversos países. Este cenário mudou substancialmente nos nossos dias.

Em Moçambique a literacia é vista como 'uma variável independente que traz o bem-estar e vantagens económicas' e por isso é considerada algo inserido nas práticas (Buque e Munguambe 2008:53) ou habilidades de leitura, escrita e numeração, usadas para aprender a aprender e para satisfazer as necessidades básicas (Mário & Nandja 2005:4). Contudo, o conceito operacional para efeitos

Figura 2: Carta do Régulo Mwaliya de 1888

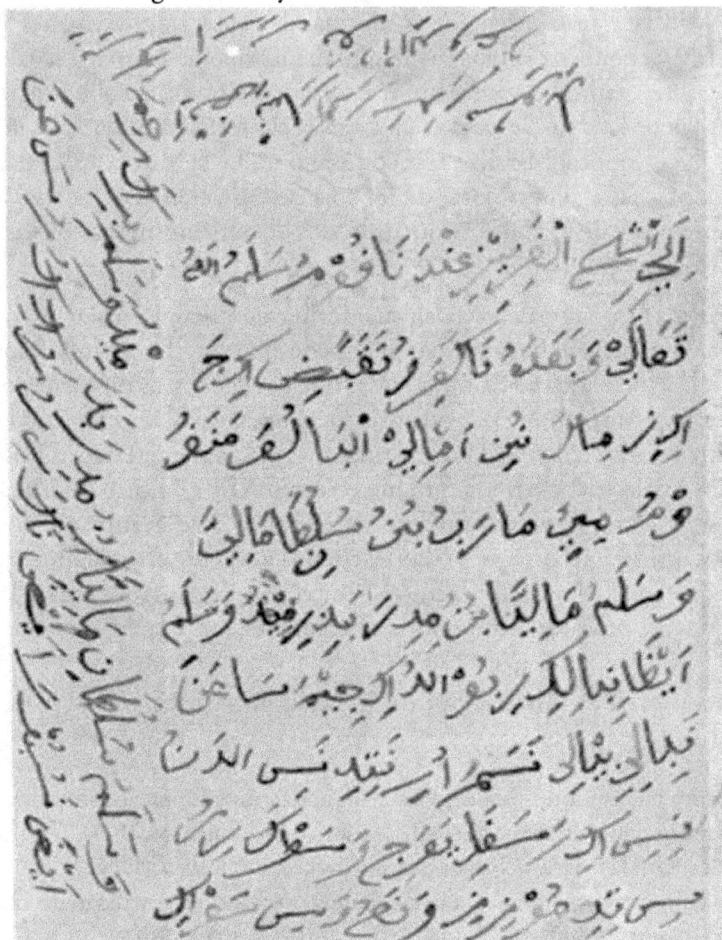

Fonte: AHM, Fundo do Governo do Distrito de Cabo Delgado, Cx. 8, Maço 3.
Imagem: Departamento de Informática do AHM.

estatísticos apresentado pelo Instituto Nacional de Estatísticas (INE), contradiz-
se com o debate dos académicos sobre literacia. O INE baseia-se no conceito
de alfabetização segundo o qual, é alfabetizado quem possui capacidade de ler
e escrever em qualquer língua (INE, 2006). Este conceito de alfabetização do
INE, sugere uma maior amplitude linguística que se justifica pelo facto de além
da diversidade linguística que o país apresenta, existirem dois tipos de alfabetos
historicamente e culturalmente enraizados na sociedade moçambicana. Por um
lado temos o alfabeto latino, oficial, usado para escrever não só o português mas
também várias línguas em uso neste país. E os termos 'alfabetização' e 'literacia' em
determinados momentos históricos foram usados em referência a este alfabeto. O
alfabeto latino foi difundido no país a partir da chegada dos portugueses nos finais

do século XV e hoje domina por completo todos os sistemas de comunicação e a educação formal em Moçambique. Por outro lado temos o alfabeto árabe, difundido fundamentalmente na região costeira de Moçambique desde os primórdios da introdução do Islão na costa Oriental. Este foi o primeiro a ser usado para a escrita das línguas africanas em Moçambique. A partir da segunda metade do século XIX, as sociedades swahilis adequaram o alfabeto árabe para a sua língua, acrescentando símbolos que caracterizam sons inexistentes na língua árabe. Este sistema de escrita é ainda hoje bastante usado nas regiões costeiras das províncias de Nampula e Cabo Delgado e algumas partes do Niassa.

Apesar deste uso, e embora o INE considere que é alfabetizado quem sabe ler e escrever em qualquer língua, o alfabeto árabe não mereceu a devida consideração durante o período colonial e logo a seguir à independência, e por isso, a maior parte das populações que dominam o seu uso foram considerados analfabetas. Tomando como ponto de partida os dados estatísticos apresentados pelo INE: a província de Cabo Delgado, teoricamente com um grande número de indivíduos com domínio das habilidades de leitura e escrita com recurso ao alfabeto árabe apresenta a maior percentagem de analfabetismo, 75% em 1997 e 66,6% em 2007, enquanto Nampula, outra província com maior utilização do referido alfabeto regista 71,7% em 1997 e 62,3% em 2007 (INE, 2007)[6]. Os dados acima reflectem uma evolução dos índices de analfabetismo desde o censo de 1997 até ao censo seguinte, em 2007, a uma média de 9% de regressão nas duas províncias. Esta regressão pode espelhar as novas abordagens práticas do conceito de alfabetização e literacia pela parte do INE, conforme referido anteriormente ou ainda a evolução do fenómeno no geral. Contudo, as dificuldades no apuramento de dados específicos sobre o número de utentes do alfabeto árabe a partir dos censos até hoje realizados levantam muitas dúvidas sobre a operacionalização e inclusão sugerida pelo conceito, o que justifica a necessidade de uma pesquisa mais profunda e específica sobre o status do fenómeno de alfabetização e literacia islâmica em Moçambique.

Por outro lado, os dados acima referidos podem sugerir que grande parte da população alfabetizada e altamente letrada em línguas locais e com recurso ao alfabeto árabe não tem sido assim considerada. Entretanto, desde a independência do país em 1975, o novo Governo Moçambicano começou a preocupar-se com a problemática de alfabetização. As taxas de analfabetismo na altura situavam-se em 97%, quando os intelectuais muçulmanos, conhecedores e utilizadores do alfabeto árabe e da literatura escrita swahíli e local eram considerados analfabetos por não saberem ler e escrever em português, e alguns deles foram submetidos aos programas de alfabetização de adultos.

Conclusão

Como adiante referimos, desde a chegada dos primeiros europeus à África Oriental e à costa de Moçambique em particular, a escrita swahíli foi o recurso de comunicação usado entre os povos que aqui se cruzaram. No norte de Moçambique este uso conheceu maior relevo durante a segunda metade do século XIX no contexto da implantação do sistema colonial português, altura em que quase toda a correspondência entre os oficiais portugueses e os líderes africanos era feita em swahili e escrita com alfabeto árabe. Contudo, a partir de 1895, os mentores das 'campanhas de ocupação efectiva' tendo em vista a sua 'ideologia colonialista' e querendo por isso sustentar a sua supremacia cultural, rejeitaram todos os valores culturais dos povos locais, aos quais consideraram indígenas, selvagens e não civilizados e como tal, seria repugnante usar o swahili e o alfabeto árabe nas correspondências oficiais. Nesse âmbito, o alfabeto árabe assim como a literacia a ela relacionada foram marginalizados, ou seja, grande parte das populações da região norte de Moçambique que há séculos usava o alfabeto árabe foi considerada analfabeta e iletrada, pelos ideólogos do colonialismo português.

A política colonial sobre a alfabetização e literacia em Moçambique teve continuidade nos primeiros anos da independência, pois, a elite política que tomou os rumos do Estado tinha também sido educada e formada no sistema colonial. Assim, para eles o conceito de literacia e alfabetização continuava o mesmo que o do regime colonial.

Por outro lado, a Frente de Libertação de Moçambique contou com o apoio do Bloco do Leste na guerra de libertação, e dele bebeu a ideologia que seria a base política e social para o Moçambique independente. Assim, e apesar dos grandes esforços empreendidos com vista a combater o analfabetismo, as referências continuaram apegadas ao alfabeto latino, excluindo o alfabeto árabe do espaço público e do debate nacional. Isto resultou na negação da 'educação tradicional' moçambicana, que entre os povos muçulmanos do norte do país, para além do longo processo que integra os diversos ritos de iniciação, inclui também o ensino Islâmico, visto como elemento retrógrado e obscurantista anti-revolucionário. Negando-se os valores e a 'educação tradicional' negava-se também e de forma indirecta a tradição literária swahili do norte de Moçambique, primeiro por ser tradicional[7] e segundo, por estar directamente ligada ao Islão, que já era inimigo da fé Católica dos portugueses muito antes da sua chegada a Moçambique e mais tarde reforçado pela 'Concordata' e 'Acordo Missionário' que reafirmou a Igreja Católica como aliado do regime colonial português (Cruz e Silva, 2001). O Islão assim como todas outras confissões religiosas, foi também marginalizado pela ideologia Marxista que caracterizou o governo da FRELIMO nos primeiros anos da independência.

Importa porém referir que ao se negar a tradição literária swahili do norte de Moçambique marginalizou-se um sistema de escrita há séculos introduzido e desenvolvido nas línguas locais e muitos moçambicanos que há muito usavam este sistema de escrita foram considerados analfabetos e iletrados.

Notas

1. Instituto Nacional de Estatística.
2. Para Eastman (1971), *Warabu (*sing. *Mwarabu),* designa um descendente de árabe-persas ou mesmo o próprio árabe-persa, mas pela forma como os nossos entrevistados usam designar os Sheikhs e Sultões da região durante o século XIX, deve significar o mesmo que *waswahili (*sing. *Mswahíli),* que para Eastman, no sentido restrito designa um descendente de árabe-persas (equivalendo por isso ao termo *warabu)* e no sentido mais amplo designa todos os povos falantes da língua kiswahili. (Eastman 1971: 228-236). Para uma uma explicação mais detalhada sobre a origem e organização social dos *Waswahili* pode-se ter também em James Vere Allen (Vere Allen 1995).
3. Ver carta em anexo ou AHM, Fundo do Governo do Distrito de Cabo Delgado, Cx. 11, Maço 2.
4. Ver também AHM, Fundo do Governo do Distrito de Cabo Delgado, Cx. 8, Maço 3 – Cartas do Régulo Mwaliya.
5. AHM. Fundo do Século XIX. Governo do distrito de Cabo Delgado. Cx. 1, Ms. 3, n.179.
6. INE-"indicadores básicos, Cabo Delgado e Nampula. http://www.ine.gov.mz, 11 de Maio de 2010.
7. Educação Tradicional aqui é vista como aquela que é transmitida pela família e pelas comunidades, diferente da Educação formal, contudo, a abordagem do Estado colonial e dos primeiros anos de Moçambique independente, a educação tradicional foi abordada sob o ponto vista orientalista na óptica de Eduard Said (2001), *Orientalismo: O Oriente como invenção do Ocidente.* São Paulo: Companhia das Letras.

Referências

Fontes Orais (Entrevistas)

Nassoro Momade, Palma, 15 de Maio de 2010.
Muhammad bun Mwanha, Quiwiya, 17 de Maio de 2010.

Fontes Primárias

AHM, Fundo do Governo do Distrito de Cabo Delgado, Cx. 8, Maço 3 – Cartas do Régulo Mwaliya.
AHM. Fundo do Século XIX. Governo do distrito de Cabo Delgado. Cx. 1, Ms. 3, No.179.
Carta do Régulo Mwaliya de 1888. Fonte: AHM, Fundo do Governo do Distrito de Cabo Delgado, Cx. 8, Maço 3.

Fontes Secundárias

Bang, A., K., 2001, 'Intellectuals and Civil Servants: Early 20th century Zanzibar "Ulama" and the Colonial State', in Amoretti, B. S., ed., *Islam in East Africa: New Sources*, Rome: HERDER, pp. 59-98.

Bonate, L., 2003, 'The Ascendance of Angoche: The Politics of Kinship and Territory in Nineteenth Century Northern Mozambique', *Lusotopie*, pp. 115-143.

Bonate, L., 2006, 'From Shirazi into Monhé: Angoche and the Mainland in the context of the nineteenth century slave of northern Mozambique', in Zimba, B.; Alpers, E.& Isaacman, A., *Slaves Routes and Oral tradition in Southeastern Africa*. Maputo: Filsom Entertainment, pp.195-219.

Bonate, L., 2007, *Tradition and Transition: Islam and Chiefship in Northern Mozambique, ca. 1850-1975,* Cape Town: UCT, PhD Thesis.

Bonate, L., 2008, 'The Use of Arabic Script in Northern Mozambique'. *Tydskrif vir Letterkunde*. 45(1), pp. 133-42.

Buque, D. & Munguambe, A., 2008, 'Situational Analysis of Adult Literacy in Mozambique'. in B. Thumbadoo, ed., *Adult Literacy: Putting Southern African Policy and Practice into Perspective*. Johannesburg: Open Society Initiative for Southern Africa, pp. 52-79

Brito, A. E., 2007, 'Prática Pedagógica Alfabetizadora: a aquisição de língua escrita como processo sociocultural', *Revista Iberoamericana de Educacion,* No. 44/4-10, Nov. 2007, pp. 1-9.

Conceição, R., 1998, *Cabo Delgado e o subsistema do Oceano Índico ocidental: um exemplo da constituição de uma identidade costeira.*Texto apresentado no V Congresso Luso-Afro-Brasileiro de Ciências Sociais. Maputo, 1-5 de Setembro.

Conceição, R., 2006, *Entre o Mar e a terra: Situações identitárias do Norte de Moçambique.* Maputo: PROMÉDIA.

Cruz e Silva, T., (2001), *Igrejas Protestantes e Consciência política no Sul de Moçambique: o caso da Missão Suíça (1930-1974)*. Maputo: PROMÉDIA.

Declich, L., 2001, 'The Arabic manuscript of the Zanzibar National Archives: sources for the study of popular Islam in the island during the 19th century', in Amoretti, B.S., ed., *Islam in East Africa: New Sources*. Rome: HERDER, pp. 47-57.

Ferreira, E. S., 1997, *O fim de uma Era: o colonialismo português em África*. Lisboa: Sá da Costa.

Gunther, C.; Mpalume, E.; Fernando, H., 1996, *Autoridades Tradicionais no Sul de Cabo Delgado: o caso da dinastia Matiko*, Pemba: ARPAC.

Gómez, M. B., 1999, *Educação Moçambicana: História de um processo, 1962-1984.* Maputo: Imprensa Universitária.

INE, 2006, *Manual de Conceitos e Definições Estatísticas de Moçambique,* Maputo: INE.

INDE-MINED, 2003, *Plano Curricular do Ensino Básico: objectivos, políticas, estrutura, plano de estudos e estratégias de implementação*, Maputo: INDE.

João, B. B., 1993, 'Factores de reorganização das chefaturas no norte de Nampula e sul de Cabo Delgado na segunda metade do Século XIX', *Arquivo*, 14, pp. 175-184.

Khamis, K. S., 2001, 'The Zanzibar National Archives', in Amoretti, B.,S., ed., *Islam in East Africa: New Sources*, Rome: HERDER, pp. 17-25.

República de Moçambique, Lei n° 10/88, de 22 de Dezembro. *Protecção do Património Cultural, Boletim da República*, I Série, No. 5.

Mário, M. & Nandja, D., 2005, *Alfabetização em Moçambique: desafios da educação para todos.* Background Paper Prepared for Education for All Global Monitoring Report 2006, UNESCO.

MINED-INDE, 2007, *Plano Curricular do Ensino Secundário Geral (PCESG) – Documento Orientador, Objectivos, Política, Estrutura, Plano de Estudos e Estratégias de Implementação*, Maputo: MINED.

Medeiros, E., 1997, *História de Cabo Delgado e Niassa (c. 1836-1929)*, Maputo: Central Impressora.

Medeiros, E., 1986, 'A Chefatura dos Megama do Chiúre: Contexto económico e político da sua instalação', *Cadernos de História* No.4, pp.21-27.

Mondlane, E., 1977, *Lutar por Moçambique*, Lisboa: Sá da Costa. REPÚBLICA POPULAR DE MOÇAMBIQUE. MINED, 1983, *Sistema Nacional de Educação: Linhas Gerais e Lei n° 4/83*, Maputo: MINED.

Monteiro, A., 1966, 'Pesquisas arqueológicas de Kiuya, M'buezi e Quisiva', *Monumenta*, N 2.

Rzewuski, E., 1991, 'Mothertongue/father tongue convergence: on swahilization and deswahilization in Mozambique', in Dow, J., R., & Stolz, T., *Akten des 7. Essener Kolloquiums uber "Minoritatensprachen/Sprachminoritaten*. Universität Essen, 14-17 de Junho de 1990.

Said, E., 2001, *Orientalismo: O Oriente como invenção do Ocidente*, São Paulo: Companhia das Letras.

Soares, M., 2004, 'Letramento e alfabetização: as muitas facetas', *Revista Brasileira de Educação*. n° 25, Jan./Fev./Mar./Abr. pp. 5-17.

Trimingham, J. S., 1971, *Islam in East Africa*, Oxford: Clarendon Press.

Vilhena, E. J., 1905, *A Companhia do Nyassa: Relatórios e Memórias sobre os Territórios*, Lisboa: A Editora.

Fontes Electrónicas

Instituto Nacional de Estatísticas – INE, 'Indicadores básicos, Cabo Delgado e Nampula', http://www.ine.gov.mz, 11 de Maio de 2010.

11

O Estudo das Relações Contemporâneas entre a Sociedade Cabo-Verdiana da Diáspora e Cabo Verde: Considerações Teóricas e Empíricas[1]

Iolanda Évora[2]

Diáspora cabo-verdiana e origem: elementos em análise

Os encontros entre diáspora e origem não se limitam à memória sentimental, à transferência de fundos ou aos projectos clássicos de construção de casas e aquisição de bens em Cabo Verde, um património apontado como indicador-chave da relação tradicional na qual a influência e as doações do emigrante são esperadas e bem-vindas. Estes encontros servem igualmente ao estabelecimento de reciprocidades, compromissos e obrigações no que se refere quer a outros resultados da emigração (a deportação), à participação política dos emigrantes ou, ainda, às definições da migração e diáspora cabo-verdiana geralmente admitidas e assumidas. Estes contactos decorrem num contexto em que o arquipélago é destino de outros viajantes, os novos imigrantes, com os quais são estabelecidas relações que remetem à própria memória nacional dos cabo-verdianos como emigrantes após mais de um século de migração. Além disso, tal como outros países em África, actualmente as atenções oficiais incidem sobre a figura do emigrante como agente potencial do desenvolvimento (Bakewell 2008), num tempo em que a ajuda ao desenvolvimento recua significativamente e aumentam as expectativas de transformação das poupanças dos emigrantes em investimento nacional.

Essas dinâmicas, discutidas nas suas formas de regulação social, problematizam a centralidade atribuída a Cabo Verde como lugar de origem criador e difusor das atribuições identitárias mais distintivas e marcantes do *ser cabo-verdiano* e como lugar por excelência dos investimentos materiais e simbólicos do emigrante. Apoiando-se tudo isto na noção de que, numa sociedade diaspórica os principais produtos, signos e símbolos, são criados no exterior e assumidos *e consumidos* por todos os lugares, entre eles o lugar de origem (Schnapper 2006).

Neste caso, o interesse de análise recai sobre práticas através das quais se procura posicionar melhor os grupos da diáspora e do arquipélago; assegurar os critérios objectivos de caboverdianidade e nacionalidade, assim como verificar as intenções subjectivas e posições objectivas dos postulantes que devem produzir boas disposições relativamente a Cabo Verde. Com a análise dessas dinâmicas discute-se sobre os processos de formação de uma comunidade cabo-verdiana que inclui diáspora e origem, com o foco dirigido, especificamente, às formas de participação do arquipélago. O argumento central é que as dinâmicas entre os actores precisam ser úteis aos interesses dos agentes colocados cá e lá, e actualmente, cada vez mais, na medida em que a distância social e geográfica coloca questões de autenticidade e representação. No entanto, a partir do exame das práticas transnacionais é possível alcançar os padrões de identificação que indicam os sentidos dos contornos da comunidade imaginada (Lainer-Vos 2010) que inclui diáspora e origem.

Os estudos das diásporas em geral têm dedicado pouca atenção às dinâmicas internas de mudança (Bakewell 2008; Bakewell e Haas 2007), apesar da necessidade crescente de reconhecer e compreender as transformações que sofrem as percepções e expectativas internas depositadas na emigração por parte de quem fica. A constatação de divergências de opiniões e posições acerca da contribuição e participação dos emigrantes na vida social, política e económica (Évora 2012) amplia a relevância que deve ser atribuída às adesões internas dos cabo-verdianos a outros fatos sociais, culturais e políticos que concorrem para a formação da sociedade cabo-verdiana contemporânea de forma diversa da emigração. Estes fatos devem ser considerados em paralelo com as novas formas de influência da emigração nas diferentes esferas da vida social do arquipélago e deste nos demais pólos que constituem a sociedade diaspórica cabo-verdiana.

Uma perspectiva crítica na leitura destes factos refere-se à compreensão de:

i) processos de reprodução material e simbólica dos grupos mais atingidos pela emigração que se fixam no exterior;

ii) diferentes posições dos grupos face à migração cabo-verdiana e da produção das hierarquias de poder no espaço diaspórico poli-centrado resultante das lutas simbólicas pelo tipo de capital que é produzido no campo das migrações cabo-verdianas;

iii) formas de cidadania permitidas aos emigrantes e imigrantes, o grau de tutela à sua participação institucional e política no arquipélago e as formas de intervenção oficial de Cabo Verde na vida das comunidades. Com base na crescente linha de estudos focados em micro-realidades, na prática, a abordagem ao tema deve documentar e avaliar processos e medidas institucionais, sociais e culturais destinadas ao emigrante, realçando as contradições entre um discurso que proclama a sua cidadania mas reforça o seu estatuto de emigrante; analisar os diferentes níveis em que os elementos identitários essenciais são actualizados como produtos da comunidade diaspórica e o papel de Cabo Verde neste processo; analisar os efeitos de novas experiências migratórias e as diferentes apropriações do termo diáspora; e tomar como indicadores relevantes, as modalidades de interpretação dos residentes face aos emigrantes, as novas emigrações e os novos imigrantes em Cabo Verde.

Os caminhos da pesquisa

A análise do espaço de origem e sua contribuição na construção de formas partilhadas no mundo da migração – que inclui o espaço transnacional e o das comunidades em outras localizações geográficas – remete à forma como as noções de migração e diáspora vêm sendo aprofundadas pelas ciências sociais e da migração. Todavia, no mundo da pesquisa sobre a migração, o mesmo tratamento não é reservado ao lugar de origem pois, este não recebe o estatuto de um objecto sobre o qual se procura uma base sociológica mais sólida (Loc e Barou 2012). No entanto, as relações actuais entre diáspora e lugar de origem trazem a discussão teórica a pertinência do desenvolvimento de uma definição conceptual de forma empiricamente mais relevante, confrontando-a com os conceitos utilizados no campo mais amplo dos trabalhos sobre migrações internacionais e diásporas.

De igual modo, as análises sobre a inscrição das práticas no lugar de origem na trajectória de vida presente dos migrantes precisam esclarecer se se mantêm o transnacionalismo e a diáspora somente como categorias académicas, ou se também fazem sentido para os migrantes. Assim sendo, também devem propor a busca de conceituação em torno do lugar de origem, como forma de ultrapassar as atribuições meramente sentimentais, nacionalistas e culturais clássicas e explorar as possibilidades de formulação de uma categoria académica capaz de contribuir para a elucidação dos encontros que, em conjunto, constituem o espaço público transnacional ou diaspórico actual.

A discussão coloca-se então, em termos que pretendem ultrapassar uma problemática muito ampla do diaspórico, que não traz nada de novo àquilo que é observado a propósito das migrações internacionais, dada a polémica instalada em torno do uso demasiado amplo da noção de diáspora[3]. Do mesmo modo, deve-se evitar encerrar numa problemática demasiado estreita, que faz da abordagem transnacional um sector delimitado da pesquisa sobre as migrações, para influenciar sobre a sua compreensão global. A questão crucial é a de saber como se articula a passagem de um modo de relação fundada na proximidade física, a um modo de relação, igualmente íntima, e que ainda assim se desenvolveria, de forma durável, fora de qualquer co-presença, não apenas evocada pela memória partilhada, mas actualizada por práticas que colocam em contacto, permanentemente, comunidades presentes e ausentes. Estas questões são tratadas seguidamente neste trabalho, tendo em vista as realidades da migração, nomeadamente sobre deportados, participação política dos emigrantes, concepções sobre a diáspora e percepções sobre imigrantes, vividas em Cabo Verde e protagonizadas pelos cabo-verdianos não-migrantes.

No caso aqui abordado, considera-se que os estudiosos da sociedade e das migrações cabo-verdianas devem passar a reflectir a partir de evidências actuais, como as que referimos a título ilustrativo: as passagens do status de não-migrante para migrante que não se sucedem da mesma forma em todas as biografias; as formas de adesão à migração que descrevem o mundo diverso das novas gerações e suas expectativas relativamente à mobilidade; a migração e a criação do estado-nação que disputam o lugar de evento fundador da nação; o crescimento, em Cabo Verde, dos defensores dos argumentos sobre o protagonismo daqueles que permaneceram no arquipélago, em contraste com os emigrantes, outrora os heróis sacrificados pela saga migratória; a organização da autoridade significativamente transferida para o Estado.

Diáspora e origem: relações complexas em contexto cabo-verdiano

A distância social e geográfica que separa as comunidades em Cabo Verde, das comunidades da diáspora, tem inspirado análises tradicionais preocupadas com a definição do lugar de pertença actual da diáspora, com o tipo de provas que os emigrantes devem exibir para confirmarem as suas disposições e obrigações relativamente ao arquipélago e com as formas da sua adesão à ordem social e política de Cabo Verde. Esta orientação segue as tendências actuais dos estudos da migração (Cohen 1996; Tölöyan 1996; Schiller 1997; Tarrius 2001) e verifica-se que mesmo após longo tempo de história da migração cabo-verdiana, o destaque é atribuído às ligações com a origem, muito mais do que à influência dos processos de enraizamento e adesão dos emigrantes a outras redes nas sociedades em que vivem.

No campo teórico, a atenção que as ciências sociais têm dirigido à categoria diáspora é importante porque, somente através desta é que apresentam e discutem o tema da origem sem que a este seja atribuído o tratamento científico ou uma precisão conceptual a partir da noção original. O interesse dirige-se, essencialmente, quer às ligações da diáspora com um lugar primordial, quer às práticas que são orientadas ou têm reflexo no lugar de origem (Loch e Barou 2012). Em menor escala, muito recentemente, os trabalhos começam a mostrar uma exploração mais sistematizada dos movimentos dos vários grupos a partir da origem[4]. A perspectiva dominante nas ciências sociais coloca a ênfase na imigração e nas preocupações das sociedades ricas industrializadas para com as novas populações (pobres) presentes no seu território. Deste modo, tem aprofundado sobre aspectos da relação da diáspora com a origem que evidenciam mudanças nas preocupações originais das sociedades de destino com aos processos de instalação e os problemas de adaptação, inserção, assimilação ou de integração. Ao mesmo tempo, a preocupação recai sobre os processos de evolução individual ou que se articulam às diversas filosofias do multiculturalismo e às teorias sobre raça e etnicidade que o conceito promete substituir[5]. Apesar da crescente literatura relativa às realidades de migração que não incluem as mobilidades em direcção às sociedades ricas ocidentalizadas, as relações entre migração, transnacionalismo e diáspora tendem a ser exploradas com particular foco nas consequências das práticas transnacionais para os processos de integração, ignorando-se, novamente, os reflexos de tais práticas no espaço de origem (Lainer-Vos 2010; Loch e Barou 2012). Além destes aspectos, as análises centradas na presença nas sociedades de residência, também contribuem para encobrir os modos de participação dos imigrados na vida das suas sociedades originais, mesmo perante as evidências de que, em muitos casos, essa participação mantém-se e pode ultrapassar a barreira das gerações, ou mesmo, religar as diversas comunidades expatriadas umas às outras, através de uma referência comum à terra ancestral (Loch e Barou 2012).

As comunidades no arquipélago, ainda aguardam atenção mais sistematizada dos analistas no que se refere aos reflexos que as mudanças na organização social, económica e política, têm nas ligações das pessoas e comunidades com a migração e a diáspora. As adesões internas que não estão associadas à migração, concorrem para a configuração das identidades, obrigações, oposições e orientações relativamente à migração e aos emigrantes tal como a mudança exigida a estes nas sociedades de destino, exaustivamente abordadas pelas ciências sociais da migração. Em síntese, confrontado com novas experiências e obrigações constituídas por causa das dinâmicas internas em Cabo Verde, qualquer protagonista (Strauss 1999) descobre novos sentidos e ordenamentos (Strauss 1999) em sua carreira ligada à migração, contestando, assim, a forma socialmente padronizada com que a influência da migração é apresentada em Cabo Verde. A par das transformações nas sociedades de destino, as novas posições que são experimentadas no arquipélago, contrariam um quadro relativamente estático e não-histórico que simplifica excessivamente as relações entre as pessoas envolvidas no processo migratório e as atribuições, obrigações e expectativas entre a diáspora e a origem. A orientação das ciências sociais deve trazer possibilidades de teorizar sobre as relações mais significativas que reconhecemos existir entre membros das comunidades (dentro e fora), de modo a auxiliar uma formulação mais complexa dessas relações (Strauss 1999) e mostrar que o argumento das necessidades materiais na origem é um modelo simples demais, por conseguinte, com uma utilidade restrita no estudo da sociedade cabo-verdiana moderna.

Neste trabalho procuramos dar conta dessas preocupações a partir do exame de práticas que ultrapassam as trocas relativas às remessas, ou as transferências de fundos e bens, em geral, o principal argumento das relações e ligações. Na actualidade, o retorno dos deportados, a presença de imigrantes e as formas de participação política permitidas aos emigrantes são indicadores significativos do alcance das relações e do potencial de conflito e tensão que podem instalar-se entre segmentos sociais representados em Cabo Verde e na diáspora. Ou seja, as perspectivas diferenciadas do papel e das responsabilidades das comunidades, perante novos elementos da migração e seus resultados, dizem muito a respeito das expectativas colocadas nos papéis que devem ser assumidos por uns e outros. Além disso, dão conta do grau de adesão de Cabo Verde à comunidade supranacional, os custos e responsabilidades que internamente se admite assumir e repartir, relativamente à emigração, bem como a importância dos mecanismos de regulação social e redefinição das obrigações mútuas impostas às comunidades cá e lá.

Caso sejam tomados em conjunto, os aspectos da mudança favorecem o exame mais próximo dos encontros entre as comunidades de origem e da diáspora, esclarecendo sobre as tensões, discordâncias e acordos presentes nas relações actuais entre os grupos envolvidos e, por conseguinte, servindo como um prisma através do qual se compreende melhor a comunidade actual no seu todo. Esta não se esgota, portanto, nos limites de pertença tal como definidos para uma sociedade diaspórica (Cohen 2008; Schnapper 2006), ao contrário, a sua descrição deve sustentar-se na análise das articulações significativas entre biografias e processos sociais (Strauss 1999), de modo a interrogar a experiência dos cabo-verdianos entre as diversas alternativas de existência permitidas no arquipélago, por conseguinte, explorando para além do inescapável destino de viver para a migração.

Temas e abordagens actuais a partir de Cabo Verde

No campo dos estudos da migração e diáspora actuais, são tratados temas como: o comportamento dos fluxos (diminuição e alterações nas políticas de imigração dos países de destino), a relação entre conhecimento das condições de vida no exterior e o desejo de partir (Akesson 2009); aspectos culturais e simbólicos que são retomados nos contextos de emigração dos cabo-verdianos e constituem o factor de ligação dos grupos dispersos (Malheiros 2001; Hoffman 2007); ou, ainda, os resultados das influências das estadias dos emigrantes noutras paragens, em termos de bens materiais e culturais transmitidos (Akesson 2009).

O interesse a partir do arquipélago recai nas razões do declínio da emigração e nos factores que vinculam o desejo de emigrar às questões económicas (como o desemprego) e também ao apoio da rede familiar a partir do exterior. Carling (2002) refere-se à estreita vinculação entre a percepção que os cabo-verdianos têm do seu país e as explicações de carácter cultural que sustentam o seu desejo de emigrar. Propõe uma análise separada da aspiração e da habilidade para migrar, indicando factores (como as relações interpessoais) que interferem e dificultam a percepção das causas das dificuldades em emigrar (Carling 2002).

Em síntese, nos estudos realizados e que mantêm o foco nas dinâmicas do lugar de origem, destacam-se os aspectos das relações interpessoais que se somam aos constrangimentos materiais e que explicam como as redes interpessoais podem facilitar ou impedir as acções individuais orientadas para a emigração (Akesson 2005; Carling 2002; Évora 2007; Giuffrei 2006; Trajano Filho 2005). Por exemplo, Akesson (2005) analisa os mecanismos de reprodução da tradição da migração, apesar do conhecimento dos cabo-verdianos acerca das mudanças nas políticas dos países de acolhimento e do aumento da sua consciência crítica sobre a vida no estrangeiro. A autora examina as relações entre as condições sociais, os processos de identificação e as experiências da 'transnacionalidade da pátria', em oposição ao suporte oferecido pela cultura da migração cabo-verdiana. A partir da perspectiva cultural, procura mostrar que tais factores, em conjunto, criam uma dinâmica social e cultural que se articula com o desejo de trocar a terra natal mantendo o penetrante sonho de uma vida melhor fora do arquipélago (Akesson 2005). No campo das relações com a diáspora a partir de Cabo Verde, discutimos as razões colectivas que estão por detrás das escolhas dos grupos acerca dos membros que devem emigrar ou permanecer no país (Évora 2004). Neste caso, encarregando-se os que ficam, da reprodução do capital social, material ou simbólico, obtido pelos membros que se encontram no exterior. Por outro lado, nos estudos realizados por Carling (2002; 2004), são explicadas as influências de um meio de emigração nas decisões de migrar de pessoas, tomando o exemplo da pressão social sobre pessoas que não demonstram o desejo de partir mas cuja emigração (contrato de trabalho, visto de entrada) é realizada pelos que já se encontram no exterior.

A produção neste campo mostra que muito resta ainda por aprofundar sobre uma sociedade de origem – diversificada e em mudança –, que participou, em vários estágios, na criação da sociedade diaspórica e das suas dinâmicas sociais. Ou seja, seguindo a perspectiva de Schnapper (2008), cabe aprofundar sobre o papel do arquipélago na sociedade diaspórica através da sua relocalização no contexto diaspórico cabo-verdiano. A propósito de sociedades marcadas pela mobilidade, a autora tem desenvolvido o argumento de que a sociedade de origem se encontra na própria definição de diáspora, tornando-se assim noção dominante para o conjunto social quando: os principais produtos comuns sejam criados no exterior; com o fim dos nacionalismos; e se identificarmos símbolos e signos criados *entre lugares* e que afectam toda a sociedade diaspórica, incluindo a sociedade nacional (Schnapper 2008). Na forma proposta pelos temas do projecto, a investigação a partir de dentro, debruça-se sobre pessoas sujeitas à influência de múltiplas fontes de identificação e de *habitats de significação,* ao explorar os processos de identificação de 'quem é importante no mundo de quem' (Strauss 1999:139). Da mesma forma, também historiciza as identidades ligadas à migração admitindo que, para diferentes gerações, multiplicam-se os tipos de 'outros importantes' (Strauss 1999:139) que não apenas os emigrantes.

Não se trata portanto, de descartar o estudo da diáspora, ao contrário, como refere Lainer-Vos (2010) é necessário seguir as controvérsias em relação à diáspora pois, de cada vez que esta é abordada, abre-se como que a 'caixa-negra' que expõe a terra de origem, e permite aos estudiosos perscrutar no interior dos mecanismos da sua constituição. Lainer-Vos (2010) conclui que a questão aqui não é metafórica mas empírica; sempre que um membro da diáspora declara a sua condição de membro desta ou daquela comunidade nacional, alguns outros actores dão um passo em frente e contestam essa declaração. Seguir as estratégias que actores utilizam para apoiar as suas reivindicações ou refutar as dos outros, conforme o autor, oferece uma vantagem única de análise.

As ciências sociais fornecem as ferramentas que permitem compreender como a noção de diáspora promete contemplar e esvaziar vários problemas políticos e de análise das mobilidades contemporâneas e seus resultados, quando diáspora e origem são tomadas como entidades delimitadas e definidas pela lente dos nacionalismos e sob a óptica dos estados-nação (Schnapper 2001). No entanto, a migração interessa muito mais como realidade prática que envolve os indivíduos nas suas missões corriqueiras, nas práticas sociais e nas maneiras e habilidades de vivê-la como parte integrante do seu mundo. Estas dimensões são exploradas, por exemplo, pelo exame das apropriações ao termo *diáspora* protagonizadas pelos segmentos e grupos sociais, e pelas significações e qualidades que lhe são apontadas como descritor contemporâneo da migração cabo-verdiana (Évora 2010). Neste caso, evidencia-se que o modelo mais tradicional da migração não permite alcançar os resultados das exposições diferenciadas dos indivíduos à migração, ou sobre as formas de reprodução das diferenças dos segmentos sociais entre si com base na sua representação na comunidade da migração. Como sublinha Meintel (2002) a propósito das diferentes etapas do processo migratório cabo-verdiano, também as participações dos segmentos sociais ainda precisam de ser estudadas pois que, em cada etapa e para cada destino de emigração, as comunidades não se plasmam da mesma forma e, como resultado, os reflexos da migração são vividos de forma particular por cada grupo social envolvido.

Os sistemas de relações e os modos de interacção que constituem um dos objectos de pesquisa privilegiados da análise das sociedades contemporâneas revelam-se particularmente ricos de serem observados nas situações migratórias. Para compreender o modo como o lugar de origem participa no espaço transnacional cabo-verdiano actual para além das repercussões internas da diáspora, é necessário, em primeiro lugar, considerar tal participação como parte da complexização do processo migratório cabo-verdiano e da vida social em Cabo Verde[6]. A análise a partir de dentro ainda deve aprofundar sobre o carácter heterogéneo crescente da migração cabo-verdiana actual, verificar as formas de participação diferenciada de grupos e classes sociais cujas distinções são claramente indicadas na origem e os mecanismos de reprodução de tais diferenciações nas sociedades de destino. Neste sentido, a propósito da ilha da Brava, Meintel (2002) indicava que, inicialmente, a migração para os Estados Unidos da América mobilizava os camponeses pobres e sem alternativas futuras na ilha, enquanto os segmentos mais favorecidos atribuíam fracas qualidades ao lugar de destino de emigração e apenas posteriormente integram os fluxos para a América. Por outro lado, em relação à migração cabo-verdiana em geral, num segundo período das migrações modernas, a classe social mais favorecida (ligada à administração colonial) escolhe Portugal como destino de emigração, marcando o perfil inicial da experiência migratória na antiga metrópole. No entanto, cada vez menos comunidades em Cabo Verde mantêm a predominância em relação a um único destino[7], e a diversidade de lugares de origem marca o perfil da comunidade cabo-verdiana em destinos como Portugal ou os Estados Unidos da América.

A análise da forma actual da participação do arquipélago na comunidade cabo-verdiana estendida, inclui vários ângulos e abordagens que as ciências sociais e da migração devem contemplar, buscando as conexões das experiências pessoais com a de todos os cabo-verdianos e a descrição teórica e empiricamente fundamentada, dos encontros entre diáspora e origem na contemporaneidade.

Outros encontros e engajamentos: novas possibilidades de análise

O estudo da diáspora como uma relação prática com a origem significa a interrogação à miríade das acções nas quais os membros das comunidades da diáspora se engajam e, ao mesmo tempo, a análise das práticas desenvolvidas em Cabo Verde que descrevem o envolvimento recíproco das comunidades, permite explorar as noções de lugar de origem e diáspora na forma como são produzidas, negociadas e contestadas.

Num nível mais amplo, as transferências de fundos e de bens mantêm-se como a principal manifestação da actividade migratória tradicional ou transnacional dos migrantes (Akesson 2009; Évora 2012), ao contrário da avaliação, ainda incipiente, da forma como Cabo Verde procura recolocar-se perante os emigrantes quando estes consolidam as suas presenças noutros contextos e lugares e o país transforma-se em lugar de imigração. Ao longo do tempo, o país construiu novas expectativas em relação à sua emigração e, além de remessas e investimentos, de forma crescente parece ir buscar legitimidade política e histórica nas comunidades dispersas. A par deste aspecto, coloca-se o desafio de abordar Cabo Verde e a sua 'cultura de circulação' e preencher o vazio etnográfico e teórico sobre esta matéria que se apresenta plena de complexidade pela grande movimentação dos cabo-verdianos. De fato compreender esta migração é compreender a cultura cabo-verdiana, não para mostrar como as raízes se reflectem na sua produção mas muito mais, para conhecer os reflexos das produções do exterior na produção local e a forma como esta, por sua vez, se recoloca perante as comunidades.

Tais aspectos podem ser explorados em pesquisa que se debruça sobre os discursos sobre migração e diáspora a circular em Cabo Verde, procura verificar o valor analítico dos termos (migração e diáspora) e perceber a presença de um discurso hegemónico, os consensos, diversidades e heterogeneidades a respeito. Nesta abordagem, procura-se apreender os diferentes posicionamentos dos intervenientes (políticos, líderes de associações de emigrantes, académicos, produtores culturais e segmentos populares) e verificar se existe uma hierarquia de posições neste campo. De acordo com tal hierarquia, será possível discutir sobre o capital simbólico em disputa no campo da migração cabo-verdiana e problematizar e desmistificar alguns dos atributos que marcam a identidade do migrante cabo-verdiano, tais como a importância e significado da *Morabeza* (encarada na auto-imagem cabo-verdiana como expressão de uma cordialidade intensa e típica do cabo-verdiano) e da *caboverdeneidade* para os que se movem no espaço diaspórico, incluindo o lugar de origem.

Outro campo importante de investigação diz respeito aos níveis de participação, de mobilização e de informação política dos imigrantes cabo-verdianos em relação a Cabo Verde e inclui a análise das expectativas que as forças políticas têm em relação à participação dos emigrantes, as formas de mobilização junto às comunidades e os processos e medidas institucionais que estabelecem a participação na vida política do arquipélago. A análise recai sobre aspectos como: a participação eleitoral, o conhecimento, a confiança e a imagem em relação aos actores e às instituições sociopolíticas e o grau de associativismo e *cultura cívica* dos emigrantes. Desta forma, é possível compreender as discrepâncias entre o grau de informação e a intensidade das opiniões que os cabo-verdianos emigrantes revelam em relação aos assuntos que marcam a agenda política em Cabo Verde, em contraposição com os níveis baixos de participação e de mobilização em relação a Cabo Verde.

A abordagem empírica interessada na participação das comunidades do arquipélago na conformação da situação migratória cabo-verdiana actual deve considerar as representações dos não-migrantes a propósito dos novos imigrantes e os retornados de origem cabo-verdiana como é o caso dos jovens deportados de países como Estados Unidos de América ou da Europa, portanto, expulsos do seio das comunidades cabo-verdianas emigradas nesses países. No contexto social das ilhas, ganham relevância as formas de reorganização ensaiadas por esses jovens e seus grupos que, em geral, em Cabo Verde, costumam ser associados a comportamentos delinquentes. No entanto, em grande parte dos casos, os jovens aproximam-se de situações de exclusão, tal como antes, mas desta vez, num contexto estranho, muitas vezes conhecido apenas através de *estórias* contadas pelos pais. Um elemento importante de análise diz respeito às formas pelas quais são formuladas associações e correspondências entre o *modus vivendi* dos jovens marginalizados nascidos e socializados nas ilhas e o dos jovens excluídos dos bairros periféricos dos Estados Unidos de América.

A pesquisa sobre as representações dos não-migrantes em Cabo Verde inclui, ainda, as percepções construídas acerca dos imigrantes e as categorizações em que essas estão assentes. Esta abordagem é importante para se compreender os processos pelos quais comunidades familiarizadas com a sua própria emigração constroem argumentos e procuram justificar as formas de relações e interacções que estabelecem com os imigrantes, bem como o lugar que a estes é destinado no contexto social cabo-verdiano em geral e de cada ilha. Quer dizer que, uma investigação do género permite avaliar o modo como as experiências dos cabo-verdianos como emigrantes no exterior têm reflexões nas percepções e concepções internas sobre a migração e os imigrantes. A forma como os imigrantes e ex-emigrantes são percepcionados pela sociedade poderá gerar situações de exclusão e de marginalização social, coabitação com pouca proximidade ou a inclusão social. O grau de assimilação e tolerância para com a presença de outrem e a forma como esta realidade é compreendida são esclarecedoras de que as questões de pertença também se colocam aos grupos no país, e uma forma de explorar as suas concepções será através da análise das percepções sobre a imigração em Cabo Verde. A perspectiva diz muito sobre a forma como a experiência de emigrantes/imigrantes ausentes tem sido interiorizada pelos que ficam em Cabo Verde. Os tabus originais sobre as saídas e as ausências, o mito do retorno são examinados em Cabo Verde pela presença de imigrantes, retornados e deportados.

Em síntese, a pesquisa empírica em torno do tema considera que, deste modo, são abordadas as práticas de pertença e a forma como se constrói a percepção particular do sentido de pertença a um lugar significativamente associado a outros lugares do mundo. Por outro lado, quer a presença dos retornados-deportados, quer as formas de participação política, são indicadores úteis de que às práticas tradicionais que são compreendidas como dádiva dos emigrantes à sua *homeland,* somam-se aquelas que são definidas a partir de dentro e pretendem regular as intenções dos grupos no exterior de acordo com interesses e expectativas geradas pelos grupos em Cabo Verde.

Tais práticas, muito mais do que expressões de sentimentos pré-existentes, remetem às condições político-culturais quer do lugar de destino, quer da origem. Em outras palavras, além da expressão de sentimentos já existentes no seio da diáspora, as práticas também descrevem um processo dinâmico através do qual as posições relativamente à migração/diáspora/origem são formadas e estabelecidas. A capacidade de influenciar internamente, sobretudo nas aldeias ou lugares de origem dos emigrantes, é percebida por estes e pelos não-migrantes tornando-se um campo de tensão e desacordo em que os papéis de uns e outros devem ser constantemente negociados. Este parece ser o caso dos deportados relativamente aos quais, os familiares e as comunidades na origem devem assumir responsabilidades, ao mesmo tempo em que se alteram as exigências sobre os familiares no exterior que asseguram os custos com a estadia dos deportados (sobretudo no caso dos jovens) e compensações aos que os acolhem. Em relação à participação política, o facto de a amplitude da sua participação ser decidida em Cabo Verde[8] é um importante indicador do tipo de disputas que se instalam neste campo e a capacidade percebida de influência que os emigrantes podem exercer nos seus locais de origem.

As controvérsias colocadas neste domínio devem ser consideradas pela pesquisa na medida em que, em geral, os grupos dentro e fora do país se opõem no que se refere a temas como a legitimidade e alcance da participação política ou o esforço exigido à sociedade relativamente à presença dos retornados como deportados. A análise das formas de participação política é útil à compreensão da forma como esta contribui para a diversificação na tomada de decisões em questões-chave de Cabo Verde, além de contribuir para mais democracia e equilíbrio nas tomadas de decisão. Ao mesmo tempo, chama a atenção para as condições sociais e culturais que vêm permitindo, de forma crescente, a manifestação dos críticos que em Cabo Verde, questionam a capacidade e o grau do interesse revelado pelos emigrantes relativamente aos problemas do país e a sua efectiva participação e compromisso pelo fato de viverem no exterior, distantes das dificuldades do dia-a-dia da sociedade cabo-verdiana e das circunstâncias estruturais restritivas em Cabo Verde.

Procuramos sublinhar que, no âmbito dos estudos sobre as relações sociais e migrações cabo-verdianas, os encontros actuais oferecem um importante modelo heurístico para a compreensão das formas de regulação social entre os vários grupos; as expectativas recíprocas entre diáspora e origem; a natureza diversa das adesões da diáspora e da origem; os tipos de afiliação como membro da comunidade comum e seu carácter ambíguo e pouco claro; e as controvérsias sobre a pertença nacional que não se limitam à diáspora mas expressam-se também, no interior do arquipélago.

As adesões nacionais, porém, não esgotam as explicações acerca do mundo criado pela migração e nem a complexidade das relações é explicada sem um conhecimento sistemático e cada vez mais detalhado das dinâmicas dos grupos no lugar de origem. As articulações específicas que estabelecem com as diferentes comunidades e mesmo os efeitos do transnacionalismo que se fazem sentir na origem, actuam conforme cada grupo é atingido pela migração. A definição em simultâneo, da origem como uma área estratégica da pesquisa sobre a migração cabo-verdiana, e da diáspora como lugar importante de pesquisa sobre a sociedade cabo-verdiana contemporânea, exige que, ao invés de entidades delimitadas, ambas sejam tratadas como realizações práticas sempre em formação, como categorias da prática e algo a que as pessoas se referem, atribuem sentido e praticam.

Um tema dominante: diáspora, nação e estado-nação

As abordagens sobre Cabo Verde mostram que sempre que a migração cabo-verdiana é chamada à sua definição, remete ao território original do arquipélago. Por conseguinte, este consolidou-se como a construção consubstancial da explicitação da visibilidade social dos grupos, das comunidades ou de qualquer outro colectivo disperso de cabo-verdianos cujos membros podem usar um "nós" como identificador na imigração. No mesmo sentido, para qualquer emigração a partir do arquipélago, o território original torna-se condição e expressão *a priori* do lugar social que o emigrante/imigrante ocupará, estabelecendo-se como *memória*, por conseguinte, definindo-se para cada pessoa ou grupo como a marca espacial da consciência histórica do ser conjunto.

De igual modo, no campo da teorização a propósito das diásporas contemporâneas, o tema dominante refere-se às ligações destas com as nações e realidades dos estados-nação (Cohen 1996; Schnapper 2001/2006). A partir dos anos 1990, os intelectuais e estudiosos consideram que o conceito promete uma emancipação das doenças do essencialismo e, num nível analítico e político, avaliam que representa a nova era pós-nacional e as comunidades do tempo transnacional (Tölöyan 1996; Cohen 1996; Schnapper 2006). De acordo com estes autores, o conceito remete às questões do estado-nação moderno, os limites da sua supremacia e a perda de alguma soberania, factor este que marca, até à actualidade, as tensões verificadas entre algumas diásporas e governos africanos, por exemplo.

Neste quadro, as referências às experiências em África remetem, de imediato, às relações entre diáspora e narrativa nacional, aos efeitos políticos da diáspora e às tensões e desconfianças geralmente apontadas entre as classes políticas dominantes africanas e as diásporas (Bakewell 2008). A discussão situa-se entre as duas perspectivas que se opõem, a propósito do enfraquecimento dos mitos de origem ou, ao contrário, o efeito fortalecedor que diáspora e distância teriam sobre a consciência nacional. No primeiro caso, o modo como a existência de indivíduos -que escolheram livremente viver fora da sua nação-estado- parece enfraquecer os mitos autóctones de origem (os elementos nucleares da narrativa nacional) interessa aos governos africanos ainda preocupados com a formação de uma consciência nacional e interessados em reunir diferentes grupos sob a mesma dimensão simbólica nacional.

A propósito da influência das diásporas na continuidade ou enfraquecimento das narrativas nacionais Clifford (1977) sugere que a ligação contínua entre as diásporas e os países de origem vem dar mais peso e valor às críticas à hegemonia nacional opressiva. No mesmo sentido, Gilroy (1993) dirige a sua atenção à produção cultural das comunidades negras que cruzaram o Atlântico para discutir que a promessa das diásporas reside na subversão e isso afecta as categorizações essencialistas de raça e nação que, também, actuam nos lugares de origem. Os discursos actuais sobre autoctonia e cidadania em vários contextos africanos são um exemplo poderoso do modo como narrativas sobre mobilidade e migração se deslocaram recentemente para o centro do discurso político e, também, como as reivindicações sobre migrações passadas ou recentes, se transformaram em pretextos para expulsões ou contestações relativamente à cidadania. Como mostra Lainer-Vos (2010), a diáspora oferece o modelo normativo da existência fora da putativa "terra de origem" e para além dos males associados com a soberania política.

Num sentido oposto, em lugar de aceitar o papel auxiliar tipicamente descrito para a diáspora, Mishra (1996), *apud* Lainer-Vos (2010) e Anderson (1998) defendem que tal como as experiências clássicas, as realidades constituídas mais recentes confirmam que as diásporas devem ser colocadas no centro dos processos de construção da nação. Os estudiosos argumentam que as comunidades de diáspora, frequentemente, florescem e difundem mitos primordiais, e ao invés de funcionarem como um bastião contra o essencialismo, em contexto de diáspora, a ideia de "terra de origem" torna-se em algo da fantasia da estrutura geral através da qual a sociedade se percebe a si mesma como uma entidade homogénea. Durante os anos 1990, o conceito assinalou a emergência da era pós-nacional, mas uma série de estudiosos apresentam-se, actualmente, contra as sugestões iniciais, afirmando que, de fato, os grupos da diáspora guardam tendências essencialistas. Mais ainda, os críticos apontam que os estudiosos das comunidades de diáspora frequentemente não acertam ao considerarem a heterogeneidade no interior das diásporas pois estas, ao contrário, reforçam perspectivas essencialistas (Brubaker 2005). A sociedade na diáspora necessita do mito e da ideia de terra de origem para funcionar como entidade homogénea e, igualmente proteger o mito da unidade interna, afirma Anderson (1998). O autor adverte, ainda, que a prática do nacionalismo de longa-distância -na qual, com frequência, as diásporas se engajam- deve ser compreendida nos resultados e na forma como são sentidas as acções da diáspora no lugar de origem como, por exemplo, quando as práticas nacionalistas no exterior são acompanhadas por engajamentos correspondentes no interior do país e o apoio a lutas violentas. Enquanto os estudiosos anteriores acreditavam que a posição ambígua e distanciada das comunidades da diáspora predispõem-nas a servir como os arautos da era pós-nação, Mishra (1996), apud Lainer-Vos (2010) ou Anderson (1998) mostram como esta própria distância é a condição da consciência nacional e como tal, motiva os membros diaspóricos a imaginar a nação como homogénea[9].

Por um lado, tais dinâmicas esclarecem sobre aquilo que permite Cabo Verde, nação de emigração, de ser percebido como uma entidade homogénea, e ao mesmo tempo, sobre quais são as concepções genuinamente pós-nacionais de cidadania, direitos e identidades que emergem no interior do arquipélago. No entanto, referem-se, sobretudo, à perspectiva da diáspora em relação ao lugar de origem, poucas vezes articulando-as com leituras dos pontos de vista de protagonistas em Cabo Verde sobre o grau de homogeneidade ou heterogeneidade da sociedade cabo-verdiana ou as suas percepções e interpretações acerca da nação ou do pós-nacionalismo. Ou seja, as mesmas interrogações dirigidas à diáspora devem ser colocadas no interior, não porque comunidades da diáspora ou da origem se confundem, mas por serem esclarecedoras das posições assumidas pelos diversos segmentos sociais. Neste caso, as divisões não opõem apenas emigrantes e não-imigrantes, mas acontecem em vários níveis, incluindo aqueles em que os grupos partilham com grupos na diáspora as mesmas concepções sobre nação e estado-nação sobre temas em que contestam outros grupos no país. Quer isto dizer que, a clareza e intensidade das disputas entre nacional/original/diaspórico, explicam o lugar relevante dos encontros na compreensão da constituição da pertença origem/diáspora. Segundo Lainer-Vos (2010), diversas práticas desenvolvidas em contexto diaspórico com esse objectivo, podem ser altamente relevantes também dentro do estado-nação, e mesmo que outras tenham menos relevância nesse processo, o encontro fornece um modelo útil sobre a pertença nacional. Seguir as controvérsias sobre a pertença diaspórica ou nacional oferece mais do que uma compreensão detalhada dessas categorias particulares, mostra como a nação é uma entidade fragmentada e confirma que, mesmo dentro da nação-estado, a pertença nacional nunca é totalmente clara e sem ambiguidades. Significa que as controvérsias em torno da pertença nacional não se limitam às diásporas, mas a intensidade e as incompreensões das controvérsias *homeland-diaspora* colocam os seus encontros no lado estratégico da pesquisa para se estudar a pertença nacional e diaspórica.

Possibilidades conceptuais e teóricas da noção de lugar de origem

Alguns estudiosos avaliam que as ciências da migração ainda não desenvolveram ferramentas conceptuais adequadas ao tratamento da noção de lugar de origem no campo das ciências da migração (Mishra 1996), *apud* Lainer-Vos (2010). Abdelmalek Sayad é um dos principais autores a apontar para a fraqueza conceptual em torno das relações destino/origem (Sayad 1999) mas a sua crítica está assente na falta de atenção que, aponta, as ciências sociais destinam ao par emigrante/imigrante. O seu trabalho tem servido em grande parte, para apoiar os esforços de compreensão das estadias na imigração e nas sociedades de destino. Desde os anos 1970 o autor insiste na necessidade de considerar a questão do emigrado para compreender a condição do imigrante, um ser sempre paradoxal face à tendência de estabelecer – no lugar em que se encontra – os laços com tudo aquilo que evoca o lugar onde não se encontra (Sayad 1999).[10] Para Sayad, não se pode abstrair da ligação que vincula os imigrantes ao território no qual foram socializados ou ignorar as trajectórias que terão vivido antes da sua instalação no país onde residem.[11] Neste sentido, o processo de integração na sociedade de residência seria o factor exclusivo para a manutenção de relações intensas com o país de origem (Loch e Barou 2012). No entanto, experiências migratórias como a de Cabo Verde – que tem registos de mobilidade desde os últimos anos do século XIX – mostram que a emigração permite somar tipos de capital material e simbólico, por conseguinte, trata-se de reconhecer e avaliar, com maior precisão, o *savoir-faire*, ou seja, o conhecimento acumulado e transmitido pelos agentes da mobilidade cabo-verdiana que resulta, por exemplo, naquilo que Tarrius (2001:45) designa como capacidade demonstrada de negociar melhor as entradas e estadias no exterior quando se alteram as condições para a imigração.

Em relação à realidade aqui trazida, verifica-se que a análise da experiência cabo-verdiana continua a apoiar-se no debate sobre a diáspora, tradicionalmente traçado entre os paradigmas das continuidades culturais[12], por um lado, e das criações culturais no contexto da discriminação e privação características das experiências das populações de emigrantes (Hoffman 2007) oriundas de um país pobre, por outro. No entanto, o estado das reflexões não permite concluir se se trata de propor descartar a noção de diáspora porque esta tem mostrado que pode abrir um espaço conceptual permitindo ultrapassar a sobreposição nação/

estado/sociedade; as diásporas situam-se no espaço "entre" (estado de destino nacionalizado, terra de origem nacional e a própria diáspora), ou seja, existem no espaço triádico e o encontro que ocorre nesse espaço traz importantes questões sobre soberania, dupla lealdade e cidadania. O conceito refere-se a comunidades colocadas em posição ambivalente e ambígua e as controvérsias em torno do potencial da diáspora em relação à pertença nacional e à evolução da era pós-nação trazem potencial analítico prometedor.

Todavia, as ligações diáspora/origem intensificam-se e ampliam-se as influências recíprocas e as trocas tradicionais mantidas pelas comunidades imigradas com os seus lugares de origem. Neste quadro, as definições de diáspora não podem tomar como estável e fixo o aspecto da ligação com a origem, como alerta Piot (1999). Por exemplo, a expansão que a relação diaspórica cabo-verdiana produz na esfera ritual tem sido pouco abordada na óptica explorada por Trajano (2005) a propósito dos fluxos culturais e efeitos das práticas da diáspora nas sociabilidades locais. O autor reflecte, especificamente, sobre as dinâmicas pelas quais as remessas variadas que os emigrantes fazem para a instituição da cultura popular local voltada para o auxílio mútuo chamada de tabanca. Ao contrário deste autor[13], constata-se a ausência de trabalhos que reflectem sobre a forma como a relação diaspórica cabo-verdiana permite manter o mito de origem e a partilha simbólica, adaptando os rituais e as práticas de origem e transmitindo essas mudanças sutis, transformando, assim, o original. Quer dizer que mesmo no campo restrito das relações diáspora/origem, têm sido deixadas de lado preocupações para com a forma como outros factores da vida social na origem re-situam a influência diaspórica 'garantindo que a cópia preserve o original mais fielmente do que o próprio original' (Piot 1999:167).

A fraqueza conceptual apontada à noção de lugar de origem, a par das críticas à dispersão do conceito de diáspora (Cohen 2005), reforça o interesse em explorar as possibilidades de definição desta noção de forma empiricamente pertinente, confrontando a noção com os conceitos utilizados no campo mais amplo dos trabalhos sobre migrações internacionais e as diásporas; analisando-se depois, a forma pela qual as práticas ligadas à migração no lugar de origem se inscrevem nas dinâmicas sociais cotidianas dos cabo-verdianos. Em primeiro lugar, os termos são problemáticos, pois implicam uma associação natural entre emigrantes e o lugar que escolheram deixar. A mudança consiste em tratar estes termos como um feito social ao invés de um estado natural e examinar como essas noções e experiências, são construídas por meio de actuações dos agentes sociais envolvidos em práticas como as constituem a ligação migratória actual.

Considerações Finais

O debate sobre a pertinência da conceituação em torno do lugar de origem ainda é incipiente no campo das ciências da migração que se referem à noção quando tratam da migração, transnacionalismo e diáspora. No entanto, alguns autores vêm apontando criticamente para a fraqueza conceptual nesse domínio e esta discussão é pertinente aos estudos de experiências como a de Cabo Verde.

Estudos do género devem contribuir para a busca por uma base sociológica mais sólida que permita aprofundar sobre o estatuto do lugar de origem como objecto de análise. No caso de Cabo Verde, não apenas as ligações seculares com a migração são relevantes mas, do mesmo modos, as adesões dos indivíduos às ocorrências sociais, culturais e políticos no arquipélago devem ser consideradas nas análises das relações entre cá e lá.

Os argumentos teóricos estão a favor da análise da diáspora e da origem não como entidades delimitadas, mas como realizações práticas sempre em formação, como categorias da prática e algo a que as pessoas se referem, atribuem sentido e praticam. Deste modo, a leitura dos sistemas de relações e modos de integração observados em situação migratória mostrar-se-á rica à análise da sociedade cabo-verdiana contemporânea, ao interrogar a experiência dos cabo-verdianos entre as diversas alternativas de existência permitidas no arquipélago, por conseguinte, explorando para além do inescapável destino de viver para a migração.

Notas

1. O texto inclui reflexões realizadas no âmbito do projecto GNT '*Para além das remessas:* a consolidação da sociedade cabo-verdiana da diáspora e as transformações socio-culturais e políticas em Cabo Verde', GNT_Lusophone/2011, CODESRIA, 2011-2012, ainda em curso. O GNT é constituído por: Iolanda Évora, Celeste Fortes, Clementina Furtado, Leão de Pina e Redy Lima.
2. FCT, Contrato-Programa Ciência 2008 (CONT_DOUT/103/CEsA/220/10826/1/ 2008).
3. Tema discutido em Évora (2010).
4. As experiências das migrações latino-americanas e caribenhas para os Estados Unidos da América (EUA) sustentam uma das mais importantes contribuições da pesquisa contemporânea das relações entre migrações, transnacionalismo e diáspora que tem explorado tanto o domínio das pesquisas empíricas como o da reflexão teórica. Os estudos sobre as experiências de migrantes de origem cubana, dominicana, haitiana, jamaicanas ou porto-riquenha, por exemplo, não apenas detêm-se no exame das origens históricas dos fluxos, os efeitos da longa relação dos EUA com esses países ou o relativo sucesso das comunidades étnicas que geraram. Actualmente, a atenção dirige-se para as dinâmicas no lugar de origem que se conectam directamente, com as acções no exterior, em particular, as que são protagonizadas pelos empresários que mantêm interesses comerciais, simultaneamente, no seio das comunidades na origem e no exterior (Portes, Haller e Guarnizo 2002).
5. Como notam Bhabha (1990) ou Hall (1990) nos países de destino, as diásporas trazem a promessa do multiculturalismo e a alteridade radical de certas diásporas actua como uma mudança forçando as sociedades de destino a rever as suas políticas e expectativas assimilacionistas.

6. Descreve-se o valor dos destinos da emigração num *continuum* em que os Estados Unidos da América representam a melhoria de vida em termos materiais e a garantia segura de apoio aos que ficam através do envio de fundos e bens. No sentido oposto, a migração para São Tomé e Príncipe, realizada no contexto da migração colonial forçada, representa o desterro e a migração pobre, que não foi bem- sucedida e traduzida, actualmente, em esforços oficiais, a partir de Cabo Verde, de ajuda aos emigrantes e descendentes naquele país (Évora 2010).

7. Por exemplo, tradicionalmente, os EUA são considerados destinos das pessoas das ilhas do Fogo e da Brava. Mais recentemente, porém, as comunidades de todas as ilhas elegem esse destino de emigração. Na história da migração cabo-verdiana, a Itália, é referida como destino privilegiado das mulheres (primeiro, da ilha de S. Nicolau) mas, actualmente, essa especificidade enfraquece face ao interesse a partir das ilhas de Barlavento como mesmo de Sotavento, com marcada presença de originais de Santiago (Évora 2003).

8. Os emigrantes participam nas eleições legislativas e presidenciais mas não nas eleições municipais.

9. E, deste modo, por exemplo, imprudentemente, na sua opinião, apoiar lutas de extremistas nacionais.

10. Vivendo em múltiplos universos, este indivíduo não cessa de redefinir o seu grau de pertença aos mesmos e está frequentemente muito presente intelectualmente e afectivamente no mundo do qual mantém-se fisicamente afastado, projectando-se no seu país de origem quando está no país de acolhimento e cultivando a nostalgia deste último quando retorna àquele.

11. Todavia, defende o autor, esse laço não precisa ser reactivado através das estadias mais ou menos regulares no país para que tenha um papel na percepção da sociedade de residência, no posicionamento do imigrado em relação a esta e para os projectos de futuro que alimenta (Sayad 1999). Por ser de natureza frequentemente ideal e não real, o laço entre os espaços de partida, de trânsito e de chegada não influenciam menos a relação "emigrante-imigrado" nas sociedades das quais participa.

12. Descritas, por exemplo, pelas noções de *caboverdianidade* e *morabeza*.

13. No mesmo sentido analisado por Hoffman (2007).

Referências

Akesson, L., 2005, 'The resilience of the Cape Verdean migration tradition', *International Conference on Cape Verdean Migration and Diáspora*, Lisboa: ISCTE.

Akesson, L., 2009 'Remittances and inequality in Cape Verde: the impact of changing family organization', *Global Network*, 9,3, pp.381-398.

Akyeampong, E., 2000,'Africans in the diaspora: The diaspora and Africa', *African Affairs*, 99, pp.183-215.

Anderson, B., 1998, *The Spectre of Comparisons: Nationalism, Southeast Asia and the World*, New York: Verso.

Bakewell, O., 2008, 'In Search of the Diasporas within Africa', *African Diasporas,* vol.1, No. 1-2, pp.5-27.

Bakewell, O. and Haas, H. de, 2007, 'African Migrations: continuities, discontinuities and recent transformations', in Chabal, P.; U. Engel, L.; de Haan., eds., *African Alternatives,* Leiden: Brill, pp.95-118.

Barou, J., 2012, 'Les immigrés d'Afrique subsaharienne en Europe : une nouvelle diaspora?', *Revue européenne des migrations internationals*, 1, Vol. 28, pp.147-167.

Bhabha, K. H., 1990, 'The Third Space: Interview with Homi Bhabha,' in Jonathan Rutherford, ed., *Identity: Community, Culture, Difference*, London: Lawrence and Wishart, pp.207–21.

Bordes-Benayoun, C., 2012, 'La diaspora ou l'ethnique en movement', *Revue européenne des migrations internationales*, 1, Vol. 28, pp.13-31.

Brubaker, R., 2005, 'The 'Diaspora' Diaspora", *Ethnic and Racial Studies*, 28(1), pp.1–19.

Cohen, R., 2008, *Global Diasporas: an introduction*. London: UCL Press.

Drotbohm, H., 2011, 'On the durability and the decomposition of citizenship: the social logics of forced return migration in Cape Verde', *Citizenship Studies*, 15:3-4, pp.381-396. http://dx.doi.org/10.1080/13621025.2011.564790, 28 de Julho de 2011.

Évora, I., 2004/2005, 'Minha terra, minha gente: as atribuições sociais da emigrante em Cabo Verde', *Revista Imaginário*, X, 10, pp.115-134.

Évora, I., 2007, ''Minha terra, minha gente': as atribuições sociais da emigrante em Cabo Verde', *in* Grassi, M., e Évora, I., orgs, *Género e Migrações cabo-verdianas*, Lisboa: ICS, pp.63-98.

Évora, I., 2010, *Discourses on Cape Verdean diaspora: views from home* http://www.academia.edu/985776/, 23 de Abril 2013.

Évora, I., 2012, 'Novas práticas no campo social da diáspora cabo-verdiana: as remessas e da mobilidade transnacional de *via múltipla*', *Revista Internacional em Língua Portuguesa*. Migrações. III série, No. 24, pp.113-127

Carling, J., 2002, 'Migration in the age of involuntary immobility: theoretical reflections and Cape Verdean experiences', *Journal of Ethnic and Migration Studies*, Vol. 28, No. 1, January, pp.5- 42.

Gibau, G.S., 2008, 'Cape Verdean Diasporic Identity Formation', in L. Batalha e J. Carling, eds., *Transnational Archipelago. Perspectives on CapeVerdean Migration and Diaspora*, Amsterdam: Amsterdam University Press, pp.255-267.

Gilroy, P., 1993, *The Black Atlantic*, Cambridge: Harvard University Press.

Clifford, J., 1997, *Routes: Travel and Translation in the Late Twentieth Century*, Cambridge: Harvard University Press.

Cohen, R., 1996, 'Diasporas and The Nation-State: From Victims to Challengers.' *International Affairs*, 72(3), pp.507–20.

Cohen, R., 2005, 'New Roles for Diasporas in International Relations", *Diaspora*, 14(1), pp. 179–83.

Hall, S., 1990, 'Cultural Identity and Diaspora.' in Jonathan Rutherford, ed, *Identity: Community, Culture, Difference*, London, Lawrence and Wishart, pp. 222–31.

Hoffman, J., 2007, 'O papel da Independência, da Emigração e da Música Mundial no Estrelato Ascendente das Mulheres de Cabo Verde', in Grassi, M., e Évora, I., orgs., *Género e Migrações Cabo-Verdianas*, Lisboa: ICS, pp.217-233.

Lainer-Vos, D., 2010, 'Using Diaspora-Homeland Relations to Study Nation-Building', *Sociology Compass*, 4/10, 894-908.

Malheiros, J., 2001, *Arquipélagos migratórios: transnacionalismo e inovação*, Tese de doutoramento em Geografia defendida na Universidade de Lisboa (mimeografada).

Loch, D. e Barou, 2012, J., 'Les migrants dans l'espace transnational : permanence et changement', *Revue Européenne des Migrations Internationale, Vol.28*, 1, pp. 7-12.

URL:www.cairn.info/revue-europeenne-des-migrations-internationales-2012-1-page-7.htm. 22 de Abril de 2013.

Meintel, D., 2002, 'Cape Verdean transnationalism, old and new', *Anthropologica*, 44(1), pp.25-42.

Piot, C., 1999, *Remotely global: village modernity in West Africa*, Chicago and London: University of Chicago Press.

Portes, A., Haller, W., Guarnizo, L.E., 2002, 'Transnational Entrepeneurs: An Alternative Form of Immigrant Economic Adaptation', *American Sociological Review*, Vol.67, nº2, april, pp.278-298.

Reis, M., 2004, 'Theorizing Diaspora: Perspectives on "Classical" and "Contemporary" Diaspora', *International Migration*, vol.42(2): 41-60.

Sayad, A., 1999, *La double absence. Des illusions de l'emmigré aux souffrances de l'immigré*, Paris : Éditions du Seuil.

Schiller, N.G., 1997, 'The Situation of Transnational Studies', *Identities*, Vol. 4(2), 155-166.

Schnapper, D., 2001, 'De L'Etat-nation au monde transnational', *Revue Européenne des Migrations Internationales*, (17) 2, pp.9-36.

Schnapper, D. (2006) 'Les nations se sont longtemps méfiées des diasporas', *Sciences Humaines (dossier : Comment les diasporas changent le monde)*, 173, juillet, pp.44-45.

Strauss, A.L., 1999, *Espelhos e Máscaras: a busca da identidade*, São Paulo: Edusp.

Tarrius, A., 2001, 'Au-delá dês États-nations: dês sociétés de migrants', *Revue Européenne dês Migrations Internationales*, (17) 2, pp.37-61.

Töloyan, K., 1996, 'Rethinking Diaspora(s): Stateless Power in the Transnational Moment.' *Diaspora* 5, pp.3-35.

Trajano Filho, W., 2005 'A sociabilidade da diáspora: o retorno', *Série Antropologia*, Brasília, 380, pp.1-27.

12

A Justiça e a Cidade: Caminhos e Resultados de Uma Ecologia de Justiças no Centro Urbano de Maputo[1]

Sara Araújo

Introdução

Os estudos sobre a pluralidade jurídica reflectem, hoje, um longo percurso de evidências empíricas e desenvolvimentos teóricos, sendo generalizadamente aceite que a realidade vai além dos códigos estatais e da justiça que cabe no interior dos tribunais judiciais. O tema tem, no entanto, alimentado debates intensos. A frequente classificação dos estudiosos do pluralismo jurídico como 'pluralistas jurídicos' é, em sim mesma, reveladora dos termos da discussão. Entre a romantização e a dramatização da realidade nem sempre sobra o espaço desejável para diálogos construtivos. As questões devem ir além da confrontação entre uma alegada superioridade do direito de origem ocidental e a romantização dos direitos classificados como locais, tradicionais ou costumeiros. O caminho não passa necessariamente por uma opção radical, sempre simplista ou ingénua, a favor de uma das partes. O objectivo do meu trabalho é identificar a diversidade de instâncias extrajudiciais de resolução de conflitos que existem no terreno, reconhecidas ou não pelo Estado, e conduzi-las para o centro do debate sobre o acesso à justiça, percebendo as suas potencialidades e os seus problemas. O trabalho de investigação em que assenta este texto enquadra-se no seio desse amplo objectivo.

Se é consensual que as instâncias extrajudiciais de resolução de conflitos constituem uma realidade heterogénea, o mesmo não se pode afirmar a propósito da terminologia que as agrega. São múltiplas as designações que vêm sendo escolhidas para classificar a pluralidade. A discussão permanece em aberto e não se vislumbra convergência. Recuso o conceito de 'resolução alternativa de conflitos', na medida em que estas formas de justiça tendem a ser complementares e não alternativas à justiça judicial. Rejeito os conceitos de 'justiças informais' ou 'não estatais', porque muitas das instâncias em causa são parte das instituições do Estado ou usufruem de reconhecimento estatal. Assim, agrego o objecto de análise da minha investigação na categoria de justiças comunitárias. As justiças comunitárias são instâncias orgânicas de resolução de conflitos, que recorrem a uma terceira parte e privilegiam formas de resolução diferentes das que tradicionalmente são propostas pelos tribunais judiciais, bem como modelos de actuação tendencialmente mais flexíveis. São mais ou menos permeáveis à influência do direito e dos mecanismos do Estado e fazem uso de direitos altamente diversificados. Se a opção por definir o conceito sobretudo pela negativa pode ser interpretada como limitação, no meu entender, essa especificidade confere-lhe a principal virtude, isto é, elasticidade de fronteiras.

Ainda que polissémico, o conceito de comunidade é frequentemente conotado positivamente (Bauman 2003). A categoria de justiças comunitárias dissocia-se de uma interpretação romântica da pluralidade da justiça. Não se revê também no exercício colonial que contaminou a antropologia clássica de associar grupos homogéneos a instituições e direitos costumeiros solidificados no tempo e no espaço. Funciona como metáfora para agregar uma realidade diversa e sem pretensões de homogeneidade mas que, no seu conjunto, contraria a abordagem limitada que apenas reconhece o modelo liberal de justiça – justiça centralizada no Estado, burocrática, hierarquizada, profissionalizada e assente no direito estatal (Santos 1992:137).

O trabalho que desenvolvo assenta na ideia de 'ecologia de justiças', uma proposta epistemológica, apresentada no texto, derivada da 'ecologia de saberes' (Santos 2006b) que pretende abrir o campo do pluralismo jurídico ao estudo de entidades que têm ficado de fora, bem como a diálogos construtivos entre a diversidade de direitos e justiças. Não procuro o tradicional ou o exótico. O meu conceito de justiças comunitárias permite-me incluir velhas e novas formas de justiça, com vista a perceber onde e como as pessoas resolvem conflitos.

No projecto, que aqui apresento parcialmente, optei pela realização de estudos de caso urbanos, contrariando a tendência de observar a pluralidade da justiça em espaços rurais. Nesse sentido, e recorrendo à proposta da ecologia de justiças, analiso o centro da cidade de Maputo, concretamente o Distrito Municipal n.º1 (DM1), recentemente renomeado como *KaMpfumo*, com o horizonte de identificar e estudar as justiças comunitárias que actuam no terreno. Este texto divide-se em três partes principais. Na primeira, abordo os fundamentos teóricos da investigação. Começo por mostrar como o direito moderno, a par da ciência, teve um papel determinante no colonialismo e tendeu a invisibilizar e inferiorizar outros direitos e justiças, situação que ainda não foi completamente ultrapassada. Mostro, ainda, que os estudos do pluralismo jurídico evoluíram de uma leitura que identificava a pluralidade com a que era reconhecida pelos Estados em contextos coloniais e pós-coloniais para uma interpretação mais dinâmica e abrangente. Termino argumentando que a ecologia de justiças permite identificar paisagens jurídicas mais amplas. Na segunda parte, apresento o modelo analítico que uso para estudar cada uma das justiças comunitárias e fazer abordagens comparativas. Por último, trago alguns resultados do estudo de caso da cidade de Maputo. Começo por dar conta da diversidade de justiças comunitárias encontradas e, em seguida, como exemplo, foco a análise em duas das instâncias identificadas: uma esquadra de polícia e uma ONG.

Para descolonizar o direito: os caminhos teóricos da ecologia de justiças

A invenção do outro: o direito como duplo da ciência

A constituição do sistema mundo moderno colonial, a partir do século XV, passou pela redução do mundo à compreensão ocidental do mundo, situação a que as independências políticas não puseram fim (Santos et al 2004; Santos 2007). Nesse processo, a ciência, na forma como se relacionou com os outros conhecimentos, exerceu um papel determinante, que veio a ser complementado pelo desempenho do direito moderno no encontro entre os direitos europeus e os direitos africanos.

O processo de afirmação da ciência moderna é uma história colonial feita de invisibilização da diversidade, epistemicídio e subalternização de grupos sociais, cujas práticas assentam em conhecimentos diferentes dos que são valorizados pelo cânone ocidental. O silenciamento aconteceu sobre uma concepção linear do tempo, a partir da qual se classificou a diferença como pré-moderna e pré-científica. Nesse percurso, inventou-se o 'outro', construiu-se o 'selvagem', o atrasado, o inferior, o desqualificado, aquele que, por tudo isso, estava disponível para ser usado e apropriado como objecto. Essa lógica de construção colonial sobreviveu às mudanças políticas e continua no presente a definir a não-contemporaneidade: o que é diferente é atrasado e, nesse sentido, inferior (Santos 1995; Santos et. al. 2004; Santos 2007).

O conhecimento produzido pela elite científica europeia foi sempre tido como 'verdadeiro', arrogando-se capaz de produzir abstracção dos seus condicionamentos espácio-temporais e permanecer numa plataforma neutra de observação (Castro-Gomez e Grosfoguel 2007)[2]. A elevação da ciência a instância moral suprema, acima do bem e do mal, e liberta do seu lugar de enunciação, contagiou o direito que se transformou no seu alter-ego. A apresentação de afirmações normativas como afirmações científicas e a apresentação de afirmações científicas como normativas é uma característica endémica do paradigma da modernidade (Santos 2009:36). A vitória do conhecimento científico sobre outras formas de conhecimento esteve ligada à ascendência do capitalismo, obcecado pelo conhecimento que se traduz em desenvolvimento tecnológico (Santos et al. 2004). É no interior desse paradigma que o positivismo jurídico ganha terreno, o Estado liberal reivindica o monopólio do direito moderno e o poder para definir o que é ou não direito. Como afirma Wolkmer, 'a representação dogmática do positivismo jurídico que se manifesta através de um rigoroso formalismo normativista com pretensões de "ciência", torna-se o autêntico produto de uma sociedade burguesa solidamente edificada no progresso industrial, técnico e científico' (Wolkmer 1994:60). O reconhecimento colonial de sistemas de justiça africanos não coloca em causa a primazia do direito moderno, na medida em que esse fenómeno acontece no quadro do tempo linear, sendo acompanhado, em primeiro lugar, pela inferiorização e subalternização dos direitos identificados e, em segundo lugar, pela invisibilização do tanto que sempre ficou por reconhecer.

A metáfora do pensamento abissal usada por Boaventura de Sousa Santos para caracterizar o pensamento moderno é, no meu entender, a que melhor ilustra a colonialidade da ciência e do direito ocidentais. O pensamento moderno ocidental é, para o autor, um 'pensamento abissal', que assenta em distinções visíveis e invisíveis. As últimas são estabelecidas através de linhas radicais, que dividem o universo 'deste lado da linha' e o universo 'do outro lado da linha'. A divisão é tal, que o outro lado, mais que irrelevante, é invisível, produzido como não existente (Santos 2007:3,4). O que acontece do lado de lá não conta (outros conhecimentos, outros direitos) não existe ou pelo menos não existe numa lógica de simultaneidade, visto estar sujeito à lógica do tempo linear, que classifica como atrasado tudo o que é assimétrico em relação ao que é definido como avançado (Santos 2006b; 2007). No próximo ponto centrar-me-ei no encontro entre os direitos europeus e os direitos africanos e na forma como a pluralidade foi interpretada pelas ciências sociais ao longo do tempo.

O encontro entre o direito europeu e os direitos africanos: consequências epistemológicas

As relações entre os governos coloniais e as instituições e os direitos africanos foram concebidas sob duas variantes principais, que constituíram dois tipos de resposta às questões da governação/dominação e da exploração lucrativa: governo directo (*direct rule*) e governo indireto (*indirect rule*) (O'Laughlin 2000; Mamdani 1996; Gentili 1998). O governo directo pressupõe a existência de uma única ordem jurídica, assente nas leis da Europa, não reconhecendo qualquer instituição africana. Os 'nativos' obedeciam às leis europeias, ainda que apenas os 'civilizados' acedessem aos direitos europeus. O governo indirecto assenta na distinção entre não nativos e nativos, cuidadosamente separados pelas ordens normativas e pelas instituições a que estavam sujeitos: os primeiros ao direito civil da metrópole e às instituições da mesma; os segundos aos direitos costumeiros e às autoridades tradicionais, selectivamente reconstituídos ou criados à medida das necessidades do poder colonial. Em qualquer das situações, a sociedade civilizada distinguia-se da incivilizada e as instituições do direito africanas eram desqualificadas:

no primeiro caso, foram ignoradas; e, no segundo, embora reconhecidas, foram reconfiguradas e confinadas a um lugar de subalternidade em relação às instituições de direito europeias.

Inicialmente associado apenas às colónias inglesas, o governo indirecto adquiriu popularidade em toda a África e na fase tardia do colonialismo ficou completa a viragem de um colonialismo de missão civilizadora para uma administração assente na lei e na ordem. De acordo com Mamdani, isto não significa que o governo directo fosse totalmente colocado de lado. Os dois princípios de dominação tornaram-se meios complementares de controlo. O governo directo era a forma de poder urbano, o governo indirecto era a forma de poder rural. O primeiro assenta num despotismo centralizado, o segundo num despotismo descentralizado. O Estado era a face de Janus, bifurcado, duas formas de poder sob uma única autoridade hegemónica (Mamdani 1996).

A relação entre o Estado colonial e as estruturas costumeiras marcou de forma inquestionável o continente africano e esse legado histórico configura uma componente fundamental da discussão contemporânea sobre a descentralização do Estado e o pluralismo jurídico. Muitos críticos acusam os defensores ou os estudiosos da pluralidade jurídica de romantizarem a realidade e ignorarem que o passado foi marcado pela deturpação e cristalização das normas por parte dos colonizadores, corrompendo as suas potencialidades emancipatórias. O debate é, ainda, marcado pela convicção de vários autores de que o pluralismo jurídico continua a criar dois tipos de justiça e cidadania: uma cidadania de primeira classe e uma cidadania de segunda classe (Mamdani 2001). Estas são questões de máxima relevância. Para lhes responder, importa enquadrá-las ainda no percurso dos estudos sobre a pluralidade jurídica e as várias leituras da história.

No primeiro período de produção de estudos sobre o pluralismo jurídico, tal como definido por Sally Engle Merry (1988), o pluralismo jurídico era concebido pelos antropólogos como uma característica apenas das sociedades coloniais. Nesta primeira fase, não só o pluralismo jurídico andava associado a contextos considerados de desenvolvimento inferior, como as normas e as instituições costumeiras eram percebidas e descritas como formas imutáveis no tempo. Não foram apenas os chefes tradicionais burocratizados ou os administradores e funcionários coloniais a fazer parte do processo de reconhecimento ou, tantas vezes, de codificação do direito costumeiro. Muitos dos primeiros antropólogos e etnógrafos estiveram ao serviço do poder colonial. Conceberam-se tribos fechadas, imutáveis, com sistemas jurídicos inflexíveis, passíveis de caber em descrições e categorias definidas a partir de testemunhos seleccionados. O famoso livro, de 1938, de Shaphera – *Handbook of Tswana Law and Custom* é um exemplo deste tipo de antropologia, tendo o autor produzido a codificação do direito (Oomen 2005:17; Roberts e Mann 1991:6; Mamdani 1996:129).

Foi apenas no segundo período, designado por 'novo pluralismo jurídico', que o conceito passou a ser aplicado às sociedades industrializadas do norte (Merry 1988).

Autores como Boaventura de Sousa Santos (1988, 1992, 2002), Richard Abel (1982), Sally Engle Merry (1988) ou Marc Galanter (1981) mostraram não se tratar de um fenómeno exclusivo das sociedades menos desenvolvidas, mas de uma condição virtualmente existente em qualquer sociedade. Neste segundo período, desenvolveu-se uma abordagem dinâmica do pluralismo jurídico, que compreende a ideia de direitos mutáveis e que se interligam. Autores como Sally Falk Moore (2000 [1978], 1992), John Griffiths (1986), Sally Engle Merry (1988) e Boaventura de Sousa Santos (1988; 2000; 2003) contribuíram para definir como mito a representação inflexível do direito tradicional.

Hoje, ainda que subsistam múltiplas narrativas da história africana, é partilhada a ideia de que a tradição e os direitos costumeiros não remontam a tempos imemoriais, tendo sido permanentemente recriados. A maioria dos autores admite que o processo de invenção da tradição não compreendeu um movimento exclusivamente de cima para baixo, isto é que a tradição e os direitos costumeiros foram criados a partir de uma luta permanentemente travada entre colonizadores e colonizados. No entanto, a interpretação do processo é variada. Autores como Mahmood Mamdani (1996) enfatizam o movimento de imposição, defendem que não havia nada de voluntário no direito costumeiro e que a interferência colonial, ao subjugar as estruturas tradicionais aos interesses e necessidades dos dominadores, corrompeu tragicamente a legitimidade das estruturas e dos direitos tradicionais. Outros autores, entre os quais Boaventura de Sousa Santos (2003, 2006a), Sally Falk Moore (1992) ou van Nieuwaal (1996) acentuam as margens de resistência que a população subordinada conquistava e acreditam na possibilidade de legitimidade das instâncias tradicionais e no seu potencial emancipatório.

Não será apenas entre si que Estado e chefes tradicionais partilham o papel de resolução de conflitos. Como afirma Der Waal (2006:248), 'ainda que a atenção dos estudos sobre direito costumeiro recaia normalmente sobre os mecanismos formais, existe um conjunto de mecanismos informais de resolução de litígios que devem ser tidos em conta se se pretende obter uma imagem global de uma realidade fluida e complexa'. Paula Meneses (2005), referindo-se ao contexto Moçambicano, afirma que muitos estudos tendem a enfatizar o papel das autoridades tradicionais, esquecendo o vasto leque de autoridades legítimas nas comunidades, como é o caso dos médicos tradicionais. Reportando-se à África do Sul, Nierkerk (1998) faz referência à aplicação do 'direito vivo indígena', quer por instituições oficiais, quer por instituições não oficiais, que têm vindo a surgir nas áreas metropolitanas. Efectivamente, a maior ou menor legitimidade auferida pelas autoridades tradicionais não impede a criação de outras formas de resolução de litígios, que assumem configurações diversas e resolvem conflitos com base num 'direito vivo', negociado e em constante mutação.

Como questiona Joanna Stevens (2001:5), talvez devêssemos preocupar-nos menos com a romantização do passado africano, do que com o aceitar do passado integral de outra região do globo e a romantização das instituições jurídicas importadas do ocidente. Issa Shivji argumenta que as noções de direito costumeiro envolvidas numa imagem de consenso e harmonia social idílica, embora exageradas, podem estar ainda próximas da verdade. Para o autor, isso é certamente verdade quando contrastadas com as noções de direito e justiça do direito ocidental (Shivji 2000).

A pluralidade jurídica africana sempre foi muito mais do que a ficção inventada pelo Estado colonial. Esta foi sempre contaminada pela política de subalternização do outro e pela lógica da invisibilização do que não cabia dentro dos objectivos coloniais. Analisar as instâncias comunitárias de resolução de justiça apenas a partir do que o direito colonial reconheceu, criou e subordinou, negando toda a pluralidade jurídica e a interlegalidade que estão para além disso, reflectirá sempre uma postura eurocêntrica, que não contempla a diversidade do mundo. Nesse sentido, partindo do conceito de ecologia de saberes, procuro desenvolver uma ecologia de justiças e levar mais longe o estudo da pluralidade. É essa proposta que apresento no próximo ponto.

Do pluralismo jurídico e da ecologia de saberes a uma ecologia de justiças

Para a construção de um pensamento pós-abissal, Boaventura de Sousa Santos propõe uma ecologia de saberes, um dos instrumentos em que assenta a proposta epistemológica que designa por sociologia das ausências (Santos 2006b). A sociologia das ausências parte da ideia de que 'o que não existe é, na verdade, activamente produzido como não existente', isto é como uma alternativa não-credível ao que existe, situação que as ciências sociais, através de uma nova racionalidade, podem combater, ajudando a conhecer e credibilizar a diversidade das práticas sociais existentes no mundo, face às práticas hegemónicas (Santos 2006b). Nesse sentido, o objectivo primeiro da ecologia de saberes é confrontar a monocultura da ciência moderna com o reconhecimento da diversidade de formas de conhecimento que existem no mundo. O processo não fica completo com o reconhecimento de conhecimentos e das práticas que neles se sustentam. O pensamento pós abissal passa pelo estabelecimento de interações, diálogos entre os vários tipos de conhecimento (onde a ciência moderna constitui mais uma forma de saber), assentes numa lógica de horizontalidade[3] e na premissa de que que todos os conhecimentos têm limitações. Neste sentido, apresenta como uma das condições a co-presença radical, isto é, a recusa da hegemonia da lógica do tempo linear[4] e a aceitação de que práticas e agentes de ambos os lados são contemporâneos. Só assim poderá ser estabelecido um diálogo entre saberes sejam eles locais ou globais. Neste sentido, esta forma de conhecimento tem ainda como condição de sucesso a trans-escalaridade[5] (Santos 2007).

Partindo dos conceitos de pluralismo jurídico e ecologia de saberes, procuro especificamente através da investigação promover uma ecologia de justiças, confrontando a concepção liberal do direito e da justiça com a diversidade de direitos e de justiças que existem no mundo, contribuindo para o conhecimento da realidade tão vasta que cabe dentro da ideia de pluralismo jurídico. Daí que o conceito de justiças comunitárias seja necessariamente flexível. Procurei uma categoria e uma definição amplas com o objectivo de promover uma chegada ao terreno mais livre de preconceitos, evitar a exclusão de formas de justiça apenas por não encaixarem numa definição fechada previamente estabelecida, e ter a possibilidade de dar conta de uma realidade móvel e diversificada, tantas vezes não previsível. A ecologia de justiças permite-nos estudar, analisar, comparar e estabelecer diálogos entre as diferentes formas de justiça. Ao contrário dos estudos clássicos do pluralismo jurídico não procura o exótico ou o tradicional. Inclui novas e velhas formas de direito e de justiça, bem como instâncias híbridas que se cruzam no espaço entre o Estado e a comunidade; quer nos países do Norte, quer nos países do Sul; aquelas que eram esperadas e as que ainda não haviam sido identificadas.

À semelhança do que defende Mamdani, esta proposta da ecologia de justiças não ignora o legado colonial que dividiu civilizados e incivilizados, nem esquece a necessidade de observar o mundo político partindo dessa realidade histórica.[6] No entanto, rejeita a hierarquização que a modernidade impôs, procurando subvertê-la. Não se promove a romantização das justiças comunitárias, mas é evocada a ideia de co-presença radical, rejeitando-se as leituras evolucionistas, que assentem na lógica do tempo linear e colocam tudo o que não cabe no cânone do direito liberal num patamar de desenvolvimento inferior. Assim, promover o acesso à justiça por meio de uma ecologia de justiças não equivale a aceitar acriticamente como melhores as diferentes práticas estudadas, mas colocá-las num espaço em que a sua credibilidade possa ser discutida e argumentada e as suas relações com as experiências hegemónicas possa ser objecto de disputa política.

Para alcançar essa meta, é necessário identificar e estudar a pluralidade. Em termos metodológicos, o primeiro passo é delimitar uma zona geográfica e, em seguida, identificar as instâncias comunitárias que operam no seu interior. O segundo momento consiste em estudar o comportamento de instâncias seleccionadas.

As justiças comunitárias e o acesso à justiça

Com vista a caracterizar as justiças comunitárias, analisar o seu desempenho e estabelecer comparações, desenhei um quadro analítico com base em grandes questões que atravessam o debate académico sobre o acesso à justiça e aquilo que os estudos designam sob categorias tão diferenciadas como justiças comunitárias, resolução alternativa de conflitos, justiça de proximidade, justiça indígena, justiça tradicional, justiça popular, justiças costumeira ou justiça informal. O modelo analítico, que procurarei sumariar nas próximas páginas, abarca um conjunto de variáveis seleccionadas sem a pretensão de esgotar as questões relevantes. As variáveis estão divididas em seis grupos principais: caracterização, conflitos, acessibilidade, resultados e estrutura da instituição.

Caracterização

O primeiro grupo permite-nos contextualizar o objecto em análise, dividindo-se em elementos de caracterização da instância (data, iniciativa e contexto de criação, objectivos, tipo de actuação, competência, e dificuldades) e variáveis de caracterização, quer dos seus mobilizadores (sexo, idade, local de residência, profissão, religião, educação formal), quer da terceira parte (sexo, idade, formação, profissão, designação).

Conflitos

A abordagem sobre os conflitos divide-se em quatro variáveis fundamentais, que visam caracterizar a litigação. Desde logo, importa observar a procura e a resposta da instância, analisando o (1) tipo e (2) o volume de litígios que são colocados e aceites. Ainda neste grupo, será analisado (3) o contexto de ocorrência dos conflitos. Recorrendo ao mapa dos espaços estruturais de Boaventura de Sousa Santos (2000), esta variável assume as seguintes categorias: espaço doméstico, espaço da comunidade, espaço da produção, espaço do mercado, espaço da cidadania e espaço mundial. (4) A relação entre os litigantes é também relevante para compreender os conflitos e as expectativas dos litigantes quanto aos termos da solução. Quando se trata de relações de vínculo único, estabelecidas entre estranhos, a adjudicação pode ser adequada. Quando os conflitos decorrem no seio de relações multiplexas, isto é, de relações com dimensões múltiplas, que se estendem para além do momento de ocorrência do conflito, como as que se estabelecem entre familiares, vizinhos ou amigos, a solução deve ter em conta a continuidade da relação (Santos 1988).

Acessibilidade

A acessibilidade da instância é observada em termos de quatro variáveis: acessibilidade geográfica, visibilidade social, acessibilidade humana/social/cultural e acessibilidade económica.

(1) A acessibilidade geográfica não será estudada apenas de forma métrica. Importa perceber se a instância é ou não acedida com facilidade, isto é, se há possibilidades de acesso por transportes públicos e privados, se fica ou não situada no interior de trajectos frequentes dos cidadãos.

(2) Independentemente da proximidade geográfica, as justiças comunitárias podem ou não ser facilmente reconhecidas pelos cidadãos como instâncias de resolução de conflitos.

(3) O conceito daquilo que Anne Wyvekens designa por proximidade humana, mas que muitas vezes é referido como proximidade social ou cultural, diz respeito a formas menos formais de lidar com os casos e de levar em consideração as expectativas dos litigantes (Wyvekens 2008). A variável acessibilidade humana/social/cultural está dividida em cinco dimensões: a) formalidade (sob esta dimensão

será avaliado se os procedimentos tendem a ser flexíveis e adaptáveis, tendo em consideração as expectativas e interesses das partes, ou inflexíveis); b) complexidade (os procedimentos são facilmente compreendidos pelos cidadãos ou complexos, de difícil compreensão para os cidadãos); c) língua (a língua usada pelas instâncias pode ou não ser familiar aos cidadãos) d) linguagem (a linguagem usada pode ser corrente ou técnica); e) o horário (pode ou não ser ajustado à realidade dos cidadãos).

(4) A acessibilidade económica é fundamental. Importa perceber se o acesso é ou não bloqueado pelos custos impostos (ou não) pela instância.

Processo de resolução

No âmbito do processo de resolução, será considerado um conjunto alargado de variáveis: (1) mecanismos usados (negociação, mediação, arbitragem, adjudicação); (2) maleabilidade do objecto de discussão (flexível ou rígido); (3) reacção da instância às assimetrias de poder (tendência para as neutralizar ou para as reproduzir); (4) envolvimento das partes (participam na construção da solução ou não participam); (5) envolvimento de outros elementos. O papel específico da terceira parte será avaliado em função de três variáveis: (6) tipo de intervenção (influencia directamente a solução ou posiciona-se de forma neutral; (7) direito usado (estatal, local, internacional); (8) componentes estruturais do direito (burocracia, violência, retórica).

Resultados

Os resultados serão analisados, desde logo, em função (1) da distância temporal (resolução lenta ou em tempo razoável) e do (2) grau de eficácia (resolução eficaz dos problemas ou ausência de eficácia na resolução). O tipo de soluções será ainda observado no que diz respeito a (3) ganhos e perdas (soluções soma zero ou mini-max)[7], (4) validade das decisões (vinculativas ou não vinculativas) e (5) grau de consensualidade (consensuais ou não consensuais).

Instituição

Por fim, a instituição será avaliada com base (1) nos instrumentos de coerção disponíveis ou não pela instância; (2) na confiança que os litigantes lhes depositam e (3) na relação com outras instâncias (competitividade ou cooperação).

No próximo ponto, traço o mapa das justiças comunitárias identificadas no distrito n.º1 da cidade de Maputo e, em seguida, seleciono uma instância para analisar com base no quadro que acabei de apresentar.

Justiças comunitárias no centro da cidade de Maputo

O mapa das instâncias

O Distrito Municipal n.º1, recentemente renomeado como KaMpfumo, é o centro urbano da cidade de Maputo. A especificidade deste espaço começou a manifestarse desde os primeiros passos de preparação da ida para o terreno. Ao estabelecer as estratégias de desenvolvimento do trabalho empírico não foi raro obter por parte de alguns interlocutores expressões de surpresa, quase de desincentivo, pela área geográfica escolhida.

Não é muito comum um cientista social, que recorra a trabalho etnográfico, escolher o DM1 como estudo de caso. Este é sobretudo o espaço do investigador, das universidades, das livrarias, dos centros de decisão, não do objecto de investigação. A menos que o tema se prenda com algo que especificamente se encontra na cidade (como elites políticas e económicas, justiça judicial), espera-se que o investigador viaje até aos distritos circundantes e às províncias mais afastadas da capital. No centro urbano cabem as apreciações dos resultados, os debates, bem como os lançamentos de livros. Ainda que as justiças comunitárias sejam discutidas na capital, espera-se encontrá-las noutros espaços. Mesmo no interior de discursos de valorização das mesmas, as justiças comunitárias são, de forma latente, associadas a contextos menos desenvolvidos e a uma justiça de segunda classe.

Tal como aconteceu noutros lugares, a associação da justiça tradicional a uma justiça de segunda classe encontra as suas origens no período colonial. O regime do Indigenato, introduzido formalmente nos anos 1920' durante o período de dominação portuguesa, caracterizava-se pela divisão entre cidadãos e indígenas e assentava em dois modelos administrativos e em duas formas de direito e de justiça: o dos colonos, que seguia o modelo administrativo e o direito da metrópole; e as zonas indígenas, divididas em regedorias ou chefaturas, supostamente a reencarnação das tribos pré-coloniais, regidas pelo direito costumeiro administrado pelas autoridades tradicionais, os chamados régulos. Os assimilados, uma pequena minoria de cidadãos de estatuto inferior, possuíam cartões de identificação que os distinguiam da população indígena e lhes conferiam acesso a determinados espaços e direitos vedados àqueles (Gentili 1998; Meneses et. al. 2003; Meneses 2005; Araújo e José 2007).

Em 1975, estabelecida a independência do país, o projecto socialista moçambicano de 'escangalhamento' de todos os vestígios coloniais e de construção de uma nova sociedade, passava pela destruição do costumeiro e dos chefes tradicionais. Os régulos eram vistos como aliados do poder colonial e símbolo da humilhação e da inferioridade. Depois da independência, a Frelimo empenhou-se 'num projecto de "modernização radical –, procurando criar uma elite inteiramente nova de secretários e funcionários eleitos por diversos processos' (Meneses 2009: 35). Ao nível da justiça, promoveu-se a criação de uma rede de tribunais populares de base, que funcionavam com juízes eleitos pela população e deviam substituir a justiça tradicional. Como afirmam Hall e Young, a elite da Frelimo e o grupo social a que apelava estavam profundamente convencidos da superioridade da civilização moderna e da necessidade de se colocarem ao mesmo nível (Hall e Young 1997:65).

Findo o projecto socialista e introduzido um modelo neoliberal democrático, esta ideologia da modernidade permanece importante. Jason Sumich, a partir do seu trabalho sobre as elites moçambicanas, conclui que 'a capacidade das elites de se verem a si mesmas como "modernas" – dentro de uma nação que, segundo elas, o não é – permite-lhes afirmar a sua diferença, criando um sentido de identidade e de coesão' (Sumich 2008:322). Ao mesmo tempo que cria esta ligação entre um grupo, permite a afirmação de diferenciação e de desigualdade social. Nas palavras de Sumich, 'a asserção de que, dentro da nação, alguns são mais modernos do que outros constitui também a base da hierarquia social, particularmente em Maputo' (Sumich 2008: 342). Esta leitura vai ao encontro da tese que vem sendo defendida por Mahmood Mamdani de que as sociedades pós-coloniais vivem uma situação de Estado bifurcado, em que o mundo urbano fala a linguagem da sociedade civil e do direito moderno e o mundo rural a dos direitos costumeiros, da comunidade (Mamdani 1996:61). A associação do costumeiro a uma cidadania de segunda é parte da explicação para a recusa em reconhecer a possibilidade de existirem instâncias comunitárias de resolução de conflitos no DM1.

Ao nível dos discursos, bem como da legislação, pode afirmar-se, no entanto, que a pluralidade está na moda. Nos últimos anos, um conjunto de documentos e iniciativas estatais e internacionais tem apontado no sentido da valorização do pluralismo jurídico. Em 2004, foi reconhecido na Constituição (art. 4.º); o PARPA II – 2006-2009 (Plano de Acção para a Redução da Pobreza Absoluta) insiste na regulamentação e na importância dos tribunais comunitários como um dos elementos chave para implementar um sistema de justiça justo e célere, nomeadamente através da sua articulação com os tribunais judiciais (arts. 227.º; 294.º e); 310.º); o Plano Estratégico Integrado do Sector da Justiça (PEI) para os anos 2002 – 2006, estabelece como prioritária a revisão e regulamentação da lei dos tribunais comunitários e o PEI 2009-2014 identifica como meta o funcionamento adequado dos Tribunais Comunitários e de outras instâncias de composição e resolução de litígios. No entanto, até ao momento, o discurso nem sempre se tem traduzido na efectiva valorização das justiças comunitárias[8]. O exemplo mais evidente é a procrastinação da regulamentação dos tribunais comunitários. A ausência de medidas de apoio, valorização e monitorização que os integre num projecto global de promoção do acesso à justiça tende a remetê-los à subalternidade, configurando-os como uma justiça de segunda classe, que existe para servir os que não têm capacidade de acesso às instituições do Estado moderno, sobretudo nas áreas de menor desenvolvimento[9].

A cidade de Maputo, nomeadamente a zona central, quando comparada com outros contextos, é composta por um número mais elevado de indivíduos que pertencem à sociedade civil íntima e à sociedade civil estranha[10]. É o lugar das elites políticas e económicas e com maior percentagem de cidadãos que sabem ler e escrever português, a língua do sistema judicial. Ora, isto não significa necessariamente que as justiças comunitárias sejam inexistentes ou irrelevantes.

Não é difícil encontrar outros motivos, para além da ausência de educação formal, das dificuldades económicas ou da distância geográfica, que podem justificar a preferência por formas de justiça não judiciais.

Como referi, não fui à procura do 'tradicional' ou do exótico, mas de onde e como é que as pessoas resolvem conflitos. É substancialmente elevado o número de estruturas do DM1 que cabem no meu conceito de justiças comunitárias. Defini cinco categorias de justiças comunitárias: criadas com impulso do Estado; criadas por ONGs, associações ou universidades; criadas pelo e para o capital privado; instâncias tradicionais e instâncias religiosas. Estas formas de justiça podem ser mais ou menos informais na sua forma de actuação, isto é, ser mais ou menos rígidas nos seus procedimentos, e recorrer em maior ou menor grau ao direito estatal. Os cidadãos usufruem das possibilidades de *forum shopping* (Benda-Beckmann 1981), circulando entre as mesmas, de acordo com o grau de acessibilidade, as suas expectativas ou o problema em causa e recorrendo, muitas vezes, a múltiplas instâncias no âmbito do mesmo conflito.

De entre as instâncias criadas pelo Estado, encontram-se as esquadras de polícia, que, mesmo não sendo identificadas como instâncias de resolução de conflitos, desempenham esse papel em moldes que, por vezes, as aproximam das instâncias comunitárias de resolução de conflitos encontradas fora do DM1, como os secretários de bairro, os régulos ou os tribunais comunitários. Os casos que envolvem conflitos conjugais ou violência contra a mulher são enviados aos Gabinetes de Atendimento à Mulher e Criança Vítimas de Violência. Estes gabinetes recebem casos encaminhados por outras instâncias ou conflitos que lhes são colocados directamente. Neste grupo, encontramos, ainda, as secretarias do bairro (antigos Grupos Dinamizadores), que incluem os secretários e os chefes de quarteirão, embora, neste contexto, desempenhem um papel menos preponderante na resolução de litígios do que em outros locais. Para a resolução de conflitos laborais, existe a mediação realizada pela Inspecção de Trabalho e pelas Comissões Provinciais de Resolução Extra-Judicial de Conflitos Laborais. Para além destas, o Instituto de Patrocínio e Apoio Judiciário, antes de conduzir os casos a tribunal, promove, muitas vezes, o encontro das partes e as soluções consensuais.

Várias organizações não-governamentais ou associações com objectivos no âmbito do acesso à justiça não se limitam a prestar informação jurídica ou a representar os cidadãos que as procuram, ficando grande parte do seu sucesso a dever-se à resolução interna de conflitos. Existem em algumas universidades as designadas 'clínicas jurídicas' que operam nos mesmos termos, prestando apoio jurídico, mas promovendo o entendimento entre as partes antes de optarem pela via judicial.

No âmbito das instâncias tradicionais, encontra-se a AMETRAMO, que resolve conflitos de feitiçaria. Dentro das instâncias religiosas, existe um elevado número de igrejas e comunidades religiosas que ajudam os seus membros a encontrarem soluções para os litígios.

O Centro de Arbitragem, Mediação e Conciliação, de iniciativa privada, resolve conflitos comerciais e cabe no conceito de justiças comunitárias, ainda que enquanto parte daquilo a que Trindade e Pedroso designaram por desjudicialização de topo (Trindade e Pedroso 2003:312, 313).

Como acima deixei claro, a minha investigação não termina com a identificação do mapa das instâncias. No próximo ponto, procurarei exemplificar o trabalho realizado, apresentando alguns resultados da observação conduzida em duas instâncias: uma esquadra de polícia e uma ONG.

A esquadra de polícia enquanto justiça comunitária

Um número alargado de esquadras partilha entre si a jurisdição do distrito n.º 1. São instituições abertas 24 horas por dia, que podem ser facilmente acedidas a pé a partir de qualquer ponto da cidade. O estudo de caso escolhido é uma esquadra situada numa zona central e muito movimentada do distrito em análise. Ao contrário da maioria das esquadras, esta deixou de partilhar o edifício com o Gabinete de Atendimento à Mulher e Criança Vítimas de Violência, depois da transformação deste último em Gabinete Modelo, com sede própria, situada a cerca de cem metros do edifício da esquadra.

Além de fisicamente próxima dos cidadãos, a esquadra da polícia é imediatamente identificada pelos cidadãos como instância de resolução de conflitos. Na opinião do Comandante da Esquadra:

> Comandante – [...] a polícia é a entidade, naquilo que são as instituições de resolução de justiça ou de resolução de conflitos, que mais próximo do cidadão de encontra. Ou seja, qualquer pessoa que tem um caso, independentemente de ser criminal ou não, a primeira coisa que ele pensa é 'Vou à Polícia. No sítio x tem esquadra, ao pé da minha casa tem uma esquadra, vou lá meter uma queixa!'. Porque, para o cidadão, todo o caso é da competência da polícia resolver (Entrevista ao Comandante da Esquadra, 7 de Fevereiro de 2009).

Apesar de recentes investigações apontarem para uma realidade de insatisfação, ausência de confiança e falta credibilidade dos cidadãos no desempenho da polícia (MARP 2009), o movimento a que se assiste na esquadra dá credibilidade ao testemunho do Comandante. São múltiplas as situações de conflito que levam um cidadão à esquadra, sendo de destacar os litígios por não pagamento de dívidas, que podem ter sido contraídas no mercado formal ou informal.

Tabela 1:[11]

Tipo de casos	N	%
Dívidas	17	24,6
Conflitos de consumo/prestação de serviços	11	15,9
Participação de extravio de documentos/carteira	7	10,1

Conflitos de família/violência doméstica	5	7,2
Danos materiais	5	7,2
Injúrias/Ofensas morais	4	5,8
Acusação de furto ou tentativa de furto (identificada a parte acusada)	4	5,8
Problemas de convivência em espaços comuns	3	4,3
Participação de furto contra incertos	3	4,3
Burla	2	2,9
Violência física	1	1,4
Posse de habitação	1	1,4
Laboral	1	1,4
Assalto à mão armada	1	1,4
Outros	2	2,9
Não identificado	2	2,9
Total	**69**	**100**

O Comandante assume que a PRM extravasa a sua jurisdição quando resolve o que o próprio designa por 'casos sociais'[12], onde inclui quer as dívidas, quer os pequenos conflitos entre vizinhos. No entanto, identifica argumentos sustentados na ordem jurídica do Estado para conferir legitimidade à decisão de resolver esses litígios:

> Quando nós avaliamos que aqui há uma discussão, embora ainda não se apresente nenhum facto criminal, mas que dali pode nascer um facto criminal, nós notificamos a contraparte, necessariamente, para virmos dar uma espécie de aconselhamento naquilo que são as relações. Estou a falar do princípio de boa vizinhança, né? (Eentrevista ao Comandante da Esquadra de Maputo, 24 de Fevereiro de 2009).

Ao mesmo tempo, este actor reconhece que os mecanismos de resolução de conflitos são importados da comunidade e que a flexibilidade de procedimentos marca a forma como se busca uma solução consensual. Este discurso coincide com as práticas identificadas no decorrer dos vários meses de observação directa do trabalho da esquadra.

> Portanto o que [ ] acabamos fazendo, não é nada mais, nada menos que transferir aquilo que seria a resolução a nível familiar, aqueles mecanismos todos, aquelas perguntas que se fazem, nós transferimos para nós [ ] E não tem uma regra específica que nós adoptámos. [...]
>
> [N]ão fazemos outra coisa se não procurar um meio de conciliação. Portanto, fazemos com que as diferenças entre as duas partes diminuam (Entrevista ao Comandante da Esquadra de Maputo, 24 de Fevereiro de 2009).

Os litígios podem ser apresentados a qualquer hora, ainda que as sessões de resolução dos casos sejam agendadas para durante o dia, quase sempre, de manhã. Após a apresentação da queixa ao oficial de permanência, este deve redigir uma notificação/intimação, a partir de uma minuta impressa, que é preenchida de acordo com os dados do caso e da própria esquadra. Em regra, a notificação é entregue pelo queixoso, que deve fazê-lo até 24 horas antes da sessão. No entanto, os procedimentos variam em função das especificidades de cada situação. Face a um problema, o oficial de permanência tende a procurar a solução mais adequada. Em alguns casos, chegou a pedir a um agente de serviço que notificasse imediatamente o acusado para que o problema tivesse resolução imediata.

Quando o oficial de permanência recebe e ouve ambas as partes, o objectivo primeiro é procurar um consenso. De modo semelhante ao que foi encontrado em tribunais comunitários (Araújo e José 2007), apenas quando esta tentativa falha, a polícia deve abrir processo formal ou, caso não seja possível, reencaminhar o caso para outra instância. O processo formal é aberto nos casos em que se trata de um caso criminal cometido sob a jurisdição da esquadra ou quando um caso social pode ser reclassificado como caso criminal, por exemplo quando uma dívida é reclassificada como fraude. O oficial de permanência actua como terceira parte e o processo de resolução é sempre flexível, variando de acordo com as especificidades do conflito, das partes e do próprio oficial de serviço. Os procedimentos são simples e facilmente compreendidos pelas partes. A linguagem usada é corrente, oral, ainda que, ao contrário do que acontece noutras instâncias comunitárias, a língua de trabalho seja quase sempre o português. Esta característica não significa necessariamente uma determinação em recusar a utilização da língua local. Os oficiais de permanência podem ter origem noutras partes do país, onde são usadas línguas diferentes.

A terceira parte pode assumir um papel mais ou menos interventivo: por vezes dá a sua opinião sobre o que está certo e o que está errado, outras vezes adopta uma postura mais próxima da mediação, ajudando as partes a dialogarem e, entre si, ultrapassarem o conflito. Poderá ser empreendido um esforço maior ou menor para evitar a abertura formal do processo ou encaminhar as partes para outra instância. Não são infrequentes as referências ao direito oficial, nomeadamente ao Código Penal, mas estas são quase sempre combinadas com referências assentes no direito local. Tratando-se de um centro urbano cosmopolita, onde confluem pessoas de várias origens e várias religiões, pode ser trazido à conversa o respeito pelas normas de uma comunidade específica:

> Oficial de Permanência [para demandante] – O que aconteceu é falta de educação. Saber que os meus patrões são indianos e segue essas tradições, tem que respeitar (Observação na Esquadra de Polícia, 22 de Fevereiro de 2010).

Na medida em que a maioria dos casos envolve dívidas ou o reembolso por um mau produto ou serviço ou a restituição de um valor referente a um dano material e, em grande parte dos casos, estão em causa relações de vínculo único, muitas vezes o papel dos agentes consiste em ajudar os litigantes a acordarem sobre um valor e uma forma de pagamento, que ficarão registados numa declaração oficial, redigida na esquadra e assinada por ambas as partes.

O discurso jurídico dos oficiais de permanência é atravessado por elementos da retórica, que assentam na persuasão ou no convencimento através da mobilização do potencial argumentativo com base em noções comummente aceites, bem como pela demonstração burocrática, que se baseia em imposições autoritárias através da demonstração de procedimentos regularizados e padrões normativos. A ameaça de prisão latente, que algumas vezes perpassa os discursos na esquadra, tende a funcionar como forma de violência[13]. Assim, a consensualidade a que se refere o discurso do Comandante no âmbito da forma de resolução de conflitos praticada não significa sempre voluntariedade, podendo as partes serem induzidas a aceitar uma solução com a qual não concordam totalmente.

No entanto, tendem a ser promovidas soluções mini-max. Os conflitos são resolvidos num período de tempo curto e sem custos para os litigantes. Não é obrigatória a presença de advogados, ainda que estes, como aconteceu em algumas situações, possam acompanhar as partes. Nem todas as resoluções são bem-sucedidas. Muitos casos acabam por ser enviados para outras instituições ou por ter continuidade via processo judicial.

A polícia é um caso paradigmático do cruzamento entre o princípio do Estado e da Comunidade[14]. No que diz respeito aos casos sociais é clara a sua proximidade às instâncias comunitárias, pela semelhança de comportamentos. No entanto, a confiança que os cidadãos lhe depositam não tem origem apenas na linguagem familiar, na possibilidade de discussão do caso entre as partes ou na flexibilidade dos procedimentos. Apesar da resolução dos casos sociais ser uma actividade informal, o facto de a esquadra se situar na esfera do Estado, dispor de meios de coacção e tender a ser associada à utilização legítima de violência (esta ligação surge de forma latente nos discursos) confere aos queixosos confiança na resolução concreta dos casos e no cumprimento das decisões.

O caso da Nós por Exemplo

A Associação Nós Por Exemplo (NPE), criada em 2008, funciona na cidade de Maputo, usando como instalações uma casa arrendada no bairro da Malhangalene B, numa rua perpendicular a uma avenida onde a circulação de pessoas é bastante intensa, o movimento dos mercados formal e informal é elevado e os transportes semi-públicos, os conhecidos chapas, passam com regularidade. O bairro em questão é ligado a dois bairros do distrito municipal nº 3, Mafalala e Maxaquene. Além de ter fronteiras físicas com a periferia da cidade, os seus indicadores estatísticos denunciam algum afastamento em relação aos bairros mais centrais. Malhangalene B é o bairro mais povoado naquele que é o distrito municipal com menor população e apresenta o mais elevado índice de pobreza do mesmo[15]. No discurso da secretária do bairro estão presentes as ideias de transição entre a 'cidade de cimento' e a 'cidade de caniço' e da existência de dois padrões de conflitos e entendimento sobre as instâncias adequadas para os resolver.

Este bairro é muito grande em relação aos outros. E além de ser um bairro grande, é um bairro misto, que está dividido em duas partes. Temos a zona urbana e suburbana. Agora, deste lado, zona urbana, não temos tido muitos problemas, mas na zona suburbana, temos tido muitos problemas [ ] Então, deste lado aqui, não tem problemas. Não tem problemas, é de pessoas civilizadas. E, quando há uma briga, não digo que eles não brigam, brigam, mas quando há uma briga, a pessoa acorda de manhã e vai meter o caso na esquadra, não vem para aqui. Agora, com os outros já não. Mesmo que seja um assunto grave, quando acordam de manhã, vêm para aqui. Ainda têm a cultura antiga! Não vão para a esquadra antes de virem para aqui. Eles vêm para aqui. Agora, enquanto que os outros já não. E deste lado não se chamam de feiticeiros, mas, deste lado, da zona suburbana, heeee!, há muitos casos mesmo. O caso da feitiçaria também é frequente (Entrevista à Secretária do Bairro Malhangalene, 20 de Fevereiro de 2009).

Os objectivos da NPE foram estabelecidos de forma muito ampla, envolvendo 'a eliminação do desequilíbrio de oportunidades de acesso ao progresso e bem-estar socioeconómico entre o homem e a mulher, apoio na defesa dos direitos referentes à vida, saúde, alimentação, educação, entre outros'[16]. Na prática, trata-se de uma associação com limites de actuação pouco definidos, que se propõe a resolver os problemas dos cidadãos, fazendo depender a sua acção das expectativas e necessidades dos utentes, bem como dos seus recursos materiais e humanos.

Qualquer cidadã ou cidadão pode procurar a Associação todos os dias da semana entre as 8 e as 17 horas. É recebido por uma funcionária, que preencherá uma 'ficha de atendimento', simples, onde, de forma manuscrita, inscreverá apenas os dados pessoais do demandante e do demandado e identificará o conflito em causa. Por norma, não há razões de competência territorial ou de matéria que impeçam a aceitação do caso. Num segundo momento, o demandante deverá ser recebido pela equipa de advogados, que faz atendimento nas tardes de terça-feira e quinta-feira. Depois de ouvido o problema, é redigida uma convocatória à outra parte. Num terceiro momento, um dos advogados da associação (individualmente ou acompanhado por outro advogado e/ou pela secretária do bairro da Malhangalene (B) assume o papel de terceira parte e o caso é discutido já em presença dos litigantes e, por vezes, de um auditório relevante mais alargado, que pode envolver familiares, vizinhos ou estruturas administrativas do bairro onde o conflito teve origem. As partes podem ainda fazer-se acompanhar pelos seus próprios advogados.[17]

Caso não se alcance uma solução aceite por ambas as partes, o trabalho da Associação não fica concluído. O advogado da associação pode passar de terceira parte a representante do demandante em tribunal. As fronteiras entre a informação jurídica, a mediação, o aconselhamento e a representação legal estão diluídas. Esta sobreposição de papéis tende a ser valorizada no discurso dos membros da associação. Durante a resolução de conflitos, é comum os advogados enfatizarem o facto de estarem aptos não só a promover soluções consensuais, mas também a proporcionar aconselhamento jurídico.

A conflitualidade recebida depende em grande medida dos mobilizadores. Uma parte destes tem origem noutros distritos municipais. Embora tenha classificado os conflitos a partir de 12 categorias, a grande maioria dos problemas centra-se em torno de litígios de família, incluindo conflitos conjugais e questões relacionadas com a regulação do poder paternal (ver Tabela 2). As disputas de imóveis, os conflitos laborais e os conflitos relacionados com heranças ocupam também um lugar importante.

Tabela 2:[18]

Tipo de Conflitos	2008	2009	Totais	%
Conflitos conjugais (desentendimentos/divórcios/disputa de bens)	18	11	29	16
Parentalidade (reconhecimento de paternidade/pensão de alimentos/regulação do poder parental)	63	9	72	39
Violência doméstica	6	0	6	3
Conflitos relacionados com heranças	4	4	8	4
Disputa de imóveis (casas e terrenos)	10	8	18	10
Conflitos laborais	11	6	17	9
Conflitos entre senhorio e arrendatário		2	2	1
Problemas relacionados com o falecimento do cônjuge (acesso a contas, pedido de pensão, conflitos com a empresa do marido)	4	2	6	3
Acidentes de viação	1	0	1	1
Roubo		1	1	1
Familiar preso - pedido de ajuda	3	2	5	3
Pedido de apoio burocrático (viuvez)	1		1	1
Desentendimento entre familiares/vizinhos	2		2	1
Indefinido	12	3	15	8
Total	**135**	**48**	**183**	**100**

Quase todos os conflitos de família envolvem filhos, o que implica uma continuidade da relação entre os litigantes depois de encontrada a solução. Nos restantes casos, a relação entre os litigantes raramente é de vínculo único. Mesmo nos conflitos sobre imóveis ou até em casos de roubo, a relação entre os litigantes é frequentemente multiplexa, tratando-se de pessoas que convivem na mesma comunidade, são familiares ou foram, em algum momento, amigas.

A relação das partes com a instituição tende a não terminar com uma solução rápida para o problema. Estimula-se, em regra, uma relação mais comprometida entre as partes e a instância, que se prolonga no tempo e envolve um acompanhamento dos casos.

A discussão dos conflitos tem sempre uma cadência aproximada, mas não deixa de ser altamente flexível. As partes apresentam oralmente as respectivas narrativas das relações e dos conflitos e a terceira parte coloca um conjunto de perguntas que ajudam a compreender o conflito e a esclarecer pormenores sobre o caso. Os advogados, enquanto terceira parte, podem assumir um papel de menor ou maior intervenção no percurso, deixando a resolução nas mãos das partes ou intervindo no sentido de lhes propor um caminho. As formas de resolução adaptam-se ao tipo de problemas e às condições específicas do mesmo, às características das partes (nomeadamente à origem socioeconómica) e à durabilidade da ligação que estas têm com a instituição. Em cada momento, é deixado espaço para que o bom senso possa redefinir a forma de lidar com a situação. A finalidade da equipa da NPE é sobretudo resolver e prevenir conflitos, preferencialmente através de soluções consensuais, com resultados mini-max.

> [Caso de divórcio e partilha de bens. O caso estava a ser discutido com vários membros da família, mas irá ser marcada outra sessão, em que as partes devem trazer uma lista dos bens comuns]
>
> [Falam várias pessoas em simultâneo]
>
> X2 – Vamo-nos entender. Se não, não saímos daqui. O mais importante são as crianças. Deviam reflectir um pouco, pensar sobre isto. Quando voltarem aqui, eu não quero discutir. Como disse a Dra. [X1], estas pessoas ainda vão se precisar, porque têm as crianças. Nenhum pode ganhar tudo. Se eu ganho tudo, o outro perde tudo. Vamos chegar a acordo. Quando vierem, vamos com mais calma. Se não vierem com calma, vão ter que ir a tribunal, discutir roupa suja na frente dos outros (Observação na NPE, 11 de Fevereiro de 10).

Os advogados adequam a linguagem aos presentes, usando expressões simples, mesmo quando esclarecem dúvidas e prestam informação jurídica. Todos os membros da associação são fluentes em changane, cabendo às partes decidir se a discussão é realizada em português ou naquela língua, embora, em grande parte dos casos, as duas línguas sejam usadas de forma intercalada.

Quando os conflitos terminam por consenso, em regra, junta-se ao processo uma 'declaração', em que um dos intervenientes assume um compromisso, ou um 'acordo de entendimento', onde são redigidas obrigações de várias partes relevantes no conflito. Estes documentos não têm uma forma padrão e são manuscritos ou dactilografados. Devem ser assinados pelas partes, bem como por um dos advogados da NPE, e podem levar o carimbo da organização e ser assinados por testemunhas. O objectivo é garantir um registo dos termos do acordo alcançado e prevenir futuros conflitos ou facilitar a resolução dos problemas que venham a acontecer.

Os custos pela utilização dos serviços da associação variam em função dos rendimentos do demandado, bem como do tratamento dado ao processo. Embora a ficha de atendimento mencione custos no valor de 25,00Mt, o pagamento pode subir para 250,00Mt, caso o/a demandante disponha de rendimentos. Essa quantia pode ainda aumentar nos casos em que os cidadãos procuram a instituição para os representar no resgate de dívidas de valor elevado ou em partilhas de bens, que envolvam imóveis com valor.

Grande parte das críticas apontadas às justiças comunitárias em África centra-se no argumento de que as justiças tradicionais são patriarcais e tendem a reproduzir as desigualdades das mulheres. Sendo a NPE uma organização centrada na defesa dos direitos humanos, espera-se dela um esforço para subverter as desigualdades. No entender da organização, esse esforço não significa necessariamente a via dos tribunais judiciais ou o caminho do direito oficial. Nas situações de violência contra as mulheres, a Associação nem sempre opta pelo encaminhamento dos casos para a polícia. No entanto, note-se que o uso da violência pelo homem é, em todas as situações, considerado ilegítimo. A Presidente acredita que o aconselhamento funciona de forma activa nesta matéria e uma conversa com os homens sobre os direitos das mulheres tende a produzir efeitos positivos, sobretudo quando a relação entre as partes e a instituição se prolonga no tempo.

As decisões e os argumentos ocorridos no seio da família são respeitados e raramente são confrontados de forma directa. O direito estatal é usado de forma interligada com as normas que regem a vida da comunidade. O discurso da terceira parte recorre de forma alternada à retórica e à burocracia, procurando subverter as desigualdades de poder, mas construir soluções consensuais.

A Associação não dispõe de instrumentos de coerção, isto é, não lhe é atribuído o uso da violência legítima. No entanto, o domínio sobre o direito oficial do Estado e a ameaça de recurso ao tribunal podem funcionar como fontes de pressão. A NPE recorre, ainda, a outras estratégias quando um demandado recusa responder às notificações ou não cumpre o acordado. No primeiro caso, a associação costuma acrescentar pequenas notas em tom ameaçador à notificação padrão, como a seguinte: 'esta é a terceira vez que convocamos para falar de assuntos do seu interesse e não aparece. Não gostaríamos de usar outros meios para o efeito'.

Outras estratégias consistem no envolvimento dos serviços do demandado, informando os superiores hierárquicos do problema e da necessidade de o trabalhador dever comparecer na instituição no dia identificado. Em alguns casos, pode ainda ser solicitado o apoio da esquadra. Estas solicitações, pouco frequentes, podem consistir em pedidos de apoio nas notificações ou, caso se trate de casos já discutidos, intervenções para fazer cumprir o decidido. Embora exista troca de correspondência entre as esquadras e a NPE, esta colaboração dificilmente é concretizado pela falta de meios das próprias esquadras.

Conclusão

À semelhança do que ocorreu na esfera do conhecimento, coube aos estados ocidentais definir o que conta como direito válido. Nesse processo de classificação e hierarquização relegou-se para um lugar de invisibilidade ou subalternidade tudo o que não cabia nos termos impostos. No entanto, se a lógica do tempo linear própria da modernidade classifica como subdesenvolvida a diferença, o caminho da emancipação não passa por uma resposta unidimensional assente no cânone ocidental. Na esfera da justiça, uma crise generalizada tem mostrado claramente as insuficiências desse percurso.

A solução não consistirá também na romantização das estruturas classificadas como tradicionais ou costumeiras. É necessário ampliar o debate sobre o acesso à justiça, integrando numa lógica horizontal diferentes práticas que existem no mundo. Importa, pois, contextualizar essas práticas, conhecer a forma como actuam e perceber se desempenham um papel relevante na promoção da cidadania ou de que forma o poderão fazer. É essa a proposta da ecologia de justiças.

A pluralidade jurídica não pode ser analisada apenas a partir do que esteve ou está previsto na legislação. A realidade é complexa e, muitas vezes, imprevisível e encontra-se para lá do que encontramos nos livros de história e nos códigos jurídicos. Daí que o conceito de justiças comunitárias seja intencionalmente amplo e flexível, com vista a integrar uma realidade móvel e diversificada.

Ao contrário do que apontam alguns discursos, no centro urbano de Maputo, encontra-se um número alargado de justiças comunitárias. Estas, sob múltiplas formas e representando diferentes papéis, dão resposta uma procura elevada e diversa e, no uso selectivo dos cidadãos e das cidadãs, tendem a configurar um contributo para a promoção do acesso à justiça. Neste texto, foram apresentados dois exemplos: uma esquadra de polícia e uma associação. No primeiro caso, os conflitos são resolvidos de forma célere e o movimento principal é composto por casos de dívida ou de reembolso, em que quase sempre estão em causa relações de vínculo único. A associação recebe sobretudo conflitos de família ou que surgiram no seio de relações multiplexas e promove o restabelecimento de laços e a continuidade das relações entre os litigantes. Estas instâncias actuam de forma própria sobre conflitos diferentes e divergem substancialmente na sua relação com o Estado e com os utentes. Têm em comum a flexibilidade de procedimentos e o esforço, mais ou menos intenso, no sentido da obtenção de soluções consensuais.

É difícil obter uma resposta unidimensional à questão de se as justiças comunitárias contribuem ou não para a promoção do acesso à justiça. Não é esse o lugar de chegada. Os dois casos estudados contêm elementos que favorecem o acesso à justiça e incluem características que podem comprometer alguns direitos. No entanto, tal como os tribunais judiciais não são excluídos da discussão sobre o acesso ao direito e à justiça pelos problemas e dificuldades que enfrentam, outras formas de resolução de conflitos, também imperfeitas, devem ter lugar nesse debate e contribuir para a reflexão sobre a democratização das sociedades.

Notas

1. Este texto foi desenvolvido no âmbito do projecto de investigação 'ALICE, espelhos estranhos, lições imprevistas' (alice.ces.uc.pt), coordenado por Boaventura de Sousa Santos no Centro de Estudos Sociais da Universidade de Coimbra – Portugal. O projecto recebe fundos do Conselho Europeu de Investigação, 7.º Programa Quadro da União Europeia (FP/2007-2013) / ERC Grant Agreement n. [269807]'.
2. Quando os mortais querem ser como os Deuses incorrem no pecado da hybris e, segundo Castro-Gomez, o grande pecado da ciência ocidental é a hibrys do ponto zero: a ciência moderna vê-se como Deus e crê observar o mundo do exterior, produzindo conhecimento não situado (Castro-Gomez 2007:83).
3. Sobre o reconhecimento da diferença, sem a classificação hierárquica ou a 'ecologia dos reconhecimentos', ver Santos (2006b:103).
4. Sobre a ecologia das temporalidades, ver Santos (2006b:101 e 102).
5. Sobre a ecologia das trans-escalas, ver Santos (2006b:104).
6. Mamdani defende que o Estado africano contemporâneo é ainda bifurcado, organizado já não de forma racial, mas um mundo 'habitado por subjugados de um lado e cidadãos no outro; a sua vida é regulada pela lei costumeira de um lado e a lei moderna do outro; as suas crenças são rejeitadas como pagãs de um lado, mas mantêm o estatuto da religião no outro; os momentos estilizados nas vidas quotidianas são considerados rituais de um lado e cultura no outro; a sua actividade criativa é considerada artesanato de um lado e glorificada como arte do outro; a sua comunicação verbal é diminuída como conversa vernacular de um lado e elevada como discurso linguístico do outro; em suma, o mundo dos – selvagens – barricado, nos actos e nas palavras, do mundo dos – civilizados' (Mamdani 1996:61).
7. Nas decisões de soma-zero é maximizada a distância entre quem ganha e quem perde. Nas decisões mini-max, procura-se maximizar o compromisso entre as pretensões opostas de modo a minimizar ao máximo a distância entre quem ganha em quem perde (Santos *et. al.* 1996: 48).
8. Em 1992, a Lei dos Tribunais Populares foi substituída pela Lei Orgânica dos Tribunais Judiciais, que exclui da base os tribunais que funcionavam apenas com juízes eleitos. No mesmo ano, foram criados, por lei própria, os tribunais comunitários (TCs). Ainda que fora da organização judiciária, deviam continuar a funcionar com juízes eleitos pela comunidade e a desempenhar o papel que cabia aos tribunais populares de localidade e de bairro, resolvendo pequenos conflitos com base no bom senso e na justiça. No entanto, nunca chegaram a ser regulamentados.
9. Sobre a 'ambiguidade do quadro jurídico em Moçambique', ver Kyed e Trindade 2012.
10. Boaventura de Sousa Santos afirma que a sociedade civil africana é composta por três esferas: a sociedade civil íntima, a sociedade civil estranha e a sociedade civil incivil. A primeira consiste na esfera dos cidadãos ligados ao poder do Estado e que por isso usufruem de um acesso à justiça mais facilitado; a segunda será composta pelas pessoas com algum acesso à justiça; e a terceira é constituída por grupos e classes excluídas do sistema judicial (Santos, 2003b; Bidaguren e Nina, 2002:119, 120).
11. Ao contrário do que aconteceu noutras instâncias, não tive acesso aos registos das ocorrências. Esta tabela foi elaborada com base em todos os casos que assisti durante o período de observação na instância, que decorreu entre Fevereiro e Abril de 2010.

12. Expressão frequentemente usada por régulos, juízes comunitários ou secretários de bairro para definir os pequenos conflitos que cabem na sua esfera de competências.
13. Sobre os elementos do discurso jurídico, tal como definidos por Boaventura de Sousa Santos, ver, por exemplo, Santos (2003a).
14. Parto da proposta analítica de Boaventura de Sousa Santos no âmbito dos três princípios sobre os quais assenta a regulação social nas sociedades modernas: o princípio do Estado, o princípio do mercado e o princípio da comunidade. O princípio do Estado incorpora a obrigação política vertical entre os cidadãos e o Estado, cuja relação é assegurada pela coerção e pela legitimidade. O princípio do mercado consiste na obrigação horizontal estabelecida com base no auto-interesse mútuo entre os agentes de mercado. O princípio da comunidade comporta uma obrigação política horizontal que liga entre si os indivíduos de acordo com critérios de pertença não estatais e não mercantis (Santos 2000, 2002). Não se espera que a justiça estatal e as justiças comunitárias operem sempre em espaços isolados. Pelo contrário, a tendência é para a intercepção entre os princípios da regulação na esfera da administração da justiça: as estruturas comunitárias importam lógicas e princípios do Estado ou invadem as suas fronteiras e o Estado.
15. Dados do Conselho Municipal de Maputo, *Perfil Estatístico do Município de Maputo 2004-2007*.
16. Relatório Anual de Actividades da *Nós por Exemplo*, 2008
17. Sobre o conceito de 'auditório relevante', ver Santos (1988).
18. Apesar dos vários meses de observação na instância, optei por recorrer aos processos disponíveis com vista a fazer uma análise temporal mais alargada dos mobilizadores da instância, bem como o tipo de conflitos. Embora a NPE conserve registos escritos, não lhes atribuiu elevado valor e estes não se encontram ordenados de forma organizada. Ainda que seja aberto um processo para cada conflito apresentado, não é infrequente desaparecerem processos. A análise foi feita com base em todos os processos encontrados dos anos de 2008 e 2009.

Referências

Abel, R., 1982, org., *The Politics of informal justice,* New York: Academic Press.

Araújo, S., e José, A. C., 2007, *Pluralismo jurídico, legitimidade e acesso à justiça. Instâncias comunitárias de resolução de conflitos no Bairro de Inhagoia "B" Maputo*, Oficina do CES, 284, Coimbra: CES.

Bauman, Z., 2003, *Comunidade. A busca por segurança no mundo actual*, Rio de Janeiro: Jorge Zahar.

Benda-Beckmann, K., 1981, 'Forum shopping and shopping foruns: dispute precessing in Minangkanau Village in West Sumatra', *Journal of Legal Pluralism*, 19, pp. 117-159.

Bidaguren, J. A., & Nina, D. E., 2002, 'Governability and forms of popular justice in the new South Africa and Mozambique. Community courts and vigilantism', *Journal of Legal Pluralism*, 47, pp. 113-135.

Castro-Gomez, S. e Grosfoguel, R., 2007, 'Prólogo. Giro decolonial, teoria crítica y pensamento heterárquico', in Castro-Gomez, S. e Grosfoguel, R., org., *El giro decolonial. Reflexiones para una diversidad epistémica más allá del capitalismo global*, Bogotá: Siglo del Hombre

Editores, Universidad Central-Instituto de Estudios Sociales Contemporáneos y Pontificia Universidad Javeriana-Instituto Pensar, pp. 9-23.

Der Waal, C. S., 2006, 'Formal and Informal Dispute Resolution', *in* Hinz, M. O., org, *The Shade of New Leaves. Governance in Traditional Authority. A Southern Africa Perspective*, Namibia: CASS, Faculty of Law, University of Namibia, pp. 5-55.

Galanter, M., 1981, 'Justice in Many Rooms: Courts, Private Ordering, and Indigenous Law', *Journal of Legal Pluralism and Unofficial Law*, 19, pp. 1-47.

Gentili, A. M., 1998, *O leão e o caçador. Uma história da África sub-sahariana dos séculos XIX e XX*, Maputo: Arquivo Histórico de Moçambique.

Griffiths, J., 1986, 'What is Legal Pluralism?', *Journal of Legal Pluralism*, 24, pp. 1-55.

Hall, M. e Young, T., 1997, *Confronting Leviathan: Mozambique since independence*, London: Hurst & Company.

Kyed, H. e Trindade, J. C., 2012, 'A dinâmica do pluralismo jurídico em Moçambique', *in* Kyed, H., *et al.* org., *A dinâmica do pluralismo jurídico em Moçambique*, Maputo: CESAB, pp. 1-35.

Mamdani, M., 1996, *Citizen and Subject. Contemporary Africa and the legacy of late colonialism*, Princeton, New Jersey: Princeton University Press.

Mamdani, M., 2001, 'Beyond Settler and Native as Political Identities: Overcoming the Political Legacy of Colonialism', *Comparative Studies in Society and History*, 43(4), pp. 651-664.

MARP, 2009, *Relatório de Auto-Avaliação do País*, Tomo I, Moçambique.

Meneses, M. P., 2005, *Traditional Authorities in Mozambique: Between Legitimisation and Legitimacy*, Oficina do CES, 231, Coimbra: CES.

Meneses, M. P., 2009, 'Poderes, direitos e cidadania em Moçambique: o "retorno" das autoridades tradicionais em Moçambique', *Revista Crítica de Ciências Sociais*, 87, pp. 9-42.

Meneses, M. P., *et al.*, 2003, 'As autoridades tradicionais no contexto do pluralismo jurídico', *in* Santos, B. S., e Trindade, J. C., org, *Conflito e Transformação Social: Uma Paisagem das Justiças em Moçambique*, Porto: Afrontamento, pp. 341-425.

Merry, S. E., 1988, 'Legal Pluralism', *Law and Society Review*, 22(5), pp. 869-896.

Moore, S. F., 1992, 'Treating Law as Knowledge: Telling Colonial Officers what to Say to Africans about Running "Their Own" Native Courts', *Law and Society Review*, 26(1), pp. 11-46.

Moore, S. F., 2000, *Law as a Process. An anthropological approach*, Hamburg: LIT, 2.ª ed. [1978].

Niekerk, G.J. van, 2001, 'The Plurality of legal Domains in South Africa: The State's Historical Legislative. Intrusion into the Field of Urban Popular Justice and Customary Law', *in* Nina, D. e Shärf, W., org., *The Other Law. Non-State Ordering in South Africa*. Landsowne: JUTA Law, pp. 4-6.

Nieuwaal, E. A. Van (1996), 'States and Chiefs. Are Chiefs Mere Puppets?', *Journal of Legal Pluralism*, 37/38, pp. 39-78.

NPE, 2008, Relatório de Atividades realizadas no período de Março.

O'Laughlin, B., 2000, 'Class and the customary: the ambiguous legacy of the indigenato in Mozambique', *African Affairs*, 99, pp. 7-42.

Oomen, B. 2005, *Chiefs in South Africa. Law, power & culture in the Post-Apartheid Era*. Oxford: James Curry; Pietermaritzburg: University of KwaZulu-Natal Press.

Roberts, R. & Mann, K., 1991, 'Law in Colonial Africa', in Roberts, R. & Mann, K., org, *Law in Colonial Africa*, Portsmouth, NH: Heinemann Educational Books.

Santos, B. S., 1988, *O Discurso e o Poder. Ensaio sobre a sociologia da retórica jurídica*, Porto Alegre: Sergio Antonio Fabris.

Santos, B. S., 1992, 'State, Law and Community in the world system: An Introduction', *Social & Legal Studies*, 1(2), pp. 131-142.

Santos, B. S., 1995, *Towards a new common sense: law, science and politics in the paradigmatic transition*, New York: Routledge.

Santos, B.S., 2000, *A Crítica da Razão Indolente. Contra o desperdício da experiência*, Porto: Edições Afrontamento.

Santos, B. S., 2002, *Towards a New Legal Common Sense*. London: Butterwords.

Santos, B., Sousa, 2003a, 'O Estado heterogéneo e o pluralismo jurídico', *in* Santos, B.S. e Trindade, J. C., org., *Conflito e Transformação Social: Uma Paisagem das Justiças em Moçambique*, Porto: Afrontamento,pp. 47-95.

Santos, B. S., 2003b, 'Poderá o direito ser emancipatório?', *Revista Crítica de Ciências Sociais*, 65, pp.3-76.

Santos, B. S., 2006a, *The Heterogeneous State and Legal Pluralism in Mozambique*, Law & Society Review, 40(1), pp. 39-76.

Santos, B. S., 2006b, *A gramática do tempo. Para uma nova cultura política*. Porto: Edições Afrontamento.

Santos, B. S., 2007, 'Para além do Pensamento Abissal: Das linhas globais a uma ecologia de saberes', *Revista Crítica de Ciências Sociais*, 78, pp. 3-6.

Santos, B. S., 2009, *Sociologia Jurídica Crítica*, Madrid: Trotta.

Santos, B. S.,*at al.* 1996, *Os Tribunais e as Sociedades Contemporâneas: o Caso* Português, Porto: Afrontamento.

Santos, B. S.; Nunes, J. A.; Meneses, M. P., 2004, 'Introdução: para ampliar o cânone da ciência: a diversidade epistemológica do mundo', *in* Santos, B. S., org., *Semear outras soluções: os caminhos da biodiversidade e dos conhecimentos rivais*, Porto: Edições Afrontamento, pp. 19-101.

Shivji, I., 2000, 'Contradictory perspectives on rights and justice in the context of land tenure reform in Tanzania', *in* Mamdani, M., org, *Beyond Rights Talk and Culture Talk*. Cape Town: David Philip Publishers, pp. 37-60.

Stevens, J., 2001, *Access to Justice in Sub-saharan Africa*, Penal Reform International Londres (http://www.penalreform.org/access-to-justice-in-sub-saharan-africa.html), 15 de Dezembro de 2006.

Sumich, J., 2008, 'Construir uma nação: ideologias de modernidade da elite moçambicana', *Análise Social*, XLIII (2.º), pp. 319-345.

Trindade, J. C., e Pedroso, J., 2003, 'A caracterização do sistema judicial e do ensino e formação jurídica', *in* Santos, B. S. e Trindade, J. C., org., *Conflito e Transformação Social: Uma Paisagem das Justiças em Moçambique*, Porto: Afrontamento, pp. 259-318.

Wolkmer, A. C., 1994, *Pluralismo Jurídico. Fundamentos de uma nova cultura do direito*. São Paulo: Editora Alfa Omega.

Wyvekens, A., 2008, '"Proximity justice" in France: anything but justice and community?', in Shapland, J., org., *Justice, Community and Civil Society. A contested terrain*, Portland: Willan Publishing, pp. 30-46.

13

O Lugar das Ciências Sociais Como Motor de Mudança: o Caso de Moçambique[1]

Teresa Cruz e Silva

Introdução

No decorrer da década de 2010 a África celebrou vários marcos simbólicos que assinalam o processo de profundas transformações políticas que ocorreram no seu percurso histórico mais recente. É assim que, depois das comemorações dos 50 anos das independências Africanas, que tiveram lugar em 2010[2], no ano seguinte se celebraram os 50 anos da realização da Conferência de Chefes de Estado de Casablanca[3], e no mesmo ano (2011), também se festejaram os 50 anos da realização da 1ª Conferência das Organizações Nacionalistas das Colónias Portuguesas (CONCP) que teve igualmente lugar em Casablanca, em Abril de1961[4]. O contexto em que estas comemorações ocorreram produziu inúmeros momentos de reflexão sobre os caminhos trilhados pelos países Africanos e sobre o futuro deste continente.

Embora situados em contextos socioeconómicos e políticos diferentes dos vividos na década de 60 e perante uma África que vive as pressões globais das mudanças políticas, económicas e sociais que se vêm operando desde meados século XX, revisitar os processos que deram origem às independências Africanas e repensar os percursos pós-independência, parece ser um desafio presente para percebermos a razão da perpetuação de alguns problemas que vivemos ainda hoje no continente. Como testemunha Carlos Lopes:

> O mundo mudou muito, tanto em termos geopolíticos, como em compreensão histórica e sociológica do nacionalismo, da construção das nações e dos valores

democráticos. Mesmo assim, continuam notórias as dimensões fundamentais enfrentadas pela globalização – redução da desigualdade e da pobreza, sustentabilidade do planeta, diferenças de poder e desafios éticos e religiosos – tão presentes no movimento nacionalista das décadas de 1950 e 1960 (Lopes 2011:7).

Assumir os desafios acima mencionados e já há muito propostos por Shivji (2005), sobretudo quando estamos a falar das antigas colónias portuguesas em África que apenas se tornaram independentes na segunda metade dos anos 1970, leva-nos necessariamente a revisitar os processos de criação das instituições de ensino superior[5] nestes mesmos países e seu posicionamento hoje, face aos novos desafios permanentemente impostos aos seus cidadãos. Neste exercício de reflexão, tomamos como ponto de partida as lições deixadas por Amílcar Cabral, Eduardo Mondlane e Aquino de Bragança, antes de nos debruçarmos especificamente sobre a educação terciária.

Amílcar Cabral, um dos mais destacados dirigentes nacionalistas da época, é sem dúvida uma figura incontornável no processo de compreensão dos processos políticos porque passaram as antigas colónias portuguesas em África na sua busca pela liberdade e independências nacionais. É assim que no dizer de Carlos Lopes:

> Para Cabral o factor mais importante era o conhecimento da realidade. Ele acreditava que apenas uma identificação específica de um local permitia equacionar a sua transformação. O entendimento da cultura de um lugar é condição necessária para poder ancorar o processo de transformação. A existência de uma ética própria serve para aumentar o sentido de comunidade e de auto-estima, factores entre os mais valorizados na capacitação dos indivíduos, instituições e sociedades (Lopes 2006).

A tese de Cabral sobre a libertação como um acto cultural (Cabral 1978), reforçada pela acima referida necessidade do conhecimento da realidade, constituiu, e constitui ainda, uma base para a procura de caminhos para essa mesma libertação, onde a educação e a ciência ocupam um lugar privilegiado no desenvolvimento dos povos. A tónica posta nos seus escritos sobre a crise da revolução Africana assente em práticas deslocadas da realidade concreta do meio (Lopes 2006; 2011; Cabral 1978), foi compartilhada por Eduardo Mondlane, primeiro presidente da Frente de Libertação de Moçambique – FRELIMO, para quem era igualmente importante que as análises de uma determinada condição se pudessem inserir dentro de uma situação concreta (Mondlane 1985). Mais tarde, e numa realidade completamente diferente, onde o foco da luta tinha já ultrapassado a questão da libertação do continente do jugo colonial e se situava nos combates que era necessário realizar para fazer face aos desafios de um país independente pressionado pelo ambiente regional que se vivia na África Austral e outras pressões internacionais vindas do ocidente, Aquino de Bragança, no seu frequente questionamento sobre o papel da ciência e dos cientistas sociais, retoma a questão da importância que é necessário dar às realidades nacionais, quando defende a urgência de uma produção que não seja meramente 'extrovertida'[6] (Bragança e

Depelchin 1986) e quando refere ainda que a ciência e o conhecimento devem aparecer reflectidos nas políticas públicas (Santos 2012, apud Beittel 1980:6).

Partindo destas reflexões, e situados num contexto histórico de um presente mais agressivo e dominado por políticas mais excludentes, cabe-nos a tarefa de interrogar o futuro. Para isso trazemos para debate questionamentos sobre o papel que cabe à educação, e neste caso particular às Instituições de Ensino Superior (IES). As nossas reflexões tomam também em consideração que a problemática da educação foi e continua a ser um aspecto candente, pelo papel que ela deve desempenhar no desenvolvimento do continente Africano.

Depois da Introdução, o nosso texto i) aborda a problemática das Ciências Sociais e a produção científica nas universidades públicas em Moçambique, numa perspectiva que parte de Si, mas situando-se num contexto mais geral do continente Africano; ii) avalia as práticas universitárias e os desafios permanentes a que a mesma está exposta, e iii) tenta fazer um breve balanço entre as práticas e as necessidades de transformação em Moçambique, ao mesmo tempo que insere esta discussão em estudos sistemáticos que se vêm produzindo sobre a situação do ensino superior em África. As ilustrações utilizadas ao longo da nossa discussão partem sempre das universidades públicas, e tomam a Universidade Eduardo Mondlane como caso-tipo, com enfoque para o período 1985-2011/12.

As Ciências Sociais e a Produção Científica nas Universidades Públicas

N'dri Aissé-Lumumba (2005), numa das suas análises sobre a problemática do ensino superior no continente Africano, num tempo e num espaço históricos diferentes dos contextos que marcaram as décadas de 1950 e 1960, retoma a questão da cultura e da análise da realidade social já abordadas por Cabral (1978) ou Mondlane (1985), e mais tarde Bragança, para justificar que a transformação das instituições educacionais não pode ignorar que o indivíduo ocupa um lugar na sociedade que lhe confere um sentido de pertença, onde se ancora. A autora defende ainda que uma reconceptualização do ensino superior no continente não pode ignorar as realidades que levaram às transformações pelas quais este sistema passou, partindo do princípio que este deverá desempenhar o papel de instrumento fundamental no progresso social de África (Aissé-Lumumba 2005:23). Partindo das realidades em que se insere e actua o ensino superior, começarei assim por avaliar brevemente a situação da pesquisa nas Ciências Sociais em Moçambique.

Estudos sobre Moçambique referem a existência de uma pesquisa em Ciências Sociais limitada e constrangida pelos interesses ideológicos do regime, durante a vigência da dominação portuguesa em Moçambique (Cruz e Silva 2000; 2005; Silva *et al* 2002; Meneses 2005). Os mesmos estudos analisam quer os esforços realizados por cientistas sociais e algumas instituições de ensino e pesquisa no *volte face* desta situação, debruçando-se ao mesmo tempo sobre os grandes problemas enfrentados pelas instituições de pesquisa e ensino no país. Neste período, à excepção de algumas instituições ligadas ao sector público, a maior parte da pesquisa em ciências sociais e humanas desenvolveu-se na universidade.

Em Moçambique, da mesma forma que na maior parte dos países colonizados por Portugal que tiveram as suas independências na segunda metade da década de 1970, a primeira década do pós-independência foi marcada por apenas uma universidade, cuja emergência remonta ao período colonial (1962). Apenas em 1985/86 nasceram mais duas instituições de ensino superior públicas, ao que se seguiu na década de 1990 e 2000 um aumento gradual das mesmas (MESCT 2004; 2005).

O desenrolar das décadas de 1980/90 testemunha em muitos países Africanos o processo de uma abertura democrática. Na área da educação superior, os períodos que se seguem, contraditoriamente com esta situação, são marcados por políticas tendenciosamente excludentes no que se refere ao acesso de determinados grupos sociais às IES, incluindo as mulheres, e na maioria dos países as universidades passam a estar sujeitas aos interesses empresariais. A década de 1990, como referimos, corresponde no entanto a um período de expansão do ensino superior.

'A aprovação da Lei 1/93, que estabelecia, pela primeira vez, um regime legal em que se abria espaço à entrada de operadores privados no estabelecimento de instituições de ensino superior em Moçambique' (Rosário 2012:92) levou à emergência das primeiras IES privadas em Moçambique, processo que foi acelerado na década seguinte. Em 2010, entre as IES públicas e privadas o país totalizava 38 instituições e 81250 estudantes, cobrindo as capitais provinciais e vários distritos, contra 16 ISP em 2005 e um total de 28.000 estudantes durante o mesmo período (Martins 2011).

A imposição de políticas neoliberais a que foram sujeitos os países Africanos depois de meados da década 1980 resultou num processo que conduziu a reformas económicas e dos serviços sociais públicos colocando as instituições nacionais ao serviço do capital. Nesta linha de desenvolvimento, a educação foi severamente afectada e as universidades ficaram reféns das agências financiadoras internacionais. Assiste-se então à privatização acelerada da educação e ao deslocamento de recursos das instituições públicas para a esfera do direito privado.

Embora passando por um processo mais tardio de reformas a situação do ensino superior em Moçambique não difere muito do sucedido no resto do continente. Tal como outras IES, o impacto das alterações económicas e políticas quer seja num contexto mais global quer a nível nacional, reflectem-se directamente no ensino superior com uma evidente diminuição de recursos para o ensino público; uma cisão cada vez mais profunda entre o ensino e a pesquisa; rápida expansão do ensino superior, baixa qualidade do ensino; problemas infra-estruturais. Acrescem-se a estes pontos as reformas curriculares feitas de cima para baixo e a imposição de modelos que descuraram as realidades locais. Ilustrando esta situação, Jamisse Taimo (2010) traz-nos o exemplo da aprovação da Lei 27/2009 de 29 de Setembro que adopta o modelo de três ciclos de formação, como forma de incorporação no subsistema de ensino superior, do modelo de Bolonha.

Na sua análise sobre o Ensino Superior em Moçambique e seu processo de expansão, Lourenço do Rosário[7] confirma os problemas acima assinalados e aponta algumas das suas falhas, a partir da década de 1990, resultantes de: i) uma 'desordem de crescimento que não cuidou nem sequer em cumprir com o que estava estabelecido na própria lei do Ensino Superior' (Rosário 2012: 93); ii) debates 'politizados' relativos ao Ensino superior, e iii) uma tomada de decisões administrativas sobre questões de índole académica, onde entre outras se situa a reforma curricular (Rosário 2012).

Muito embora o crescimento das IES possa reflectir a expansão acelerada da educação terciária com uma extensão geográfica nacional cada vez maior, fica claro que isso não significa necessariamente uma massificação do ensino superior. Para ilustrar esta afirmação, tomamos como exemplo a taxa bruta de admissão em 2011, de apenas 1.9% (Martins 2011).

Se tomarmos de empréstimo de Claude Ake, a ideia de que as liberdades académicas devem permitir a realização da pesquisa e a disseminação do conhecimento sem deixar de criar espaços de discussão que possibilitem determinar o que pode ou não ser estabelecido como objecto deste mesmo conhecimento, permitindo a livre criatividade e estimulando ideias novas (Ake 1994:20), fica claro que um sistema burocrático de administração universitária como o que caracterizou o ensino superior público em Moçambique nos últimos anos e acabado de anotar nos parágrafos anteriores, se distancia da ideia de liberdade académica (Cruz e Silva 2010b). Neste contexto, é legítimo perguntar se as transformações porque tem passado a universidade pública em Moçambique, particularmente depois dos anos 1990, responde à Missão para que as universidades foram criadas, ou se pelo contrário, os imperativos políticos aparecem acima dos imperativos de carácter pedagógico.

Hocine Khelfaoui (2009), ao tratar da educação, comenta sobre a aplicação do modelo de Bologna ao Ensino Superior:

> The reform, presented in the dominant discourse as an "inevitable" fact, linked to the requirements of "globalization", has resulted in little significant public debate on the reality and the future of HE, or even on the content of the reform itself (Khelfaoui 2009:22).

O exemplo de Khelfaoui acabado de descrever não difere muito do que sucedeu em Moçambique, onde também, a exclusão de estudantes e académicos na construção das suas próprias instituições através do processo de reformas, ao cortalhes a possibilidade de exercerem os seus direitos como agentes e supervisores no sistema de políticas públicas da educação, os colocou perante um claro problema de ausência de liberdades académicas (Khelfaoui 2009). As correcções feitas posteriormente a este processo, embora tivessem tentado minimizar os impactos destas políticas não conseguiram apagar os danos causados numa das cadeias do processo de ensino-aprendizagem no país, com consequências para o tipo de quadros formados. Situações como estas conduzem-nos a revisitar os questionamentos cada vez mais frequentemente colocados pelos académicos sobre a nossa responsabilidade perante os desafios do Sec. XXI para o continente Africano e sobre qual o papel a desempenhar pelas Ciências Sociais para o reverter da situação existente?

Em 2009, Moustapha Tamba publicou um estudo relativo à pesquisa que se realiza na Faculdade de Letras e Ciências Humanas da Universidade Cheikh Anta Diop no Senegal (Tamba 2009), tendo concluído que em 50 anos de pesquisa, 81% da produção se referia às memórias dos estudantes e que os trabalhos de pesquisa apareciam reflectidos nas memórias de mestrado, teses de doutoramento e nos artigos científicos publicados na revista da Faculdade. Embora não tenha conseguido fazer um levantamento sistemático dos trabalhos produzidos nas universidades públicas em Moçambique nos últimos 25 anos, a breve pesquisa que realizei nas duas mais antigas universidades públicas de Moçambique, isto é, a Eduardo Mondlane (1962) e a Pedagógica (1985) e tendo em conta que cada uma delas tem um efectivo muito mais reduzido de docentes e de estudantes que a universidade estudada por Tamba, encontrei mesmo assim uma situação, num certo sentido, semelhante, à da Cheikh Anta Diop, ou seja, a maior parte da produção concentrada em memórias de licenciatura e mestrados, e em teses de doutoramento. Se tivermos em conta que em Moçambique a introdução de mestrados tem uma história muito recente e que os doutoramentos na área de ciências sociais para além de serem igualmente recentes não cobrem ainda todas as disciplinas de Ciências Sociais que se ministram nestas universidades, concluiremos que a produção dos estudantes é ainda menor do que poderíamos supor. Moçambique ascendeu à independência com a herança de uma elevada taxa de analfabetismo e com uma única universidade onde a maioria dos estudantes e professores eram portugueses. A reconversão do processo foi lenta e a maioria dos seus jovens docentes moçambicanos fizeram os estudos de pós-graduação desempenhando funções de assistentes universitários. Consequentemente, a pesquisa de muitas memórias de mestrado e teses de Doutoramento foi realizada pelo corpo docente destas duas instituições. As situações acabadas de referir, se por um lado são o exemplo do imenso esforço que se tem realizado na formação do corpo docente, por outro lado testemunham o longo caminho que ainda é necessário percorrer.

Os primeiros 20 anos de independência do país mostram-nos uma pesquisa nas disciplinas de ciências sociais maioritariamente concentrada na Universidade Eduardo Mondlane e direccionada para responder aos problemas nacionais no contexto da África Austral e a recuperação da história de Moçambique que havia sido deturpada e manipulada pela ideologia colonial (Cruz e Silva 2005). Com a abertura ao mercado depois de meados da década de 1980, o foco dos problemas sofre uma alteração não só por influência das mudanças mundiais e dos novos temas de interesse na pesquisa, mas também pela redução gradual dos financiamentos para a investigação e da corrida desenfreada ao sistema de consultorias. Em Moçambique, tal como nos ilustra Swayerr[8] para o resto do continente, 'com a redução dos fundos institucionais para a pesquisa a tendência é que os fundos são provenientes dos doadores ou outros financiadores sem o envolvimento directo da universidade. Particularmente nas ciências sociais, este padrão levou a um crescimento da individualização e da informalização da pesquisa' (Swayerr 2004 b: 219; 2004 a). Apesar dos esforços feitos por algumas instituições para reverter este processo, cresce a referida individualização e informalização da pesquisa, que marginaliza os mais jovens com menos oportunidades de acesso a este tipo de financiamento, ao mesmo tempo que fragiliza a instituição.

A publicação dos resultados de pesquisa continua a ser uma das grandes fragilidades das instituições de ensino superior públicas em Moçambique. O problema de financiamentos para manter actualizadas publicações periódicas produzidas nas Faculdades e Centros, reflecte-se nas revistas com maior tradição nesta área, como são os casos da revista *Arquivo* e de *Estudos Moçambicanos,* marcadas por altos e baixos. A já referida individualização da pesquisa tem também impactos na publicação que é muitas vezes virada para o exterior, ou seja, uma produção 'extravertida' (Hountonji 1995). Neste processo, ficam novamente excluídos os mais jovens pelo ainda frágil sistema de disseminação dos resultados em publicações periódicas das instituições nacionais e pela dificuldade de acesso a revistas internacionais. Não podemos negar que entre estas instituições mais antigas que constituem nossos estudos de caso se realizam esforços para fazer crescer espaços de debate científico mais includentes[9], o que não nos pode iludir sobre a necessidade de criação de mais espaços de discussão, e meios de disseminação de resultados mais eficazes e respeitando padrões internacionais.

Práticas Universitárias: um desafio sempre presente

A redução, e em muitos casos a ausência de financiamentos para a pesquisa e a não existência de infra-estruturas básicas e sistemas apropriados de gestão, são caminhos para que as IES, ou os investigadores, individualmente, cedam rapidamente à sedução das propostas do mercado, que conduzem quer a uma imposição do desenho das agendas de pesquisa, quer à já referida individualização e informalização dessa mesma pesquisa. Perde-se assim, gradualmente, a cultura institucional de suporte à pesquisa. Os baixos salários auferidos pelos docentes universitários levam a que muitos sejam seduzidos pela corrida ao ensino simultâneo em várias universidades, os designados 'professores turbo', como forma de suprir as necessidades básicas do seu dia-a-dia, colocando em risco a qualidade do ensino ministrado.

Os constrangimentos e as barreiras cada vez mais altas que se erguem à produção científica, se colocadas em paralelo com a expansão do ensino superior sem que para isso se tivessem criado as necessárias condições em termos infra-estruturais (instalações, bibliotecas, meios auxiliares de ensino) e de recursos humanos (número de professores), tem como consequência lógica a transformação das universidades em simples reprodutoras de conhecimento em lugar de produtoras, e uma visível baixa de qualidade de ensino, onde a fasquia das exigências vai baixando (nivelada por baixo) na medida do enfraquecimento crescente da qualidade do ensino pré-universitário, o que leva o sistema educacional e seus diversos subsistemas a entrarem num ciclo vicioso difícil de romper.

Depois que o ensino superior em Moçambique passou por uma fase de emergência como universidade nacional após a independência do país (1975), e se consolidou e autonomizou, passa agora pela sua fase mais difícil, dados os problemas acima mencionados. A fraca qualidade do ensino e as barreiras colocadas ao desenvolvimento da pesquisa e sua disseminação têm já reflexos directos na qualidade dos graduados e pós-graduados que são oferecidos ao mercado do trabalho. As IES, a médio e longo prazo sentirão os efeitos da fraca qualidade de ensino no seu próprio processo de recrutamento de novos elementos para o seu quadro académico, o que terá repercussões difíceis de ultrapassar, no futuro. Embora num processo de revisão, presentemente, a avaliação de desempenho do corpo de académicos (docentes/pesquisadores) das universidades públicas coloca um grande peso na docência, em detrimento das actividades de pesquisa, o que não estimula a investigação científica. Da mesma maneira, os requisitos para a progressão na carreira docente, exigem apenas a produção de um número mínimo de trabalhos científicos, sem uma exigência clara de requisitos, como por exemplo a publicação em revistas indexadas ou com revisão de pares, entre outros aspectos, o que acaba igualmente por não estimular a pesquisa e a publicação de resultados.

A contradição entre as práticas correntes e a missão de uma universidade, produzem desafios permanentes que exigem respostas constantes ao engajamento do corpo académico se quisermos manter os objectivos que levaram à criação deste tipo de instituições.

As Instituições de Ensino Superior como motores de mudança

As mudanças económicas e políticas globais que afectaram o continente africano depois de meados da década de 80 repercutiram-se directamente nas áreas sociais, afectando o sector da educação. A redução de fundos institucionais para a pesquisa e a dependência crescente de financiamentos externos não só condicionaram e moldaram a produção de conhecimento como promoveram a individualização e a informalização da pesquisa e conduziram estas instituições a um declínio gradual.

Em Moçambique, à semelhança do que referimos para o resto do continente, as instituições de ensino superior têm enfrentado adversidades que constrangem os objectivos para que foram criadas. Elas devem no entanto continuar a ser socialmente responsáveis pela manutenção do bem-estar público, pelo que cabe ao intelectual engajado prosseguir o processo de procura de soluções para que as Instituições de Ensino Superior garantam a protecção dos direitos ligados à liberdade de criar e disseminar conhecimento, apartando-se do modelos que as colocam como simples reprodutoras de conhecimento.

A luta contra a letargia que afecta os estudantes e o corpo académico das universidades, deve ser estimulada e intensificada, se quisermos que as IES cumpram a sua Missão em lugar de contribuírem para a erosão de uma liberdade académica que deve ser crítica e construtiva. Se retomarmos Cabral, Mondlane e Bragança sobre a importância de uma análise que não pode ignorar a realidade, ser-nos-á mais fácil a partir de Si, ou seja, de dentro, avaliar a situação presente e as fraquezas que conduziram o ensino superior a uma crise institucional, quer do ponto de vista de políticas públicas quer do posicionamento dos académicos.

Para que a educação e a ciência possam realmente ocupar um lugar privilegiado como motores de mudança no processo de luta contra a 'vulnerabilização' cada vez mais patente dos países Africanos aos impactos das mudanças globais, não podemos descurar os aspectos acabados de referir e a necessidade de interrogar o futuro procurando respostas viáveis.

Notas

1. A primeira versão deste texto foi submetida à XIIIª Assembleia Geral do CODESRIA realizada em Marrocos, em 2011, e foi posteriormente aceite para publicação em língua inglesa, depois de algumas alterações, em: Meneses, Khan e Bertelsen (edts.) *Mozambique on the Move. Interdisciplinary Challenges and Reflections* (no prelo).
2. Celebração dos 50 anos das independências Africanas.
3. Entre outras figuras de destaque, estiveram presentes a este encontro: Kwame Nkhrumah (Ghana); Jukius Nyerere (Tanzania); Gamal Adbel Nasser (Egipto); Ahmed Sejou Touré (Guiné); Modibo Keita (Mali), e Ferhat Abbas (Argélia).
4. A Assembleia Constitutiva da CONCP que reuniu representantes de Cabo Verde, Guiné-Bissau, Angola, Moçambique, S.Tomé e Príncipe, bem como delegados de movimentos 'pró-libertadores' e partidos políticos de Goa, elegeu um secretariado composto por proeminentes figuras de nacionalistas que distinguiram os processos de libertação das colónias Portuguesas. Destacam-se aqui nomes como Mário Pinto de Andrade (Angola), Marcelino dos Santos (Moçambique) e Aquino de Bragança (Goa). Em 1961, com a mudança da situação política em Goa, Aquino de Bragança assume a sua luta no contexto das então colónias portuguesas em África, optando pela nacionalidade Moçambicana, depois que este país se tornou independente, em 1975.

5. Lembrando que as universidades são por excelência, centros de produção de saber e que e que em alguns destes países, por alturas das independências nacionais havia apenas uma universidade.
6. À semelhança do que foi também defendido por Paulin Hountonji (1995).
7. Lourenço do Rosário, académico e reitor da primeira universidade privada instalada em Moçambique.
8. A. Swayerr, foi Presidente da Associação de Universidades Africanas e do CODESRIA-Conselho para o Desenvolvimento das Ciências Sociais em África, tendo produzido e publicado várias reflexões sobre ensino superior e pesquisa.
9. Exemplos desses esforços são os Seminários para discutir resultados de pesquisa que se realizam anualmente na Faculdade de Letras e Ciências Sociais da Universidade Eduardo Mondlane, bem como os programas semanais de discussão que o Departamento de Arqueologia e Antropologia e o Centro de Estudos Africanos da mesma universidade realizam com regularidade.

Referências

Ake, C., 1994, 'Liberté Académique et Base Matérielle', in M., Mamdani and M., Diouf, eds., *Liberté académique en Afrique*, Dakar : CODESRIA, pp.19-30.

Aissié-Lumumba, N., 2005, 'Critical Perspectives on the Crises, planned Change and the Prospects for Transformation in African Higher Education'. *Journal of Higher Education in Africa*, Vol.3 nº3. pp. 1-30

Bragança, A., e Depelchin, J., 1986, 'Da Idealização da Frelimo à Compreensão da História de Moçambique', *Estudos Moçambicanos*, Nos. 5/6, pp. 29-52.

Cabral, A., 1978, 'O papel da cultura na luta pela independência', in Bragança, A., e Wallerstein, E. orgs., *Quem é o inimigo?* Lisboa: Iniciativas Editorias, pp. 313-333.

Cruz e Silva, T., 2000, 'O papel do Centro de Estudos Africanos da Universidade Eduardo Mondlane, no Desenvolvimento das Ciências Sociais em Moçambique e no contexto da Região'. Comunicação apresentada ao *Seminário Nacional de Ciência e Tecnologia*. Maputo, 4,5 e 6 de Outubro de 2000.

Cruz e Silva, T., 2005, 'Instituições de Ensino Superior e Investigação em Ciências Sociais', in Cruz e Silva, T., Araújo, M.G., e Cardoso, C., eds., *Lusofonia em África: História, Democracia e Integração Africana*, Dakar: CODESRIA, pp. 33-44.

Cruz e Silva, T., 2010 a), 'O Público o Privado e o Papel Social das Universidades em África', CODESRIA: *Série de Conferências Públicas* nº 7.

Cruz e Silva, T., 2010 b), 'The Global and Local Limitations on Academic Freedom in Africa: Public Higher Education institutions in Mozambique'. Comunicação apresentada ao *International Conference: Academic Freedom and the Social Responsibility of Academics and Researchers in Africa: What are the new challenges?* Oran, Argélia, 9-11 Março 2010.

Hountonji, P., 1995, 'Producing Knowledge in Africa Today'. The Second Bashorum M.K. Abiola Distinguished Lecture, *African Studies*, Vol.38, No. 3, pp.1-10.

Khelfaoui, H., 2009, 'The Bologna Process in Africa: Globalization or Return to ''Colonial Situation''?' *Journal of Higher Education in Africa*, Vol. 7, Nºs. 1 e 2, pp.21-38.

Khelfaoui, H., 2010, 'Algérie: le rapport savoir-pouvoir ou le rêve avorté de la différenciation par le savoir'. Comunicação apresentada em : *International Conference: Academic Freedom and the Social Responsibility of Academics and Researchers in Africa: What are the new challenges?* Oran, Argélia, 9-11 Março 2010.

Lopes, C., 2004,'O Legado de Amílcar Cabral face aos desafios da época contemporânea.' *Nô Pintcha* No. 1899, de 05 de Outubro de 2006. http://www.didinho.org/legado_de_amilcar_cabral_face_ao.htm , 22/11/2010.

Lopes, C., 2011, *Desafios contemporâneos da África: o legado de Amílcar Cabral.* S.Paulo: UNESP.

Martins, Z., 2011, *Moçambique está longe de massificar o ensino superior.*http://www.portaldogoverno.gov.mz/noticias/educacao/abril-2011/mocambique-esta-longe-de-massificar-o-ensino-superior/ 11/09/ 2011.

MESCT, 2004, *Dados Estatísticos do Ensino Superior e Instituições, 2003.* Maputo: Observatório do Ensino Superior Ciência e Tecnologia. http://www.mesct.gov.mz/docs/Indica03.pdf. 19/04/2005.

MESCT, 2005, *Instituições de Ensino Superior em Moçambique.* http://www.mesct.gov.mz/docs/listaies.pdf. Acessado a 19/04/2005.

Mondlane, E., 1995, [1969], *Lutar por Moçambique.* Maputo: CEA. Colecção Nosso Chão.

Rosário, L., 2012, 'Universidades Moçambicanas e o Futuro de Moçambique', in Brito L., et al., *Desafios para Moçambique 2012.* Maputo: IESE, pp. 89-101.

Santos, B. S., 2012 'Aquino de Bragança: criador de futuros, mestre de heterodoxias, pioneiro das epistemologias do Sul', in Cruz e Silva, T.; Coelho, J. P. B., e Souto, A., Orgs., *Como fazer ciências sociais e humanas em África: Questões epistemológicas, metodológicas, teóricas e políticas (textos do colóquio em homenagem a Aquino de Bragança).* Dakar: CODESRIA, pp. 13-61.

Shivji, I., 2005, 'The rise, the fall and the insurrection of nationalism in Africa', in Arudoyieke, F. ed., *East Africa: in search of national and regional renewal.* Dakar: CODESRIA, pp. 11-25.

Swayerr, A., 2004, 'Challenges Facing African Universities: selected issues', *African Studies Review,* Vol. 47, No. 1, pp. 1-59.

Swayerr, A., 2004b), 'African Universities and the Challenge of Research Capacity Development'. *Journal of Higher Education in Africa.* vol.12, 1, pp. 213-242.

Tamba, M., 2009, 'La recherche à la Faculté des lettres et sciences humaines de l'Université Cheikh Anta Diop de Dakar : bilan de 50 ans d'activités'. *Journal of Higher Education in Africa.* Vol. 7, No. 3, 2009, pp. 105-123.

www.ingramcontent.com/pod-product-compliance
Lightning Source LLC
Chambersburg PA
CBHW060029030426
42334CB00019B/2250